Juliane Jelinski
Es war nicht deine Schuld

Forschung Psychosozial

Juliane Jelinski

Es war nicht deine Schuld

**Eine empirische Studie zur Bedeutung
des Schuldgefühls bei weiblichen Opfern
sexuellen Missbrauchs in der Familie**

Psychosozial-Verlag

Dieses Fachbuch wurde durch die Stiftung Fraueninitiative Köln gefördert

Als Diplomarbeit vorgelegt dem Vorsitzenden des Prüfungsausschusses
für die Diplomprüfung im Fach Psychologie an der Universität zu Köln.
Angefertigt bei Dr. Gerd Pfeiffer und Dr. Uve Welzel.
Köln, den 14. August 2011

Bibliografische Information der Deutschen Nationalbibliothek
Die Deutsche Nationalbibliothek verzeichnet diese Publikation
in der Deutschen Nationalbibliografie; detaillierte bibliografische Daten
sind im Internet über http://dnb.d-nb.de abrufbar.

Originalausgabe
© 2012 Psychosozial-Verlag
Walltorstr. 10, D-35390 Gießen
Fon: 06 41 - 96 99 78 - 18; Fax: 06 41 - 96 99 78 - 19
E-Mail: info@psychosozial-verlag.de
www.psychosozial-verlag.de
Umschlagabbildung: Paul Klee: »Irgend eine Grausamkeit«, 1919
Umschlaggestaltung & Layout: Hanspeter Ludwig, Wetzlar
www.imaginary-world.de
Satz: Andrea Deines, Berlin
Druck: CPI books GmbH, Leck
Printed in Germany
ISBN 978-3-8379-2231-8

Dieses Buch widme ich meinem Bruder Joachim.

»Ganz gewiß sollen Kinder Achtung vor ihren Eltern haben,
aber ganz gewiß sollen auch Eltern Achtung vor ihren Kindern haben,
und niemals dürfen sie ihre natürliche Überlegenheit mißbrauchen.
Niemals Gewalt.«

Astrid Lindgren

Inhalt

Einleitung

Sexueller Kindesmissbrauch innerhalb der Familie ist für viele unvorstellbar. Und doch erfahren wir immer wieder aufs Neue, vor allem durch die Medien, dass sexuelle Gewalt gegenüber Kindern überall gegenwärtig ist. Jüngst, in den Jahren 2010 und 2011, wurden zahlreiche Fälle sexuellen Missbrauchs in privaten, öffentlichen und kirchlichen Institutionen sowie innerhalb der Familie bekannt. Einige Betroffene fingen an ihr *Schweigegebot*, das über viele Jahre, wenn nicht Jahrzehnte bestanden hat, zu brechen. Eine Welle des ›Endlich-Sprechens‹ wurde ausgelöst. Immer mehr Betroffene berichteten, dass sie in kirchlichen Einrichtungen von Geistlichen, in Heimen von Betreuern oder in der eigenen Familie sexualisierte Gewalt erfahren haben. Die Bundesregierung reagierte in der Form, dass der Runde Tisch »Sexueller Kindesmissbrauch in Abhängigkeits- und Machtverhältnissen in privaten und öffentlichen Einrichtungen und im familiären Bereich« eingerichtet wurde. Des Weiteren setze die Bundesregierung die unabhängige Beauftragte Dr. Christine Bergmann zur Aufarbeitung des sexuellen Missbrauchs und zur Erarbeitung von Empfehlungen für immaterielle und materielle Hilfen für Betroffene ein. In diesem Rahmen wurde eine Anlaufstelle für Betroffene von sexualisierter Gewalt geschaffen, bei der die Betroffenen schriftlich sowie telefonisch endlich *selbst* zu Wort kommen konnten. Auf Grundlage von über 11.000 Gesprächen mit Betroffenen sowie Informationen seitens Psychotherapeuten und Beratungsstellen formulierte Bergmann in ihrem Abschlussbericht eine große Zahl an Empfehlungen für die Bundesregierung, um Betroffenen angemessener helfen zu können und sinnvolle Präventionsarbeit zu leisten (vgl. Bergmann 2011a). Es bleibt jedoch abzuwarten, inwiefern diese Empfehlungen, die, wie Frau Bergmann in einem ARD Interview selbst betont, *nicht neu* sind, realisiert werden (Maischberger 2011).

Aufgrund der hohen Dunkelziffer erweist es sich als sehr schwierig, wenn nicht sogar als unmöglich, das Vorkommen von sexuellem Kindesmissbrauch zu erfassen. Zudem erschwert die große Variation bezüglich der Definition, was unter sexuellem Kindesmissbrauch genau zu verstehen ist, den Vergleich verschiedener Untersuchungen, die sich mit dem Thema befassen. Bange (2008), der sich seit mehreren Jahren mit der Frage nach der Häufigkeit beschäftigt, kommt zu dem Ergebnis, »dass 10–15% der Frauen und 5–10% der Männer bis zum Alter von 14 oder 16 Jahren mindestens einmal einen unerwünschten oder durch die ›moralische‹ Übermacht einer deutlich älteren Person oder durch Gewalt erzwungenen sexuellen Körperkontakt erlebt haben« (S. 26f.). Diese Einschätzung Banges basiert auf dem Vergleich mehrerer »methodisch anspruchsvolleren Untersuchungen« (ebd., S. 26) aus Europa und den Vereinigten Staaten. Unter anderem zählen dazu Bange 1992; Bange/Deegener 1996; Finkelhor 1997; Raupp/Eggers 1993; Richter-Appelt 1995; Schötensack et al. 1992. Auf dieser Grundlage kommt Bange auch zu folgender Erkenntnis: »Sexuelle Gewalt gegen Mädchen und Jungen ist also leider auch heute noch ein alltägliches Delikt« (ebd., S. 27). In diesem Kontext thematisiert Enders (2008), was keiner wahr haben will: »Sicherlich kennt jede/jeder einen Missbraucher (eine Missbraucherin), ohne das Verbrechen zu ahnen« (S. 18). Auch unterstreicht Enders, dass sexuelle Gewalt vor allem im sozialen Nahbereich stattfindet und es sich daher in den seltensten Fällen um einen fremden Täter handelt. Zu dem sozialen Nahbereich zählen u. a. die Familie, Heime, Schulen, Kindergärten und Sportvereine. Mädchen, die sexuellen Missbrauch erfahren haben, werden, Enders zufolge, zu etwa einem Drittel von Tätern aus der eigenen Familie missbraucht, Jungen mit 10%–20% etwas seltener Enders bezieht sich bei ihren Ausführungen auf die Untersuchungen von Wetzels (1997) sowie von Bange und Deegener (1996).

»Das [Schuldgefühl] habe ich verinnerlicht. Das habe ich mitgenommen mein Leben lang. [...] Ich hatte immer irgendwelche Schuldgefühle. Ich konnte vom Verstand her noch so genau wissen, du hast hier alles richtig gemacht, das Gefühl hat immer gesagt, ne, ne das hättest du besser machen können. Das hättest du anders machen können. Das ist deine Schuld« (Dialogpartnerin B).

Sehr viele Betroffene sexualisierter Gewalt entwickeln ein starkes Schuldgefühl hinsichtlich des erlebten sexuellen Missbrauchs. Anstatt dem eigentlichen Täter die Schuld zuzusprechen, geben sich die Betroffenen in der Regel selbst die gesamte Schuld für das Stattfinden des Missbrauchs, den sie als solchen nicht wahrnehmen. In *ihrem Weltbild* seien sie es, die beispielsweise den Vater zu den sexuellen Praktiken verführt haben und daher die Schuldigen sein müssen (vgl. Hirsch 2010).

Das Schuldgefühl, welches häufig über viele Jahre gefestigt wird und oftmals noch lange nach dem Missbrauch wirkt, bedeutet für die Betroffenen einen großen Leidensdruck. Denn das Sich-Schuldigfühlen geht erfahrungsgemäß fast immer mit einem sehr negativen Selbstbild einher. Dieses negative Selbstbild kann derart ausgeprägt sein, dass das Opfer davon überzeugt ist, das Leben nicht verdient zu haben.

Auch wenn den Betroffenen von außen, beispielsweise seitens guter Freunde, mehrfach erklärt wird, dass es nicht ihre Schuld sei, kann dies selten das Schuld*gefühl* bei den Betroffenen verringern. Das belastende Schuldgefühl, welches relativ zu Anfang der erlebten sexuellen Gewalt einsetzt, bleibt häufig über einen langen Zeitraum, teilweise über Jahrzehnte als eine Art Lebensgefühl bestehen (vgl. Richter-Appelt 2009).

Die vorliegende Diplomarbeit will genau dieses Phänomen näher betrachten und hat demzufolge als Gegenstand *Die Bedeutung des Schuldgefühls bei weiblichen Betroffenen innerfamiliären sexuellen Missbrauchs.* Es werden ausschließlich *weibliche* Betroffene befragt, da davon ausgegangen wird, dass sie eine andere Dynamik aufweisen als männliche Betroffene (vgl. Bange/Enders 1997; Schlingmann 2009). Um das Thema einzugrenzen und eine möglichst homogene Stichprobe zu erhalten, werden zudem nur Betroffene *innerfamiliären* sexuellen Missbrauchs untersucht. Auch hier wird angenommen, dass Missbrauch in der Familie eine andere Dynamik hat als außerfamiliärer Missbrauch.

Folgende drei Fragestellungen sollen eine Klärung erfahren:
1) Wodurch entsteht das Schuldgefühl?
2) Welche Auswirkungen und Auswirkungszusammenhänge hat das Schuldgefühl?
3) Wie kann das Schuldgefühl überwunden werden?

Der Autorin ist es in diesem Zusammenhang wichtig, im Sinne einer ganzheitlichen Betrachtung sowohl die Schwere des Missbrauchs angemessen zu thematisieren (Fragestellung 1 und 2) als auch aufzuzeigen, dass es vielen betroffenen Frauen, mithilfe von inneren und äußeren

Ressourcen, gelingt aus der pathogenen Missbrauchsdynamik auszubrechen und dass sie daher das qualvolle Schuldgefühl überwinden können (Fragestellung 3).

An dieser Stelle soll kurz auf die Unterscheidung zwischen dem Begriff der *Schuld* und dem Begriff des *Schuldgefühls* eingegangen werden. In der vorliegenden Arbeit geht es nicht um die Schuld in einem moralischem oder einem strafrechtlichem Sinne. Demzufolge soll keinesfalls im Rahmen der Diplomarbeit von außen, wie bei einem Gerichtsverfahren, versucht werden zu beurteilen, oder gar versucht werden zu beweisen, wer die Schuld an dem Missbrauch trägt.

Jedoch soll an dieser Stelle auch nicht verschwiegen werden, dass die Verfasserin eine ganz eindeutige Haltung zu dieser äußeren Schuldfrage hat: Kinder und Jugendliche tragen in keiner Weise Schuld an dem erlebten sexuellen Missbrauch.

Gegenstand der Arbeit ist daher nicht die äußere Schuldfrage zu klären, sondern das *innere Schuldgefühl* der Betroffenen näher zu beleuchten und seine Bedeutung zu verstehen.

Bei der Literaturrecherche zeigte sich, dass die Fachliteratur sich tendenziell mehr mit der Innensicht des Täters beschäftigt als mit der des Opfers (vgl. Bruinsma 1993; Buchholz et al. 2010; Hanks et al. 1994; Heyden/Jarosch 2010; Marquit 1983). Es werden Fragen behandelt wie z. B., wie es dazu kommt, dass ein Mensch zu einem Täter werden kann. Auch wird sich häufig mit dem Phänomen auseinandergesetzt, dass Täter in ihrer Kindheit oftmals selbst Opfer sexualisierter oder anderer Gewalt gewesen sind. In dieser Diplomarbeit soll dagegen die *subjektive Innensicht von weiblichen Missbrauchsopfern* näher betrachtet werden. Demzufolge bilden die Gedanken, die Gefühle sowie das Erleben der betroffenen Frauen die Ausgangslage dieser Studie. Die interviewten Frauen werden daher als Mitforscherinnen und Expertinnen für das zu untersuchende Phänomen gesehen. Es soll der Versuch unternommen werden, basierend auf einer vertrauensvollen Atmosphäre, gemeinsam mit den Frauen in Form von persönlichen Gesprächen in die subjektive Lebens- und Erfahrungswelt dieser ›abzutauchen‹ und tiefe Einblicke zu erlangen, um sich ebenfalls gemeinsam dem Gegenstandsbereich anzunähern und diesen in seiner Ganzheit zu verstehen.

Ziel dieser Arbeit soll sein, die auf diese Weise gewonnenen Ergebnisse für die Verbesserung des therapeutischen Prozesses mit weiblichen Betroffenen innerfamiliären sexuellen Missbrauchs nutzen zu können. Des Weiteren hofft die Verfasserin zur (weiteren) Sensibilisierung und zur (weiteren) angemessenen Auseinandersetzung, bezüglich der Thematik *sexueller Missbrauch innerhalb der Familie* anzuregen – und hierbei vor allem mit dem Augenmerk auf das Schuldgefühl der Betroffenen.

Die vorliegende Diplomarbeit gliedert sich im Wesentlichen in vier Hauptteile, in den Theorieteil, den Methodenteil, den Ergebnisteil und den Diskussionsteil. Im Theorieteil werden zunächst die wichtigsten Konzepte kurz vorgestellt, wie z. B. das Kindheitstrauma, da diese den theoretischen Hintergrund der Arbeit bilden (Kapitel 1). Anschließend wird im Kapitel 2 ein Überblick über die Theorien, Hypothesen, Erkenntnisse und über den aktuellen Forschungsstand hinsichtlich des Schuldgefühls bei Betroffenen innerfamiliären sexuellen Missbrauchs gegeben. Im anschließenden Methodenteil wird dann die Fragestellung der vorliegenden Diplomarbeit konkret benannt (Kapitel 3). Danach erfolgt eine ausführliche Darstellung und Erläuterung der Planung der Untersuchung, deren Durchführung sowie deren Auswertung (Kapitel 4). Der Ergebnisteil gliedert sich als dritter Hauptteil in sechs beispielhafte individuelle psychologische Einzelbeschreibungen, in denen jeder Fall in seiner Tiefe beschrieben und analysiert wird (Kapitel 5) sowie in die vereinheitlichende Beschreibung (Kapitel 6). Die vereinheitlichende Beschreibung strebt einen systematischen Vergleich der 14 Einzelbeschreibungen an und dient somit der Gewinnung von überindividuellen Erkenntnissen hinsichtlich des zu untersuchenden Gegenstandes. Im Diskussionsteil, der den letzten Teil dieser Arbeit bildet, wird zu Anfang eine Methodenkritik vorgenommen (Kapitel 7). Anknüpfend daran werden im Kapitel 8 die zentralen Ergebnisse der vorliegenden Arbeit zusammenfassend diskutiert und mit den vorgestellten Theorien und Erkenntnisse aus dem Theorieteil verglichen. Geschlossen wird mit einigen Überlegungen zur therapeutischen Arbeit mit betroffenen Frauen innerfamiliären sexuellen Missbrauchs, die unter einem Schuldgefühl leiden.

Aus Gründen des ungestörten Leseflusses und zum besseren Verständnis werden in der vorliegenden Arbeit nicht die weibliche *und* die männliche Form nebeneinander aufgezählt (z. B. Therapeut/in), sondern als grammatische Allgemeinbezeichnungen wird die weibliche *oder* die männliche Form abwechselnd verwendet (z. B. Therapeutin *oder* Therapeut). Die Entsprechung des anderen Geschlechts ist daher immer mit inbegriffen.

An Stellen, in der *nur* das weibliche oder *nur* das männliche Geschlecht gemeint ist, wird dies durch Kursivschrift kenntlich gemacht (z. B. *Therapeutinnen*).

Theorieteil

Im Folgenden soll im Kapitel 1 zunächst auf die *Begriffsbestimmung Trauma* eingegangen werden. In diesem Rahmen werden das *Kindheitstrauma* (Punkt 1.1), das *Beziehungstrauma* (Punkt 1.2), *sexueller Kindesmissbrauch* (Punkt 1.3) und das *Verlaufsmodell der psychischen Traumatisierung* nach Fischer und Riedesser (2003) (Punkt 1.4) vorgestellt, da diese Konzepte den theoretischen Hintergrund der vorliegenden Arbeit bilden.

Im anschließenden Kapitel 2 soll ein Überblick über die Theorien, Hypothesen, Erkenntnisse und über den aktuellen Forschungsstand hinsichtlich des Schuldgefühls bei Betroffenen innerfamiliären sexuellen Missbrauchs gegeben werden. Dabei wird eine Unterteilung in Ursachen des Schuldgefühls (Punkt 2.2), Auswirkungen und Auswirkungszusammenhänge des Schuldgefühls (Punkt 2.3) und Überwindung des Schuldgefühls (Punkt 2.4) vorgenommen.

1   Begriffsbestimmung Trauma

Die vorliegende Diplomarbeit orientiert sich an Fischers und Riedessers (2003) Begriffsbestimmung bezüglich des psychischen Traumas. Für die beiden Autoren stellt eine traumatische Erfahrung »ein vitales Diskrepanzerlebnis zwischen bedrohlichen Situationsfaktoren und den individuellen Bewältigungsmöglichkeiten« dar, »das mit Gefühlen von Hilflosigkeit und schutzloser Preisgabe einhergeht und so eine dauerhafte Erschütterung von Selbst- und Weltverständnis bewirkt« (S. 82). Fischer und Riedesser betrachten das traumatische Erlebnis gemäß ihres *dialektischen-ökologischen Verständnismodells*. Der dialektische Aspekt zeige sich hierbei darin, dass die traumatische Situation sowohl auf Grundlage seiner objektiven (die bedrohlichen Situationsfaktoren) als auch seiner subjektiven Gesichtspunkte (individuelle Bewältigungsmöglichkeiten) verstanden werde. Die zweite zentrale Komponente des Modells, der ökologische Aspekt, meint, dass der Mensch niemals ohne den Kontext seiner Umwelt verstanden werden könne.

1.1 Das Kindheitstrauma

Traumatisierungen, die in der Kindheit erlebt werden, weisen eine andere Dynamik auf, als jene, die im Erwachsenenalter erfahren werden. Der bedeutende Unterschied liegt für Fischer und Riedesser (2003) darin, dass »das kindliche Selbst- und Weltverständnis, welches durch die traumatische Erfahrung erschüttert wird, sich noch im Aufbau [und] in der Entwicklung befindet« (S. 276). Dadurch sei die Gefahr der Beschädigung des noch unausgereiften Selbst- und Weltverständnisses beim Kind größer als beim erwachsenen Menschen, dessen psychische Struktur im Normalfall gefestigter sei. Aufgrund dessen sei das »Situationsverständnis« beim Kind begrenzt, vor allem in dem Sinne, dass das »kognitive Niveau [...] mehr konkretistisch und personenbezogen ausgerichtet ist als beim Erwachsenen« (ebd.). Daher habe das Kind die starke Tendenz, selbst unpersönliche Abläufe, wie beispielsweise Naturkatastrophen »persönlich zu attribuieren« und denke daher beispielsweise:»Die mächtigen Elternfiguren haben ihren Schutz versagt, etwa weil das Kind ungehorsam war« (ebd.). Auch Paul (2007) weist auf diese kindliche Überzeugung hin und spricht in dem Zusammenhang von dem *magischen Denken* des Kindes:»Das magische Denken von Kindern, bei dem eine grenzenlose Zusammenhörigkeit aller Dinge und Ereignisse mit dem eigenen Sein erlebt wird, fördert das Entstehen von Schuld« (S. 83). Zudem ist es dem Kind nach Fischer und Riedesser (2003) aufgrund seines Entwicklungsstandes nicht möglich, die komplexen Abläufe und Verstrickungen des traumatischen Geschehens zu überblicken und nachzuvollziehen.

1.2 Das Beziehungstrauma

Bei erfahrenen Traumata kann man unterscheiden zwischen solchen, die durch menschliches Handeln und solchen, die unabhängig vom menschlichem Handeln entstanden sind, wie z.B. Naturkatastrophen. Bei der ersten Kategorie gibt es wiederum Abstufungen in der Form, dass der Täter ein Fremder, ein Bekannter, eine Vertrauensperson, wenn nicht sogar die wichtigste Bezugsperson des Betroffenen sein kann. Fischer und Riedesser (2003) sprechen bei den Traumatisierungen, die durch eine oder mehrere vertraute Bezugspersonen verübt werden, von einem sogenannten *Beziehungstrauma*. Solch ein Beziehungstrauma sei gekennzeichnet durch die »traumatische Verzerrung der Beziehungsschemata aufgrund langanhaltender, unangemessener Beziehungserfahrungen« (Fischer/Riedesser 2003, S. 364). Die Paradoxie der verzerrten Beziehungsschemata sei vor allem darin zu sehen, dass die Traumatisierung von den engsten Bezugspersonen, die dem Betroffenen eigentlich Schutz und Sicherheit gewährleisten sollten, ausgehe, sodass der Betroffene in die widersprüchliche Situation gerate, bei den traumatogenen Personen Schutz und Hilfe suchen zu müssen.

Bei allen im Rahmen der vorliegenden Arbeit interviewten Dialogpartnerinnen zeigte sich solch ein Beziehungstrauma (vgl. Kapitel 5).

1.3 Sexueller Kindesmissbrauch

In der Literatur gibt es keine Einigkeit über die Definition von sexueller Gewalt an Kindern (vgl. Engfer 2000). Jedoch würde eine Darlegung aller Definitionen den Umfang der vorliegenden Diplomarbeit überschreiten, sodass an dieser Stelle lediglich zwei Begriffbestimmungen angeführt werden sollen, an denen sich die Autorin während des Forschungsprozesses orientiert hat. Bergmann (2011b) definiert sexuellen Kindesmissbrauch folgendermaßen:

> Sexueller Kindesmissbrauch ist jede sexuelle Handlung, die durch Erwachsene oder Jugendliche an oder vor einem Kind entweder gegen den Willen des Kindes vorgenommen wird oder der das Kind aufgrund körperlicher, psychischer, kognitiver oder sprachlicher Unterlegenheit nicht wissentlich zustimmen kann. Die Täterin oder der Täter nutzt ihre bzw. seine Macht-

und Autoritätsposition aus, um eigene Bedürfnisse auf Kosten des Kindes zu befriedigen und ignoriert die Grenzen des Kindes.

Fischer und Riedesser (2003) weisen darauf hin, dass sexueller Missbrauch für das Kind eine traumatische Situation darstellt, da sich dieses in einer »subjektiv ausweglosen Situation« (S. 287) befindet, wie folgende, beispielhafte Schilderung verdeutlicht:

> Wenn der Erwachsene das Kind, welches seinem Entwicklungsniveau entsprechend körperliche Formen der Zärtlichkeit, der Zuwendung wünscht, sexuell ausbeutet, ist für das Kind eine traumatische Situation gegeben. Das Kind ist ahnungslos, gerät in eine Beziehungsfalle, wird durch körperliche Erregungen verwirrt, durch das Angebot einer malignen Kollusion an die heimliche Beziehung fixiert und meist mit einem Sprechverbot belegt, dem mit Belohnung oder Drohung (wie z.B. mit Selbstmord oder Zerstörung der Familie) Nachdruck verliehen wird. Das Kind befindet sich in einer subjektiv ausweglosen Situation und erleidet dadurch ein oft gravierendes Beziehungstrauma (S. 287).

Wie auch für Bergmann (2011) ist für Fischer und Riedesser (2003) ein zentrales Merkmal für sexuellen Kindesmissbrauch, dass die Verhaltensweisen des Täters primär seiner Bedürfnisbefriedung dienen und eben nicht auf das Wohl des Kindes abzielen.

Des Weiteren vertreten die beiden Autoren die Meinung, dass es sich bei Kindesmissbrauch um einen mehrfachen Missbrauch handelt und zwar um:

1) Missbrauch des Zärtlichkeitsbedürfnisses des Kindes
2) Missbrauch der Wünsche des Kindes nach einer dyadischen Beziehung (Zweiersystem zugehörend)
3) Missbrauch der Bereitschaft des Kindes zu ödipalen Phantasien (erregende Zweierbeziehung unter Ausschluss eines Dritten)
4) Missbrauch der Bereitschaft des Kindes zum Gehorsam
5) Missbrauch der Bereitschaft des Kindes zum Glaube an die Aussagen der Eltern und der Unfähigkeit des Kindes, eine liebevolle zärtliche Annäherung von einer sexuellen Ausbeutung zu unterscheiden
6) Missbrauch der Angst des Kindes vor Zerstörung der Familie (Schweigegebot)
(Fischer/Riedesser 2003, S. 288f.)

Längerfristige, kumulative Beziehungstraumata, wie es bei *sexuellem Missbrauch innerhalb der Familie* meist der Fall ist, können für Fischer und Riedesser die Form einer sogenannten *Double-Bind-Situation* annehmen. Solch eine Double-Bind-Situation sei dadurch gekennzeichnet, dass der Täter widersprüchliche Informationen gleichzeitig an das Opfer richte, beispielsweise in der Form, dass dieser in der Situation des sexuellen Missbrauchs einerseits davon spreche, wie sehr er das Kind liebe und doch gleichzeitig diesem aufgrund des gewaltvollen Missbrauchs Schmerzen zufügt.

Bei dem Begriff des *innerfamiliären* sexuellen Kindesmissbrauchs besteht in der Literatur ebenfalls keine Einigkeit. Manche Definitionen sind sehr eng gefasst und schließen daher z.B. nur den Vater-Tochter-Inzest ein, andere hingegen umfassen als Täter alle leiblichen und angeheirateten *erwachsenen* Verwandten, lassen jedoch den Geschwisterinzest außer Acht (vgl. Fischer/Riedesser 2003). Im Methodenteil wird aufgezeigt, wie innerfamiliärer sexueller Missbrauch im Rahmen der vorliegenden Diplomarbeit verstanden wird (vgl. Punkt 4.4).

1.4 Verlaufsmodell der psychischen Traumatisierung: Situation, Reaktion, Prozess

Fischer und Riedesser (2003) haben das *Verlaufsmodell der psychischen Traumatisierung* konzipiert, welches die chronologische Entwicklung von traumatischer Situation, traumatischer Reaktion und traumatischem Prozess sowie die komplexe Dynamik des Traumas aufzeigt. An dieser Stelle sollen die wichtigsten Merkmale des Modells aufgeführt werden.

1.4.1 Traumatische Situation

Wie weiter oben schon angesprochen, weisen Fischer und Riedesser (2003) darauf hin, dass die *traumatische Situation* nur aus dem Zusammenspiel der objektiven und der subjektiven Situationsfaktoren verstanden werden kann. Zu den objektiven Aspekten zähle unter anderem das Alter des Opfers, die zeitliche Erstreckung des Traumas, die Häufigkeit der erlebten Traumata oder auch, ob dieses durch menschliches Handeln oder durch nicht-menschliches Handeln verursacht worden sei. Unter die subjektiven Faktoren fallen dagegen alle die Ressourcen und Mechanismen, auf die das Opfer zurückgreifen könne, um sich so gut wie möglich zu schützen sowie die persönlichen Belastungen, Vorerfahrungen und der lebensgeschichtliche Hintergrund, welchen das Opfer mitbringt.

In der traumatischen Situation versuche die Betroffene zunächst durch eine Fluchttendenz der bedrohlichen Situation zu entkommen und/oder dieser in einer Kampfhaltung entgegenzuwirken. Jedoch seien beide Strategien aufgrund der hilflosen und ausweglosen Lage zum Scheitern verurteilt, sodass die einzige mögliche Reaktion die der *Lähmung und Erstarrung* bzw. die des *panikartigen Bewegungssturms* darstelle. Fischer und Riedesser (2003) sprechen bezüglich dieser Erstarrungsreaktion auf der motorischen Ebene von der *unterbrochenen Handlung*, da die Handlung, welche unter nicht traumatischen Umständen zur Rettung führen würde, nicht umgesetzt werden könne. Auf der rezeptorischen Ebene komme es währenddessen zu Veränderungen des Zeit-, Raum- und Selbsterlebens. Die beiden Autoren berichten, dass Betroffene vor allem von Dissoziationserlebnissen sprechen, wie *Depersonalisierung* und *Derealisierung*.

1.4.2 Traumatische Reaktion

Die beiden Autoren verstehen die *traumatische Reaktion*, die sich an die soeben beschriebene traumatische Situation anschließt, »als einen komplexen Abwehrvorgang, in dem der psychophysische Organismus versucht, einen eingedrungenen Fremdkörper [...] entweder zu vernichten und auszuscheiden oder aber zu assimilieren« (Fischer/Riedesser 2003, S. 95). In der traumatischen Reaktion, die bis zu mehreren Wochen andauern könne, finde »ein regelhaft wiederkehrender Wechsel von Intrusionen (Eindringen) und Verleugnung der traumatischen Erinnerungsbilder« (ebd., S. 96) statt. Zudem befinde sich die Betroffene in einem durchgängigen Erregungszustand, jederzeit bereit reagieren zu können. Fischer und Riedesser verstehen das Schwanken zwischen plötzlichem Erinnern, unter anderem in Form von Flashbacks, und extremer Vermeidung sowie den Dauererregungszustand als einen unbewussten Selbstheilungsversuch, der bei vielen Traumatisierten mit oder auch ohne Beratung bzw. therapeutische Unterstützung nach einigen Wochen zur Heilung führen kann.

Jedoch gebe es auch Betroffene, die keine Heilung erfahren, da sie z.B. keine bzw. nicht genügend Unterstützung haben, oder die Traumatisierung so lange anhalte, dass es nicht zu einer Erholungsphase kommen könne. Chronifzieren sich die traumatischen Symptome dahingehend, dass die Persönlichkeitsstruktur durch das traumatische Erlebnis eine Veränderung erfährt, sprechen Fischer und Riedesser (2003) von dem Eintreten in den *traumatischen Prozess*, der im folgenden Abschnitt näher betrachtet werden soll.

1.4.3 Traumatischer Prozess

Der *traumatische Prozess* sei durch zwei gegenläufige Schemata gekennzeichnet. Zum einem durch das *Traumaschema* (TS), welches zur Reproduktion des traumatischen Ereignisses z. B. in Form von Flashbacks dränge und zum anderen durch das *traumakompensatorische Schema* (TKS), welches, anhand seines Namens erkennbar, dem traumatischen Schema entgegenwirke und dementsprechend eine kompensatorische Rolle einnehme. Das traumakompensatorische Schema solle »die im sensorischen-motorischen ›Traumaschema‹ gespeicherten brisanten Erfahrungen unter Kontrolle bringen und nach Kräften ausgleichen – in mehr oder weniger realistischer und situationsgerechter Weise« (Fischer/Riedesser 2003, S. 277). Fischer und Riedesser (2003) gehen davon aus, dass so lange es noch nicht möglich ist, »eine zumindest relative Kontrolle über die nahezu unkontrollierbaren, zugleich aber bedrohlichen Verhältnisse der traumatischen Situation herzustellen [...] wird eine Ersatzsituation aufgebaut, die hinreichend Kontrolle und Sicherheit in Aussicht stellt und so die Wiederherstellung eines gewissen Sicherheitsgefühls verspricht« (S. 300). Der Aufbau dieser Ersatzsituation sei eine zentrale Funktion des TKS, welches folgende drei Teilaspekte aufweise:
1) die ätiologische Komponente
2) die restaurative Komponente
3) die präventive Komponente

Die ätiologische Komponente finde eine Antwort auf die Frage nach der Ursache des traumatischen Erlebnisses. Die restaurative Komponente ziele dagegen darauf ab, den erlitten Schaden wieder gut zu machen. Die dritte, sogenannte präventive Komponente, beschäftige sich schließlich mit der Fragestellung, was getan werden muss, um solch eine traumatische Erfahrung in Zukunft zu vermeiden.

Die auftretenden traumatischen Symptome werden von Fischer und Riedesser (2003) zumeist als Kompromissbildung zwischen diesen zwei entgegengesetzten Schemata betrachtet, das heißt, die Mehrzahl aller Symptome enthält sowohl Anteile des TS als auch Anteile des TKS: »Symptome sind psychotraumatologisch als Ausdruck einer komplexen Verbindung von traumatischer Schädigung und Selbstrettungsversuche zu verstehen« (Fischer/Riedesser 2003, S. 297). Die beiden Autoren legen Wert darauf aufzuzeigen, dass Symptome nicht dafür stehen, dass die Traumatisierten ›verrückt‹ sind, sondern, dass die Symptome als »verständliche und oft kreative Antwort auf eine verrückte Situation« zu sehen sind (ebd., S. 279).

Das Schuldgefühl von Betroffenen von innerfamiliärem sexuellem Missbrauch kann im Verlaufsmodell von Fischer und Riedesser (2003) als ein Teil des TKS verstanden werden, genauer gesagt als ein Aspekt seiner ätiologischen Komponente. Denn ein Schuldgefühl ist auch immer der Ausdruck dafür, dass sich das Opfer vorwirft, dass es die traumatische Situation hätte verhindern können. Die Betroffene hätte in ihren eigenen Augen dieses oder jenes machen müssen, dann wäre es nicht zu dem Trauma gekommen. Fischer und Riedesser sprechen in diesem Zusammenhang von dem sogenannten *minimalen kontrollierten Handlungs- oder Ausdrucksfeld*, denn die Schuldüberzeugungen geben dem Opfer zumindest die Illusion einer vorhanden gewesenen Kontrolle (vgl. Punkt 2.2.1.2).

2 Theorien und aktueller Forschungsstand hinsichtlich des Schuldgefühls bei Betroffenen innerfamiliären sexuellen Missbrauchs

In diesem Kapitel soll zunächst kurz aufgezeigt werden, wie das *Schuldgefühl* allgemein definiert werden kann (Punkt 2.1), bevor es anschließend konkret im Hinblick auf die *Dynamik des sexuellen Missbrauchs* näher beleuchtet werden soll (Punkt 2.2–2.4). Hierbei soll ein Überblick über die zentralen Theorien, bisherigen Erkenntnisse und Hypothesen hinsichtlich des Schuldgefühls bei Betroffenen innerfamiliären sexuellen Missbrauchs im Hinblick auf die drei zu klärenden Fragestellungen der vorliegenden Untersuchung gegeben werden:

1) Wodurch ist das Schuldgefühl entstanden? (Punkt 2.2)
2) Welche Auswirkungen und Auswirkungszusammenhänge hat das Schuldgefühl? (Punkt 2.3)
3) Wie kann das Schuldgefühl überwunden werden? (Punkt 2.4)

An dieser Stelle soll jedoch darauf hingewiesen werden, dass eine Darstellung des gesamten Theorie- und Forschungsstandes zu der Thematik im Rahmen der vorliegenden Diplomarbeit nicht realisiert werden kann und soll. Ziel dieser Darstellung soll vielmehr sein, einen Überblick über den Gegenstand zu gewinnen, um später im Diskussionsteil (Kapitel 8) eine Gegenüberstellung zwischen den bisherigen Theorien und Erkenntnisse auf der einen Seite und den Ergebnissen der Untersuchung der vorliegenden Arbeit auf der anderen Seite nachvollziehen zu können.

2.1 Begriffsbestimmung Schuldgefühl

Paul (2007) bezieht sich bei der Begriffsbestimmung des Schuldgefühls auf den Mediziner und Familientherapeuten Thomas Hülshoff (2001). Schuld sei deutlich zu unterscheiden von Emotionen wie Angst, Aggression und Sexualität, da diese entwicklungsgeschichtlich früh entstanden seien und man sie eher als Reiz-Reaktionsmuster beschreiben könne. Das Schuldgefühl sei dagegen entwicklungsgeschichtlich eine eher später entwickelte und vor allem in einen kulturellen Kontext eingebundene Emotion. Des Weiteren handele es sich um ein affektiv-kognitives Phänomen: »Zum einen wird Schuld als ein intensiv-unangenehmes Gefühl erlebt, zum anderen ist sie nur im Rahmen eines gedanklichen Konstrukts denkbar« (Hülshoff 2001 zit. nach Paul 2007, S. 80). Neben der kognitiven und der affektiven Komponente weist Paul noch auf die soziale Komponente des Schuldgefühls hin. Denn das Schuldgefühl könne nur entstehen, wenn der Betreffende bei einem Regelverstoß die kulturell aufgestellten Regeln kenne und diese auch anerkenne. Die Autorin betont zudem, dass ein Schuldigfühlen auch immer mit einem Ungleichgewicht im Zusammenhang steht. Das Schuldprinzip operiere wie eine Waage: Derjenige, der sich schuldig fühle, wolle seine Schuld ausgleichen. »Die negative Sanktion für einen Regelverstoß verbindet sich mit dem Ausgleichsprinzip, sodass der erforderte Ausgleich immer ein schmerzhafter, unangenehmer sein muss« (Paul 2007, S. 80).

Paul (2007) geht davon aus, dass das Schuldprinzip nur in einem System mit mehreren Rollen zu verstehen ist: Die Rolle des Täters, die Rolle des Opfers, die Rolle des Richters, die Rolle des Anklägers, die Rolle des Verteidigers. Die Rollenverteilung könne sich bei ein und derselben ›Schuldsituation‹ durch die Änderung der subjektiven Sicht verändern, sodass beispielsweise aus dem Täter das Opfer werden könne.

Schließlich weist die Autorin darauf hin, »Schuld ist eine Bewertung, keine Tatsache« (Paul 2007, S. 81). Denn es ginge bei dem Schuldgefühlsbegriff nie um eine reale Handlungsbeschreibung, sondern immer um die »subjektive Sicht auf die Welt« (ebd.).

Der Psychoanalytiker Mathias Hirsch (2008), der ebenfalls die subjektive Perspektive des Schuldgefühls fokussiert, definiert das Schuldgefühl als »die – unrealistische – Annahme, jemanden zu schädigen« (S. 177), wobei dieser jemand man selbst oder jemand anderes sein kann. Das Schuldgefühl sei mit einem »Vorwurf verbunden« nämlich dem »Schuldvorwurf etwas Falsches getan zu haben« (Hirsch 2008, S. 177) oder »falsch […] handeln zu wollen« (ebd., S. 179).

Im *Drei-Instanzenmodell*, welches auf Freud (1940), den Begründer der Psychoanalyse zurückzuführen ist, ordnet Hirsch, wie es auch schon Freud selbst getan hat, die Schuldgefühle dem Über-Ich zu: »Die Instanz, die Schuldgefühle hervorruft, befindet sich innen, im Selbst, es ist das Über-Ich, sein bewusster Anteil das Gewissen« (Hirsch 2008, S. 177).

Hirsch (2010) nimmt eine Einteilung des Schuldgefühls in folgende Kategorien vor:

1) Basisschuldgefühl: Die Menschen, die unter dieser Schuldgefühlsform leiden, fühlen sich für ihre bloße Existenz schuldig. Sie seien beispielsweise der festen Überzeugung, dass sie durch ihre Geburt den schlechten Gesundheitszustand der Mutter verursacht haben und sich daher nun so gut wie möglich anpassen müssten.

2) Schuldgefühl aus Vitalität: Diese Art von Schuldgefühl entstehe, da man glaube mehr zu haben als der andere oder mehr haben zu wollen als der andere.

3) Das Überleben-Schuldgefühl: Dieses setzte sich zusammen aus einem Vitalschuldgefühl und dem traumatischen Schuldgefühl. Als Beispiel werden KZ-Überlebende genannt, die sich vorwerfen, weiterleben zu dürfen, im Gegensatz zu geliebten Menschen, die sterben mussten.

4) Trennungsschuld: Eine Autonomieregung werde sofort mit Schuldgefühlen bestraft. Die Folge sei, dass das Kind sich von seinen Primärbezugspersonen nicht oder nur schwer trennen könne.

5) Traumatisches Schuldgefühl: Traumatisierte fühlen sich für das Stattfinden der traumatischen Situation schuldig.

Das letztgenannte, also das *Traumatische Schuldgefühl* ist dasjenige, welches in der vorliegenden Arbeit näher betrachtet werden soll.

2.2 Ursachen des Schuldgefühls

Im Folgenden sollen die in der Literatur diskutierten Entstehungsmöglichkeiten des Schuldgefühls bei Betroffenen innerfamiliären sexuellen Missbrauchs aufgezeigt werden. Zunächst wird der zentrale
Mechanismus der *Identifizierung mit dem Aggressor* beleuchtet (Punkt
2.2.1), anschließend wird auf weitere mögliche Ursachen eingegangen,
wie u. a. die *sexuelle Erregung* (Punkt 2.2.2), das *Verhalten des Täters*
(Punkt 2.2.3) und die *Schuldzuschreibung seitens der Umwelt und der
Gesellschaft* (Punkt 2.2.6).

2.2.1 Identifizierung mit dem Aggressor

Ferenczi (1932) thematisiert in seinem Aufsatz »Sprachverwirrung zwischen den Erwachsenen und dem Kind. Die Sprache der Zärtlichkeit
und der Leidenschaft« innerfamiliären sexuellen Missbrauch. Nachdem
sein Mentor Freud sexuellen Missbrauch in der Familie zunächst als real
existierend anerkannt hatte (vgl. Freud 1895), bezeichnete Freud diesen
später als Phantasiegestalt seiner behandelten Patientinnen (vgl. Freud
1925). Doch Ferenczi (1932) weist in dem oben genannten Aufsatz,
welchen er zuvor öffentlich vortrug, darauf hin, dass sexuelle Gewalt
innerhalb der Familie häufig vorkommt und dass man dieser unbedingt
Beachtung schenken muss:

> Vor allem wurde meine schon vorher mitgeteilte Vermutung, dass das
> Trauma, speziell das Sexualtrauma, als krankmachendes Agens nicht hoch
> genug angeschlagen werden kann, von neuem bestätigt. Auch Kinder ange-
> sehener, von puritanischem Geist beseelter Familien fallen viel öfter, als man
> es ahnen wagte, wirklichen Vergewaltigungen zum Opfer. Entweder sind
> es die Eltern selbst, die für ihre Unbefriedigtheit auf diese pathologische
> Art Ersatz suchen, oder aber Vertrauenspersonen, wie Verwandte (Onkel,
> Tanten, Großeltern), Hauslehrer, Dienstpersonal, die die Unwissenheit und
> Unschuld der Kinder missbrauchen (Ferenczi 1932, S. 224).

Ferenczi (1932) betont bei seinen Ausführungen, dass es sich nicht um
»Sexualphantasien des Kindes« (S. 224) handelt, sondern dass sexueller
Missbrauch für das Kind, welches er durchgängig als »ein noch un-
reifes, schuldloses Wesen« (S. 227) beschreibt, eine grausame Realität
darstellt.

Ferenczi führt weiter aus, dass bei erlebten sexuellen Übergriffen ausgehend vom Erwachsenen der erste Impuls des betroffenen Kindes gegenüber des Täters eigentlich folgender sein müsste: »Ablehnung, Haß, Ekel, kraftvolle Abwehr: ›Nein, nein, das will ich nicht, das ist mir zu stark, das tut mir weh. Laß mich.‹« (Ferenczi 1932, S. 225). Jedoch könne diesem Impuls nicht nachgegangen werden, da das betroffene Kind »durch eine ungeheure Angst paralysiert« (ebd.) sei. An dieser Stelle thematisiert Ferenczi den zentralen Aspekt der Hilflosigkeit, indem er aufzeigt, dass sich das Kind »körperlich und moralisch hilflos« (ebd.) fühlt, da dessen »Persönlichkeit […] noch zu wenig konsolidiert« (ebd.) ist, um sich gegen den Erwachsenen zur Wehr setzen zu können. Es sei diese Angst, die offenbar aufgrund des Realisierens über die eigene ohnmächtige Position ausbricht, die das Kind dazu zwinge »sich mit dem Angreifer vollauf zu identifizieren« (ebd.). Auf diese Weise ordne sich das Kind dem Willen des Täters unter, bereit jede seiner »Wunschregungen zu erraten und zu befolgen, sich selbst ganz vergessend« (ebd.). Das Kind werde »sozusagen zum Psychiater« (ebd., S. 228) des Täters. Durch diese überlebenswichtige Identifizierung mit dem Aggressor könne die »frühere Zärtlichkeitssituation aufrechterhalten« (ebd., S. 225) werden, das heißt, das Kind kann weiter in der Überzeugung leben, von dem Erwachsenen geliebt zu werden. Jedoch sei der Preis, den das Kind für das Bewahren des guten Objektes zahlen müsse der, dass es »die Introjektion des Schuldgefühls des Erwachsenen« sich einverleibe (ebd.).

Den oben genannten Schutzmechanismus, genau zu fühlen und zu wissen, was der Täter von dem Kind möchte, was dieser von dem Kind verlange, nehme das Kind bis in sein Erwachsenenalter mit und wende diese Fähigkeit auch bei weiteren Mitmenschen an, wie beispielsweise beim behandelnden Analytiker: »Allmählich kam ich dann zur Überzeugung, dass Patienten ein überaus verfeinertes Gefühl für die Wünsche, Tendenzen, Launen, Sym- und Antipathien des Analytikers haben« (ebd., S. 220).

Hirsch (1987, 1993, 2008, 2009, 2010) greift das Konzept der Identifizierung des Opfers mit dem Aggressor nach Ferneczi (1932) auf, betrachtet diesen überlebenswichtigen Schutzmechanismus eingehend und erweitert dessen Modell. Bei der Identifizierung handelt es sich nach Hirsch (2008) um »das paradoxe Phänomen, dass die reale Schuld des Täters vom Opfer introjiziert und durch eine unterwerfende Identifikation mit dem Aggressor […] zum Schuldgefühl wird, verbunden mit Selbstwerterniedrigung, während der Täter jede Schuld von sich weist und in völliger Übereinstimmung mit sich selbst – also auch ohne Scham – lebt« (S. 179).

Hirsch (2009) spricht in diesem Zusammenhang auch von dem sogenannten *traumatischen Introjekt*. Dieses Introjekt könne vom Opfer nicht assimiliert werden, jedoch könne es auch nicht aufgegeben werden, da dem Opfer dann die grausame Realität der Missbrauchssituation bewusst werden müsse. Dieses Introjekt sorge dafür, dass die Schuldgefühle im Opfer permanent aufrechterhalten werden und das Opfer vor dem Erkennen der Wahrheit geschützt werde. In diesem Kontext weist Hirsch (2009) auf Freud hin, welcher 1939 vom »Staat im Staat« (Freud 1939 zit. nach Hirsch 2009, S. 89) gesprochen habe. Das Ich – womit sicherlich vor allem der Realitätssinn gemeint ist – habe über dieses traumatische Introjekt keine Macht.

Einen wichtigen neuen Aspekt des Konzeptes der Identifizierung mit dem Aggressor stellt der folgende dar: Ferenczi (1932) hatte noch angenommen, dass der Täter selbst ebenfalls ein Schuldgefühl verspürt, da dieser von »Gewissenspein« (S. 226) geplagt werde, jedoch stellt Hirsch klar, dass der Täter sich in den meisten Fällen keiner Schuld bewusst ist: »Die reale Schuld des Täters (die jener nicht anerkennt) wird zum Schuldgefühl des Opfers (das unschuldig ist), weil das Introjekt wie ein feindlich verfolgendes Über-Ich Schuldgefühle macht« (Hirsch 2010, S. 26).

Hirsch (2009) differenziert zwischen der *primären weiblich-masochistischen* und der *sekundären männlich-sadistischen Identifikation*. Die primäre weibliche Identifikation sei die typische Reaktion des *weiblichen* Inzestopfers. Wie weiter oben beschrieben, nehme dieses dem Täter die Schuld ab, entwerte sich selbst und sei auf diese Weise dafür prädestiniert, im Wiederholungszwang Opfer zu bleiben. Die *männliche* Identifikation sei dagegen dadurch gekennzeichnet, dass das ehemalige Opfer sich mit der Macht seines Täters identifiziere und diese selbst erleben möchte, indem er Schwächeren Leid zufüge.

Hirsch (2009) arbeitet folgende zwei Kerngedanken Ferenczis (1932) hinsichtlich der Entstehung des Schuldgefühls heraus:
1) Das Liebesobjekt schützen
2) Das Hilflosigkeitsgefühl abwehren

Im Folgenden soll auf diese zwei zentralen Aspekte ausführlich eingegangen werden

2.2.1.1 Liebesobjekt schützen

Das Motiv des Opfers für die Identifikation mit dem Aggressor ist laut Hirsch (2009), die gute Beziehung zum Täter sowie das Bild des Täters als gutes Objekt nicht aufgeben zu müssen. Hirsch zeigt auf, dass der Täter bei innerfamiliärem sexuellem Missbrauch für das Opfer lebensnotwendig ist, denn der Täter stellt die einzige Person in der Missbrauchssituation dar, die die Macht besitzt, das Opfer zu retten. Dementsprechend nehme »das Opfer die Schuld auf sich, um sich den Täter als Liebesobjekt zu erhalten« (Hirsch 2009, S. 33). Mit anderen Worten: Der Täter muss ›gut‹ bleiben, sonst ist das Opfer verloren.

> Würde das Kind das ganze Ausmaß an Verrat realisieren, könnte es die Beziehung, auf die es existentiell angewiesen ist, nicht mehr ertragen. Um aber nicht ganz verlassen zu sein, hilft es sich, indem es die Schuld auf sich nimmt, sich selbst erniedrigt, um sich erklären zu können, was der geliebte Erwachsene ihm antut, und um bei ihm bleiben zu können (Hirsch 1987, S. 1)

Dieser Gedanke zur Verursachung des Schuldgefühls lässt sich auch bei weiteren Autoren finden, wie beispielsweise dem Psychoanalytiker Arno Gruen (2008): »Kein hilfloses Wesen kann in dem Bewusstsein existieren, dass die Menschen, auf die es physisch und psychisch angewiesen ist, seinen Bedürfnissen kalt und gleichgültig gegenüberstehen [...] Die Angst wäre unerträglich, ja tödlich« (S. 14). In seinem Buch *Der Fremde in uns* arbeitet Gruen (2008) heraus, dass die Kinder, die Ablehnung durch ihre Eltern – z.B. in Form von Misshandlung, sexueller Gewalt, emotionalem Missbrauch – erfahren, aufgrund ihrer enormen seelischen und körperlichen Abhängigkeit diesen gegenüber ihr eigenes Selbst verleugnen müssen. Mit dem eigenen Selbst seien all die Gefühle, Gedanken und Vorstellungen gemeint, die dem Kind authentisch innewohnen, wie beispielsweise das Gefühl des Kindes, von seinen Eltern nicht bedingungslos geliebt zu werden oder die Wut, die daraus den Eltern gegenüber resultiere. In dem Kind herrsche ein Konflikt: Auf der einen Seite stehe das eigene wahre Selbst und auf der anderen Seite die Wahrnehmung, die Gedanken, die Gefühle und die Erwartungen der Eltern. Der Konflikt werde in der Form gelöst, dass es zu einer Identifizierung mit dem Aggressor komme (vgl. Ferenczi 1932). Dabei werde das ursprünglich Eigene als etwas Fremdes abgespalten, ins Unbewusste verdrängt und die Ansichten der Eltern, die das wirklich Fremde seien, übernommen. »Es ist, als ob ein Teil der eigenen Psyche durch einen Fremdkörper, den der Autorität, ersetzt wird« (Gruen 2008, S. 47). Konkret in der Situation des sexuellen Missbrauchs kann dies beispielsweise bedeuten, – zumindest in den Augen der Betroffenen – dass der Täter das Kind nur missbraucht, weil es ihn zuvor verführt hat oder weil dieses es nicht anders verdient hat: »Denn das Kind kann seine Eltern nur unter der Voraussetzung als liebevoll erleben, dass es ihre Grausamkeiten als Reaktion auf sein eigenes Wesen interpretiert [...] damit übernimmt das Kind die lieblose Haltung der Eltern sich selbst gegenüber« (Gruen 2008, S. 14f.). Gruen geht des Weiteren davon aus, dass in dem Kind ab dem Moment, ab dem dieses sein wahres Selbst verleugnet, ein *unbewusster Terror* in dessen Psyche stattfindet. Dies meint, dass das Kind unbewusst immer in der Angst lebe, dass das Erleben seiner authentischen Impulse schwerwiegende Konsequenzen nach sich ziehen könne, wie z. B. den Verlust der Eltern. Aufgrund dieses unbewussten Terrors werden jegliche Gefühle und Gedanken, nicht nur die ›gefährlichen‹ sondern viele darüber hinaus, also auch die ›ungefährlichen‹ sofort verdrängt: »Alles was ihm eigen ist, wird abgelehnt und entwickelt sich zu einer potentiellen Quelle eines inneren Terrors« (Gruen 2008, S. 15).

Fischer (1998) spricht im Zusammenhang des Schutzes des Liebesobjektes von der fehlenden Fähigkeit des Opfers zur *Objektspaltung*. Er führt dazu aus, wenn sexuelle Gewalt »unter dem Anschein libidinöser Zuwendung betrieben wird« (ebd., S. 80), kommt es in dem Opfer zu einer »Konfusion ›guter‹ und ›böser‹ Objektrepräsentanzen« (ebd., S. 80), das heißt, dem Opfer ist es nicht möglich, zu erkennen, dass der Täter widersprüchliches, in sich gespaltenes Verhalten zeigt. Diese Unfähigkeit der Spaltung ergibt sich nach Fischer u. a. aus dem Umstand, dass der Aggressor bislang eine wichtige Vertrauensfigur für das Opfer dargestellt hat und deswegen nicht ertragbar ist, dass diese als bisher liebevoll angesehene Bezugsperson das Kind auch missbraucht, das heißt gut und böse in einer Person ist. Zeitgleich zu der Konfusion hinsichtlich des traumatogenen Objektes, werde auch das eigene Selbst von solch einer Konfusion erfasst. Fischer wählt zur Veranschaulichung dieses Phänomens das Bild einer Drehtür: Sobald das Opfer einen negativen Aspekt des Täters wahrnehme, rücke dieser in den Hintergrund oder werde ganz vergessen, das Positive des Täters dagegen trete in den Vordergrund. Gleichzeitig, wie oben schon erwähnt, erfahre das eigene Selbstkonzept eine Drehung, in der Form, dass die dem Täter ursprünglich geltenden negativen Empfindungen wie Hass oder auch Zorn auf das eigene Selbst gerichtet werden. So beschuldige sich das Opfer beispielsweise aufgrund seiner angeblichen Komplizenschaft oder auch wegen seines angeblich verführerischen Verhaltens selbst, den Missbrauch (mit)verursacht zu haben. Fischer weist darauf hin, dass dieses ständige Rotieren des Objektes und der eigenen Person dazu führt, dass es nie einen festen Bezugspunkt gibt und daher auch keine Stabilität.

Des Weiteren hat Fischer (1998) beobachtet, dass es bei Missbrauchsopfern häufig zu einer *Identifizierung zum Schutz des Objektes* kommt. Hierbei handele es sich um einen Abwehrmechanismus, die der Betroffene nutze um »die innere Verbundenheit mit dem Objekt aufrechtzuerhalten und dieses vor vernichtender Kritik und Haßimpulsen zu schützen« (Fischer 1998, S. 85). Der Betroffene »übernimmt und verwirklicht [hierfür] manche Eigenschaften oder Verhaltensweisen des traumatisierenden Objektes, und zwar gerade solche, die er an diesem bewusst oder unbewusst kritisiert« (ebd., S. 85). Auf diese Weise könne sich das Opfer bewusst oder auch unbewusst davon überzeugen, nicht besser als der Täter zu sein und daher auch nicht das Recht zu haben dem Täter Vorwürfe zu machen.

In diesem Zusammenhang weist Barwinski (2008) ebenfalls in ihrem Artikel »Abwehrmechanismen gegen die Kenntnisnahme psychischer Traumatisierung« auf die seelische Notwendigkeit des *Täterschutzes* für das Opfer hin. Sie betont dabei die Rolle der Abwehrmechanismen, wie z. B. *Idealisierung* oder *Passiv-Aktiv-Umkehrung*, die »die Funktion erfüllen, den Täter nicht als Täter wahrzunehmen« (S. 32). Bei der Idealisierung wird der Täter seitens des Opfers nur als gut gesehen, um negative Impulse diesem gegenüber abzuwehren. Bei der Passiv-Aktiv-Umkehrung hingegen erlebt sich das Opfer in der Missbrauchssituation als aktiv, um dem Täter eine passive Rolle zuschreiben zu können.

Ein weiterer Autor der auf dem Identifizierungsgedanken Ferenczis aufbaut, ist Ehlert-Balzer (1996) mit seinem Konzept des *traumatischen Introjekts als phantasmatisches Verbot*. Ehlert-Balzer arbeitet heraus, dass Opfer, die schwere Traumatisierung[1] erleiden, auf diese in der Art und Weise reagieren, als hätten sie ein schwerwiegendes Verbot übertreten und daher die Strafe der Traumatisierung verdient:

---

1 In seinem Artikel bezieht sich Ehlert-Balzer auf schwer traumatisierte Erwachsene (Vergewaltigung, Folter im Erwachsenenalter usw.), jedoch lässt sich dieses Modell des phantasmatisches Verbots mit Sicherheit auch auf Kinder anwenden.

Auf unbewußter Ebene muß das Opfer quasi darauf bestehen, tatsächlich das zu werden, was der Täter mit dem Verbrechen aus ihm machen wollte. Es muß daran festhalten, ein phantasmatisches Verbot übertreten und damit die Strafe des Traumas verdient zu haben, weil nur dies die Unterwerfung sinnvoll erscheinen läßt (Ehlert-Balzer 1996, S. 9).

Der Sinn dieser unbewussten Vorstellung hinsichtlich des Übertretens solch eines Verbotes ist laut Ehlert-Balzer darin zu sehen, dass das Opfer dann in der »Hoffnung auf Versöhnung« (ebd., S. 9) leben kann. Denn auf diese Weise könne in dem Opfer die überlebenswichtige Zuversicht weiterbestehen, sobald die Strafe, die das schreckliche Trauma darstelle, abbezahlt sein werde, werde sich der Täter mit seiner Liebe dem Opfer wieder zuwenden. Folgendermaßen fasst Ehlert-Balzer (1996) seine Erkenntnisse zusammen: »Obwohl also das traumatische Introjekt das Opfer ständig in seiner Identität bedroht, kann es nicht aufgegeben werden, weil es das Versprechen der Versöhnung enthält, auf das das Opfer nicht verzichten kann« (S. 9).

In einer früheren Arbeit thematisieren Ehlert und Lorke (1988), ebenfalls aufbauend auf dem Identifizierungskonzept nach Ferenczi (1932), dass das Schuldgefühl nicht den Täter als Liebesobjekt erhält, sondern dass das Schuldgefühl die unbewusste *Hoffnung*, dass dieser irgendwann noch ein solches Liebesobjekt werden kann, aufrechterhält:

Um an der – objektiv völlig absurden – unbewußten Hoffnung festzuhalten zu können, vom Täter doch noch geliebt zu werden, muß das Opfer darauf bestehen, das zu sein, was der Täter aus ihm durch die Tat gemacht hat [...]. Es muß aktiv seine eigene Entwertung betreiben, in der Hoffnung, dadurch den Täter zufriedenzustellen (Ehlert/Lorke 1988, S. 520f.).

Schlesinger (2006) bezieht sich in ihren Überlegungen zur Entwicklung des Schuldgefühls auch auf Ferenczis Identifizierungskonzept. Ihrer Meinung nach spielen die unbewussten Phantasien und inneren Konflikte, die mit dem real erlebten sexuellen Missbrauch in Verbindung stehen, eine bedeutende Rolle bei dem Ursprung des Schuldgefühls. An einem eigens behandelten Fall, bei dem die Patientin jahrelangen Missbrauch durch den Vater erfahren hat, zeigt Schlesinger (2006) auf, dass in der Patientin die unbewusste ödipale Phantasie, den Vater allein für sich haben zu wollen, vorhanden gewesen ist. Als der Vater sich durch die sexuelle Gewalt der Tochter ›zugewendet‹ habe, habe sich bei der

Patientin die Phantasie entwickelt, die Macht zu besitzen die Beziehung zwischen Mutter und Vater zerstören zu können und den Vater bald für sich gewonnen zu haben. Hinter diesen ödipalen Phantasien stehe das gleiche Motiv, wie in den vorangegangen Ausführungen schon mehrfach beschrieben: Die Bewahrung des guten elterlichen Objektes. In den Ausführungen Schlesingers (2006) werden die ödipalen Phantasien genutzt, um die Illusion weiter aufrecht zu erhalten, von dem Täter geliebt werden zu können. Als weiteren neuen Aspekt führt Schlesinger (2006) an, dass durch die Identifizierung mit dem Aggressor und die eigene Bestrafung, der Täter im gewissen Sinne auch bestraft wird, da man mit diesem schließlich ›eins‹ ist: »Identifying with her father, the aggressor, taking on his crime and the attendant guilt, she had punished him by punishing herself« (S. 64).

2.2.1.2 Hilflosigkeitsgefühl abwehren

Eine weitere Hauptbegründung für das Schuldgefühl liegt für Hirsch (2010) in einem konstruktiven Moment, der ebenfalls bei Ferenczi (1932) schon Erwähnung findet. Denn das Schuldgefühl könne auch als »Versuch verstanden« werden, »das Unbegreifliche, Unvorhersagbare, Unbegründbare in einen begreifbaren Zusammenhang zu stellen, denn wenn man schuld war, hätte man vielleicht auch die Macht gehabt, Schuld zu vermeiden und sich anders zu verhalten, also etwas zu bewirken oder zu verhindern« (Hirsch 2010, S. 33f.).

Diese Meinung wird von vielen weiteren Autoren geteilt (vgl. Fischer/ Riedesser 2003; Fischer 1998; Barwinski 2008; Schlesinger 2006; Steinhage 1989; Paul 2007; Sanford 1992; Enders 2008).

Wie unter Punkt 1.4.3 angesprochen, schlagen Fischer und Riedesser (2003) das Konzept des *minimalen kontrollierten Handlungs- oder Ausdrucksfelds* für das Erfassen dieses Phänomens vor. Der Traumatisierte nutze alle ihm zur Verfügung stehenden Mittel, um das Ohnmachtsgefühl abzuwehren, so nutze er auch das Schuldgefühl. Das Schuldgefühl stelle daher einen überlebenswichtigen Schutzmechanismus dar, um die Erschütterung des Selbst- und Weltverständnisses zu verhindern.

Steinhage (1989) bringt es wie folgt auf den Punkt: »Der Glaube daran selbst schuldig zu sein für das, was passiert ist, gibt [...] [den Betroffenen] die Illusion, Kontrolle über die Situation gehabt zu haben, nicht hilflos und ohnmächtig gewesen zu sein« (S. 135).

Birck (2001) kommt in ihrer Doktorarbeit *Die Verarbeitung einer sexuellen Missbrauchserfahrung in der Kindheit bei Frauen in der Psycho-*

therapie zu dem gleichen Schluss: »Tatsächlich zeigt die Analyse der Interviews, dass in vielen Fällen die Verringerung der Schuldgefühle mit einer plötzlichen Zunahme von Hilflosigkeits- und Ohnmachtsgefühlen einhergeht, die von den Betroffenen nur ganz schwer zu ertragen sind« (S. 174). Schlesinger (2006) betont in diesem Zusammenhang, dass solch ein Kontrollempfinden hinsichtlich der traumatisierenden Situation vor allem auch eine narzisstische Selbstaufwertung bedeutet, da dem Selbst durch solche Kontrollphantasien eine große Macht zugesprochen werde.

2.2.2 Sexuelle Erregung und/oder angenehme Gefühle

Eine weitere, in der Literatur häufig zu findende, mögliche Entstehungsursache für die Entwicklung des Schuldgefühls ist das Vorhandensein von sexueller Erregung und/oder angenehmen Gefühlen beim Opfer während der Missbrauchssituation. So beschreibt z. B. Steinhage (1989) »Mädchen, die bei den sexuellen Handlungen auch angenehme Gefühle empfanden, haben als Erwachsene große Schuldgefühle und können sich ihre Empfindungen und ihr Verhalten als Mädchen nicht verzeihen« (S. 52). Steinhage arbeitet ebenfalls heraus, dass das Schuldgefühl besonders groß ist, wenn das Fühlen von Lustgefühlen beim sexuellen Missbrauch vorhanden war.

Enders (2008) vertritt die gleiche Meinung: »Die Schuldgefühle kindlicher Opfer sexueller Ausbeutung sind besonders groß, wenn diese während der sexuellen Ausbeutung irgendein Vergnügen empfunden haben – z. B. Genuss der Aufmerksamkeit oder lustvolle körperliche Reaktionen« (S. 136).

Auch Hirsch (1987) weist auf den Entstehungszusammenhang von Schuldgefühl und sexueller Erregung hin: »Die eigene Lust, die trotz aller Abwehr beim Opfer entsteht und auch bewusst sein kann, macht Schuldgefühle« (S. 89).

2.2.3 Ich-Beteiligung

Ein weiterer Aspekt hinsichtlich der Schuldgefühlentstehung, der in der Literatur jedoch eher weniger Beachtung findet, ist der der *Ich-Beteiligung* in der Missbrauchssituation, die beim Opfer vorhanden sein kann. Hirsch (1987) ist einer der wenigen Autoren, der betont: »Opfer zu sein, und das ist das Kind in jedem Fall, bedeutet nicht, unbeteiligt zu sein« (S. 86). Hirsch (2010) thematisiert hierzu, dass »die Anerkennung [...] des Mitgemacht-Habens, des Auch-gewollt-Habens, des doch schrecklichen

Angriffs auf die körperliche-psychische Integrität [...] das Schwerste in der Therapie zu Entdeckende und zu Bearbeitende« (S. 36) sei und dass es demzufolge auch zu starken Schuldgefühlen führen kann.

2.2.4 Verhalten des Täters

Schon Ferenczi (1932) weist auf die Bedeutung des Verhaltens des Täters im Bezug auf die Schuldgefühlentwicklung bei dem betroffenen Kind hin. Das strenge und oftmals plötzlich religiöse Benehmen des Täters dem Kind gegenüber verstärke dessen Schuldgefühl, welches aufgrund der Identifizierung entstanden sei, noch zusätzlich. »Nicht selten wird der Verführer nach solchem Geschehnis übermoralisch oder religiös und trachtet auch das Seelenheil des Kindes mittels solcher Strenge zu retten« (Ferenczi 1932, S. 226).

Steinhage (1989) thematisiert die oft vorkommende Verhaltensweise des Täters den sexuellen Missbrauch dem Opfer gegenüber als ›unser Geheimnis‹ zu deklarieren. Solch eine Betitelung des Missbrauchs schreibe dem Opfer eine aktive Rolle zu und suggeriere dementsprechend auch dessen Mitschuld.

Finkelhor und Brown (1985) sprechen in diesem Zusammenhang von der *Dynamik der Stigmatisierung,* welche eine mögliche Dynamik bei sexuellem Kindesmissbrauch darstellt. In dieser Dynamik schreibe der Täter zunächst dem Kind die Schuld an dem sexuellen Missbrauch explizit zu. Als Begründung der Schuldzuschreibung nenne der Täter, dass das Kind ihn angeblich verführt oder aktiv mitgemacht habe. Zudem lege der Täter dem Opfer ein *Schweigegebot* auf, welches diesem vermittle, die anderen, das heißt seine Familie, seine Bezugspersonen, generell seine Umwelt, würden dem Kind die Schuld zusprechen und es daher meiden, sobald der sexuelle Missbrauch bekannt werde. Wenn das Kind in dieser Dynamik sich dann versuche seiner Umwelt anzuvertrauen, werde es von seinen Mitmenschen für das Stattfinden des sexuellen Missbrauchs verantwortlich gemacht und auch wirklich gemieden. Eine zentrale psychische Folge dieser Dynamik sehen Finkelhor und Brown in den entstehenden Schuld- und Schamgefühlen.

2.2.5 Die Rolle der Mutter

Das Verhalten sowie die generelle Haltung der Mutter hinsichtlich der Missbrauchssituation ist ein viel diskutiertes Thema in der Literatur (vgl. Hirsch 1987; Hirsch 2009; Enders/Stumpf 1991; Enders 2008; Rijnaarts 1988). Hirsch (2009) merkt an, dass es auch Mütter gibt, welche eine Eifersucht gegenüber der vom eigenen Partner missbrauchten Tochter verspüren. Mit dieser eifersüchtigen Haltung gebe die Mutter ihrer Tochter zu verstehen, dass sie diese als aktive Rivalin und vor allem als die verführende Schuldige betrachte. Darüber hinaus fördere die Mutter den sexuellen Missbrauch sogar oftmals, indem sie die Tochter z. B. auffordere alleine zum Vater zu gehen, wohl wissend, was geschehen wird.

Weiterhin nimmt Hirsch (2009) an, dass in der Missbrauchsdynamik häufig ein Bündnis von Täter und Opfer gegenüber der Mutter entsteht und auf diese Weise beim Opfer zu einer »Entfernung von der Mutter« (Hirsch 2009, S. 91) führt. Denn das Opfer »tut etwas ohne und sogar gegen sie« (Hirsch 2009, S. 91). Dieses Bündnis gegen die Mutter ist laut Hirsch (2009) ein weiterer möglicher Ursprung des Schuldgefühls.

Ehlert-Balzer (1996) ist der Auffassung, dass schwer Traumatisierte[2] in ihrer inneren Objektwelt einen Mord an der guten Mutter vornehmen, wenn diese ihnen in der traumatischen Situation nicht zur Hilfe kommt, unabhängig davon ob der Mutter dies möglich sei oder nicht. Dieser innere Mord an der guten Mutter müsse im Zusammenhang mit der Täteridentifizierung gesehen werden. Da gegen diesen keine Aggression ausgelebt werden dürfe (vgl. Punkt 2.2.1.1), richte sich der Hass, der eigentlich dem Täter gelte, gegen die nicht anwesende Mutter. Die Zerstörung des positiven Mutterbildes ist für Ehlert-Balzer (1996) eine weitere und entscheidende Quelle des Schuldgefühls: »Mord an der guten Mutter [...] scheint mir das tiefste Schuldgefühl zu erzeugen« (S. 13). Das Schuldgefühl sei so tief, da es sich in der inneren Objektwelt tatsächlich um verübten Mord handle und diese Tat demzufolge nicht wiedergutzumachen sei.

2.2.6 Schuldzuschreibung seitens der Umwelt und der Gesellschaft

Josephine Rijnaarts (1988) setzt sich in ihrem Buch *Lots Töchter. Über den Vater-Tochter-Inzest* mit den Auswirkungen der Psychoanalyse auf die *weiblichen Betroffenen* innerfamiliären sexuellen Missbrauchs

---

2 Wie weiter oben schon erläutert bezieht sich Ehlert-Balzer auf schwere Traumatisierungen im Erwachsenenalter, jedoch lässt sich dieses Modell des inneren Muttermordes mit Sicherheit auch auf Kinder anwenden.

auseinander. Rijnaarts (1988) weist darauf hin, dass Freud der erste gewesen ist, der die Erfahrungen von Inzestopfern zum Ausgangspunkt einer Theorie machte. Freud stellte 1895 seine Verführungstheorie auf. Diese Theorie besagt, dass real erlebte traumatische Erfahrungen – vor allem sexueller Missbrauch in der Familie – hysterische Symptome als Folge haben können: »Die Hysterie spitzt sich mir immer mehr zu als Folge von Perversion des Verführers; die Heredität immer mehr als Verführung durch den Vater« (Freud 1887 zit. nach Rijanaarts 1988, S. 88). Rijnaarts arbeitet heraus, dass Freud im Jahre 1895 demzufolge fest davon überzeugt gewesen war, dass seine *Patientinnen* realen sexuellen Missbrauch innerhalb der Familie erleben mussten und dass sie an diesen extremen Traumatisierungen keine Schuld tragen, sondern der Täter immer als der alleinige Schuldige anzusehen ist.

Jedoch bald habe sich die »anfängliche Empathie [Freuds] in Verrat« (Rijanaarts 1988, S. 81) verkehrt. Zwar habe Freud seinen *Patientinnen* weiterhin zugehört, allerdings habe er alles, was diese mitteilten gegen dieselben verwendet. Denn Freud wandte sich von der Verführungstheorie ab und entwickelte eine Theorie, bei der der weltbekannte *Ödipuskomplex* eine zentrale Rolle einnahm (vgl. Freud 1923a, 1923b, 1924). Das Konzept des Ödipuskomplexes besagt, dass in der phallischen Phase (ca. 4.–6. Lebensjahr) das Mädchen ihren Vater begehre, sich von diesem ein Kind wünsche und Aggressionen gegen die Mutter als die bestehende Rivalin entwickle. Der Junge dagegen entwickle analog zur weiblichen psychosexuellen Entwicklung Aggressionen gegen den Vater und wünsche sich die körperliche Nähe zur Mutter. 1925 widerrief Freud seine Verführungstheorie öffentlich: »Als ich dann doch erkennen musste, diese Verführungsszenen sind niemals vorgefallen, seien nur Phantasien, die meine Patienten erdichtet, die ich ihnen vielleicht selbst aufgedrängt hatte« (Freud 1925, S. 59f.). Rijnaarts (1988) kommentiert Freuds Widerruf wie folgt: »Schauplatz der sexuellen Kindheitserlebnisse ist nun nicht mehr die Wirklichkeit, sondern die Phantasie und die Initiative verlagert sich von der Elternperson auf das Kind« (S. 97f.).

Zudem sei die Mutter des Opfers ebenfalls in den Fokus der Beschuldigung gerückt, wie die Autorin anmerkt, und dabei folgendes Zitat Freuds als Bekräftigung ihrer Anmerkung wiedergibt:

Und nun findet man in der präödipalen Vorgeschichte der Mädchen die Verführungsphantasien wieder, aber die Verführerin ist regelmäßig die Mutter. Hier aber berührt die Phantasie den Boden der Wirklichkeit, denn es war wirklich die Mutter, die bei den Verrichtungen der Körperpflege Lustempfindungen am Genitale hervorrufen, vielleicht sogar erst erwecken mußten (Freud 1933, S. 128f. zit. nach Rijanaarts 1988, S. 109).

Aufgrund des Ersetzens der Verführungstheorie durch die Theorie des Ödipuskomplexes haben die Missbrauchsopfer viel Leid in der Therapie, die ihnen eigentlich helfen sollte, erfahren, wie Rijnaarts (1988) ausführt:

> Weiblichen Patienten, die unter den Folgen sexuellen Mißbrauchs durch den Vater litten, konnten Psychoanalytiker fortan erzählen, a) es handle sich um Wunschphantasien, um etwas, das sie sich gewünscht hätten, das in der Wirklichkeit aber nie geschehen sei und b) unabhängig davon, ob der Vater sie nun mißbraucht – oder wie Freud suggeriert: ihren Wünschen nachgegeben – habe oder nicht, könne dies keinesfalls die eigentliche Ursache ihrer Probleme sein, denn diese Ursache sei nicht beim Vater, sondern bei der Mutter zu suchen (S. 110).

Die Autorin sieht die Ödipustheorie als gigantischen Abwehrmechanismus der Gesellschaft an. Denn die Gesellschaft wolle nicht wahrhaben, dass sexueller Missbrauch *in der Familie* stattfinde, dass dieser nicht von Fremden verübt werde, sondern, dass der Täter eine einem selber nahestehende Person, wie der eigene Ehemann, sein könne. Rijnaarts macht darauf Aufmerksam, dass sogar Psychotherapeuten – unabhängig vom schulischen Hintergrund – sich in den Sitzungen in diesen gigantischen Abwehrmechanismus retten, indem sie die Äußerungen über sexuellen Missbrauch als mögliche Phantasien umdeuten oder aber die Schuld Opfer und Mutter zuschreiben und den Täter damit entlasten (vgl. hierzu auch Enders 2008).

Wie anhand von Finkelhors und Browns (1985) Stigmatisierungsdynamik gezeigt, spielt das Verhalten der Umwelt eine bedeutende Rolle bei der Verursachung des Schuldgefühls (vgl. Punkt 2.2.4).

Hirsch (1978) stellt hierzu fest: »Gerade beim sexuellen Missbrauch des Kindes [...] besteht im gesellschaftlichen Denken – dessen wichtigster praktischer Niederschlag sich in Strafverfolgung und Rechtsprechung findet – die Neigung, zuerst einmal dem Opfer die Initiative, wenn nicht gar die Verantwortung für die ›Verführung‹ zuzuschieben« (S. 93).

Steinhage (1989) hat, wie viele weitere Autoren (vgl. Fischer/Riedesser 2003; Birck 2001) die gleiche Beobachtung gemacht: »Gerade bei Fällen von sexuellem Missbrauch tendiert die Umwelt sehr leicht dazu, die Mädchen zu beschuldigen« (S. 51). Besonders bei intrafamiliärem sexuellem Missbrauch sei dies der Fall:

> Wagt es ein Mädchen, über die sexuellen Übergriffe zu sprechen, muss sie mit massiven Schuldzuweisungen rechnen. Ihr wird vorgeworfen, sie habe den Vater verführt – mitbeschuldigt wird ihre Mutter: ihr Verhalten hat die Übergriffe erst ermöglicht. Damit wird der Verursacher zur Randfigur; er wird entlastet (ebd., S. 94).

Solche expliziten Beschuldigungen seitens der Umwelt dem Opfer gegenüber führen Steinhage zufolge bei diesem zu einer enormen Verstärkung des Schuldgefühls. Dabei weist die Autorin auf das paradoxe Phänomen hin, dass bei extrafamiliärem sexuellem Missbrauch der fremde Täter als »Bestie öffentlich beschuldigt« (ebd.) wird, bei intrafamiliärem Missbrauch dagegen der dem Opfer bekannte und vertraute Täter von der Umwelt eher Entlastung für sein Handeln erfährt. Steinhage (1989) sieht darin »eine Strategie, um von den alltäglichen intrafamiliären sexuellen Gewalthandlungen von Vätern an Töchtern abzulenken« (S. 94).

Birck (2001) hat in ihrer Dissertation die Erkenntnis, dass das Verhalten der Umwelt einen bedeutenden Faktor bei der Entstehung des Schuldgefühls darstellt, erneut bestätigt:

> Das Modell zeigt die dramatischen Auswirkungen verleugnender, stigmatisierender und schuldzuschreibender Verhaltensweisen der Umgebung. Die Konsequenzen solcher Reaktionen der (therapeutischen oder nichttherapeutischen) Umwelt sind fast immer verheerend und vergrößern regelmäßig Angst- und Schuldgefühle der Betroffenen (S. 194).

Neben der soeben beschriebenen expliziten Schuldzuweisung kommt es laut Steinhage (1989) häufig auch zu einer eher impliziten Schuldzuweisung seitens des sozialen Umfeldes. Die Umwelt stelle Fragen wie, warum die Opfer den Missbrauch so lange geschehen lassen hätten, wieso sie sich nicht deutlicher gewehrt hätten oder wieso sie sich nicht der Mutter anvertraut hätten. Steinhage (1989) unterstreicht, dass solch ein Verhalten seitens der Umwelt, welches die Schuld dem Opfer eher indirekt zuschreibt, das Schuldgefühl bei den Betroffenen ebenfalls, ähnlich wie bei der direkten Schuldzuschreibung, enorm verstärkt.

2.2.7   Realer Handlungsspielraum

Die bisherigen diskutierten Konzepte gehen davon aus, dass sich das Opfer in der traumatischen Situation des sexuellen Missbrauchs in einer absolut hilflosen Situation befindet (vgl. bspw. Fischer/Riedesser 2003). Schmidt (1996) vertritt dagegen die Meinung, dass jedem Opfer ein, wenn auch noch so minimaler, Handlungsspielraum innerhalb der traumatischen Situation zur Verfügung steht:

> Da die sexuelle Gewalt in aller Regel im Ausnutzen von dauerhaften Vertrauensbeziehungen geschieht, sind die Situationen restloser Ohnmacht tatsächlich jedoch fast immer eingebettet in ein (grauenvolles) Kontinuum von Beziehung, in der auch die Angegriffenen einen Spielraum haben, ihr Handeln und ihre Beziehung zum Angreifer selbst zu bestimmen (S. 132).

Fast jede Betroffene entwickle in diesem Zusammenhang »aktiv Strategien, die die Situation erträglicher machen (oder auch aufrechterhalten) lassen« (ebd.). Als Beispiel für eine solche Strategie verweist Schmidt auf den Mechanismus der Identifizierung mit dem Aggressor (vgl. Ferenczi 1932). An dieser Stelle wird deutlich, dass das Schuldgefühl der Betroffenen für Schmidt auf einem realen Fundament – nämlich dem soeben beschriebenen realen Handlungsspielraum – fußt.

Schmidt (1996) warnt davor, die eigene – und sei diese noch so minimal gewesen – Macht, Verantwortung und ›Schuld‹ der Betroffenen hinsichtlich der erlebten sexuellen Gewalt nicht anzuerkennen. Dies sei ihrer Meinung und ihrer Erfahrung als langjährige Beraterin in dem Bereich des sexuellen Missbrauchs nach, für die betroffene Frau äußerst fatal. Denn, wenn dem Opfer von vornherein die Unschuld zugesprochen werde, bleibe dieses in seiner Opferposition stecken. Für die Betroffene bedeute dies »die restlose Negierung ihrer Subjektivität« (ebd., S. 135), da ihre persönlichen Handlungsstrategien in der Missbrauchssituation verleugnet werden. Zudem könne die tatsächliche Verstrickung mit den Tätern nicht aufgedeckt und dementsprechend auch nicht gelöst werden. Des Weiteren könne nie die notwendige Auseinandersetzung mit dem Schuldgefühl stattfinden, um dieses zu überwinden:

> Was in der Auseinandersetzung mit gesellschaftlichen Schuldzuschreibungen und *introjizierten* Schuldgefühlen den Zugang zur eigenen damaligen

Ohnmacht und Wut ermöglichen kann – wird als Axiom – im sozialen Kontext allzu oft zum Mittel, genau die Auseinandersetzung mit den Schuldgefühlen selbst und vollends mit eigener realer Verantwortung (und Scham und Trauer darüber) abzuwehren (Schmidt 1996, S. 132).

Bei ihren Ausführungen betont Schmidt mehrfach, dass der Täter durch die Anerkennung des eigenen Handlungsspielraumes nicht an Schuld verliert: »Es liegt mir fern, die volle Verantwortung des Angreifers für sein Tun irgend infrage zu stellen« (ebd.).

In der Therapie oder auch in der Beratung sei es sehr bedeutsam, die Möglichkeit solch einer Schuld in Betracht zu ziehen. Denn schließe der Therapeut bzw. der Berater dies sofort aus, »bleibt das Schuldgefühl der Angegriffenen entweder verdrängt (und die Opferposition) stabil oder die Angegriffenen erleben – unter umgekehrten Vorzeichen – erneut die ungeheuerliche Verkehrung ihrer Realität durch die Bedeutung, die die Mitwissenden geben« (ebd., S. 97).

2.3 Auswirkungen und Auswirkungszusammenhänge

Im Folgenden sollen die in der Literatur diskutierten Auswirkungen und Auswirkungszusammenhänge des Schuldgefühls bei Betroffenen innerfamiliären sexuellen Missbrauchs aufgezeigt werden. Dazu zählen *negatives Selbstbild* (Punkt 2.3.1), *Selbstverletzendes Verhalten* (Punkt 2.3.2), *Psychogene Schmerzen* (Punkt 2.3.3), *Verändertes Schuldverständnis* (Punkt 2.3.4), *Zentrierung auf das Schuldgefühl* (Punkt 2.3.5) *Verharmlosung des Missbrauchs* (Punkt 2.3.6) und die *Unfähigkeit sich abzugrenzen* (Punkt 2.3.7).

2.3.1 Negatives Selbstbild

Das Schuldgefühl geht, laut Hirsch (1987), mit einem fehlenden Selbstwertgefühl einher und kann bis zur Depression führen. Mehrere andere Autoren weisen ebenfalls auf den großen Zusammenhang zwischen Schuldgefühl und negativem Selbstbild hin (vgl. Finkelhor/Brown 1985; Fischer 1998; Fischer/Riedesser 2003; Paul 2007). Auch Birck (2001) kommt in ihrer empirischen Doktorarbeit zu dem Schluss, dass ein negativer Selbstwert regelmäßig mit einen hohen Schuldgefühl korreliert.

2.3.2 Selbstverletzendes Verhalten

Schon Ferenczi (1932) macht darauf aufmerksam, dass Sadomasochismus als Auswirkung des Schuldgefühls betrachtet werden kann und ruft dazu auf, diese Beziehung weiter zu erforschen: »Wie viel vom Sadomasochismus in der Sexualität unserer Zeit kulturbedingt ist (das heißt nur vom introjizierten Schuldgefühl herrührt), und wie viel autochthon und spontan als eigene Organisationsphase sich entwickelt, bleibt weiteren Untersuchungen vorbehalten« (S. 229).

Hirsch (1987) sieht diese Beziehung ebenfalls: »Ein oft extremer Selbsthaß liegt der Selbstverstümmelung zugrunde, die auch das Element der Selbstbestrafung und damit die Verminderung von Schuldgefühlen mit einschließt« (S. 167). Hirsch geht dementsprechend davon aus, dass die Opfer unbewusst in dem Glauben leben, ihre angebliche Schuld durch selbstschädigendes Verhalten verringern zu können.

Auch in der aktuellen Forschung wird immer wieder auf den Auswirkungszusammenhang zwischen selbstverletzendem Verhalten und Schuldgefühl hingewiesen (vgl. Fischer/Riedesser 2003; Paul 2007; Hirsch 2008; Hirsch 2009; Hirsch 2010). Hirsch (2009) sieht in dem autoaggressiven Verhalten Betroffener von sexuellem Missbrauch »den verlängerten Arm des Täters« (S. 94). Für ihn setzt das einverleibte Introjekt im Opfer auf diesem Wege »das Werk des Täters selbstzerstörerisch fort« (Hirsch 2010, S. 26).

Hirsch (1987) berichtet im Hinblick auf die Selbstzerstörungstendenzen von zwei seiner Patientinnen, beide betroffen von intrafamiliärem sexuellem Missbrauch, die phasenweise heftige Phantasien gehabt hatten, sich mit einem Brotmesser bzw. mit einer Brotschneidemaschine die Hand abzuschneiden. Hirsch sieht bei beiden Fällen die Verbindung zu der ausgeführten sexuellen Handlung des Opfers, denn die gehasste Hand hatte den jeweiligen Täter masturbieren müssen.

2.3.3 Psychogene Schmerzen

Hirsch (1987) beobachtet, dass Inzestopfer auffallend häufig von nicht organischen Schmerzen berichten. Es handle sich meistens um Unterleibs-, Rücken-, migräneartige Kopfschmerzen und Schmerzen im Genitalbereich. Diese psychogenen Schmerzen beinhalten für Hirsch ebenfalls einen Selbstbestrafungsaspekt.

Das psychosomatische Forschungsprojekt zum Thema von Wundheilungsstörungen (Kütemeyer 2008) stützt die Hypothese von Hirsch. Im

Rahmen dieses Projekts seien 36 Patienten untersucht worden, die unter einer Wundheilungsstörung gelitten haben – das heißt, eine offene Wunde an ihrem Körper habe sich nicht geschlossen bzw. habe sich immer wieder von neuem ohne ersichtlichen medizinisch nachvollziehbaren Grund geöffnet. Das zentrale Ergebnis dieser Studie sei, dass diese Wunde – die Kütemeyer als *dissoziative Wunde* beschreibt – auf ein erlebtes, aber lang verschwiegenes Trauma des Patienten hinweise. Innerfamiliärer sexueller Missbrauch, bei dem meist der eigene Vater der Täter gewesen sei, habe eines dieser traumatischen Erlebnisse dargestellt. Kütemeyer betont, dass in allen untersuchten Fällen mindestens eine enge Bindung an eine Primärbezugsperson (Vater, Mutter, Geschwister) bestand, mit der der jeweilige Patient eine Art Loyalitätspakt hatte. Dieser Loyalitätspakt habe die Veröffentlichung des schuldbesetzten, tabuisierten Familiengeheimnisses und das Benennen der Täter unmöglich gemacht. Es habe sich gezeigt, dass sich bei den Patienten Schuldgefühle in Form von ›bösen Introjekten‹ im Körper gelagert hatten und diese schließlich die chirurgisch herbeigeführte Körperöffnung verwendeten, um heraus zu drängen. Mit anderen Worten: Das Trauma nutzte diese Öffnung, um endlich erhört zu werden. In diesem Zusammenhang stehe wohl ebenfalls der unbewusste Wunsch des Patienten, sich nun endlich mit seinen sehr belastenden, unbewussten Schuldgefühlen auseinandersetzen zu können und auf diese Weise vielleicht auch eine Überwindung möglich zu machen. Durch das Anwenden der biografischen Anamnese, in der besonders der traumatischen Situation Beachtung geschenkt worden sei, und weiteren zuhörenden und verständnisvollen Gesprächen seien die Schmerzen verschwunden und die Wundheilung gefördert worden. Auch sei es zu einer »Entsorgung implantierter Schuldgefühlen« (Kütemeyer 2008, S. 31) gekommen und die symbiotische Täter-Opfer-Beziehung konnte gelockert werden. Neben dem Wunsch, das Schuldgefühl überwinden zu können, indem die Wundheilungsstörung auf das Trauma und dem damit verknüpften Schuldgefühl aufmerksam mache, gibt es für Kütemeyer (2008) noch eine andere mögliche Begründung, welchen den zuvor genannten Hintergrund nicht ausschließen muss. In der Wundheilungsstörung könne man auch das hohe Strafbedürfnis der Patienten sehen. Besonders bei den Patienten, bei denen sich die Wunde immer wieder geöffnet habe und einfach nicht habe heilen wollen, könne man dahinter den (unbewussten) Wunsch sehen, sich für die große Schuld als angeblicher Verursacher des Traumas zu bestrafen.

2.3.4 Verändertes Schuldverständnis

Richter-Appelt (2009) weist auf eine Art von Generalisierung des Schuldgefühls auf weitere Lebenssituationen hin. Diese Generalisierung des Schuldgefühls kann als weitere Auswirkung betrachtet werden. So schildert die Autorin, dass sich Betroffene, die sexuellen Missbrauch erlebt haben, häufig für Situationen schuldig fühlen, bei denen Außenstehende dies nicht erwarten würden. Andersherum verspüre die Betroffene jedoch in Situationen, in denen man als Außenstehender eindeutig erwartet, dass sich diese schuldig fühlt, kein Schuldgefühl. Die Betroffene entwickle demzufolge ein Schuldverständnis, welches von dem eines Nicht-Betroffenen stark abweiche.

2.3.5 Zentrierung auf das Schuldgefühl

Haesler (2010) beschreibt die ›Zentrierung auf die eigene Schuld‹ als wichtige Qualität des Schuldgefühls:

> Schuldhaftes Denken und Handeln führt in eine subjektive so erlebte Situation, die nicht mehr erlaubt, unbefangen und frei vor der Welt der anderen aufzutreten. Denn die Angst vor der Strafe des Rechts, vor der Haftung für das eigene schuldhafte Handeln, vor dem vergeltenden Hass der anderen, vor vernichtender Beschämung, Entwertung und/oder Ächtung etc. zieht am Ende alles weitere Denken und Handeln in den Dienst der Auseinandersetzung mit einer solchen Schuld bzw. Vergeltungsangst (S. 52).

Haesler macht damit darauf aufmerksam, dass die Betroffene nicht nur selbst immer wieder um ihre angebliche Schuld gefühlsmäßig und gedanklich kreist und dementsprechend ihre Handlungen ausrichtet, sondern dass diese auch in der Überzeugung lebt, dass ihr Gegenüber sie nur als Schuldige wahrnimmt und nicht anders wahrnehmen kann.

2.3.6 Verharmlosung des Missbrauchs

Steinhage (1989) thematisiert die Verharmlosung des Missbrauchs seitens des Opfers. Dies kann ebenfalls als Auswirkung begriffen werden:

> Mädchen, die sich mit sexuellen Gewalterfahrungen durch männliche Familienangehörige an Dritte wenden, sind durchweg glaubwürdig; sie übertreiben

selten, sondern verharmlosen eher die Übergriffe des Täters, weil sie sich schämen, sich selbst daran die Schuld geben und sich dem Täter gegenüber loyal verhalten (Steinhage 1989, S. 51).

Auch Enders (2008) beobachtet das Phänomen, dass in den meisten Fällen die Opfer die sexuelle Gewalt verharmlosen und »nur über die ›Spitze des Eisberges‹« sprechen, das heißt, die Kinder erzählen beispielsweise, lediglich einmal sexuell missbraucht worden zu sein, dabei gehe der Missbrauch in Wahrheit schon über etliche Jahre.

2.3.7 Unfähigkeit sich abzugrenzen

»Die Unfähigkeit, nein zu sagen, also sich gegenüber anderen abzugrenzen« hängt für Hirsch (1987) »eng mit den Schuldgefühlen« (S. 92) zusammen. Betroffenen falle es schwer, ihrem Gegenüber Wünsche abzuschlagen und sich für ihre eigenen Bedürfnisse einzusetzen.

Ihre ganze Kraft widmen sie, Hirsch zufolge, der Erfassung und Erfüllung der Wünsche ihres Gegenübers.

2.4 Überwindung des Schuldgefühls

In diesem Kapitel sollen die in der Literatur diskutierten Überwindungsmöglichkeiten des Schuldgefühls bei Betroffenen innerfamiliären sexuellen Missbrauchs aufgezeigt werden. Dabei wird bei den eher rationalen Überwindungsmöglichkeiten, wie *dem Opfer Glauben schenken* (Punkt 2.4.1) und *Aufklärung bezüglich sexuellen Missbrauchs* (Punkt 2.4.2) angefangen. Danach werden die eher emotionalen Aspekte aufgezeigt. Dazu zählen u. a. die *Aufhebung der Täteridentifizierung* (Punkt 2.4.3), die *emotionale Missbrauchserkenntnis* (Punkt 2.4.4) und die *Auflösung der zwei zentralen Konflikte* (der Aggressions- und der Ohnmachtskonflikt) (Punkt 2.4.5).

2.4.1 Dem Opfer Glauben schenken

Steinhage (1989) betont, wie bedeutend es für die Schuldgefühlüberwindung ist, dass dem Opfer hinsichtlich des erlebten sexuellen Missbrauchs geglaubt wird. Auch Kütemeyer vertritt die Meinung, dass der erste Schritt zur Überwindung darin liegt, dass das Erfahren des Missbrauchs seitens der Bezugspersonen und der restlichen Umwelt nicht infrage gestellt wird, nachdem die Betroffene ihr Schweigen, oft erst nach Jahren der Angst, endlich durchbrochen hat (M. Kütemeyer, persönl. Mitteilung 15.02.2010).

2.4.2   Aufklärung bezüglich sexuellen Missbrauchs

Des Weiteren sei es für die Überwindung des Schuldgefühls, laut Steinhage (1989), unabdingbar, dass das Opfer eine Aufklärung bezüglich sexuellen Missbrauchs erfahre. Solch eine Aufklärung sollte in der Form geschehen, dass dem Opfer mitgeteilt wird, was die zentralen Merkmale von sexuellem Missbrauch sind. So sollte dem betroffenen Kind beispielsweise gesagt werden, dass es nicht die einzige Betroffene ist, sondern im Gegenteil, dass viele Kinder und Jugendliche Opfer sexueller Gewalt werden. Vor allem sei es sehr wichtig, dem Opfer zu verdeutlichen, dass es keine Schuld an dem Missbrauch trägt. Darüber hinaus kann es laut Steinhage von Vorteil sein, wenn dem Opfer die Möglichkeit gegeben wird, sich über sexuellen Missbrauch selbst ausführlich zu informieren.

Im Gespräch über den erlebten Missbrauch sollte zudem darauf geachtet werden, dass das Opfer nicht auf bestimmte Gefühle festgelegt wird, auch sollte keine äußere Bewertung des Zuhörers stattfinden: »Jugendliche Mädchen, die auf bestimmte ›schlimme Gefühle‹ festgelegt werden, wagen nicht, sich weiter auszusprechen. Sie fühlen sich schuldig und unnormal, daß sie die Übergriffe nicht als ›nur entsetzlich‹ erlebt haben« (Steinhage 1989, S. 75).

Birck (2001) kommt in ihrer Untersuchung bezüglich des Aufklärungsaspekts zu ähnlichen Befunden. So stellt sich heraus, dass »normalitätsbetonende Informationsvermittlung [...] durch Therapeuten« die »rationale Auseinandersetzung mit dem Missbrauch und der eigenen Person« (Birck 2001, S. 187) fördere. Normalitätsbetonende Informationsvermittlung meint hierbei, dass der Betroffenen erklärt wird, dass sie schuldlos ist, dass ihr Schmerz und ihre Wutgefühle angemessen sind, dass ihre Symptome eine überlebenssichernde Funktion haben, und ähnliches. Die rationale Auseinandersetzung gehe tendenziell mit einer Abnahme der eigenen Schuldgefühle und mit einer Verbesserung des Selbstbildes einher. Als besonders entlastend, sowie Scham und Schuld reduzierend, erlebe die betroffene Frau die Aufklärung seitens des Therapeuten, wenn dieser die Symptome, wie beispielsweise das selbstverletzende Verhalten, als *ursprünglich sinnvoll* verstehe und diese eben nicht als ›Verrücktheiten‹ bezeichne.

2.4.3 Aufhebung der Täteridentifizierung

Ferenczi (1932) vertritt die Meinung, dass die Identifizierung mit dem Aggressor aufgelöst werden muss, damit es dem Opfer möglich wird, »seine Persönlichkeit auf ein höheres Niveau zu heben« (S. 227) – wobei er sicher auch das Ablegen-Können des Schuldgefühls mit einbezieht. Doch bevor die Loslösung vom Täter stattfinden könne, müsse diese Loslösung zunächst einmal in der therapeutischen Situation, an dem Analytiker, bei dem ebenfalls eine Identifizierung stattfindet (vgl. Punkt 2.2.1), sozusagen ›durchgespielt‹ werden:

> Die Eltern und Erwachsenen müssten, gleichwie wir Analytiker in der Analyse, zu ertragen lernen, dass hinter der Übertragungsliebe unserer Kinder, Patienten und Schüler, der sehnliche Wunsch steckt, die sie beengende Liebe loszuwerden. Verhilft man dem Kinde, dem Patienten oder dem Schüler dazu, die Identifizierungsreaktion aufzugeben und die ihnen lästigen Übertragungen abzuwehren, so kann man sagen, dass es gelungen ist, seine Persönlichkeit auf ein höheres Niveau zu heben (Ferenczi 1932, S. 227).

Fischer (1998) hat den Gedanken Ferenczis (1932) bezüglich dieser ›Identifizierungsaufgabe‹ weiterentwickelt. Wie unter Punkt 2.2.1 (Identifizierung mit dem Aggressor) schon angesprochen, geht Fischer davon aus, dass das Opfer die Fähigkeit zur Objektspaltung erlangen, das heißt, sowohl die negativen als auch die positiven Seiten des Täters wahrnehmen muss, um das Schuldgefühl überwinden zu können. Dabei reiche das rationale Verstehen keineswegs aus, sondern es müsse eine »emotive Einsicht in die reale Gespaltenheit des Objekts« (Fischer 1998, S. 87) erfolgen. Wie dies konkret im therapeutischen Setting für Fischer (1998) geschehen kann, wird im Folgenden kurz skizziert: Die wichtigste Voraussetzung für das Erlangen der Objektspaltung sei der »Aufbau einer vertrauensvollen und tragfähigen Arbeitsbeziehung« (Fischer 1998, S. 88) zwischen Therapeutin und Patient. Wenn diese Beziehung bestehe, weise die Therapeutin mit ihren Interventionen auf die Gespaltenheit des Objektes hin und beleuchte die objektiven Rahmenbedingungen der traumatisierenden Situation – wobei gewiss gemeint ist, dass dem Patienten z. B. vor Augen geführt werden soll, dass er als Kind, rein objektiv, in einer hilflosen und abhängigen Position gewesen ist. Im Rahmen der Übertragungsbeziehung könne der Patient die »neugewonnene Fähigkeit zur Objektivierung und Objektanalyse« (ebd., S. 88) in der therapeutischen Situation an der Therapeutin erproben, die er dann später auch auf den Aggressor anwenden könne.

2.4.4 Emotionale Missbrauchserkenntnis

Anknüpfend an den Gedanken Fischers (1998) findet Birck (2001) heraus, dass nur eine *emotionale* Auseinandersetzung mit dem Trauma zur Schuldlosigkeit führen kann und dass das reine kognitive Verstehen nicht ausreicht. Es müsse zu einer gefühlsmäßigen Missbrauchserkenntnis kommen, die gleichermaßen die Aufhebung der Täteridentifikation darstelle. Die emotionale Missbrauchserkenntnis bzw. die Aufhebung der Täteridentifikation gehe »kurzfristig regelmäßig mit Schmerz, mit Hilflosigkeits- und Ohnmachtsempfinden einher, führt aber langfristig zur Einsicht in die eigene Schuldlosigkeit, zu Wut und Trauer, zu emotionaler Entlastung und Stabilisierung« (Birck 2001, S. 198).

Dieser Realisierungsprozess sei jedoch nur unter der Voraussetzung einer ausreichend großen äußeren Sicherheit, wie z. B. sicherer sozialer Bezugspersonen, erreichbar (vgl. Punkt 2.4.5.2).

2.4.5 Auflösung der zwei zentralen Konflikte

Viele Autoren sehen als entscheidenden Moment der Schuldgefühlüberwindung das Thematisieren sowie das Lösen derjenigen unbewussten Konflikte, die im Zusammenhang mit dem Schuldgefühl stehen (vgl. Barwinski 2008; Schlesinger 2006; Fischer/Riedesser 2003; Steinhage 1989).

Barwinski (2008) beschreibt in diesem Zusammenhang zwei Hauptkonflikte, die ihrer Meinung nach Beachtung erhalten müssen (vgl. Punkt 2.2.1). Zum einen nennt sie den Aggressionskonflikt, welcher sich dadurch auszeichne, dass in dem Opfer der unbewusste Wunsch bestehe, negative Gefühle wie Wut und Hass gegenüber dem Täter auszuleben. Doch dieser Wunsch sei mit der großen Angst des Verlustes des Täters als wichtige Bezugsperson verknüpft, sodass dieser Wunsch, z. B. durch den Abwehrmechanismus der Idealisierung, abgewehrt werden müsse. Doch in der Therapie müsse genau diese Abwehrdynamik thematisiert und auf diese Weise bewusst gemacht werden.

Der andere bedeutende Konflikt sei die Abwehr von Ohnmachtsempfindungen durch das Fühlen von Schuldgefühlen (vgl. Fischer/Riedesser 2003; Barwinski 2008; Paul 2007; Birck 2001). Dieser Konflikt müsse der

Patientin ebenfalls gewahr werden und im Rahmen der Therapie gelöst werden. Konrad, Ernst und Wachenhausen (2003), die sich in ihrem Buch *Das Drama der Scham. Ursprung und Entfaltung eines Gefühls*, wie der Titel schon zeigt, vorwiegend mit dem Gefühl der Scham beschäftigen, bringen jedoch auch einige Anmerkungen zu dem Konzept des Schuldgefühls an. Die Autoren betonen, dass für die Überwindung von Scham- und Schuldgefühlen entscheidend ist, »dass das Subjekt die jeweilige Bezugsperson im Wege der Übertragung mit eben der Macht (existenziell anzunehmen oder zu verwerfen) ausstattet, die die frühsten Bezugspersonen tatsächlich hatten« (Konrad et al. 2003, S. 52).

Birck (2001) kommt zu dem Schluss, dass die emotionale Missbrauchserkenntnis, welche mit dem Aufdecken und Lösen dieser beiden Konflikte (Agressionskonflikt und Ohnmachtskonflikt) einhergeht, »den entscheidenden Wendepunkt im Verarbeitungsprozess« (S. 149) darstellt:

> Erst die emotive Einsicht in die eigene Unschuld verbunden mit der Anerkennung kindlicher Ohnmacht kann dem Täter die Verantwortung zurückgeben. Dieser Schritt bedeutet, sich eine eigene Sicht der Dinge zu erlauben und nicht länger die des Täters zu übernehmen. Es bedeutet, die Missbräuchlichkeit der Übergriffe zu erkennen, stellt den entscheidenden Wendepunkt im Verarbeitungsprozess dar (Birck 2001, S. 149).

Folgende drei Aspekte (eigene Kinder, Stabilität, Wut als Kraftquelle) offenbaren sich in Bircks Arbeit als förderlich für das Annehmen des Ohnmachtsgefühls.

2.4.5.1 Eigene Kinder

Ein möglicher auslösender Faktor hinsichtlich des Erlebens der Ohnmachtsgefühle ist für Birck (2001) im Haben eigener Kindern zu sehen. Denn dies habe den untersuchten Frauen zusätzlich geholfen, ihre Hilflosigkeit in der Missbrauchssituation emotional anzuerkennen:

> Eigene Kinder vergegenwärtigten das Macht-Abhängigkeits-Gefälle, das prinzipiell zwischen Erwachsenen und Kindern besteht und erleichterten es so, die Schuldlosigkeit am Stattfinden der sexualisierten Übergriffe in der eigenen Kindheit zu erkennen. Frauen beschrieben, die Angst um das Kind verbunden mit dem Wissen, dass es sich nicht gegen einen Erwachsenen wehren könnte, habe die eigene Ohnmacht in der Kindheit drastisch vor Augen geführt (S. 251).

2.4.5.2 Stabilität

Wie schon erwähnt, nimmt Birck (2001) jedoch an, dass erst wenn eine ausreichend große Stabilität in der Gegenwart für die Betroffene gegeben ist, diese Konflikte als wahr angenommen werden können und es dementsprechend zu einer Missbrauchserkenntnis kommen kann:

> Die geführten Gespräche lassen die Vermutung zu, dass Betroffene erst dann bereit sind, ihrer Schuldlosigkeit bezüglich des Erleidens sexualisierter Gewalt und bezüglich ihrer Folgen gewahr zu werden, wenn in der aktuellen Situation ein hohes Maß an Sicherheit (in wichtigen Beziehungen, materiell etc.) erlebt werden kann und wenn es gleichzeitig ein soziales Gegenüber gibt, das das Erleben der, mit der Schuldlosigkeit verbundenen, Ohnmacht empathisch begleitet (S. 243).

2.4.5.3 Wut als neue Kraft

Des Weiteren kommt Birck (2001) zu dem Befund, dass viele Frauen von »Wut als neuer Kraft« (S. 247) sprechen, die sie motivierte, »eigene Schuldlosigkeit und Ohnmacht zu akzeptieren, den Missbrauch in der Familie zu enthüllen, den Täter zur Rede zu stellen und so endgültig die Verantwortung für das Geschehene abzugeben« (S. 247).

2.4.6 Anerkennung des Schuldgefühls seitens der Umwelt

Eine weitere Erkenntnis Bircks (2001) ist die, wie bedeutend es ist, dass das Schuldgefühl in der Therapie seitens des Therapeuten als wahr anerkannt wird. Denn durch das Nicht-Thematisieren des bei der Patientin vorhandenen Schuldgefühls – indem der Patientin z. B. gesagt wird, sie sei unschuldig und nicht weiter auf diese Thematik eingegangen wird – werde dem authentischen Schuldgefühl der Patientin keine Beachtung geschenkt. Das Schuldgefühl werde in solch einer Situation seitens des Therapeuten verleugnet und die Gefahr sei groß, dass sich die Patientin nicht verstanden fühle.

Außerdem könne der große Widerspruch zwischen dem Beharren des Therapeuten hinsichtlich der Unschuld seiner Patientin und den pathogenen Schuldüberzeugungen der Patientin dazu führen, dass der innerliche Konflikt Kontrollempfinden (Schuld) vs. schmerzliche Einsicht in die Ohnmacht (Unschuld) sich dahin verstärke, dass die Unschuldsgefühle noch vehementer abgewehrt werden müssen. Es sei dementsprechend wichtig, dass die »widersprüchliche innere Realität der Betroffenen (etwa das Vorhandensein von Schuldgefühlen trotz tatsächlicher Unschuld) nicht geleugnet wird« (Birck 2001, S. 187).

Wie soeben angeklungen müssen äußere Unschuldszuschreibungen seitens des Therapeuten und auch seitens anderer Mitmenschen nicht immer Schuld reduzierend wirken. So erläutert Birck (2001), »erst wenn Betroffene selbst sich als hinreichend schuldlos und wertig wahrnehmen konnten, wurden verstärkende Interventionen von Seiten des Therapeuten oder der sozialen Umgebung eindeutig als förderlich und unterstützend wahrgenommen« (S. 250). Ist die notwendige eigene Unschuldserkenntnis hingegen noch nicht vorhanden, können solche Äußerungen, Birck zufolge, dazu führen, dass die Betroffene die (weitere) Auseinandersetzung mit dem Trauma meide.

2.4.7 Austausch mit Betroffenen

Eine weitere Erkenntnis, welche Birck (2001) im Rahmen ihrer Dissertationen zum Thema der Schuldgefühlüberwindung bei Missbrauchserfahrungen gewinnt, ist, dass der Austausch mit anderen Betroffenen als förderlicher Aspekt beim Überwinden betrachtet werden kann. »Es ist anzunehmen, dass Selbsthilfegruppen und empathische Betroffene ein besonderes Maß an Akzeptanz und Verständnis bereitstellen können, und die Gefühle von Schuld und Stigmatisation zu überwinden helfen« (S. 192).

Methodenteil

Der Methodenteil gliedert sich in die zwei Hauptabschnitte *Frage-stellung* und *Untersuchung*. Im ersten Abschnitt soll die *Fragestellung* (Kapitel 3) der vorliegenden Diplomarbeit vorgestellt werden. Im darauffolgenden Kapitel *Untersuchung* (Kapitel 4) werden zunächst die *methodischen Vorüberlegungen* aufgezeigt, die das im Rahmen dieser Arbeit angewandte methodische Vorgehen begründen (Punkt 4.1). Anschließend sollen unter Punkt 4.2 die ausgewählten *Erhebungs- und Auswertungsinstrumente* in ihren Grundzügen beschrieben werden. Bei Punkt 4.4 wird auf die *Stichprobe* eingegangen. Des Weiteren werden die *Planung der Untersuchung* (Punkt 4.3), deren *Durchführung* (Punkt 4.5) sowie deren *Auswertung* (Punkt 4.6) ausführlich erläutert. Abschließend werden die angewandten *qualitativen Gütekriterien* unter Punkt 4.7 dargestellt.

3   Fragestellung

Der zu untersuchende Gegenstand dieser Diplomarbeit ist *das Schuldgefühl bei betroffenen Frauen innerfamiliären sexuellen Missbrauchs*. Dabei soll vor allem die Innenperspektive der Betroffenen, also deren subjektives Erleben hinsichtlich dieses Phänomens beleuchtet werden. Im Fokus der Untersuchung stehen die folgenden drei Fragestellungen:
1)   Welche Ursachen gibt es für das Schuldgefühl?

2)   Welche Auswirkungen und Auswirkungszusammenhänge hat das Schuldgefühl?
3)   Wie kann das Schuldgefühl überwunden werden?

Das Phänomen *Schuldgefühl* soll auf Grundlage der transkribierten Interviews hinsichtlich dieser drei Komponenten psychodynamisch und psychotraumatologisch beobachtet, geordnet und analysiert werden. »Psychoanalytische Textinterpretation geht davon aus, dass das Material nicht voll verständlich ist, wenn man an der Oberfläche stehen bleibt. Mit psychoanalytischen Mitteln sollen verdrängte Gehalte freigelegt und in ihrer gesellschaftlichen Bedingtheit und Relevanz analysiert werden« (Mayring 2002, S. 127).

4   Untersuchung

Wie soeben in der Einleitung beschrieben, beschäftigt sich folgender Abschnitt vor allem mit der *Planung der Untersuchung*, deren *Durchführung* sowie deren *Auswertung*. In diesem Abschnitt wird darauf Wert gelegt, die methodischen Vorüberlegungen und das angewandte Forschungsdesign ausführlich und transparent darzulegen, damit der Leser sich in der Lage befindet, die einzelnen Schritte des methodischen Vorgehens nachzuvollziehen und dieses somit auch kritisch bewerten zu können.

4.1   Vorüberlegungen zur Auswahl des methodischen Vorgehens

Für die qualitative Forschung ist es typisch, »dass der untersuchte Gegenstand und die an ihn herangetragene Fragestellung den Bezugspunkt für die Auswahl und Bewertung von Methoden darstellen« (Flick et al. 2005, S. 22). Die Wahl des Verfahrens leitet sich daher von folgenden Überlegungen ab:
1)   Aktueller Forschungsstand
       Zu dem Phänomen *Schuldgefühl bei Betroffenen innerfamiliären sexuellen Missbrauchs* bestehen mehrere Hypothesen und wissenschaftliche Erkenntnisse, welche auch im theoretischen Teil vorgestellt worden sind (vgl. Kapitel 2). Besonders bezüglich der ersten Fragestellung, wodurch das Schuldgefühl entstanden sein könnte,

gibt es eine Vielfalt an Konzepten, Hypothesen und Erkenntnissen. Mit der zweiten sowie der dritten Fragestellung wird sich jedoch in der Literatur tendenziell sehr wenig auseinandergesetzt. Zudem wird in der Forschungsliteratur der Innensicht des Opfers eher wenig Beachtung geschenkt.

2) Der Fokus liegt auf der Innenwelt der Betroffenen

Das subjektive Erleben der Gesprächspartnerinnen soll erfasst werden. Die Gesprächspartnerinnen werden im Rahmen des Forschungsprozesses als Verbündete und als Mitforscher betrachtet. Denn »subjektive Bedeutungen lassen sich nur schwer aus Beobachtungen ableiten. Man muss hier die Subjekte selbst zur Sprache kommen lassen; sie selbst sind zunächst die Experten für ihre eigenen Bedeutungsgehalte« (Mayring 2002, S. 66). Den Dialogpartnerinnen soll daher der Raum und die Zeit geboten werden, welche sie benötigen, um über das tabuisierte und belastende Thema sexuellen Missbrauch und dem damit in Verbindung stehenden Schuldgefühl offen sprechen zu können und auf diese Weise der Interviewerin Einblicke in ihre Welt zu erlauben. Die bestehende Eigenmotivation bei den Betroffenen und der Aufbau einer vertrauensvollen Atmosphäre stellen hierbei zwei zentrale Voraussetzungen dar.

3) Das Anstreben einer ganzheitlichen Betrachtungsweise des Phänomens

Es sollen nicht einzelne isolierte Variablen untersucht werden, sondern der Gegenstand soll in seiner Ganzheit gesehen werden. Schon Adorno (1969, S. 12 zit. nach Mayring 2002, S. 33) formuliert in diesem Zusammenhang: »So wenig jenes Ganze vom Leben, von der Kooperation und dem Antagonismus seiner Elemente abzusondern ist, so wenig kann irgendein Element auch bloß in seinem Funktionieren verstanden werden ohne Einsicht in das Ganze, das an der Bewegung des Einzelnen selbst sein Wesen hat.«

In dieser Arbeit soll vor allem der Versuch unternommen werden das Wirken des Phänomens *Schuldgefühl bei weiblichen Betroffenen innerfamiliären sexuellen Missbrauch* aus dem gesamten Lebenskontext der jeweiligen Dialogpartnerin zu verstehen.

4) Das Erfassen komplexer seelischer Dynamiken

Ein weiteres Ziel besteht darin, das Phänomen in seiner Tiefe begreifen zu können. Dafür müssen sowohl bewusste, aber vor allem auch unbewusste Dynamiken erkannt und verstanden werden, da das Phänomen Schuldgefühl an sich sowie die Ursprünge dessen sehr häufig Unbewusstes zum Inhalt haben. Das Erfassen solch komplexer Dynamiken soll vor allem dadurch erreicht werden, dass die Dialogpartnerinnen darauf hingewiesen werden, dass sie alles sagen können, was sie für wichtig empfinden, dass sie also all ihre Überzeugungen, Überlegungen und Phantasien jederzeit frei äußern sollen und auch können. Dies ermöglicht nach dem Konzept der *freien Assoziation* nach Freud (1913) am ehesten den Zugang zu unbewusstem Material.

Zudem soll die Interviewerin ihre momentanen Gedanken ebenfalls frei äußern können, spontane Fragen stellen können, sowie ihre Gegenübertragungsgefühle wahrnehmen und näher betrachten, um der seelischen Dynamik ihres Gegenübers näher zu kommen. Darüber hinaus soll auch dem Beachtung geschenkt werden, was ›ausgelassen‹ wird oder erst auf Nachfrage benannt wird, da diese Inhalte ebenfalls bedeutsam sein können.

5) Vergleichbarkeit der Ergebnisse

Es soll eine gewisse Vergleichbarkeit der Ergebnisse der verschiedenen Dialogpartnerinnen erreicht werden. Daher werden in jedem Gespräch folgende drei Kernfragen (vgl. Kapitel 3) an die Dialogpartnerinnen gerichtet:

1) Wodurch ist Ihrer Meinung nach das Schuldgefühl entstanden?

2) Welche Auswirkungen hat das Schuldgefühl? Bzw. Welche Auswirkungen hatte das Schuldgefühl?

3) Wie haben Sie es geschafft das Schuldgefühl zu überwinden? Bzw. Was denken Sie muss passieren, damit Sie das Schuldgefühl überwinden können?

Zudem wird ein Interviewleitfaden erarbeitet, der zusätzlich zu diesen drei Kernfragen weitere zentrale Fragen enthält.

6) Schutz der Gesprächspartnerinnen

An oberster Stelle der vorliegenden Diplomarbeit steht das Wohl der Betroffenen. Da eine Auseinandersetzung mit dem eigenen sexuellen Missbrauch an sich schon sehr belastend sein kann, soll die Gesprächsatmosphäre sowie die Rahmenbedingungen für die Dialogpartnerinnen so angenehm wie nur möglich gestaltet werden.

Im Vorfeld der Untersuchung hat sich die Verfasserin ausführlich damit auseinander gesetzt, welche Möglichkeiten bestehen, um den Dialogpartnerinnen dies zu ermöglichen:

➤ Die Dialogpartnerinnen werden im Vorhinein vollständig über das Vorgehen sowie über die Zielsetzung der Untersuchung aufgeklärt.

➤ Die Interviews finden in den Räumlichkeiten einer psychotherapeutischen Praxis statt (geschützter, neutraler Ort).

➤ Die Dialogpartnerinnen sollen lediglich die Fragen beantworten, auf die sie eingehen möchten.

➤ Es kann jederzeit auf Wunsch der Dialogpartnerinnen eine Gesprächspause eingelegt werden.

➤ Die Dialogpartnerinnen können das Gespräch jederzeit abbrechen.

➤ Den Dialogpartnerinnen wird anhand einer kommunikativen Validierung der Einzelinterpretation ihrer eigenen Gespräche ermöglicht, die Interpretation aktiv mitzugestalten.

➤ Den Dialogpartnerinnen wird angeboten, in Form einer Nachsorge, sich jederzeit an die Untersucherin zu wenden.

➤ Die Daten der Dialogpartnerinnen werden in der Arbeit in vollkommen anonymisierter Form verwendet, sodass keinerlei Rückschlüsse über die Identität der Dialogpartnerinnen gezogen werden können.

Das Wohl der Betroffenen steht immer vor dem wissenschaftlichen Erkenntnisgewinn, sodass das Gespräch sofort abgebrochen werden soll, sobald die Gesprächspartnerin dieses als zu belastend empfindet bzw. die Interviewerin bemerkt, dass es für die Gesprächspartnerin eine zu große Belastung bedeutet.[3]

4.2 Die gewählte Methodik

In diesem Kapitel soll die, auf Grundlage der eben dargestellten Überlegungen, gewählte Methodik dieser Diplomarbeit vorgestellt werden. Unter Punkt 4.2.1 wird auf das ausgewählte Erhebungsinstrument und unter Punkt 4.2.2 auf das ausgewählte Auswertungsinstrument eingegangen. Es soll an dieser Stelle darauf hingewiesen werden, dass in diesem

---

3 Bei einer der 14 Dialogpartnerinnen (Dialogpartnerin S) wurde das Gespräch vorzeitig abgebrochen, da die Interviewerin spürte, dass das Gespräch eine zu große Belastung für die Dialogpartnerin darstellte.

Kapitel eher eine theoretische Beschreibung der Erhebungsinstrumente erfolgt, deren konkrete Anwendung im Rahmen dieser Diplomarbeit wird dagegen in den Kapiteln 4.5 und 4.6 ausführlich dargestellt.

4.2.1 Das Halbstrukturierte–leitfadenorientierte Tiefeninterview

In der vorliegenden Arbeit wurde das *Halbstrukturierte-leitfadenorientierte Tiefeninterview*, welches der qualitativen Methodik zuzuordnen ist, als angemessenes Erhebungsinstrument angesehen und dementsprechend angewandt. Hierbei handelt es sich um eine Interviewform des Tiefeninterviews, die durch den vorher erstellten Leitfaden ein Minimum an Strukturierung erfährt. Hopf (2005) formuliert dazu: »Die Forscher orientieren sich an einem Interview-Leitfaden, der jedoch viele Spielräume in den Frageformulierungen, Nachfragestrategien und in der Abfolge der Fragen eröffnet« (S. 350).

Fitzek (1999) betont, dass Tiefeninterviews keine zeitliche oder örtliche Enge vertragen. Auch seien Unterbrechungen oder konkurrierende Einwirkungen während der Durchführung zu vermeiden. Vertraulichkeit, Ungestörtheit und vor allem das vorbehaltlose Einlassen auf Eigenheiten der Befragten sowie das Material in seiner Fülle und seiner Widerständigkeit seien die Voraussetzung für das Gelingen eines solchen Interviews. »In Analogie zur Psychoanalyse wird darauf geachtet, dass das Geschehen von *Einfällen* getragen wird. Im Unterschied zum Setting der klassischen Psychoanalyse wird die ›freie Assoziation‹ um das jeweilige Thema zentriert« (Fitzek 1999, S. 24, Hervorhebung der Verf.). Der Interviewer solle das Hervorbringen und Entwickeln solcher Einfälle fördern. Den Tiefenaspekt des Interviews sieht Fitzek (1999) besonders darin, dass ein vertieftes Durcharbeiten der Äußerungen der Interviewten stattfindet und dabei »geduldig gewartet [wird], bis sich die unvertrauten Sinnzusammenhänge – im Idealfall beiden Beteiligten – erschließen« (S. 24). Anstelle eines Entlarvungsverhaltens müsse das Einlassen auf den Befragten und dessen Geschichte stehen. Dementsprechend sollten auch keine vorschnellen Einordnungen und Bewertungen des Geäußerten erfolgen.

4.2.2 Vereinheitlichende Beschreibung

Die *vereinheitlichende Beschreibung*, die ebenfalls der qualitativen Methodik zugehörig ist und auf Salber (1959) zurückgeht, wurde als Auswertungsinstrument ausgewählt. Zunächst soll für jedes Interview eine individuelle Beschreibung erstellt werden. Mayring (2002) führt als Vorteil einer Einzelanalyse an, dass man bei solch einer, eher »zu tiefergehende[n] Einsichten gelangen« (S. 42) kann.

Diese Einzelbeschreibungen bilden dann die Basis für die vereinheitlichende Beschreibung. Die, bei den Interviews gefundenen Strukturierungszüge sollen hierbei zu einem »Gesamtbild« (Fitzek 1999, S. 25) zusammengefügt werden. Die vereinheitlichende Beschreibung geschehe jedoch nicht auf der Grundlage logischer Regeln wie Ausschließlichkeit und Widerspruchsfreiheit. Es werde vielmehr »nach einer – quer durch die verschiedenen Individuen hindurchgehende – Abstimmung der Einzelzüge im Rahmen eines anschaulichen Ganzen gesucht« (Fitzek 1999, S. 25). Das Produkt solle am Ende »die Rekonstruktion des untersuchten Phänomens in einem – doppelbödigen, konstruktiven, paradoxen – Bild« (Fitzek 1999, S. 25) sein.

4.3 Planung der Untersuchung

Im Vorfeld der Untersuchung fand eine Einarbeitung in die Literatur hinsichtlich des Themas *sexueller Missbrauch in der Familie* statt sowie eine Auseinandersetzung mit den derzeit bestehenden Hypothesen und Erkenntnissen bezüglich des Schuldgefühls bei Betroffenen von (innerfamiliärem) sexuellem Missbrauch.

Anschließend wurden erste Hypothesen in Bezug auf den zu untersuchenden Gegenstand erstellt. Dabei wurden einerseits Hypothesen aus der Literatur, teils in modifizierter Form, entnommen, und anderseits eigene, neue Hypothesen aufgestellt. Gemäß dem Prinzip der Offenheit (Mayring 2002) konnten diese Hypothesen während des Forschungsprozesses jederzeit weiter modifiziert oder auch verworfen werden. Auch konnten immer neue Hypothesen hinzugenommen werden. »Theoretische Strukturierungen und Hypothesen [...] dürfen im Forschungsprozess den Blick auf wesentliche Aspekte des Gegenstandes nicht versperren. Sie müssen sich erweitern, modifizieren, auch revidieren lassen« (Mayring 2002, S. 28).

Es wurde ein Interviewleitfaden erstellt, der, wie unter Punkt 4.2 schon genannt, die drei Kernfragen (Frage nach den Ursachen, Auswirkungen und der Überwindung des Schuldgefühls) enthielt, als auch weitere Fragen, um die Thematik zu vertiefen (siehe Anhang).

Zur Rekrutierung von Dialogpartnerinnen wurde ein Aufruf in verschiedenen Betroffenenforen aufgegeben, wobei im Vorfeld bei den jeweiligen Betreibern der Foren um Erlaubnis gefragt wurde (siehe Anhang). Dabei handelte es sich um folgende Foren: Wildwasserforum, Der-lange-Weg-ins-Licht-Forum, Kinderschreie-Forum, Survivor-Forum, katis-seelenspiegel.de. Zudem lief der Aufruf über die Mailingliste der Psychologiestudierenden der Universität zu Köln, als auch über die Mailingliste der Medizinstudierenden der Universität zu Köln. Über 40 Frauen haben sich daraufhin gemeldet. Selbst noch viele Monate nach dem der Aufruf geschaltet wurde, und obwohl im Aufruf selbst darauf hingewiesen worden war, dass genügend Gesprächspartnerinnen gefunden worden seien, nahmen die betroffenen Frauen Kontakt auf, und zeigten Interesse daran an der Untersuchung teilzunehmen. Der große Andrang der interessierten Frauen weist darauf hin, welch großer Gesprächsbedarf bei den Betroffenen (innerfamiliären) sexuellen Missbrauchs besteht. Die meisten Frauen kontaktierten die Autorin per E-Mail, lediglich zwei Frauen nahmen telefonisch Kontakt auf. Daraufhin wurden die möglichen Dialogpartnerinnen per E-Mail oder am Telefon ausführlich über das Vorgehen sowie über die Zielsetzung der Untersuchung aufgeklärt (siehe Anhang). Des Weiteren wurde den betroffenen Frauen jederzeit die Möglichkeit geboten, Kontakt mit der Verfasserin aufzunehmen, sowohl in telefonischer Form als auch per E-Mail, um weitere Fragen zu klären.

4.4   Stichprobe

Bei der Stichprobe handelt es sich um eine angefallene Stichprobe mit folgenden vorher festgelegten Kriterien:
1)   Es sollten nur weibliche Betroffene befragt werden, da davon ausgegangen wird, dass diese eine andere Dynamik aufweisen als männliche Betroffene (vgl. Bange/Enders 1997; Schlingmann 2009).
2)   Die Gesprächspartnerinnen sollten einen innerfamiliären sexuellen Missbrauch erlebt haben. Wie im Theorieteil schon erwähnt, orientiert sich die Verfasserin bei der Begriffsbestimmung *Sexueller Kindesmissbrauch* an Bergmann (2011) sowie an Fischer und Riedesser (2003). Bei der Spezifizierung *innerfamiliärer* sexueller Kindesmissbrauch wird das Täter-Opfer-Verhältnis seitens der Verfasserin wie folgt verstanden: Zwischen Täter und Opfer muss nicht notwendigerweise eine (Bluts-)Verwandtschaft bestehen, sondern der Täter sollte vor allem emotional eine (wichtige) *Bezugsperson* für das Opfer dargestellt haben (oder bis heute noch darstellen).

3) Die Dialogpartnerinnen sollten entweder ein Schuldgefühl bezüglich des erlebten sexuellen Missbrauchs spüren oder sie sollten solch eins eine längere Zeit (mehrere Jahre) gespürt haben.

4) Die Gesprächspartnerinnen sollten eine gewisse Stabilität und eine gewisse emotionale Distanz zum eigenen Missbrauch aufweisen.

5) Schließlich sollten die Dialogpartnerinnen eine Beratung bzw. eine Therapie schon wahrgenommen haben oder sich noch in therapeutischer Behandlung bzw. Beratung befinden.

	Name	Alter	Woher	Täter	Schuldgefühl
1.	Q	31	Wildwasser-Forum	Bruder	Noch vorhanden
2.	C	23	Wildwasser-Forum	Vater	Noch vorhanden
3.	I	20	Wildwasser-Forum	Zwei Cousins	Noch vorhanden
4.	S	23	Der-lange-Weg-ins-Licht-Forum	Halbbruder	Noch vorhanden
5.	B	55	Katis-seelenspiegel.de	Nachbar, Bruder	Überwunden
6.	H	18	Wildwasser-Forum	Vater	Noch vorhanden
7.	N	30	Wildwasser-Forum	Großvater, Vater	Noch vorhanden
8.	Z	46	Mailingliste: Studpsycho	Großonkel	Überwunden
9.	D	24	Wildwasser-Forum	Lebensgefährte der Mutter	Noch vorhanden
10.	G	47	Wildwasser-Forum	Vater	Noch vorhanden
11.	A	31	Wildwasser-Forum	Sohn des besten Freundes ihres Vaters	Noch vorhanden
12.	E	46	Kinderschreie-Forum	Großvater	Noch vorhanden
13.	U	39	Der-lange-Weg-ins-Licht-Forum	Vater, Bruder, (zweiter Bruder), Nachbar	Überwunden
14.	O	23	Katis-seelenspiegel.de	Vater	Überwunden

Tabelle 1: Überblick Stichprobe

Bei dem Fühlen bzw. Nicht-Fühlen des Schuldgefühls handelt es sich um ein Kontinuum. Dies wird vor allem in dem Ergebnisteil (Kapitel 5 und Kapitel 6) deutlich. Die Kategorien ›noch vorhanden‹ und ›überwunden‹ wurden lediglich zur vereinfachten Darstellung gewählt. Wenn bei zwei Dialogpartnerinnen ›Schuldgefühl noch vorhanden‹ eingetragen ist, kann die eine schon deutlich weiter im Überwindungsprozess sein als die andere.

4.5 Durchführung der Untersuchung

Es wurden insgesamt 14 Dialogpartnerinnen befragt. Die face-to-face Interviews wurden von der Verfasserin selbst durchgeführt. Bei einer Dialogpartnerin (Dialogpartnerin H) wurden zwei Interviews erhoben, da die Interviewerin das Gefühl hatte, die Dialogpartnerin könne aufgrund von Misstrauen und Angst der Interviewerin gegenüber nicht offen genug sprechen. So wurde das erste Interview vor allem zum Aufbau einer ersten Vertrauensbeziehung genutzt und das zweite Interview vorwiegend, um in die subjektive Welt der Dialogpartnerin, auf Grundlage dieser aufgebauten Beziehung, gemeinsam ›abtauchen‹ zu können.

Die Gespräche fanden an einem neutralen und geschützten Ort statt. Sie erfolgten in den Räumlichkeiten einer psychotherapeutischen Praxis in Köln. Der Autorin war es wichtig, dass die Gespräche weder in der Wohnung der Dialogpartnerinnen und somit in deren Privatsphäre, noch in ihrer eigenen Wohnung stattfanden. Sexueller Missbrauch stellt immer eine Erfahrung der Grenzüberschreitung dar. Die Gespräche wurden zum einen nicht in den privaten Räumlichkeiten der Dialogpartnerinnen geführt, da dies ebenfalls eine Situation der Grenzüberschreitung darstellen könnte (die Interviewerin dringt in die Privatsphäre der Dialogpartnerin ein). Außerdem sollte auf diese Weise ausgeschlossen werden, dass die ›Schwere‹ des Themas in den persönlichen Schutzraum der Dialogpartnerin gelangt und die Dialogpartnerin nach Ende des Gesprächs von dieser ›Schwere‹ weiterhin belastet wird. In der Wohnung der Interviewerin sollte das Gespräch nicht stattfinden, damit die Person der Interviewerin nicht im Vordergrund steht, sondern die Dialogpartnerin mit ihrer Geschichte die volle Aufmerksamkeit bekommt. Auch fühlen sich die Dialogpartnerinnen viel sicherer und geschützter, wenn das Interview in einer psychotherapeutischen Praxis stattfindet und es zeigt ihnen zudem den professionellen Rahmen der Untersuchung auf, im Gegensatz dazu, wenn sie in eine fremde Privatwohnung gehen müssten. Außerdem wurde der neutrale Raum anstelle der eigenen Wohnung auch aus Gründe der Psychohygiene für die Interviewerin selbst gewählt, damit die ›Schwere‹ des Themas nicht in ihre Wohnung dringt.

Alle Frauen, bis auf eine, kamen zum vereinbarten Termin, auch wenn zwischen Terminvereinbarung und dem Gesprächstermin selbst oftmals eine mehrwöchige Pause lag. Vier der Dialogpartnerinnen kamen nicht aus Köln und Umgebung und nahmen daher eine längere Anfahrt, von bis zu mehreren Stunden, auf sich, um an der Untersuchung teilnehmen zu können. Die angefallenen Fahrtkosten der Gesprächspartnerinnen wurden von der Verfasserin übernommen. Das Auf-sich-Nehmen von längeren Anfahrten weist ebenfalls auf den hohen Gesprächsbedarf und die große Eigenmotivation der Betroffenen hin.

Die Interviews dauerten durchschnittlich zwei bis zu drei Stunden. Mit Einverständnis der jeweiligen Dialogpartnerin wurden diese auditiv mithilfe eines Diktiergeräts aufgezeichnet.

Wie weiter oben schon erwähnt, wurde den Frauen im Vorfeld mitgeteilt, dass sie jederzeit eine Pause machen könnten. Bei beinahe jedem Gespräch wurde solch eine Pause eingelegt, dabei variierte die Länge der Pausen von wenigen Minuten bis hin zu einer Stunde.

Vor dem Gespräch wurden den Dialogpartnerinnen Getränke (Tee, Saft, Mineralwasser, Kaffee) angeboten, die meisten nahmen dankend an. Die Dialogpartnerinnen durften selbst wählen, wo sie sitzen möchten, was ebenfalls als sehr positiv empfunden wurde. Ziel war es, auf authentische Weise eine angenehme Atmosphäre zu schaffen. »Der Interviewer muss in den ersten Minuten eine Situation herstellen, die so entspannt und offen ist, dass Menschen darin ohne Befürchtungen die unterschiedlichsten Aspekte ihrer Person und ihrer Lebenswelt zeigen können« (Hermanns 2005, S. 363).

Dann wurde nochmals explizit eine Klärung der Rahmenbedingungen des Gespräches und aller weiterer Schritte vorgenommen. Dabei wurde vor allem erneut die Anonymisierung der Interviews betont und absolute Vertraulichkeit zugesichert.

Bevor das Gespräch begann, wurden die Dialogpartnerinnen gefragt, ob sie noch irgendetwas vorab sagen oder ob sie noch bestimmte Fragen klären möchten. Meist war dies nicht mehr nötig und mit dem Gespräch konnte begonnen werden.

Am Anfang des Gesprächs wurde die Einleitungsfrage ›Wie fühlst du dich gerade?‹ bzw. ›Wie fühlen Sie sich gerade?‹ gestellt, um die

Befindlichkeit der Dialogpartnerinnen zu erfahren und gegebenenfalls auf mögliche Befürchtungen o. Ä. eingehen zu können. Dann wurde auf den ersten Themenkomplex *Lebenskontext* eingegangen. Hierbei war das Ziel, einen Überblick über die Lebensgeschichte der jeweiligen Dialogpartnerin vor, während und nach dem sexuellen Missbrauch zu gewinnen. Anschließend wurde sich dem Themenkomplex *Schuldgefühl*, der gleichzeitig den Kernkomplex des Gespräches darstellte, gewidmet. An dieser Stelle wurden die drei Kernfragen – die Frage nach den Ursachen, den Auswirkungen und den (möglichen) Überwindungsaspekten hinsichtlich des Schuldgefühls – näher betrachtet und deren dynamisches Wirken zu verstehen versucht.

Besonders zu Anfang des Interviews sprachen die Dialogpartnerinnen sehr rational über ihren Missbrauch und ihre Schuldgefühle. Dies zeigte sich vor allem darin, dass die Dialogpartnerinnen äußere Fakten benannten – wie beispielsweise, dass der Täter habe ausziehen müssen – aber nicht darauf eingingen, was dies für sie persönlich bedeutet habe. An diesen Stellen versuchte die Interviewerin die Gefühlsebene der Dialogpartnerinnen anzusprechen, indem sie Frageformulierungen, wie beispielsweise folgende behutsam ins Gespräch einbrachte: ›Was hat das mit *dir* gemacht?‹ ›Wie hast *du* dich dabei *gefühlt*?‹. Meist gelang es, auf diesem Wege an die emotionale Bedeutsamkeit hinsichtlich der zunächst emotionslos beschriebenen Situation zu gelangen.

Generell erlaubten die Dialogpartnerinnen der Interviewerin während der Gespräche, nachdem das ›Eis einmal gebrochen war‹, tiefe Einblicke in ihre subjektiven Erlebnis- und Gefühlswelten. Bude (2005) formuliert dazu:

> Der Interviewer gleicht einem Mitreisenden, dem man sein ganzes Leben erzählt. Die Begrenztheit des Kontakts scheint die Bedingung für die besondere Wahrheitsfähigkeit dieser Beziehung darzustellen. Man vertraut dem, mit Georg Simmel (1984) gesprochen, ›weiterziehenden Fremden‹, als welcher der Interviewer erscheint, Dinge an, die man einer nahe stehenden Person möglicherweise niemals sagen würde (S. 573).

Die Interviewerin war dankbar für das Vertrauen der Gesprächspartnerinnen und tauchte in deren Welten tief ein. Dabei war die Interviewerin einerseits miterlebend und mitfühlend, aber anderseits auch immer von außen beobachtend, ob dieses gemeinsame Anschauen für die Dialogpartnerin nicht eine zu große Belastung darstellt.

Wichtige Voraussetzungen für den Erkenntnisgewinn innerhalb dieser Gespräche war u. a., dass die Dialogpartnerinnen ohne Unterbrechung seitens der Interviewerin aussprechen konnten und dass Pausen, vor allem auch längere, ausgehalten wurden. Denn es wird davon ausgegangen, dass die Gesprächspartnerinnen dadurch freier erzählen, ihre Gedanken und Gefühle besser ordnen können sowie wichtige Gedankengänge entwickeln und vorantreiben können. Außerdem fördert diese Offenheit nach Mayring (2002) zusätzlich die Vertrauensbeziehung zwischen Interviewtem und Interviewer.

Hermanns (2005) betont, dass der Interviewer die Aufgabe hat, dem Befragten die Übernahme anderer Rollen zu ermöglichen. Dies bedeutet, der Interviewer soll in der Form fragen und agieren, dass der Interviewte nicht nur seine Standardrolle aufzeigt, sondern auch alle anderen Anteile seiner Persönlichkeit, die auf den ersten Blick sehr widersprüchlich sein können, offenlegt.

Eine weitere Aufgabe sieht Hermanns (2005) in der *Doppelrolle des Interviewers*. Auf der einen Seite soll dieser dem Befragten empathisches Verstehen entgegenbringen, aber auf der anderen Seite soll er eine *absichtliche Naivität* (vgl. Kvale 1996) an den Tag legen. Denn der Interviewer solle sich nicht als Experte ausgeben, sondern solle dem Interviewten vermitteln, dass das Erzählte für ihn fremd sei.

Neben den expliziten Äußerungen der Dialogpartnerinnen liefert das nonverbale Verhalten dieser, wie auch die Gegenübertragungsgefühle der Interviewerin, wichtige Hinweise und Erkenntnisse, die auch in die Auswertung mit einflossen (vgl. Argelander 1970).

Zum Ende des Gesprächs wurden die Dialogpartnerinnen gefragt, ob die Interviewerin ihrer Meinung nach etwas vergessen habe zu fragen. Auch wurde gefragt, ob die Gesprächspartnerinnen zu dem Thema noch etwas sagen möchten, was während des Gespräches nicht besprochen oder zu wenig besprochen worden sei. Bei beiden Fragestellungen sollten die Dialogpartnerinnen sich so viel Zeit nehmen, wie sie brauchte. Meist nutzten die Gesprächspartnerinnen diese Phase, um die für sie wichtigsten Erkenntnisse zusammenzufassen.

Als inhaltliche Abschlussfrage wurde, wie zu Anfang, die Frage nach dem momentanen gefühlsmäßigen Zustand gestellt. Diese Frage zu Anfang und zum Ende, sollte zum einem die erlebte Belastung der Interviewten während der Gesprächssituation abschätzbar machen und zum anderen einen Rahmen darstellen, der das gesamte Gespräch umfasst.

Danach folgten noch die Fragen nach der Teilnahmemotivation sowie nach einem Feedback für die Interviewerin. Für beide Fragen werden nun einige Ausschnitte der Antworten gezeigt; die gesamten Ausführungen befinden sich im Anhang:

1) Frage nach der Motivation
»*Weil ich natürlich viel zu dem Thema lese und oft denke, das ist irgendwie komisch verallgemeinert und das sehe ich anders. Dass ich so gedacht habe, ich möchte jetzt auch einmal sagen, wie ich es sehe*« *(Dialogpartnerin C)*.

»*Weil ich das gut finde, dass sich jemand damit auseinandersetzt und sich damit befasst und ich wollte das auch unterstützen und ich habe mich dazu in der Lage gefühlt, dass verkraften zu können und dass ich stabil genug bin. [...] und auch ein bisschen aus Eigennutz*« *(Dialogpartnerin I)*.

»*Gute Therapeuten muss es geben. Die müssen auch ihre Möglichkeiten haben, sich gut auszubilden*« *(Dialogpartnerin B)*.

»*Vor allem (ihr Augen strahlen, sie schaut mich an) dass ich was tun kann! Dass auch ... Erstmal dass ich was machen kann und dass das vielleicht ... Ich denke, dass Menschen, die sich mehr mit dem Thema auseinandersetzen, dann kann es vielleicht auch passieren, dass in Zukunft andere Menschen leichter, schneller als mir geholfen werden kann ... Aber das kann nur passieren, wenn ... Menschen auch bereit sind, die Menschen, die sich damit beschäftigen, zu unterstützten ... Und ich habe gedacht, dass sind ja schon zwei gute Gründe*« *(Dialogpartnerin H)*.

»*eine Entwicklung, um mich weiter zu entwickeln und um das zu verarbeiten*« *(Dialogpartnerin N)*.

»*Mir war ganz wichtig, dass da wissenschaftlich drüber gearbeitet wird, nicht in der Boulevardzeitung, nicht reißerisch, und nicht die armen Tätern, sondern dass der Blickpunkt auf die Opfer kommt. [...] Und da ich durch die Therapien weiß, dass es mir auch gut tut darüber zu reden, dass jetzt wieder eine Fachfrau sagt: ›Ja, ich glaube Ihnen.‹, das ist ja für mich auch ein Gewinn. Es war ja nicht nur eine kostenlose Therapiestunde, sondern es war ja auch was, ich habe selber was davon mitgenommen*« *(Dialogpartnerin G)*.

»Aber ich glaube in erster Linie so für mich zu gucken, kann ich das. Kann ich darüber sprechen?« (Dialogpartnerin U)

»Einerseits wollte ich für mich eine Klärung haben und ich habe gehofft, da kommt eine Klärung, aber ich hätte es nicht gedacht und ich bin jetzt echt erstaunt, dass ich da für mich auf jeden Fall ein großes Stück weitergekommen bin. […] Ich finde das ganz, ganz wichtig, dass eine gesellschaftliche Auseinandersetzung stattfindet, sodass das Bild von sexuellem Missbrauch richtig gerückt wird, dass man weiß, dass es nicht nur gewaltsam stattfindet, sondern auch anders, wie raffiniert die Täter vorgehen und was das für das Opfer bedeutet, welchen Stellenwert dieses Schuldgefühl hat. Wenn man am Schuldgefühl ansetzen könnte, dass, wenn man das versteht, dass man das auch schneller überwinden kann. Das war meine Motivation« (Dialogpartnerin O).

2) Frage nach dem Feedback
»Von dir hatte ich direkt einen positiven Eindruck. Ich konnte meine Jacke und Tasche mitnehmen – ja, so was ist mir wichtig – und ich konnte mir den Sitzplatz selbst auswählen – ja, das ist mir auch wichtig. […] Gut fand ich auch, dass du sagtest, dass ich vom Thema abschweifen darf und wir einen lockeren Dialog führen […] Ich habe mich zu keinem Zeitpunkt zu irgendetwas gedrängt gefühlt, im Gegenteil, mir war immer klar, dass ich selbst entscheide wie weit ich gehen möchte und kann. Ich habe dich dabei als ruhige, besonnene und verständige Dialogpartnerin erlebt. Besonders positiv ist mir aufgefallen, dass du mir erneut angeboten hast das Gespräch zu beenden oder zumindest eine Pause zu machen, als ich das Gesagte kurz sacken lassen musste« (Dialogpartnerin Q).

»Ich habe schon mehrere Therapien gemacht und es kam selten vor, dass ich mich so schnell so sicher und aufgehoben gefühlt habe. Zu keinem Zeitpunkt hatte ich das Gefühl, zu etwas gedrängt zu sein. Das Gespräch war angesichts des Themas sehr anstrengend, aber auch sehr bereichernd für mich und ich habe nach dem Gespräch viele neue Denkansätze bekommen« (Dialogpartnerin C).

»Also was ich sehr positive fand, war z. B., dass ich einen Tee bekommen habe« (Dialogpartnerin H).

»Unangenehm war mir nichts! Du bist ja total zurückhaltend. Du fragst ja nur ... man hatte das Gefühl, ... du hast ja keinen Fragenkatalog, den du abfragst, dass du nur fragst auf das bezogen, was man erzählt« (Dialogpartnerin Z).

»Also angenehm finde ich, dass das hier in diesen Räumlichkeiten ist. Ich finde auch, dass ist hier ein schöner Raum. [...] Das ist gut, da fühlt man sich ganz sicher. [...] Dass das hier stattfindet, in einem ganz neutralen Rahmen, nicht bei mir zu Hause oder bei dir zu Hause. Das ist für mich gut. Und ich finde, du bist eine sehr angenehme Gesprächspartnerin, also es fiel mir jetzt auch nicht schwer darüber zu reden. [...] Aber das finde ich, hast du sehr gut und sehr angenehm gemacht. Ich hatte auch nicht das Gefühl, dass ich was sage, was sehr abwegig ist, was du nicht nachvollziehen kannst oder so. Das ist ja schon eine Sorge, die man so hat, wenn man das erzählt. Das Gefühl hatte ich nicht. Das war gut« (Dialogpartnerin D).

»Du übernimmst nicht irgendeine Rolle, was ich sehr wichtig finde. So im Sinne, du arme Maus oder so. Man hat das Gefühl, dass du einen ernst nimmst« (Dialogpartnerin A).

»Also, also mit Negativem kann ich dir leider nicht dienen. Du hast nichts falsch gemacht. Ich kann ja nur für mich sprechen. Ich finde du machst es einem sehr leicht und ich finde, du machst es einem sehr angenehm, auch durch die Neutralität des Ortes, finde ich ganz gut. Du kannst nichts besser machen. [...] Und dass du mich ausreden lässt, das finde ich sehr schön, obwohl ich sehr viel rede [...] Was ich sehr gut finde, das darf ich dir wirklich mal als Lob zurückgeben, dass du wirklich zuhörst, was man dir erzählt. Das merkt man ja indem, wie du deine Fragen stellst. Und ich glaube das ist ganz, ganz wertvoll. [...] Also, dass es eben nicht nur darum geht, dass du deine Diplomarbeit geschrieben kriegst« (Dialogpartnerin U).

»Ich habe mich echt sehr wohl in deiner Gegenwart gefühlt. [...] Ich habe gemerkt, dass du mitfühlst und dass du mich verstehst. Du hast auch keine unangenehmen Fragen gestellt. Du hast mich immer aussprechen lassen, egal wie lange ich in meinem Trancezustand und Selbstmonologen mich befunden habe. Das war sehr wichtig, damit mein Gedanke weiter reifen konnte. Du hast eine sehr ruhige Art, das gefällt mir besonders« (Dialogpartnerin O).

Während der Gespräche zeigte sich deutlich das Bedürfnis, einen Raum zu haben über den sexuellen Missbrauch erzählen zu dürfen. Die meisten Dialogpartnerinnen konnten, auch wenn das Gespräch aufgrund der Thematik vorübergehend als belastend empfunden wurde, aus diesem insgesamt profitieren.

Alle Dialogpartnerinnen waren sehr interessiert an einer späteren Rückmeldung hinsichtlich ihres individuellen Falls in Form der psychologischen Beschreibung. Zudem fragten alle Dialogpartnerinnen, ob es möglich wäre, die Diplomarbeit als Ganzes lesen zu können, worauf die Interviewerin immer zusagte, dass sie ihre fertige Diplomarbeit den Dialogpartnerinnen gerne zur Verfügung stelle.

Am Ende des Gesprächs legte die Interviewerin den Dialogpartnerinnen ans Herz, dass, wenn das Interview emotional mehr auslösen sollte, als diese vorab vermutet haben, die Dialogpartnerinnen sich jederzeit an die Interviewerin wenden können. Wäre ein Fall aufgetreten, dem die Dialogpartnerin sich nicht gewachsen gefühlt hätte, hätte diese sowohl qualifizierte Kontaktadressen für die Dialogpartnerinnen, wie z. B.: *Zartbitter Köln e. V.* gehabt, als auch die Unterstützung von den erfahrenen Psychotherapeuten Herr Dr. Pfeiffer und Herr Dr. Welzel. Jedoch trat solch ein Notfall nicht auf, im Gegenteil, die meisten Dialogpartnerinnen seien nach eigener Angabe zwar erschöpft gewesen, jedoch fühlten sie sich stabil. Mit allen Dialogpartnerinnen wurde auch nach der Untersuchung Kontakt gehalten.

4.6 Auswertung der Untersuchung

Die Auswertung begann schon in der Interviewsituation selbst, da die von den Dialogpartnerinnen genannten Aspekte eine erste gedankliche Zuordnung im Kopf der Interviewerin zu den drei Kategorien (Ursache, Auswirkung, Überwindung) erfuhren und anschließend ans Gespräch stichpunktartig aufgeschrieben wurden. Jedoch handelte es sich hierbei lediglich um eine erste Zuordnung, die im weiteren Prozess weiter modifiziert, revidiert und erweitert werden konnte – was auch bei allen Einzelfällen der Fall war. Für jedes geführte Interview wurde ein Transkript angefertigt. Dieses wurde als wortwörtliches Protokoll angelegt, wobei auch Gesprächspausen, Lachen, Weinen und andere Auffälligkeiten des Ausdrucks als zusätzliche Informationen, die über das rein gesprochene Wort hinausgehen, notiert wurden. »Für eine ausführliche Auswertung ist die Herstellung von Transkripten zwar aufwändig, aber doch unabdingbar« (Mayring 2002, S. 89).

Die Transkripte wurden mehrfach gelesen, wobei der nächste Schritt, die Zuordnung der inhaltlichen Aspekte zu den drei Fragestellungen (Ursache, Auswirkung, Überwindung), stattfand. Die vorläufigen Zuordnungsergebnisse aus der Interviewsituation wurden dabei mitberücksichtigt in dem Sinne, dass deren Haltbarkeit geprüft wurde und je nachdem, diese, wie weiter oben schon beschrieben, beibehalten oder revidiert wurden. Die gefundenen Aspekte wurden parallel zu deren Einordnung nach psychodynamischen und psychotraumatologischen Gesichtspunkten analysiert. Diese Einordnung und Analyse bildete die Grundlage für die psychologische Beschreibung jedes Einzellfalles. Ziel der Einzelbeschreibungen sollte sein, die komplexen, seelischen Entwicklungen des individuellen Einzelfalls hinsichtlich der drei Fragestellungen zu erfassen. Dabei sollten, wie schon mehrfach betont, die bewussten Dynamiken und vor allem aber auch die unbewussten Dynamiken beleuchtet werden.

Die entstandenen psychologischen Beschreibungen wurden durch die betreuenden Dozenten, Dr. Pfeiffer und Dr. Welzel sowie zwei Kommilitoninnen supervidiert. Entsprechend der kommunikativen Validierung (vgl. Mayring 2002) erhielten die Dialogpartnerinnen ihre fertige psychologische Beschreibung. Sie wurden gebeten, diese zu lesen und, im Sinne eines gemeinsamen Forschungsprozesses, eine Rückmeldung zu geben, die so lang oder auch so kurz sein konnte, wie sie es selbst wollten. Es zeigten sich zwei unterschiedliche Reaktionsverhalten auf den Erhalt der psychologischen Einzelbeschreibung. Die einen erhielten diese, lasen sie sofort durch und gaben meist eine tendenziell ausführlichere Rückmeldung. Die anderen Dialogpartnerinnen erhielten die Beschreibung, vergaßen sie oder gaben an, Angst zu haben diese zu lesen und schoben das Lesen daher vor sich her. Erst als die Verfasserin, nach dem Verstreichen eines längeren Zeitraumes (mehrere Wochen bis hin zu zwei Monate), bei den entsprechenden Dialogpartnerinnen nachfragte, ob die psychologische Beschreibung angekommen sei, erinnerten sich die Dialogpartnerinnen wieder an ihre Beschreibung und lasen diese bzw. trauten sich diese zu lesen. 12 von den insgesamt 14 Dialogpartnerinnen gaben eine schriftliche Rückmeldung. Größtenteils stimmten die Dialogpartnerinnen ihren psychologischen Beschreibungen zu. Neun der Dialogpartnerinnen (Dialogpartnerinnen:

U, D, G, Z, S, I, C, Q, O) fanden sich in der Beschreibung voll wieder. Zwei der Dialogpartnerinnen (Dialogpartnerinnen: B, H) stimmten den Inhalten der Beschreibung überwiegend zu und hatten jeweils nur einen neuen Aspekt, der von der Forscherin im Gespräch nicht erkannt wurde. Lediglich eine Dialogpartnerin (Dialogpartnerin A) kritisierte einen zentralen Aspekt ihrer Beschreibung. Teilweise waren die Gesprächspartnerinnen überrascht bis hin zu schockiert über einzelne Aspekte und gaben an, dies so (noch) nicht gesehen zu haben. Sie gaben jedoch an, dass diese Aspekte einen Wahrheitsgehalt für sie haben. Ferner habe die psychologische Beschreibung bei einigen Dialogpartnerinnen zu einem neuen Anstoß geführt, wie z. B., dass sie eine neue Therapie beginnen wollten. Manche Frauen bedankten sich für die neue Sichtweise und generell für den innerlichen Prozess, der durch das Interview ins Rollen gebracht worden sei. Im Folgenden werden einige Ausschnitte aus den Antworten der Dialogpartnerinnen hinsichtlich ihrer Beschreibungen gezeigt, die gesamten ungekürzten Rückmeldungen befinden sich im Anhang.

Rückmeldungen der Dialogpartnerinnen:

»Ich finde das alles gut und verständlich ge- und beschrieben ist. Und auch innerlich sind gerade viele positive Gefühle ausgelöst worden. Das zeigt mir, dass du verstanden hast worum es geht. Es zeigt mir aber auch, dass du das Wesentliche und wichtige beschrieben hast. Für mich als Laien fand ich es sehr leicht zu verstehen und alles war nachvollziehbar« (Dialogpartnerin U).

»Ich finde es ok. Anfangs verwirrend, aber ich rede auch immer verwirrend und durcheinander von einem Thema zum anderen. Den Mittleren Teil und das Ende find ich gut dargestellt. Mit dem Schuldgefühl ... mhhh das sieht jeder anders, als Betrachter oder als Zuhörer. Ja, ich habe Schuldgefühle ... aber nur weil ich bis heute nichts getan habe ... weder ihn angezeigt habe, weder an seine Frau einen Warnbrief geschrieben habe oder sonst was, also ich gebe mir die Schuld das er immer noch »frei« rumläuft und Kinder missbrauchen kann und bestimmt auch tut. Ich gebe mir nicht die Schuld, dass er mich missbraucht hat. Er ist der Täter, er ist der Schuldige ..., nicht ich oder meine Geschwister. Du hast die leise Stimme erwähnt ... ich weiß es nicht ... ob das wirklich so ist?!? Kann sein für Außenstehende« (Dialogpartnerin A).

»Ich habe die psychologische Beschreibung mehrmals gelesen und mein erstes Empfinden war Rührung. Ich fühlte mich verstanden und richtig interpretiert. [...] »der starke Wunsch der Dialogpartnerin die Mutter als gutes Objekt zu schützen die Hauptursache für das Entstehen der Schuldgefühle.« Ja, sicherlich »Hauptursache«, da gebe ich Ihnen recht, aber dabei wird meiner Meinung nach unterschlagen, dass das nicht nur eine reaktive Verarbeitung in mir ist/war sondern dass meine Mutter mir auch diese Schuldgefühle aktiv und tatsächlich eingepflanzt hat durch die Aussage, die Täter stürben, weil ich darüber rede. Mir ist dies sehr wichtig, da sich ansonsten unterschwellig einschleicht, das alles sei nur ein innerpersönliches Problem/Muster! Denn schnell kommt dann – gerade bei uns Betroffenen – wieder so ein Hauch Schuldgefühl auf (»ich bin ja selbst schuld, dass ich Schuldgefühle hatte«). Ich weiß, das hört sich kompliziert an, ich hoffe dennoch, dass Sie verstehen, was ich meine« (Dialogpartnerin B).

»Ich finde du hast das gut zusammengefasst und ich finde mich im Text wieder. Ich hatte keinerlei Probleme den Text zu verstehen. Das Ende hat mich ziemlich umgehauen. Auch wenn ich selbst schon seit einer Weile ahne, dass es nicht anders gehen wird, aber zu lesen, dass du das so siehst war echt hart« (Dialogpartnerin Q).

»Ich fand deine Beschreibung sehr gut, auch wenn ich an einigen Stellen etwas schlucken musste. Du hast das sehr gut erkannt: Zum einen möchte ich meinem Vater so gern die ganze Schuld geben, aber das hieße ihn dann auch ganz zu verlieren und davor muss ich mich (noch) schützen. Und dass er die ganze Schuld hat, kann ich mir nicht vorstellen, wirklich nicht. Aber ich hoffe das kommt in der Therapie. Wenn du nichts dagegen hast, gebe ich es auch meiner Therapeutin, wenn wir mit der Analyse anfangen« (Dialogpartnerin C).

»Ich fand die Beschreibung sehr gut. Sie enthielt für mich neue Aspekte, aber sie sind nachvollziehbar. Ihre Mail kam genau zum richtigen Zeitpunkt. Sie hat mir den letzten Anstoß gegeben mich wieder in eine Therapie zu begeben. Vielen Dank dafür« (Dialogpartnerin G).

Bei zwei Dialogpartnerinnen (Dialogpartnerinnen B, H) führte die kommunikative Validierung zu einer geringen Veränderung ihrer psychologischen Beschreibungen, die in der jeweiligen Beschreibung kenntlich gemacht worden ist. Bei der Dialogpartnerin A kam es zu keiner Veränderung der Beschreibung, da die Autorin die Einwände und Kritikpunkte der Dialogpartnerin trotz intensiver Auseinandersetzung nicht nachvollziehen konnte und so bei ihrer erstellten Interpretation blieb. Jedoch wurde anschließend an die psychologische Beschreibung der Dialogpartnerin A angemerkt, was die Dialogpartnerin kritisiert, damit der Leser sich ein eigenes Bild verschaffen kann. Der Autorin ist es in diesem Kontext sehr wichtig, dass der Leser durch das Einsehen ins Material die Möglichkeit erhält, die Interpretationen der Autorin kritisch zu überprüfen.[4] Leuzinger-Bohleber (1995) spricht in diesem Zusammenhang von der *kommunikativen Validierung des Lesers* im Sinne einer externen Kontrolle.

Auf Grundlage der 14 psychologischen Beschreibungen wurde eine vereinheitlichende Beschreibung hinsichtlich der zu klärenden drei Fragestellungen (Ursache, Auswirkung, Überwindung des Schuldgefühls) angefertigt. Dabei wurden die verschiedenen Einzelbeschreibungen nach übereinstimmenden Unterkategorien der drei Fragestellungen durchsucht. Diese Erkenntnisse wurden dann fallübergreifend in jeder Kategorie zusammengefasst und dabei auf ein höheres Abstraktionsniveau gebracht.

Das Ziel sollte hierbei sein, zu einer wissenschaftlichen Erfassung grundlegender seelischer Zusammenhänge des Schuldgefühls bei weiblichen Betroffenen innerfamiliären sexuellen Missbrauchs, besonders im Hinblick auf die drei genannten Fragestellungen zu gelangen.

Durch diesen systematischen Vergleich der 14 psychologischen Einzelbeschreibungen sollte dementsprechend die Gewinnung von *überindividuellen Erkenntnissen* bezüglich des Gegenstandes angestrebt werden.

Die vorliegende Stichprobe weist eine große Heterogenität hinsichtlich des Überwindungsprozesses des Schuldgefühls auf. Der Verarbeitungszustand des Schuldgefühls reicht daher von einem sehr starken Erleben eines Schuldgefühls bis hin zu einem Erleben vollkommener Unschuld. Aufgrund dessen konnten die einzelnen Stadien der Schuldgefühlentstehung und Überwindung in dieser Untersuchung besonders gut beleuchtet werden.

---

4 Der Materialband befindet sich in der Bibliothek des psychologischen Institutes an der Universität zu Köln.

4.7 Gütekriterien

Da bei der vorliegenden Diplomarbeit im methodischen Vorgehen ein qualitativer Ansatz gewählt worden ist, können die aus der quantitativen Forschung bekannten Gütekriterien der Validität, der Reliabilität und der Objektivität keine Anwendung finden.

Stattdessen orientiert sich diese Arbeit an den von Mayring (2002) aufgestellten qualitativen Gütekriterien, die nun folgend dargestellt werden:

1) Verfahrensdokumentation
Damit der Forschungsprozess für andere nachvollziehbar ist, soll dieser bis ins Detail dokumentiert werden. »Dies Betrifft die Explikation des Vorverständnisses, Zusammenstellung des Analyseinstrumentariums, Durchführung und Auswertung der Datenerhebung« (Mayring 2002, S. 145).

2) Argumentative Interpretationsabsicherung
Interpretationen sollen argumentativ nach folgenden Kriterien begründet werden:
➤ Angemessene Verknüpfung mit dem Vorverständnis
➤ Schlüssigkeit der Interpretation
➤ Aufzeigen der Alternativdeutungen

3) Regelgeleitetheit
Es gilt sich an bestimmte Verfahrensregeln zu halten um das Material systematisch bearbeiten zu können. Jedoch gibt es kein regelgeleitetes Vorgehen ohne Ausnahme der Regel, das heißt, wenn der Gegenstand es erfordert, kann die Regel verändert werden.

4) Nähe zum Gegenstand
»Nähe zum Gegenstand ist ein Leitgedanke qualitativer-interpretativer Forschung« (Mayring, 2002 S. 146). Es soll versucht werden, an die Alltagswelt der Betroffenen anzuknüpfen. Außerdem sollte das Verhältnis zwischen Befragten und Forscher ein offenes, gleichberechtigtes Verhältnis darstellen, auch sollte eine Interessenübereinstimmung zwischen beiden erreicht werden.

5) Kommunikative Validierung
Die Befragten werden als denkende Subjekte gesehen, denen sehr viel Kompetenz zugeschrieben wird. Die Erkenntnisse aus der Untersu-

chungssituation können den Befragten gezeigt werden und diese können dann eine Rückmeldung geben, ob sie sich in den Analyseergebnissen und Interpretationen des Forschers wiederfinden oder ob dies nicht der Fall ist. Jedoch sollte dieses Gütekriterium nicht das einzige sein, auf das zurückgegriffen wird, denn sonst könnte man nie über die subjektive Bedeutungsstruktur des Subjekts hinauskommen.

6) Triangulation
Bei der Triangulation wird versucht, die Fragestellung auf verschiedenen Wegen zu lösen. Die dabei entstehenden Ergebnisse werden verglichen. Ziel ist jedoch nicht, zu einer absoluten Übereinstimmung zu kommen, sondern aus unterschiedlichen Perspektiven die Vor- und Nachteile der Analysewege darzustellen, und auf diese Weise ein kaleidoskopartiges Bild zu erhalten.

Ergebnisteil

Im Folgenden sollen die Erkenntnisse aus den Gesprächsanalysen ausführlich aufgezeigt werden. Zunächst werden im Kapitel 5 *sechs psychologische Einzelfallbeschreibungen* beispielhaft dargelegt. Im Kapitel 6 befindet sich anschließend die *vereinheitlichende Beschreibung*.

5 Individuelle psychologische Beschreibungen

In diesem Kapitel werden sechs Einzelfälle der insgesamt 14 Dialogpartnerinnen in Form einer psychologischen Beschreibung hinsichtlich folgender drei Fragestellungen
1) Ursachen des Schuldgefühls
2) Auswirkungen und Auswirkungszusammenhänge des Schuldgefühls
3) Überwindung bzw. Überwindungsansätze des Schuldgefühls

geordnet und nach psychodynamischen sowie psychotraumatologischen Gesichtspunkten analysiert. Im Rahmen des Forschungsprojektes wurden alle 14 Einzelfälle in dieser Weise bearbeitet, jedoch sollen an dieser Stelle lediglich sechs davon beispielhaft vorgestellt werden. Die ersten beiden Dialogpartnerinnen (H, G) fühlen sich noch sehr schuldig, die nachfolgenden zwei Dialogpartnerinnen (D, C) hingegen befinden sich mitten innerhalb des Überwindungsprozesses des Schuldgefühls und die beiden letztvorgestellten Dialogpartnerinnen (B, U) haben das Schuldgefühl komplett überwunden. Anhand dieser sechs ausgewählten Dialogpartnerinnen kann man die verschiedenen Phasen des Schuldgefühlüberwindungsprozesses gut nachvollziehen.

5.1   Psychologische Beschreibung der Dialogpartnerin H (18)

Die Dialogpartnerin sei von ihrem eigenen Vater sexuell missbraucht worden. Sie könne den Zeitraum des sexuellen Missbrauchs nicht benennen, da ihre Erinnerungen erst ab ihrem elften Lebensjahr einsetzen. Sie habe keinerlei Erinnerungen vor ihrem elften Lebensjahr – sowohl auf den sexuellen Missbrauch als auch auf ihr restliches Leben bezogen. Dementsprechend sei es für sie, als habe ihr Leben erst ab ihrem elften Lebensjahr begonnen. Jedoch wisse sie, dass der sexuelle Missbrauch ungefähr bis zu ihrem 13. Lebensjahr angedauert habe.

Das Jugendamt habe dafür gesorgt, dass der Vater der Dialogpartnerin angezeigt worden sei. Die Dialogpartnerin habe sich ihre gesamte Kindheit und Jugend »schuldig« für den sexuellen Missbrauch »gefühlt«. Bis zum heutigen Tag empfinde sie immer noch, dass sie »alleine Schuld« an diesem sei. Auch fühle sie sich verantwortlich für die Auswirkungen des sexuellen Missbrauchs, wie das Auseinanderbrechen der Familie: »Ich habe halt das Gefühl, mit dem was ich getan habe, dass ich so egoistisch gehandelt habe, weil ich das gesamte Glück der Familie zerstört habe.«

Ursachen

Kontrollillusion zur Abwehr der Hilflosigkeit
Auf die Frage, wodurch ihrer Meinung nach das Schuldgefühl entstanden sei, erklärt die Dialogpartnerin Folgendes: »Wenn man das objektiv-logisch betrachtet, dann ist es, […] wenn man sich schuldig fühlt, … dann heißt es ja, dass man theoretisch hätte was ändern können … und es ist immer noch besser, dass man selber Schuld ist, als dass man keinen Einfluss darauf hätte haben können.«

Diese Aussage der Dialogpartnerin zeigt eindeutig, dass sie ihre »Schuldtheorie« – wie sie diese selbst bezeichnet – als wichtigen Schutzmechanismus braucht, um psychisch überleben zu können. Denn in Wirklichkeit hat sie nie Einfluss auf die Situation des sexuellen Missbrauchs haben können. Ganz im Gegenteil sie ist ihrem

Vater in der Situation des sexuellen Missbrauchs schutzlos ausgeliefert gewesen. Denn sie hat als dessen Kind in einer enormen körperlichen und emotionalen Abhängigkeit zu ihm gestanden. Allerdings ist diese Wahrheit unheimlich schmerzlich in dem Sinne, dass das Opfer Gefühle von Hilflosigkeit und Ohnmacht erleben müsste. Daher gibt die Dialogpartnerin, wie sie treffend mit ihrer Schuldtheorie ausführt, sich selbst die Schuld, anstatt die Illusion der Kontrolle aufgeben zu müssen. Auf diese Weise erhält sie ihre Kontrollillusion bezüglich des sexuellen Missbrauchs zum Preis des Schuldgefühls aufrecht. Jedoch ist dieses Schuldgefühl gewiss momentan der ertragbarere Zustand für die Psyche der Dialogpartnerin, im Unterschied zu dem überwältigenden Hilflosigkeitsgefühl.

Sie weist im Interview mehrfach darauf hin, dass sie sich unter keinen Umständen als Opfer wahrnehmen möchte: »Das ist ja auch kein gutes Gefühl, wenn man sich als Opfer fühlt. Das möchte ich lieber vermeiden.« Denn Opfersein verbinde sie mit »nichts machen« können. Dieses Nichts-Machen-Können widerspricht ihrem Kontrolldenken, an dem sie mit allen Mitteln festhalten muss.

In diesem Zusammenhang nutzt sie sehr wahrscheinlich neben dem Schutzmechanismus Schuldgefühl auch den Schutzmechanismus Bagatellisierung, um die Hilflosigkeit nicht spüren zu müssen. Denn sie habe immer gedacht, der sexuelle Missbrauch, den sie als solchen nie habe wahrnehmen wollen, sei »gar nicht so schlimm«.

Keine Gegenwehr

Des Weiteren erklärt die Dialogpartnerin, dass sie sich am allermeisten schuldig fühle, da sie sich in der Situation des sexuellen Missbrauchs »nicht gewehrt habe«, »einfach« »geschehen lassen« habe, »nichts gemacht« habe, »gar nichts«. Auch an dieser Stelle zeigt sich die Kontrollüberzeugung der Dialogpartnerin, denn sie geht davon aus, dass sie den sexuellen Missbrauch durch ihre Gegenwehr hätte beenden können. Doch wie oben schon beschrieben ist die Dialogpartnerin dem erwachsenen Täter in Wirklichkeit machtlos ausgeliefert gewesen, sodass, selbst wenn sie sich gewehrt hätte, dies nur zur Beendigung des Missbrauchs geführt hätte, wenn der Täter es selbst gewollt hätte. Auch ist darauf hinzuweisen, dass selbstverständlich keinesfalls das Kind, das sich aus den verschiedensten Gründen nicht wehrt, die Schuld trägt, sondern der Täter, der zuvor die Grenze überschritten hat. Doch dieses Wissen – was in Verbindung mit dem Gefühl des uneingeschränkten

Ausgeliefertseins steht – ist für die Psyche der Dialogpartnerin offensichtlich, wie oben aufgezeigt, zu bedrohlich, sodass sie auch an dieser Stelle das Fühlen des Schuldgefühls bevorzugt.

Vaterschutz (Täterschutz)
Ebenfalls einen sehr zentralen Aspekt bei der Schuldgefühlverursachung stellt mit Sicherheit der starke Wunsch der Dialogpartnerin, das gute Bild ihres Vaters für sich aufrechterhalten zu können, dar. Zwischen der Dialogpartnerin und ihrem Vater bestehe »keine Beziehung, keine Bindung«. Sie habe ihr Leben lang »gar keinen Bezug zu dem« gehabt. In ihrer Kindheit und Jugend habe sich die Dialogpartnerin von ihrem Vater »total vernachlässigt gefühlt«. Er habe »noch nicht mal« gewusst, wann sie »Geburtstag habe«. Zwar sei der sexuelle Missbrauch »schlimm« gewesen, doch auf der anderen Seite habe dieser die »einzige Aufmerksamkeit« seitens des Vaters dargestellt. Der Missbrauch sei demnach schrecklich gewesen, »aber [...] besser als gar nichts«. Als der sexuelle Missbrauch geendet habe, habe sie sich dementsprechend wie ein »Tempotaschentuch, kann man ein Mal benutzen, schmeißt man weg«, gefühlt.

Die Dialogpartnerin verspürt höchstwahrscheinlich bis zum heutigen Tag eine enorme Sehnsucht nach der Liebe ihres Vaters: »Irgendwie wollte ich, dass er mich mal richtig sieht. Was ich so mache, ... das ist irgendwie ... was man sich wünscht, aber was man nie erreichen kann. Aber das, was man nie erreichen kann, das wünscht man sich trotzdem.« Man kann davon ausgehen, dass die Dialogpartnerin sowohl bewusste als auch unbewusste Wünsche nach Geborgenheit, Schutz, körperlicher wie auch emotionaler Nähe bezüglich ihres Vaters hatte. Die einzige Möglichkeit, diese Wünsche in einem geringen Maße stillen zu können, war der sexuelle Missbrauch, der, wie die Dialogpartnerin beschreibt, »besser als gar nichts« gewesen sei. Diese Bedürfnisse, die selbstverständlich jedem Kind innewohnen, sind von dem Vater extrem missbraucht worden. Doch es ist anzunehmen, dass die Dialogpartnerin sich für ihre bewussten und unbewussten Wünsche und Bedürfnisse gegenüber dem Vater massiv anklagt. Denn sie geht wahrscheinlich, zumindest unbewusst davon aus, dass diese Wünsche und Bedürfnisse den sexuellen Missbrauch ausgelöst haben.

Während des Interviews zeigt sich, dass die Dialogpartnerin zwei ambivalente Tendenzen in sich hat. Die eine Tendenz vertritt den Standpunkt, dass der Vater absolut unschuldig sei und sie dementsprechend »alleine [die] Schuld« trage. Der Sinn dieser Tendenz besteht darin, das gute Bild des Vaters zu erhalten. Denn sie habe »den Wunsch einen guten Vater zu haben«. In ihr gäbe es die »Hoffnung [...], dass doch alles anders wird«. Daher muss sie das gute Bild ihres Vaters schützen. Würde sie dieses gute Bild aufgeben, wäre es unmöglich irgendwann zumindest einen liebevollen Vater zu haben. Demnach spüre sie den starken Drang, dass sie »das Bild« in sich »aufrechterhalten muss«. Denn sie erklärt, es sei »schwer zu ertragen, zu sagen, dass es [das Bild] nicht richtig« sei. Dieses emotionale Erkennen, keinen guten Vater gehabt zu haben und niemals haben zu werden, ist nachvollziehbar extrem schmerzhaft. Daher nutzt die Dialogpartnerin ihr Schuldgefühl, um die Hoffnung nicht aufgeben zu müssen, irgendwann einen guten Vater zu haben.

Die andere Tendenz hingegen erkennt die Schuld des Vaters. Wenn diese Tendenz innerhalb der Dialogpartnerin die Oberhand gewinnt, ist es der Dialogpartnerin möglich – wenn auch nur für einen kurzen Augenblick – die Realität zu sehen. In solchen Momente wisse und spüre sie, »es wird nichts anders werden«. In einem von der Dialogpartnerin selbst gewählten Blumenbild kommen diese beiden Tendenzen sehr gut zum Ausdruck: Auf die Frage, wie sich die Dialogpartnerin fühle, erklärt diese: »So wie jemand, der Blumen gepflückt hat, obwohl man es nicht darf und dann kommt jemand und weist ihn darauf hin und dann sagt der: ›Man kann sie ja auch wieder ankleben.‹« Im weiteren Gespräch wird deutlich, dass das Blumenpflücken für das Realisieren der Schuldigkeit des Vaters steht – die zweite Tendenz demnach. Doch dieses Realisieren ist wie oben erklärt mit einem großen Schmerz und einer großen psychischen Bedrohung verbunden, sodass die Dialogpartnerin die Blumen am liebsten sofort wieder ankleben möchte, was für die erste Tendenz wiederum steht. Auf die Äußerung der Interviewerin »Du versuchst an *deiner Realität* festzuhalten« – womit die subjektive Realität, den Vater als gutes Objekt zu halten, gemeint ist – entgegnet die Dialogpartnerin: »Kann man ja nicht richtig. [...] Blumen kann man nicht wieder ankleben.« In diesem Moment gewinnt die zweite Tendenz innerhalb der Dialogpartnerin die Oberhand. Die Dialogpartnerin stellt in diesem Moment mit großer Trauer fest, dass ihr Vater kein guter Vater ist. Doch diese Tendenz ist im Allgemeinen sehr ›wackelig‹, sodass diese nur für kurze Momente ins Bewusstsein treten kann. Generell ist die erste Tendenz – den Vater zu schützen – die dominante, die einen großen Beitrag zum Schuldgefühl der Dialogpartnerin liefert.

Der Vater der Dialogpartnerin schreibe dieser häufig E-Mails. In diesen stünden manchmal positive Dinge, wie dass er sie »gerne« habe. Diese positiven E-Mails ›füttern‹ ihren starken Wunsch, einen guten Vater zu haben und daher auch ihr Schuldgefühl. Jedoch seien die meisten E-Mails sehr negativ, in solchen formuliere der Vater Äußerungen wie Folgende: »Ich hasse dich! Du hast mein Leben zerstört! Ich will dich nie wieder sehen.« Diese E-Mails seien für die Dialogpartnerin wie »ein Schlag«. Die Dialogpartnerin wisse, dass es ihr nicht gut tue, die E-Mails ihres Vaters zu öffnen und zu lesen, doch sie mache es trotzdem, denn sie »hoffe, dass da drin was anderes steht«. An dieser Stelle zeigt sich wieder der starke Wunsch einen guten Vater zu haben, der sie als Tochter liebt.

Im Interview sucht die Dialogpartnerin nach möglichen Rechtfertigungsgründen für das Verhalten ihres Vaters. So sei dieser »krank« – schließlich habe er die Diagnose »bipolare psychotische Störung« – und könne dementsprechend nichts für den sexuellen Missbrauch. In diesem Zusammenhang räumt die Dialogpartnerin jedoch ein, selbst wenn ihr Vater nicht krank wäre, fände sie immer neue »scheinlogische Argumente«, warum ihr Vater unschuldig wäre. Ihr ist bewusst: »Ich versuche Entschuldigungen zu finden, er kann ja nichts dafür und das ist alles nicht seine Schuld.« Wieder erkennt man an dieser Stelle beide Tendenzen innerhalb der Dialogpartnerin. Sie nutzt alle möglichen Argumente, um ihren Vater schützen zu können, doch auf der anderen Seite weiß sie, dass es sich bei diesen lediglich um »scheinlogische Argumente« handelt.

Schuldzuschreibung seitens des Täters
Ein weiterer wichtiger Faktor bei der Schuldgefühlentwicklung ist sicherlich die Schuldzuschreibung des Täters der Dialogpartnerin gegenüber.

Während der Zeit des sexuellen Missbrauchs, habe der Vater der Tochter immer wieder prophezeit, wenn sie »das« ihrer »Mutter erzählen würde«, »dann würde« die Mutter sie »hassen«. Die Dialogpartnerin habe diese Äußerung des Vaters nicht als eine »Drohung«, sondern als »eine logische Konsequenz« aufgefasst. Solche äußeren Schuldzuschreibungen seitens des Vaters haben es der Dialogpartnerin, ihrer eigenen Angaben zufolge, »leichter gemacht«, ihre innere »Schuldtheorie zu entwickeln«. Denn es habe »alles gut zusammen gepasst«: Sie trage »alleine [die] Schuld« und ihr Vater sei schuldfrei.

Auch die eben erwähnten heutigen, negativen und anklagenden E-Mails von dem Vater festigen sehr wahrscheinlich immer wieder aufs Neue das Schuldgefühl der Dialogpartnerin.

Mutterschutz

Die Beziehung zu ihrer Mutter sei von klein auf »ein bisschen schwierig« gewesen. Auf der einen Seite habe die Mutter »ganz viel geweint« und habe dementsprechend »ganz viel getröstet« werden müssen, wobei die Dialogpartnerin dafür »verantwortlich« gewesen sei, dass es der Mutter »besser geht«. Auf der anderen Seite sei die Mutter »sehr impulsiv« gewesen und »bei irgendwelchen Kleinigkeiten [...] total ausgerastet«. Aufgrund der Erzählungen der Dialogpartnerin wird klar, dass die Mutter – die wohl instabil und unberechenbar gewesen ist – die Bedürfnisse ihrer Kinder kaum wahrgenommen hat. So sei die Mutter die Dialogpartnerin noch nicht mal besuchen gekommen, als diese mit 14 Jahren fast ein Jahr im Krankenhaus habe bleiben müssen.

Die Haltung der Mutter bezüglich des sexuellen Missbrauchs sei Folgende, wie die Dialogpartnerin erklärt: »Meine Mutter ... glaubt halt ... ich weiß nicht, ob sie wirklich dran glaubt, aber sie vertritt halt die Meinung, dass sie nicht dran glaubt«. Dass ihre Mutter ihr nicht glaube bzw. so tue, als würde sie ihr nicht glauben, mache die Dialogpartnerin »sehr traurig«. Die Dialogpartnerin habe in ihrer Kindheit und Jugend mehrfach versucht sich selbst umzubringen. Die Mutter habe auch auf diese Hilfeschreie der Dialogpartnerin nicht eingehen wollen und diese Versuche lediglich als ein »Versehen« abgetan. Offensichtlich hat sich die Dialogpartnerin von ihrer Mutter nicht wertgeschätzt gefühlt: »Dass ich ihr egal war [...]. Irgendwie hat das auch so mein Selbstwertgefühl nicht unbedingt gesteigert, dass ich es irgendwie nicht wert war, Hilfe zu bekommen.« Doch trotz all diesen großen Enttäuschungen habe sie ihre »Mutter« von den Menschen »am meisten« gemocht: »Manchmal mochte ich sie richtig, richtig gerne«. Auch heute noch sei ihr die Mutter »wichtig«.

Es ist davon auszugehen, dass die Dialogpartnerin den sehnsüchtigen Wunsch gehabt hat – und gewiss immer noch hat – eine liebevolle Mutter zu haben, welche sie bedingungslos liebt: »Mir ist es immer noch wichtig, dass sie mich mag.« Es ist anzunehmen, dass die Dialogpartnerin versucht, ihre Mutter für sich als gutes Objekt zu schützen. Demnach reagiert in den Augen der Dialogpartnerin wahrscheinlich nicht die Mutter falsch und unmütterlich, sondern das Verhalten der Mutter ist das Resultat des angeblichen falschen Handelns der Dialogpartnerin. Die Dialogpartnerin hat wahrscheinlich aus den Reaktionen der Mutter Folgendes für sich geschlossen und schließt dies sicherlich teilweise immer noch: Wäre ich unschuldig an dem sexuellen Missbrauch, würde meine Mutter mir glauben und mir helfen, doch dies tut sie nicht. Daher muss ich schuldig an dem Missbrauch sein. Diese Schuldübernahme war gewiss eine der wenigen, wenn nicht sogar die einzige Möglichkeit, um das gute Bild der Mutter nicht aufgeben zu müssen, bzw. um die Hoffnung, zumindest irgendwann eine gute Mutter haben zu können, nicht ablegen zu müssen.

Wie weiter oben bei der Beziehung zwischen der Dialogpartnerin und ihrem Vater beschrieben, sind bei der Mutterbeziehung ebenfalls die gleichen zwei ambivalenten Tendenzen erkennbar. So hält die Dialogpartnerin auf der einen Seite an der Hoffnung fest, dass sie und ihre Mutter »irgendwann wieder Kontakt haben« können. Doch auf der anderen Seite wisse sie, dass die Realisation dieser Hoffnung »eher unwahrscheinlich« sei.

Der generelle Knackpunkt bei der Schuldgefühlverursachung ist mit Sicherheit, die Familie zu schützen: Die Dialogpartnerin nutzt das Schuldgefühl, um sich nicht eingestehen zu müssen, nie eine gute Familie – nie einen guten Vater, nie eine gute Mutter – gehabt zu haben. Nur auf diese Weise kann die Dialogpartnerin in der Überzeugung weiterleben, »dass es ein gutes Ende geben könnte. Ein glückliches Ende. [...] Eine gute Familie zu haben.«

Einsamkeit

Weiterhin hat sicherlich die Einsamkeit der Dialogpartnerin mit dazu beigetragen, dass das Schuldgefühl verstärkt werden musste. Die Dialogpartnerin erklärt, bis zu ihrem 15. Lebensjahr habe sie »überhaupt keine Bezugspersonen« besessen. Auch habe sie »keine Freunde« gehabt. In diesem Zusammenhang berichtet sie, dass, als sie mit 14 Jahren in die Klinik gekommen sei, das Klinikpersonal und vor allem die Bezugsbetreuerin ihr Aufmerksamkeit geschenkt haben. Dies sei »das erste Mal« in ihrem Leben gewesen, »dass sich überhaupt jemand um« sie »gekümmert« habe. An dieser Stelle wird deutlich, wie allein und einsam die Dialogpartnerin in ihrer Kindheit und Jugend gewesen sein muss. Diese Einsamkeit zeigt nochmals auf, in was für einer großen physischen und vor allem psychischen Abhängigkeit die Dialogpartnerin zu ihren Eltern gestanden hat. Dementsprechend musste gewiss das gute Bild des Vaters und der Mutter noch stärker geschützt werden – als es ohnehin schon der Fall war. Womit verständlicherweise einhergeht, dass die Schuldgefühle der Dialogpartnerin noch mehr wachsen mussten.

Reaktionen der Umwelt
Neben den Reaktionen der Eltern, die enorm wichtig für die Schuldgefühlentstehung gewesen sind, spielt die Haltung der Umwelt sicherlich ebenfalls eine bedeutende Rolle. Die Dialogpartnerin habe im Sinne eines Hilfeschreis mehrfach »versucht«, sich »umzubringen«. Doch ihre vielen Probleme – ausgedrückt durch diese Selbstmordversuche, ihre Essstörung, ihr selbstverletzendes Verhalten usw. – haben ihren Angaben zufolge »keinen interessiert«. Es ist anzunehmen, dass dieses Nicht-Reagieren der Umwelt dazu geführt hat, dass sich ihr Schuldgefühl festigen konnte: »Wenn es irgendwen gegeben hätte, der auf meiner Seite gestanden hätte« [wäre das Schuldgefühl] »nicht so ausgeprägt.«

Nicht zu wissen, dass es sich um einen sexuellen Missbrauch handelt
Die Dialogpartnerin habe nicht gewusst, dass es sich um einen sexuellen Missbrauch handelt. Dementsprechend habe sie auch nicht gewusst, dass der Vater, als der Täter im Unterschied zu ihr als die Betroffene, die alleinige Schuld an diesem trägt: »Ich wusste irgendwie, dass es nicht gut ist. Aber ich wusste auch nicht direkt, was jetzt falsch ist. Ob ich mir vielleicht nur einbilde, dass es falsch ist ... und nachher ist es bei anderen genauso.« Es ist davon auszugehen, dass diese Unsicherheit bezüglich dessen, was ›es‹ überhaupt ist, ebenfalls einen Faktor bei der Schuldgefühlentstehung darstellt. Denn die rationale Erkenntnis, von dem Vater missbraucht worden zu sein, stellt eine wichtige und notwendige Voraussetzung für eine mögliche Schuldüberwindung dar.

Auswirkungen und Auswirkungszusammenhänge

Schuldweltbild
Die Dialogpartnerin hat höchstwahrscheinlich von frühster Kindheit an ihre eigene »Schuldtheorie« für sich entwickelt. Die Basis dieser *Schuldtheorie* – man könnte auch *Schuldweltbild* sagen – bildet die folgende feste Überzeugung: »Der [Vater] ist krank [bipolare psychotische Störung] [...] und dann habe ich mir hergeleitet, dass ich alleine schuld bin.« Dass sie die gesamte Schuld an dem sexuellen Missbrauch trage sei dementsprechend »eine Tatsache, die man nicht infrage stellt«. In diesem Zusammenhang stehe auch die Gewissheit, dass sie »die Familie kaputt gemacht« habe. Denn sie habe ihr *Schweigegebot* gebrochen indem sie »gesprochen« habe.

Alle nachfolgenden Auswirkungen und Auswirkungszusammenhänge des Schuldgefühls sind sehr wahrscheinlich Bestandteile dieser für sie überlebenswichtigen *Schuldtheorie*.

Negatives Selbstbild

Die Dialogpartnerin erklärt, dass eine sehr zentrale Auswirkung des Schuldgefühls sei, dass sie sich »sehr, … sehr, … sehr … gehasst« habe und diesen Selbsthass heute noch größtenteils empfinde. Außerdem fühle sie sich »meistens« »wertlos«: »Wenn man so viel Schuld trägt, dann ist man ja auch … ein schlechter Mensch! Weil man an so vielen schlechten Dinge die Schuld trägt. Wenn man ein schlechter Mensch ist, dann ist man vielleicht auch nicht so viel wert wie andere Menschen.« Diese Entwertung des eigenen Selbst gehe so weit, dass die Dialogpartnerin der festen Überzeugung sei: »Im Prinzip sind alle mehr wert als ich«. Diese absolute Selbstentwertung ist als notwendige Konsequenz der Täteridealisierung zu betrachten. Denn nur dadurch, dass sie sich selbst die Schuld für den sexuellen Missbrauch zuschreibt und sich dementsprechend als schlechten Menschen betrachtet, kann sie ihren Vater für sich als guten Menschen bewahren (vgl. *Vaterschutz (Täterschutz)*).

Selbstverletzendes Verhalten

In diesem Zusammenhang habe die Dialogpartnerin auch angefangen, sich selbst zu verletzen: »Ich habe mich halt – weil ich schuld bin, dass das passiert ist, mich … Daraus folgt dann sozusagen: Ich hasse mich. Dann ist es zur Selbstverletzung nicht mehr so weit.« Auf die Frage, ob die Dialogpartnerin sich mit diesem Selbstverletzenden Verhalten bewusst oder auch unbewusst für ihre angebliche Schuldigkeit bestrafen wollte, antwortet diese: »Ja, … ich denke schon, dass das schon eine Rolle spielt.«

Die Überzeugung, andere sehen sie als schuldig und wertlos an

Ein weiterer Bestandteil ihrer *Schuldtheorie* ist folgende Auffassung der Dialogpartnerin: Sie gehe davon aus, dass ihre Mitmenschen, die von dem sexuellen Missbrauch wissen, sie ausnahmslos als schuldig und wertlos ansehen – entsprechend ihrem eignen Selbstbild: »J: ›Denkst du deine Therapeutin, die von dem sexuellen Missbrauch weiß, empfindet dich als wertlos?‹ H: ›Ja.‹«

Diese gefestigte Denkweise führt demnach dazu, dass sich die Dialogpartnerin niemand weiterem bezüglich des sexuellen Missbrauchs anvertrauen kann. Sie habe eine gute Freundin, die ihr »sehr wichtig« sei und gerade aufgrund dieser Wichtigkeit der Freundin wolle die Dialogpartnerin nicht, dass diese »irgendwas damit zu tun hat«: »Ich will nicht, dass andere mich so sehen, wie ich mich fühle. Schuldig, schlecht, wertlos.«

Man erkennt an dieser Stelle wie sehr das *Schuldweltbild* in der Dialogpartnerin verankert ist, sodass sie gar nicht in Erwägung ziehen kann, dass ihre Mitmenschen vielleicht eine andere Perspektive haben könnten. Nämlich die, dass die Dialogpartnerin unschuldig, gut und wertvoll ist.

Generalisierung

Ebenfalls ein fester Bestandteil ihrer *Schuldtheorie* mit weitreichenden Folgen, stellt sicherlich die Generalisierung des Schuldgefühls auf alle weiteren Lebensbereiche dar: »Ich habe das so erweitert. Irgendwie auf mein ganzes Leben« Die Dialogpartnerin »fühle« sich »für alles schuldig« – ausnahmslos. Ein Bild, das diese Erweiterung des Schuldgefühls gut verdeutlicht, ist Folgendes: »Mir hat mal jemand gesagt, ich hätte in meinem Kopf so etwas wie einen Altar, den würde ich die ganze Zeit anbeten: Schuld, Schuld!«

Die erste Therapeutin der Dialogpartnerin habe sich nicht in der Lage gefühlt, die Dialogpartnerin nach deren Klinikaufenthalt weiter therapieren zu können. Die Therapeutin habe ihr gesagt, sie könne sie erst weiter therapieren, wenn die Dialogpartnerin vorab für längere Zeit in die Psychiatrie ginge. Die Dialogpartnerin habe die Ursache und dementsprechend die Schuld des Therapieabbruchs nur bei sich gesehen: Sie habe demnach gedacht, sie sei »zu bescheuert, zu verrückt, zu krank«, um therapiert werden zu können. Auch bei diesem konkreten Beispiel zeigt sich, dass die Dialogpartnerin sich selbst die gesamte Schuld zuschreibt. Sie zieht nicht mal in Erwägung, dass der Therapieabbruch vielleicht auch durch die Unfähigkeit der Therapeutin zustande gekommen sein könnte.

Überwindungsansätze

Im ersten Interview erklärt die Dialogpartnerin, dass sie »rational« »mittlerweile« wisse, dass sie nicht die Schuld an dem sexuellen Missbrauch trage, sie »fühle« sich jedoch emotional bis zum heutigen Tage »trotzdem noch schuldig«. Allerdings im zweiten Interview stellt sich heraus, wie instabil selbst dieser Zustand des rationalen Wissens bezüglich der eigenen Unschuld bei der Dialogpartnerin ist. Denn sie erklärt, dass sie »tausend Gründe nennen« könne, warum sie »schuld« sei. Und diese Gründe seien für sie auch »rational« nachvollziehbar.

Es wird deutlich, wie enorm wichtig der Schutzmechanismus ›Schuldgefühl‹ für das psychische Überleben der Dialogpartnerin noch ist. Es ist davon auszugehen dass, immer dann, wenn selbst das rationale Überwinden für die Dialogpartnerin zu bedrohlich wird, diese Bedrohung mit dem Abwehrmechanismus Verleugnung abgewendet wird. In diesen Momenten verleugnet sie das Wissen über ihre Unschuld, welche sie zuvor klar formulieren konnte. Während der Interviews zeigt sich demnach, dass die Dialogpartnerin der Schuldgefühlüberwindung mal näher und mal ferner ist, je nachdem in welchem psychischen Zustand sie sich befindet.

Rationales Überwinden

Verstehen der Schuldgefühldynamik

Eine erste wichtige Voraussetzung für die emotionale Schuldgefühlüberwindung stellt sehr wahrscheinlich das Wissen der Dialogpartnerin um die *Schuldgefühldynamik* und ihre in diesem Zusammenhang stehende eigene »Schuldtheorie« dar. Die Dialogpartnerin kann fast die gesamten Interviews hindurch sehr reflektiert über diese Dynamik und ihre eigens entwickelte Theorie sprechen. Sie versteht die Zusammenhänge und deren Bedeutung. Die Dialogpartnerin weiß demnach mit Sicherheit, dass sie ihre »Schuldtheorie«, die »auf jeden Fall wichtig« für sie sei, zum Selbst- und Objektschutz braucht. Dementsprechend ist es ihr auch möglich, ihre *Kontrollhypothese* zu erklären: »Wenn man das objektiv-logisch betrachtet, dann ist es, […] wenn man sich schuldig fühlt, ... dann heißt es ja, dass man theoretisch hätte was ändern können ... und es ist immer noch besser, dass man selber schuld ist, als dass man keinen Einfluss darauf hätte haben können.« Daher weiß die Dialogpartnerin an einer Stelle des Interviews auch, dass sie nur »scheinlogische Argumente« und eben keine logischen Argumente für die Unschuld ihres Vaters benennen kann. Ebenfalls zeigt der Moment, in dem sie das Blumenbild nennt und erläutert, ihr Wissen um die Wahrheit. Die Wahrheit, dass sie unschuldig und der Vater schuldig ist: »Blumen kann man nicht wieder ankleben« (vgl. *Vaterschutz (Täterschutz)*).

Auf der anderen Seite sieht man jedoch, dass die Dialogpartnerin das Bewusstsein über die *Schuldgefühldynamik* der Missbrauchssituation nicht kontinuierlich aufrechterhalten kann. Denn die Psyche ist wahrscheinlich noch nicht bereit diese Erkenntnis, unschuldig zu sein, stetig auszuhalten: »Ich kann tausend Gründe nennen, warum ich doch schuld bin.« Und diese Gründe sind, wie oben beschrieben, für die Dialogpartnerin nicht nur emotional, sondern vor allem »rational« nachvollziehbar.

In diesem Zusammenhang erklärt die Dialogpartnerin, dass die »Stabilisierung des rationalen Wissens« über die eigene Unschuld »wichtig« sei, denn erst die rationale Sicherheit mache es der Dialogpartnerin möglich für sich dauerhaft ein neues *Weltbild* zu schaffen.

Es zeigt sich, dass es bei der Dialogpartnerin derzeit noch zwei Weltverständnisse gibt: Zum einem die jahrelange ›Gewissheit‹ die Schuldige zu sein und zum anderen die neue Welt, in der ihr u. a. durch Therapie eine neue Sichtweise, nämlich die, unschuldig zu sein, eröffnet worden ist.

Die Dialogpartnerin spürt, dass sie ihre *Schuldtheorie* derzeit noch brauche. Sie vermutet, dass sie irgendwann an den Punkt kommen muss, dass sie diese *Schuldtheorie* nicht mehr als Schutzmechanismus benötigt: »Vielleicht ist das wie ein Prozess, dass man irgendwann merkt, jetzt brauche ich die nicht mehr. Und man kann die auch loslassen. Und vielleicht bin ich da einfach noch nicht.« Diese sehr differenzierte Äußerung zeigt, dass die Dialogpartnerin noch Zeit benötigt, um das Schuldgefühl ablegen zu können.

Emotionales Überwinden

Annehmen des Hilflosigkeitsgefühls

Ein bedeutender Faktor bei der Schuldgefühlüberwindung ist mit Sicherheit, wie die Dialogpartnerin von sich aus erklärt, die Hilflosigkeit und die Ohnmacht, die das Opfer durch das Schuldgefühl vor allem abwehrt, erleben und auch aushalten zu können. In diesen Momenten spürt das Opfer, dass es nie eine Handlungsentscheidung bezüglich des sexuellen Missbrauchs gehabt hat und dementsprechend auch nicht schuld sein kann: »Meine Theorie ist, dass ich irgendwann dazu in der Lage sein müsste zu akzeptieren, dass ich nichts hätte daran ändern können ... und dann würde sich das Schuldgefühl erübrigen.«

Diese Reflektionen sind sehr wahrscheinlich ein enorm wichtiger Schritt in die Richtung der Schuldgefühlüberwindung. Jedoch ist die

Dialogpartnerin derzeit, trotz dieser wichtigen rationalen Erkenntnis, offenbar emotional noch weit von diesem Akzeptieren der Hilflosigkeit entfernt. Denn sie erklärt, es sei »kein gutes Gefühl, wenn man sich als Opfer« wahrnehme, das möchte sie »lieber vermeiden«, »weil man nichts machen« könne. Dieses Nichts-machen-Können stellt für die Dialogpartnerin gewiss noch eine zu große Bedrohung dar.

Auch wird der Dialogpartnerin in diesem Zusammenhang während des Interviews bewusst, dass dieses Zulassen der Hilflosigkeit »leichter« aushaltbar sei, wenn man »ganz viel äußere Stabilität« habe. Denn, »wenn alles so ein einziges riesiges Chaos sei« – wie es wohl im Moment vor allem auch durch die Anzeige bei ihr der Fall ist – könne dieses Annehmen der Hilflosigkeit »nicht funktionieren«. Für sie stellen demnach nachvollziehbarer Weise geordnete Verhältnisse »eine größere Chance« bei der Schulgefühlüberwindung dar. Zu diesen geordneten Verhältnisse zählt sicherlich auch der Kontaktabbruch zu ihren Eltern.

Anzeige – ›Kontrolle im Hier und Jetzt‹
Ein offensichtlich weiterer wichtiger Aspekt für die Schuldgefühlüberwindung ist das zurzeit laufende Gerichtsverfahren gegen ihren Vater.

Die Dialogpartnerin habe bereits das »aussagepsychologische Gutachten« für die Anzeige gemacht. Dieses Gutachten sei positiv ausgefallen in dem Sinne, dass ihr geglaubt werde. Dieses Ergebnis helfe ihr einen Schritt in Richtung Schuldgefühlüberwindung zu machen: »Wenn es da jetzt ein Gutachten gibt, wo eindeutig drin steht, dass ich nicht lüge und dass ich mir nichts ausdenke, dass ich keine Psychosen habe […] irgendwie hilft mir das.«

Es ist anzunehmen, dass die Dialogpartnerin das Gutachten und das Urteil des Gerichts als mögliche höhere Instanz wahrnimmt, die die ›Macht‹ besitzt sie von der Schuld freizusprechen.

Doch vor allem sei es der Dialogpartnerin im Zusammenhang mit dem Gerichtsverfahren »wichtig«, dass sie sich zumindest »im Nachhinein noch wehren kann«, dass sie »was tun kann«. Nun habe sie die Chance sich nicht mehr als Opfer zu erleben und dem Ganzen »passiv« nicht mehr ausgeliefert zu sein.

Offenbar hat ihr dieses Gerichtsverfahren die Chance gegeben, die Kontrolle, die sie in der Situation des sexuellen Missbrauchs nie gehabt hat, zu erlangen. Denn nun ist sie dem sexuellen Missbrauch nicht mehr hilflos ausgeliefert, sondern sie kann sich vor allem durch die Anzeige wehren. Es ist in diesem Zusammenhang auch anzunehmen, dass ihr jetziges Aktiv-Sein-Können das Annehmen ihrer Hilflosigkeit aus Kindheit und Jugend erleichtern kann. Denn die emotionale Erkenntnis als Kind absolut hilflos gewesen zu sein, wird sicherlich sehr schmerzlich sein. Doch es ist davon auszugehen, dass diese schmerzliche Erkenntnis die Psyche der Dialogpartnerin nicht überwältigen wird, da sie weiß und spürt, dass sie im Hier und Jetzt eben nicht mehr hilflos ist.

Stabilität
Die Dialogpartnerin fühle sich in ihrem heutigen »sozialen Netzwerk« »wohl«. Zu ihren wichtigsten Bezugspersonen zählen ihre Therapeutin und ihre ehemalige Betreuerin. Auch ihre gute Freundin sei ihr »sehr wichtig«. Es tue ihr »gut«, wenn sie mit Freunden zusammen sei. Gewiss ist solch ein stabiles Umfeld für die Schuldgefühlüberwindung förderlich. Die Dialogpartnerin könne dementsprechend bei Menschen, die sie sehr gut kenne und mag, eher annehmen, dass sie bei »Kleinigkeiten oder generelle[n] Dinge[n]« keine Schuld trage: »In manchen Situationen hat es sich gebessert. Zum Beispiel ... Menschen, die mich sehr gut kennen oder so ... die wissen, dass ich schnell ein schlechtes Gewissen habe und mich für alles schuldig fühle ... Wenn die mir mittlerweile schon dreitausend Mal gesagt haben, ... dass ich keine Schuld habe. Ja, dann kann ich das schon ein bisschen besser annehmen. [...] Umso besser ich einen kennen, umso höher ist die Wahrscheinlichkeit, dass ich ihm glaube, ich bin nicht schuld für ... für Kleinigkeiten oder generelle Dinge.«

Vaterschutz (Täterschutz) und Mutterschutz aufgeben können
Es ist davon auszugehen, dass der *Vaterschutz* und der *Mutterschutz* das stärkste Hindernis bei der Überwindung des Schuldgefühls darstellen (vgl. *Vaterschutz (Täterschutz)*; *Mutterschutz*). Wahrscheinlich erst, wenn die Dialogpartnerin in der Lage sein wird, ihren Vater und ihre Mutter emotional loszulassen – was verständlicherweise ein unglaublich schwieriger Prozess ist, der sehr viel Zeit und äußere Stabilität benötigt – hat sie eine Chance, das Schuldgefühl hinter sich zu lassen. Metaphorisch von der Dialogpartnerin wie folgt ausgedrückt: ›Die Blumen pflücken und es schaffen, diese nicht mehr anzukleben.‹

Das Gefühl, ein wertvoller Mensch zu sein
In der Klinik habe die Dialogpartnerin das erste Mal erfahren, dass sie ein Mensch mit Wert sei: »In der Klinik. Eigentlich als sie mir versucht

haben zu vermitteln, dass ich doch … irgendwie … so … einen Wert habe.« Diese Erfahrung, von anderen wertgeschätzt zu werden, habe dazu geführt, dass sie das erste Mal in ihrem Leben an ihrer Schuldigkeit bezüglich des sexuellen Missbrauchs gezweifelt habe. Es ist davon auszugehen, dass das *Schuldweltbild* der Dialogpartnerin, hinsichtlich der Überzeugung wertlos zu sein aufgrund der guten Erfahrungen in der Klinik in diesem Moment einen ersten Riss bekommen hat, sodass sie auch angefangen hat, ihre Schuldigkeit infrage zu stellen.

Hoffnung

Wahrscheinlich ist die ungebrochene Hoffnung der Dialogpartnerin »gesund […] werden« zu können ebenfalls ein förderlicher Aspekt, um das Schuldgefühl zu überwinden. Für diesen großen Wunsch, psychisch »gesund zu werden«, wolle sie »kämpfen«. In diesem Sinne erklärt die Dialogpartnerin auch während des Gesprächs, vor allem habe sie beschlossen, an diesem Interview teilzunehmen, da sie auch hier aktiv was für ihre Heilung tun könne.

5.2   Psychologische Beschreibung der Dialogpartnerin G (47)

Die Dialogpartnerin könne nicht einordnen, wann der sexuelle Missbrauch genau begonnen habe. Sie schätze jedoch, dass dieser in ihrer frühsten Kindheit, als sie ca. fünf Jahre alt gewesen sei, eingesetzt habe. Der Missbrauch habe bis zu ihrem 19. Lebensjahr angedauert. Der Täter sei ihr eigener Vater gewesen. Vor einigen Jahren sei ihr Vater gestorben. Die Dialogpartnerin habe sich schon als Kind für den sexuellen Missbrauch sehr schuldig gefühlt. Dieses Schuldgefühl spüre sie bis zum heutigen Tage.

Ursachen

Vaterschutz (Täterschutz)

Einen wesentlichen Faktor bei der Schuldgefühlverursachung stellt mit Sicherheit der starke Wunsch der Dialogpartnerin, den Vater als gutes Objekt nicht aufgeben zu müssen, dar. Innerhalb der ersten zwei Minuten des Interviews sagt die Dialogpartnerin: »Ich habe einen sehr guten Vater«. Sie habe ihren »Vater immer geliebt«. Sie »hasse« ihn auch »nicht«. Sie könne noch nicht mal »böse« auf ihn sein. Auch »bewundere« sie »bis heute« ihren Vater für »sein Allgemeinwissen und seine Intelligenz, seine Wortgewandtheit, sein souveränes Auftreten«. Zudem erzähle sie »mit Begeisterung« »von spannenden Sachen«, die im Zusammenhang mit ihrem Vater stehen. Man erkennt, welch große Liebe und Bewunderung die Dialogpartnerin offensichtlich für ihren Vater empfunden hat und bis heute noch empfindet.

Die Dialogpartnerin erklärt, sie habe ihren Vater gespalten, sodass es »einen guten und einen schlechten Vater« gebe. Doch meist spüre sie lediglich, er sei »ein toller Vater« gewesen und »den Rest klammere« sie »aus«.

In ihrer letzten Therapie habe die Dialogpartnerin nicht gewollt, ihren Vater näher zu betrachten, denn sie habe »Angst« gehabt, dass die Therapeutin ihren Vater »von dem Thron stoßen« werde. In diesem Zusammenhang formuliert die Dialogpartnerin zudem, dass, obwohl sie »von der Ratio« her wisse, dass ihr Vater der Täter sei, sie diesen »immer« vom Gefühl her »schuldfrei« »halte«.

Dies zeigt, dass der Dialogpartnerin in einem gewissen Umfang sicherlich bewusst ist, dass sie mit allen Mitteln versucht, das gute Bild ihres Vaters zu schützen. Die Schuldgefühlannahme ist als logische Konsequenz für die Psyche der Dialogpartnerin anzusehen. Denn auf diese Weise, durch die eigene Abwertung, kann sie ihren idealisierten Vater »schuldfrei« halten.

Die Dialogpartnerin erklärt an einer Stelle des Interviews, sie habe fast den gesamten sexuellen Missbrauch »vergessen«. Sie habe »nur diese paar Bilder« und »mehr« wolle sie auch nicht »hoch holen«. Denn sie habe große Angst, wenn sie mehr vom Missbrauch sehen würde, dass sie dann vielleicht auch »mehr« von ihrer »Schuld« sehen müsste. Jedoch könnte dieses vehemente Ablehnen, mehr Missbrauchsszenen aufzudecken, auch einen ganz anderen Ursprung haben. Denn es ist anzunehmen, dass in der Dialogpartnerin die unbewusste Angst besteht dass, wenn sie mehr Bilder vom sexuellen Missbrauch hoch holen würde, sie den schlechten Vater sähe, sodass das Bild des guten Vaters zerstört wäre.

Schuldzuschreibung seitens des Täters

Als einen weiteren wichtigen Faktor bei der Schuldgefühlentwicklung sind die expliziten und impliziten Schuldzuschreibungen des Vaters der Dialogpartnerin gegenüber zu nennen. So habe der Vater immer gesagt: »Ich tu das nur, weil du so bist, wie du bist. Also, weil du schön bist.« Auch habe der Vater immer betont, »er macht das nur, weil er« die Dialogpartnerin »lieb« habe. Mit diesen Aussagen habe er »die ganze Verantwortung« an die Dialogpartnerin weitergegeben. Mit solchen Äußerungen und generell mit seinem Verhalten habe der Vater der Dialogpartnerin »sehr deutlich« zu verstehen gegeben: »Du bist das schuld.« Diese äußeren Schuldzuschreibungen haben mit Sicherheit den Auf- und Ausbau des inneren *Schuldweltbildes* der Dialogpartnerin gefördert.

Schuldatmosphäre – ›in die Schuld hineingeboren‹
Die Dialogpartnerin erklärt, dass »dieses Schuldgefühl« in ihrer Kindheit »über den Missbrauch auch weit hinaus« gegangen sei, denn in den Augen der Mutter sei die Dialogpartnerin für »alles schuld« gewesen. Sie habe der Mutter »nie irgendwas« »recht machen« können.

Aufgrund dieser *Schuldatmosphäre*, ausgehend von dem Verhalten der Mutter, ist die Dialogpartnerin höchstwahrscheinlich viel ›anfälliger‹ für das Entstehen des Schuldgefühls bezüglich des sexuellen Missbrauchs gewesen.

Verhalten der Mutter
Die Dialogpartnerin habe sich – da sei sie mindestens zehn Jahre alt gewesen – ihrer Mutter anvertraut in der Form, dass sie gesagt habe, ihr Vater habe sie »da unten angefasst«. Die Mutter habe es dann »fertig gebracht« die Dialogpartnerin »mit ins Schlafzimmer zu nehmen, wo« der »Vater im Bett« gelegen habe, und ihn in ihrem Beisein darauf anzusprechen. Wahrscheinlich hat dieses Verhalten der Mutter der Dialogpartnerin zu verstehen gegeben: ›Meine Mutter glaubt mir nicht, ansonsten würde sie nicht bei meinem Vater nachfragen.‹ Der Vater habe als Erklärung gehabt, er hätte die Dialogpartnerin an der Scheide nur eingecremt, da sie vom Reiten so wund gewesen wäre. Damit sei das Thema erledigt gewesen.

Mit Mitte 30 habe es eine zweite Anvertrauenssituation gegeben. Zu der Zeit habe ihr Vater im Krankenhaus gelegen und sie sei zusammen mit ihrer Mutter diesen immer besuchen gefahren. Irgendwann habe die Dialogpartnerin für sich beschlossen, diesen nicht mehr zu besuchen und habe der Mutter Folgendes gesagt: »Pass mal auf, ich weiß was über den Papa und deswegen möchte ich auch nicht ins Krankenhaus. Und ich möchte auch bitte in Ruhe gelassen werden mit dem Thema.« Die Reaktion der Mutter sei darauf gewesen: »Hat er dich angefasst?«

Die Dialogpartnerin habe sich fest vorgenommen, nein zu sagen. »Aber in dem Moment, wo sie es aussprach, gingen sofort die Schleusen auf« und die Dialogpartnerin habe angefangen »zu heulen«. Dann habe die Dialogpartnerin der Mutter alles über den sexuellen Missbrauch erzählt. Jedoch, anstatt mitfühlend auf die Tochter einzugehen, wie dies schon in der ersten Anvertrauenssituation nicht der Fall gewesen war, sei die Mutter »fix und alle« gewesen, habe sich von ihrer Tochter trösten lassen und habe »die ganze Zeit« gesagt: »Mein Leben ist verpfuscht. Was habe ich nur von meinem Leben gehabt?« Obwohl die Dialogpartnerin ihr von dem sexuellen Missbrauch durch den Vater erzählt gehabt habe, habe die Mutter trotzdem verlangt, dass die Dialogpartnerin weiterhin ihren Vater im Krankenhaus besuche. Zudem habe sie ihrer Tochter vor dem nächsten Krankenhausbesuch wortwörtlich gesagt: »Wenn du zur Staatsanwaltschaft gehst, sage ich gegen dich aus!« Im Krankenhaus sei die Mutter »händchenhaltend« mit dem Täter vor der Tochter spazieren gegangen.

Mit dem gesamten Verhalten, vor allem aber mit der Äußerung »Wenn du zur Staatsanwaltschaft gehst, sage ich gegen dich aus!«, hat die Mutter der Dialogpartnerin eindeutig gezeigt, dass sie die Schuld an dem sexuellen Missbrauch trägt und hat dadurch mit Sicherheit das Schuldgefühl der Dialogpartnerin enorm verstärkt. Außerdem wird gut erkennbar, dass die Mutter sich die gesamte Zeit über auf die Seite des Täters und niemals auf die der Tochter gestellt hat.

Die Dialogpartnerin habe sich dem neuen Lebensgefährten ihrer Mutter anvertraut. Als dieser der Dialogpartnerin geglaubt habe, habe er deren Mutter auf den sexuellen Missbrauch angesprochen. Die Mutter habe den Missbrauch abgestritten, indem sie gesagt habe: »Die lügt!« An dieser Stelle zeigt sich, dass die Mutter mit diesem Verhalten die Schuldgefühlüberwindung erschwert, da sie versucht zu verhindern, dass andere Menschen – wie der Lebensgefährte – der Tochter Glauben schenken und sie im nächsten Schritt für unschuldig erklären. Denn dies würde bedeuten, dass die Mutter ihre Schuld für das Nicht-Eingreifen und das Abwerten der Tochter übernehmen müsste.

Mutterschutz

Die Dialogpartnerin habe sich als Kind von ihrer Mutter »nicht« »geliebt gefühlt«. »Bis heute« fühle sie sich von dieser nicht geliebt. Die Mutter habe die Dialogpartnerin »im Prinzip nur runter gemacht« und ihr ihr »Leben lang erzählt, wie dumm, dick und hässlich« sie sei.

Während des Interviews wird mehr und mehr klar, dass die Dialog-partnerin eine tiefe Sehnsucht nach einer guten Mutter, die sie liebt, in sich trägt: »Ich laufe mein Leben lang hinter meiner Mutter her und versuche, es ihr recht zu machen. Ich möchte einmal von meiner Mutter hören, dass ich was erreicht habe, dass ich was geschafft habe.« Doch die Dialogpartnerin sei immer wieder aufs Neue enttäuscht worden – wie auch bei den beiden genannten Anvertrauenssituationen. Für diese Ent-täuschungen sucht die Dialogpartnerin jedoch die Schuld allein bei sich und nicht bei ihrer Mutter, sodass sie dementsprechend unter Tränen im Interview fragt: »Warum reagiert meine Mutter so auf mich? Was habe *ich* getan?« Es ist davon auszugehen, dass die Dialogpartnerin schon als Kind die Begründung für das unmütterliche Verhalten ihrer Mutter bei sich gesucht hat. Demnach hat die erste Anvertrauenssituation sicherlich auch ihr Schuldgefühl enorm verstärkt. Denn um das Bild der guten Mutter schützen zu können, hat die Dialogpartnerin gewiss folgenden Schluss für sich gezogen: Wäre ich unschuldig an dem sexuellen Missbrauch, würde meine Mutter mir glauben und mir helfen, doch dies tut sie nicht. Daher muss ich schuldig an dem Missbrauch sein. Wahrscheinlich hat die Dialogpartnerin einen ähnlichen Schluss selbst noch bei der zweiten Anvertrauenssituation als erwachsene Frau für sich gezogen. Denn auch an dieser Stelle konnte die Dialogpartnerin bestimmt das unmütterliche Verhalten nur mit ihrer eigenen Schuldigkeit erklären.

Die Dialogpartnerin hat mittlerweile in einem sehr schmerzvollen und sicherlich noch nicht abgeschlossen Prozess erkannt, dass ihre Mutter keine gute Mutter ist, im Gegenteil, sie sei »bösartig«, »falsch«, »hinter-hältig« und »so schrecklich«. Immer wieder betont die Dialogpartnerin, dass sie ihrer »Mutter viel, viel böser« sei als ihrem »Vater«. Auch trage die Mutter »die größere Schuld« an dem sexuellen Missbrauch, denn: »Mein Vater hat sich nur in einem Punkt schuldig gemacht, […] meine Mutter in allen. Nicht nur, dass sie mich nicht vor meinem Vater beschützt hat, nicht nur, dass ich es ihr erzählt habe und sie mich bloßgestellt hat«.

Es ist anzunehmen, dass die unheimlich großen Hassgefühle, die die Dialogpartnerin gegenüber der Mutter verspürt auch Anteile des Hasses enthalten, die eigentlich ihrem Vater gelten. Denn dieser kann wahr-scheinlich nur uneingeschränkt gut bleiben, wenn die Hassgefühle, die sich unbewusst gegen ihn richten, auf die Mutter verschoben werden. So spürt die Dialogpartnerin sowohl den Hass gegenüber der Mutter, der auch ursprünglich dieser galt, plus den zusätzlichen Hass, den sie gegen ihre Mutter richtet, um den Vater zu schützen.

Es ist davon auszugehen, dass die Dialogpartnerin selbst heute noch –
nach all diesen großen Enttäuschungen seitens ihrer Mutter und trotz
der bewussten Hassgefühle – zumindest eine unbewusste Hoffnung in
sich trägt, dass ihre Mutter irgendwann eine gute Mutter wird. Denn
selbst während des Interviews fragt sie unter Tränen, wie weiter oben
schon erwähnt: »Warum reagiert meine Mutter so auf mich? Was habe
ich getan?«

Kontrollillusion zur Abwehr der Hilflosigkeit

Keine Gewaltanwendung seitens des Täters

Die Dialogpartnerin betont, sie fühle sich vor allem für den sexuellen
Missbrauch schuldig, da ihr Vater »nie körperliche Gewalt« während des
Missbrauchs »angewandt« habe. Ihr wäre es »lieber« sagen zu können,
ihr Vater habe sie »dazu gezwungen«, dies habe »er aber nicht«. Hätte
ihr Vater sie gewaltsam zum Sex genötigt, hätte sie ihrer Meinung nach
»eine Entschuldigung« und wäre dementsprechend schuldfrei.

Keine Gegenwehr

Eine weitere Begründung für ihre Schuldigkeit sei die Tatsache, dass sie
sich »nie gewehrt« habe. Kurz darauf gibt die Dialogpartnerin mögliche Erklärungen für ihr Verhalten: Es könnte sein, dass sie sich nicht
gewehrt habe, da sie ihrem Vater »einen Gefallen« habe tun wollen.
Zudem habe ihr Vater »mit Kinderheim« »gedroht«, wovor sie unheimliche Angst gehabt habe. Obwohl die Dialogpartnerin diese möglichen,
nachvollziehbaren Erklärungen nennt, können diese offensichtlich
ihren starken Selbstvorwürfen nichts anhaben.

Auch könnten Außenstehende nicht nachvollziehen, wodurch es
komme, dass sich die Betroffenen von sexuellem Missbrauch nicht wehren.
Dies sei »immer die erste Frage, die kommt«. So habe auch ihre »Freundin« gefragt: »Wieso hast du dich nicht gewehrt?« Die Dialogpartnerin
empfindet diese Frage gewiss als Schuldvorwurf von Außen, in dem Sinne,
wenn sie sich als Betroffene nicht wehrt, dann muss sie den sexuellen
Missbrauch gewollt haben. Es ist davon auszugehen, dass diese Reaktionen
von Außen das innere Schuldgefühl der Dialogpartnerin verstärken.

Angeblich aktiv beteiligt

Bis heute sei die Dialogpartnerin der festen Überzeugung, dass sie an
dem sexuellen Missbrauch »aktiv« »beteiligt« gewesen sei, auch wenn sie

nicht »die treibende Kraft« dargestellt habe. Sie habe oft »das Gefühl« gehabt, dass sie den sexuellen Missbrauch »selber provoziert« habe. Aufgrund ihrer angeblichen Aktivität habe sie starke Schuldgefühle.

Auf Nachfragen etwas mehr zu ihrer Aktivität sagen zu können, erzählt die Dialogpartnerin folgende Missbrauchsszene: »Wenn ich im berühmten Schlafanzug dann vor dem Fernseher saß und er dann unter den Schlafanzug ging und ich dann eventuell auch mal ›Nein‹ gesagt habe, hat er gesagt: ›Was setzt du dich auch so hier hin?‹« Ihre Schlussfolgerung, verursacht durch die Bemerkung des Vaters, ist an dieser Stelle offensichtlich Folgende: Es hätte in ihrer Macht gestanden, den sexuellen Missbrauch zu verhindern, indem sie sich nicht dorthin gesetzt hätte.

Es wird mehr und mehr erkennbar, dass die Dialogpartnerin sich vorwirft, an dem sexuellen Missbrauch freiwillig teilgenommen zu haben, wenn nicht sogar diesen ausgelöst zu haben. Doch in Wirklichkeit handelt es sich hierbei lediglich um eine anscheinende Freiwilligkeit. Denn die oben genannte ›Schlafanzug-Szene‹ stellt klar heraus, dass die Dialogpartnerin in keiner Form aktiv den sexuellen Missbrauch herbeigeführt hat. Im Gegenteil, sie hat sogar Gegenwehr mit ihrem ›Nein‹ gezeigt. Diese Szene zeigt außerdem, dass die Dialogpartnerin keinerlei Kontrolle über den sexuellen Missbrauch gehabt hat. Sie stand ihrem Vater in einer ohnmächtigen Position gegenüber. Doch diese Hilflosigkeit sich einzugestehen, kann die Psyche der Dialogpartnerin nicht aushalten, sodass diese bevorzugt sich selbst die Schuld zu geben, anstatt die Illusion der Kontrolle aufgeben zu müssen.

Der Vorwurf sich nicht gewehrt zu haben und der Umstand, dass der Vater nie Gewalt angewandt habe, stützen diese Kontrollillusion und können dementsprechend als Unteraspekte dieser angesehen werden.

Die Abwehr des Hilflosigkeitsgefühls funktionierte allerdings nicht vollständig. Denn selbst in den Momenten, in denen sie angeblich aktiv gewesen sei, habe sie »sich hilflos gefühlt«. Dies zeigt welch großes Ausmaß das Hilflosigkeitsgefühl gehabt haben muss, da es der Abwehr nicht möglich gewesen ist, dieses in seiner Gänze von der Dialogpartnerin fernzuhalten.

Sexuelle Erregung

Der Körper der Dialogpartnerin habe auf den sexuellen Missbrauch mit sexueller Erregung reagiert. So habe sie während des sexuellen Missbrauchs »die Vorstufe zu dem eigentlichen Orgasmus« erlebt und darüber hinaus auch währenddessen ihre Orgasmusfähigkeit entwickelt. Dass ihr »Körper« in dieser Form »reagiert« habe, habe ihr ein »rasend schlechtes Gewissen« gemacht. Dieses Spüren von sexueller Erregung in der Missbrauchssituation habe sie »jahrzehntelang beschäftigt«. Die Dialogpartnerin stelle sich aufgrund dieses sexuellen Erlebens immer wieder die anklagende Frage: »Hat es dir gefallen?« Obwohl sie wisse, dass die »sexuelle Erregung an der Klitoris mit dem Kopf überhaupt nichts zu tun hat«, fühle sie sich aufgrund ihrer verspürten sexuellen Erregung während des Missbrauchs sehr schuldig.

Angenehme Momente des Missbrauchs
Zudem sei der sexuelle Missbrauch teilweise »auch mal angenehm« gewesen, in dem Sinne, dass dieser ihr manchmal gefallen habe. Dies bedeutet dementsprechend, dass sie auf die oben genannte Frage »Hat es dir gefallen?«, die sie sich immer selbst stelle, mit »ja, ›auch mal‹« antworten müsste.

Die angenehmen Gefühle während des Missbrauchs haben mit Sicherheit das Schuldgefühl der Dialogpartnerin enorm wachsen lassen. Es passt offensichtlich nicht in das *Weltbild* der Dialogpartnerin, dass sexueller Missbrauch für das Opfer »auch mal« angenehm sein kann. Sobald das Opfer angenehme Gefühle verspürt, handelt es sich – im Denken der Dialogpartnerin – demnach nicht mehr um einen Missbrauch, da die Betroffene aufgrund ihrer Gefühlsregungen ihre Schuldlosigkeit verloren hat.

Alter der Dialogpartnerin
Als die Dialogpartnerin festgestellt habe, dass der sexuelle Missbrauch bis zu ihrem 19. Lebensjahr angedauert habe, sei dies für die Dialogpartnerin »einer der großen Ach-du-Scheiße-Erkenntnisse« gewesen. Wäre der sexuelle Missbrauch z. B. nur bis zu ihrem elften Lebensjahr gewesen, wäre das »Schuldgefühl« ihrer Meinung nach »geringer«.

Das jugendliche bzw. das erwachsene Alter stützt dementsprechend das Gefühl der Mitverantwortlichkeit bei der Dialogpartnerin.

Nicht zu wissen, dass es sich um einen sexuellen Missbrauch handelt
Die Dialogpartnerin habe den sexuellen Missbrauch als solchen nicht erkannt. Erst in der Pubertät sei ihr langsam klar geworden, dass es sich um einen sexuellen Missbrauch handelt: »Ich hatte das Gefühl, es ist nicht richtig. Ich wusste nicht, was es ist. Und die eigentliche Erkenntnis kam erst in der Pubertät.«

Es ist davon auszugehen, dass diese Unsicherheit bezüglich dessen, was ›es‹ überhaupt ist, ebenfalls eine Komponente bei der Schuldgefühlent-

stehung darstellt. Denn die rationale Erkenntnis, von dem Vater missbraucht worden zu sein, stellt eine wichtige und notwendige Voraussetzung für eine mögliche Schuldüberwindung dar.

Auswirkungen und Auswirkungszusammenhänge

Hass gegenüber dem Körper
Eine große Auswirkung des Schuldgefühls bei der Dialogpartnerin sei,
dass sie »angefangen« habe, ihren »Körper zu hassen« Diesen Hass emp-
finde sie »bis heute«. Denn »der damalige Körper« trage laut den klaren
Anschuldigungen ihres Vaters die »Schuld« für den sexuellen Missbrauch:
»Ich tu das nur, weil du so bist, wie du bist. Also, weil du schön bist.«

Negatives Selbstbild
Generell habe die Dialogpartnerin »definitiv« »ein sehr geringes Selbstwertgefühl«. Sie könne noch »nicht mal stolz auf« sich sein, wenn sie
»was geschafft habe«, was für sie »eine wahnsinnige Leistung« sei. Auch
kenne sie kein »Selbstmitleid«.

Die Dialogpartnerin geht gewiss davon aus, dass andere Menschen, sie
ebenfalls als minderwertig beurteilen. Denn oft habe sie Angst von anderen,
sogar von Freunden, abgelehnt zu werden. Wegen dieser enormen Ängste
traue sie sich oftmals nicht Freunde anzurufen, denn: »Die könnten böse auf
mich sein. Die könnten auflegen.« Zudem könne die Dialogpartnerin »überhaupt nicht bitten«. Sie könne für sich »nichts in Anspruch nehmen«.

An dieser Stelle zeigt sich der hohe Preis, den die Dialogpartnerin für
die Idealisierung des Täters hat zahlen müssen: Die absolute Entwertung
des eigenen Selbst.

Drang sich zu bestrafen
In Zusammenhang mit der Selbstentwertung stehe folgende weitere Auswirkung: Die Dialogpartnerin habe den Drang, sich selbst zu bestrafen,
jedoch mache sie dies nicht aktiv selbst, sondern sie »lasse das«, z. B. bei
ihrem Beruf als Tierärztin, »machen«: »Wenn Sie meine Hände angucken und meine Arme, ich glaube es gibt keinen Menschen, der so oft
von einer Katze gebissen oder gekratzt wird. Ich fordere das heraus.«

Die Dialogpartnerin sei auch chronische Schmerzpatientin. Sie wünsche sich nicht die Schmerzen weg, ganz im Gegenteil, ihrer Ansicht
nach habe sie diese Schmerzen »verdient«.

Dieser Drang, verletzt zu werden und die Überzeugung, die Schmerzen verdient zu haben, lässt darauf schließen, wie sehr die Dialogpartnerin sich für den sexuellen Missbrauch anklagt und verurteilt.

Keine Aggressivität
Eine weitere Auswirkung sei, wie die Dialogpartnerin erklärt, dass sie »überhaupt keine Aggressivität, nicht mal eine Gesunde« habe. Sie spüre »keinerlei aggressive Gefühle«, »nicht mal dann, wenn es gesund wäre«.

Auch an dieser Stelle sieht man – wie unter dem Punkt negatives Selbstbild angesprochen – dass die Dialogpartnerin sich nicht erlaubt, ihre eigenen Bedürfnisse, in diesem Kontext ihre Aggressionsbedürfnisse, auszuleben. Es ist anzunehmen, dass sie jegliche negativen Gefühle, die eigentlich für ihren Vater bestimmt waren, verdrängt und gegen ihr eigenes Selbst gerichtet hat. Denn auf diese Weise konnte sie, wie oben ausführlich beschrieben, das gute Bild des Vaters retten. Offenbar wendet die Psyche der Dialogpartnerin diesen damals notwendigen Abwehrmechanismus auch heute bei allen weiteren Situationen an, sodass die Dialogpartnerin jegliche Aggression sofort verdrängt und gegen ihr eigenes Selbst richtet.

Schweigegebot
Eine andere Auswirkung des Schuldgefühls sei Folgende gewesen: Die Dialogpartnerin habe nach ihrem ersten Anvertrauensversuch jahrelang »geschwiegen«, weil sie sich »schuldig gefühlt« habe.

Generalisierung
Auch sei die Generalisierung des Schuldgefühls auf alle Lebensbereiche eine folgenreiche Auswirkung: »Ich entschuldige mich ja prinzipiell für alles.« Sie nennt als Beispiel: »Wenn Sie jetzt aus Versehen vor den Stuhl treten, weil Sie nicht aufpassen, würde ich mich dafür entschuldigen.« Dementsprechend fühle sie sich auch für jedes Tier, was sie nicht habe retten können, schuldig: »Bei allen Patienten, bei denen ich versage oder die ich nicht retten kann, … gehe ich dran kaputt. Das macht mich … fertig. Und ich bin es auch, schuld, eindeutig.«

Überwindungsansätze

»Erst in der Pubertät« sei der Dialogpartnerin »die eigentliche Erkenntnis« gekommen, dass es sich um einen sexuellen Missbrauch handelt.

Doch trotz dieser rationalen Missbrauchserkenntnis, sei ihr Vater weiterhin »kein Täter« für sie gewesen. Dies zeigt, dass die Dialogpartnerin sogar auf der rationalen Ebene das gute Bild ihres Vaters zu dieser Zeit noch schützen konnte.

Heute wisse die Dialogpartnerin vom Verstand her eindeutig, dass ihr Vater der Täter ist und dementsprechend auch schuldig: »Ich kann definitiv sagen, dass mein Vater der Täter ist. Und dass ich definitiv keine Schuld habe.« Jedoch »empfinde« sie »nicht so«: »Emotional weiß ich es sehr wohl, es ist ja meine Schuld. Emotional ist das ganz klar.«

Rationales Überwinden

Bei dem rationalen Überwinden habe das Wissen, was ein sexueller Missbrauch sei und was dieser bedeutet »sehr geholfen«. Sie könne immer mehr und mehr »Puzzelteilchen zusammensetzen«, sodass das Bild ihres sexuellen Missbrauchs mehr und mehr vervollständigt wird.

In diesem Zusammenhang habe ihr auch »die Biologie« geholfen, in dem Sinne, dass sie verstanden habe, »dass ein Körper eben reagieren kann auch ohne, dass der Kopf erregt sein muss«. Zudem habe sie auch verstanden: »Dass ich heute Spaß am Sex habe, ist kein Beweis dafür, dass ich damals auch Spaß dran hatte und dass ich da Schuld hatte.« Ein weiterer Aspekt sei gewesen zu wissen, dass andere Betroffene mit den gleichen Problemen wie sie zu kämpfen haben: »Zu sehen, ich stehe nicht alleine.«

Eine gute Freundin der Dialogpartnerin habe ihr mehrfach gesagt, dass sie unschuldig an dem sexuellen Missbrauch sei. Dies sei »der Anstoß« für »die intellektuelle Verarbeitung« gewesen. Zwar habe dieser Anstoß von Außen »für den Intellekt gereicht«, um von der eigenen Unschuld rational überzeugt zu sein, jedoch – wie alle anderen genannten Faktoren – »emotional nicht«.

Phantasien der Dialogpartnerin
zur emotionalen Schuldgefühlüberwindung

Schuldfreispruch durch Täter

Im Gespräch entwickelt die Dialogpartnerin unterschiedliche Phantasien, was passieren müsse, damit sie das Schuldgefühl auch emotional überwinden könne. Der erste Einfall, der der Dialogpartnerin in den Sinn kommt, ist folgender: »Mein Vater müsste *sich* entschuldigen.«

Kurz darauf korrigiert die Dialogpartnerin ihre Äußerung: »Mein Vater müsste *mich* ent-schuldigen, er müsste *mich* ent-schuldigen.« In dieser Phantasie der Dialogpartnerin besitzt ausschließlich der Vater die Macht, ihr die Schuld zu nehmen. Ohne ihn ist sie dementsprechend ihrer Meinung nach nicht zur emotionalen Schuldgefühlüberwindung fähig. Wenn der Vater *sie* in dieser Form ent-schuldigen würde, würde er der Dialogpartnerin »was von den Schultern nehmen, wofür [...] [sie] ihm dankbar sein könnte«. Würde er ihr diese schwere Last von den Schultern nehmen, würde er der gute Vater für sie bleiben: »J: ›Ihr Vater würde der Gute bleiben, weil Sie ihm dankbar sein können, weil er Ihre Schuld genommen hat.‹ G: ›Ja. Ist das irre? Bin ich verrückt?‹«

An dieser Stelle zeigt sich wieder sehr deutlich, dass die Dialogpartnerin das gute Bild ihres Vaters mit allen ihr zur Verfügung stehenden Mitteln versucht aufrechtzuerhalten. Selbst in ihren *Überwindungsphantasien* bleibt das gute Bild ihres Vaters bestehen. Denn angeblich ist nur er – der eigentliche Täter, der in Wirklichkeit die Schuld trägt – in der Lage sie von ihrem schweren Schuldgefühl zu befreien und würde auf diese Weise (wieder) gut werden. Jedoch könne die Dialogpartnerin aufgrund des Todes des Vater diese Ent-schuldigung nie mehr bekommen, wie sie traurig feststellt: »Aber die werde ich nicht mehr kriegen, deswegen habe ich vielleicht auch bei der Beerdigung so geweint, weil ich die nicht mehr kriege.«

Mutter müsste Missbrauch anerkennen und sich entschuldigen
Eine weitere Phantasie sei, damit sie bei der Schuldgefühlüberwindung einen Schritt weiter käme, wenn ihre Mutter den sexuellen Missbrauch »anerkennen würde«. Also, dass die Mutter der Dialogpartnerin »wieder glauben würde«, dass sie von dem Vater sexuell missbraucht worden sei. Noch mehr würde der Dialogpartnerin helfen, wenn die Mutter sich zusätzlich bei ihr »entschuldigen würde«. Dies würde der Dialogpartnerin eine »Erleichterung« bringen, jedoch hätte dies nicht dieselbe Wirkung, wie, wenn ihr Vater sie ent-schuldigen würde: »Es würde mich ein Stück weiter bringen. Ja. Es wäre nicht dasselbe, aber es würde mich ein Stück weiterbringen.«

Schuldfreispruch durch Richter
Die dritte Phantasie sei, dass ein Richter ihr Schuldgefühl mindern könnte, indem er sie vor Gericht wie folgt für unschuldig erklären würde: »Wenn ein Richter offiziell gesagt hätte: ›Sie sind nicht schuld!‹, da ist der Täter und jetzt ist es auch offiziell.« Dieses Unschuldigsprechen

durch den Richter würde ihr »eine ähnliche Befriedigung gegeben«, wie die Entschuldigung ihrer Mutter bei der zweiten Phantasie. Doch käme diese ebenfalls nicht an die Wirkung der ersten Phantasie heran. Auch in dieser Richterphantasie zeigt sich der Wunsch, den Vater zu schützen, denn dieser solle trotz Schuldsprechung keine Strafe erhalten und somit verschont bleiben: »Es hätte mir gereicht, wenn der Richter mir recht gegeben hätte. Er müsste meinen Vater gar nicht wegsperren.«

Bei diesen drei geschilderten Phantasien fällt auf, dass die Dialogpartnerin ihrer Meinung nach nur durch das Wirken von Außen – also durch den Vater, die Mutter oder auch einen Richter – das Schuldgefühl loswerden kann. Jedoch ist davon auszugehen, dass vielmehr ein innerer Prozess vollzogen werden muss. Erste Ansätze eines solchen werden im folgenden Abschnitt beschrieben.

Erste emotionale Überwindungsansätze

Vaterschutz (Täterschutz) aufgeben können

Wahrscheinlich stellt das emotionale Loslassen des Vaters, also das gute Bild des Vaters aufgeben zu können, den Kern bei der emotionalen Schuldgefühlüberwindung dar. Ein erster kleiner Ansatz dieses emotionalen Loslassens zeigt sich, als die Dialogpartnerin von folgender Therapiesitzung berichtet: »In einer Therapiesitzung sollte ich was malen, was mir bezüglich des sexuellen Missbrauchs in Erinnerung war, und das waren seine blauen Augen. Und nach ganz viel, da war ich schon über ein Jahr da, und nach ganz viel tun und machen habe ich es fertig gebracht – das klingt jetzt albern für einen erwachsenen Menschen – mit einem Stift, die Augen, die ich gemalt hatte, … durchzustreichen. Das war alles, was ich jemals an körperlicher Gegenwehr, […] was ich bis jetzt fertig gebracht habe.«

In dieser Therapiesitzung ist es ihr offensichtlich möglich gewesen, ihre negativen Gefühle gegenüber ihrem Vater in einem bestimmten Ausmaß zu spüren und auch auszudrücken: Zwar habe sie für das Durchstreichen der Augen viel Zeit benötigt, doch als sie es getan habe, habe es ihr »gut getan« und sie habe es auch später nicht bereut.

Stabilität

Es ist davon auszugehen, dass dieser enorme Schritt, negative Gefühle gegenüber ihrem Vater spüren und diese auch ausdrücken zu können, aufgrund der Stabilität, welche sie durch die Therapeutin wohl erhalten hat, möglich war. Dies lässt folgenden Schluss zu: Die Dialogpartnerin kann sicherlich nur das gute Bild ihres Vaters aufgeben, wenn sie genügend Stabilität von Außen erfährt. Ihr jetziger Mann, der »sehr mütterlich im positiven Sinne« sei, könnte sicherlich solch eine äußere Stabilität darstellen: »Ich habe einen Mann [...] der sehr hinter mir steht und mir den Rücken stärkt.«

Vaterspaltung (Täterspaltung) auflösen
Wie weiter oben beschrieben, habe es für die Dialogpartnerin »einen guten und einen schlechten Vater« gegeben. Nur der schlechte Vater, der »mit den blauen Augen«, habe sie missbraucht. Gewiss versucht die Dialogpartnerin, durch diese Spaltung einen Teil des Vaters als Gutes zu schützen. Diese Vater schützende Spaltung ist mit Sicherheit eine große Hürde bezüglich der Überwindung des Schuldgefühls, da sehr wahrscheinlich die negativen Gefühle gegenüber dem Vater »mit den blauen Augen« nicht ausreichen für solch eine Überwindung. Es müsste vielmehr eine Reintegration stattfinden, sodass der Vater in seiner Gesamtheit als Täter von der Dialogpartnerin erkannt werden kann.

Annehmen des Hilflosigkeitsgefühls
Des Weiteren ist stark anzunehmen, dass das Hilflosigkeitsgefühl, welches die Dialogpartnerin höchstwahrscheinlich durch den Schutzmechanismus Schuldgefühl bis zum heutigen Tage in großen Umfang hat verdrängen können, ebenfalls eine große Rolle bei der Schuldgefühlüberwindung spielt (vgl. Kontrollillusion zur Abwehr Hilflosigkeit). Erst wenn die Dialogpartnerin psychisch in der Lage ist, diesen schmerzlichen Prozess – also das Hilflosigkeitsgefühl in seiner Gesamtheit – wahrzunehmen und anzunehmen, ist sicherlich ein sehr wichtiger Schritt bei der Schuldgefühlüberwindung getan. Analog zu dem schmerzvollen Prozess der Vateraufgabe, ist dies mit Sicherheit nur durch eine sichere äußere Stabilität zu erreichen.

Dialogpartnerin müsste sich an die Stelle des fremden Kindes setzen
Ein einziger Umstand würde dem Vater sein gutes Bild laut der Dialogpartnerin nehmen: Die Vorstellung, der Vater »hätte ein fremdes Kind missbraucht«, würde ihn »böse« machen. Dann könnte die Dialogpartnerin das gute Bild nicht mehr aufrechterhalten, denn diese Tat wäre zu grausam. Diese Äußerung der Dialogpartnerin zeigt: Sie muss dahin kommen, sich an die Stelle dieses fremden Kindes zu setzen. Sie muss erkennen, dass ihr Vater böse ist, weil er *sie* sexuell missbraucht hat.

5.3   Psychologische Beschreibung der Dialogpartnerin D (24)

Die Dialogpartnerin sei von ihrem 14. Lebensjahr an bis »knapp bevor«
sie 16 Jahre alt geworden sei sexuell missbraucht worden. Der Täter sei
der zu der damaligen Zeit neue Lebensgefährte ihrer Mutter gewesen.
Die Dialogpartnerin habe die gesamte Schuld bei sich gesehen. Dementsprechend habe sie sich »zu der Zeit [...] eher in der Täter- als in
der Opferrolle gefühlt«. Bis zum heutigen Tag gelinge es ihr nicht, das
Schuldgefühl komplett zu überwinden. Mit 21 Jahren habe sie sich ent-
schlossen, Anzeige gegen ihn zu erstatten.

Ursachen

*›In die Schuld hineingeboren‹ – Schuldgefühl als aus infantilen Konflikten
vertrauter Abwehrmechanismus*
Die Dialogpartnerin erklärt, dass die familiäre Situation vor dem sexuellen Missbrauch einen enorm wichtigen Faktor bei dem Aufkommen ihres Schuldgefühls bezüglich des sexuellen Missbrauchs darstelle:
»Also, zum Thema wie Schuldgefühle entstehen können, glaube ich,
in so einem Kontext, wie es bei mir war, dass es tatsächlich sehr viel
damit zu tun hat, wie man groß geworden ist.« Weder »das Verhältnis« zu ihrem leiblichen »Vater« noch zu ihrem »Stiefvater« noch zu
ihrer »Mutter« sei »besonders gut« gewesen. Im Gegenteil, es habe
»keine vertrauliche Basis« zu diesen drei Menschen gegeben. Sie habe
bei ihrer Mutter und ihrem Stiefvater gewohnt. Den Stiefvater habe sie
»gehasst«. Das »Verhältnis« zwischen ihrer Mutter und ihr sei »wenig
herzlich« gewesen. Die Mutter habe »sich auch relativ wenig« um die
Dialogpartnerin »gekümmert«. Sie habe sich von ihrer Mutter nicht geliebt gefühlt. Die Dialogpartnerin habe, »seitdem« sie »denken« könne,
»vor allem gegenüber« ihrer »Mutter« schon immer ein »Schuldgefühl« gehabt. Dies sei »ein Gefühl« gewesen, mit dem sie »groß geworden« sei. Demnach sei für die Dialogpartnerin beispielsweise bis
ins Erwachsenenalter »klar« gewesen, es muss ihre »Schuld« gewesen
sein, »dass die Ehe [ihrer Mutter] gescheitert ist«. Die Dialogpartnerin betont, dass besonders ihre »Mutter« ihr dieses Schuldgefühl durch
deren Verhalten und deren Aussagen »vermittelt« habe: »Als Kind, ein
paar meiner ersten Erinnerungen sind, dass meine Mutter so Sachen
sagt, wie: ›Wegen dir konnte ich die ganze Nacht nicht schlafen.‹, da

war ich halt krank.« Solche Situationen stellen sicherlich die Quelle der Schuldgefühlentwicklung dar.

Das Schuldgefühl hinsichtlich des sexuellen Missbrauchs sei dementsprechend lediglich eine Verstärkung des von frühester Kindheit an empfundenen Schuldgefühls, vor allem gegenüber ihrer Mutter: »Ich denke verstärkt worden ist es [...], [da] ich immer schon so ein Schuldgefühl hatte. Vor allem gegenüber meiner Mutter.«

Die Psyche der Dialogpartnerin hat demnach einen ihr aus infantilen Konflikten bekannten Abwehrmechanismus – nämlich den des Schuldgefühls – für die neue traumatische Situation, den sexuellen Missbrauch, herangezogen.

Selbst heute noch habe die Mutter der Dialogpartnerin die Tendenz, ihrer Tochter für deren angeblich schlechtes Verhalten während deren Jugend Vorwürfe zu machen. So äußere die Mutter z. B.: »Was ich nicht alles mit dir durchmachen musste. [...] Wie anstrengend du in deiner Jugend warst.«

An dieser Stelle erkennt man, dass die Mutter der Tochter selbst heute noch Vorwürfe macht, dass sie solch ein schwieriges Kind gewesen sei. Die Dialogpartnerin bekommt wahrscheinlich auf diese Weise immer noch vermittelt, dass sie die Schuld an dem Leiden ihrer Mutter trägt, sodass die *Schuldatmosphäre* aus ihrer frühesten Kindheit aufrechterhalten wird.

Täterschutz

Einen weiteren sehr bedeutenden Aspekt bei der Schuldgefühlentstehung stellt mit Sicherheit der äußerst starke Wunsch der Dialogpartnerin, ihre »engste Bezugsperson«, den neuen Lebensfährten der Mutter, als gutes Objekt schützen zu können, dar. In der Kindheit und Jugend habe es kaum Bezugspersonen gegeben. Zwar habe die Dialogpartnerin ihre »beste Freundin«, die für sie »bis heute« »immer da« gewesen sei, gehabt, jedoch habe es für sie keine familiäre, ihr wohlwollende erwachsene Bezugsperson gegeben: »Da gab es nicht so viel.« Ihre »Großeltern«, die den Angaben der Dialogpartnerin zufolge, ihre Bezugspersonen während der Kindheit dargestellt haben, seien »weggefallen als Bezugspersonen«, als diese weggezogen seien. Wie oben ausführlich beschrieben, habe die Dialogpartnerin weder ihre Mutter, noch ihren Vater, noch ihren Stiefvater als Bezugsperson angesehen. Der Täter – der neue Lebensgefährte der Mutter – habe diesen wichtigen und lange nicht besetzen Platz des einzigen erwachsenen Vertrauten eingenommen: »Ab dem Zeitpunkt,

wo der in mein Leben getreten ist, war er meine engste Bezugsperson.«
»Das Verhältnis zu ihm« sei vom ersten Tag an »ziemlich gut« gewesen:
»Er war von Anfang an total nett und ich fand den total klasse! Ich habe
mit meinen zwölf Jahren gedacht, ja toll. Der hat Zeit mit mir verbracht,
hat sich total auf mich eingelassen.« Der Täter habe auch den »Erzie-
hungsauftrag« der Dialogpartnerin, dem die Mutter nie wirklich nach-
gekommen sei, übernommen. Dementsprechend habe er sich beispielsweise mit den »Lehrern« und der Schule »in Verbindung gesetzt«, sei zu
»Elternsprechtagen gegangen«, und habe die Dialogpartnerin in jeglicher
Hinsicht »unterstützt«. Der Täter sei der Dialogpartnerin »sehr, sehr
wichtig« gewesen. Ebenfalls habe er ihr zu verstehen gegeben, dass sie
ihm »wichtig« sei. Die Dialogpartnerin erklärt, gerade aufgrund dieser
großen emotionalen Bedeutung, die der Täter für sie dargestellt habe,
habe sie sich »abhängig« von diesem Menschen »gefühlt«.

Als der sexuelle Missbrauch angefangen habe, habe sich dieses absolut positive Verhältnis in ein »ambivalent[es]« gewandelt. Dieses
»Ambivalente« habe sich darin gezeigt, dass auf der einen Seite immer
noch »eine sehr starke emotionale Verbindung« bestanden habe – die
sogar »bis vor kurzer Zeit [...] noch vorhanden« gewesen sei, aber auf
der anderen Seite habe die Dialogpartnerin auch negative Gefühle, wie
Wut gegenüber dem Täter verspürt. Es sei ein ständiges Wechselbad der
Gefühle gewesen: »Dass ich abwechselnd wütend war auf ihn und dann
hat er mir wieder irgendwas gekauft und sich ganz viel mit mir befasst,
dann habe ich mich wieder ganz verbunden mit ihm gefühlt. Und das
war wieder ein gutes Gefühl.«

Es ist stark anzunehmen, dass dieser Mensch zu der damaligen Zeit
die einzige Person im familiären Kontext im Leben der Dialogpartnerin
gewesen ist, bei dem sie ihre emotionalen und körperlichen Bedürfnisse
nach Nähe und Geborgenheit hat stillen können. Diese große psychische
Abhängigkeit hat mit hoher Wahrscheinlichkeit dazu geführt, dass die
Dialogpartnerin die Schuld bezüglich des sexuellen Missbrauchs sich
selbst zugeschrieben hat. Denn auf diese Weise konnte die Dialogpartnerin
erreichen, dass der eigentliche Täter in ihrem *Weltbild* frei von Schuld
ist und sie dementsprechend diesen nicht als ihre engste Bezugsperson
aufgeben musste.

Die Dialogpartnerin sei in die Psychiatrie eingeliefert worden und habe
sich dort dem Personal anvertraut, dass sie sexuell missbraucht worden
sei. Als sie jedoch während ihres Psychiatrieaufenthalts erfahren habe,
dass ihre Mutter den Täter von zu Hause rausgeschmissen habe, sei sie

»zusammengebrochen«, da sie »so traurig darüber« gewesen sei. Selbst zu dieser Zeit habe »immer noch eine emotionale Bindung zu ihm« bestanden. Sogar »noch jahrelang später ohne, dass« sie ihn »gesehen habe«, sei diese starke emotionale Bindung da gewesen. Bis zu ihrem 18. Lebensjahr habe die Dialogpartnerin heimlich im E-Mail Kontakt mit dem Täter gestanden und ihm ihre persönlichsten Erlebnisse anvertraut.

An dieser Stelle wird noch mal sehr deutlich, welche enorme Bedeutung dieser Mensch für die Dialogpartnerin in ihrem Leben gehabt hat und wie groß dementsprechend die Notwendigkeit, diesen als gutes Objekt zu schützen, gewesen sein muss.

Unbewusste und bewusste Wünsche
In diesem Zusammenhang ist anzunehmen, dass die Dialogpartnerin sich für ihre bewussten und unbewussten Wünsche nach emotionaler und körperlicher Nähe zum Täter anklagt. »Ich habe mich da so gefühlt wie die Prinzessin, weil er mich so umworben hat mit Geschenken und er sich so um mich gekümmert hat.« Diese Äußerung weist darauf hin, dass die Dialogpartnerin wahrscheinlich, zumindest unbewusst, davon überzeugt ist, dass dadurch, dass sie es genossen hat, dass ihr großes Bedürfnis nach Geliebt-Werden scheinbar erfüllt worden ist, sie den sexuellen Missbrauch verursacht hat.

Schuldzuschreibungen seitens des Täters
Des Weiteren hat höchstwahrscheinlich das Verhalten und die Aussagen des Täters bezüglich des sexuellen Missbrauchs das Schuldgefühl der Dialogpartnerin enorm wachsen lassen. Während der Täter die Dialogpartnerin sexuell missbraucht habe, habe »er zwischendrin das Licht angeknipst im Schlafzimmer und [...] gesagt: ›Was machst *du* hier mit mir?‹ Daraufhin habe er »angefangen zu weinen«. Diesen anklagenden Satz, in dem er eindeutig der Dialogpartnerin die Schuld zuschreibt, höre sie »bis heute [in ihrem] Kopf«.

Der Täter habe nicht nur mit der oben genannten Äußerung, sondern mit seiner gesamten Haltung während des sexuellen Missbrauchs der Dialogpartnerin sehr klar vermittelt, dass sie an den sexuellen Praktiken »aktiv beteiligt« und folglich schuld sei. So habe er auch ständig beteuert, dass er dies »eigentlich gar nicht möchte« und der Dialogpartnerin damit zu verstehen gegeben, dass es in ihrer Hand läge, ob diese sexuellen Praktiken weiter stattfinden oder nicht. Die Dialogpartnerin habe diese äußeren Schuldzuschreibungen seitens des Täters gefühlsmäßig angenommen und sich demnach als die Verführerin »gefühlt«: »Allein schon aus der Tatsache, weil ich eine Frau, ein Mädchen bin, und weil ich eine Anziehungskraft auf ihn ausübe und er kann sich der nicht widersetzen. Und ungefähr so habe ich mich auch immer gefühlt.« Die Darstellung des Täters sei sogar so weit gegangen, dass er ihr vermittelt habe, sie hätte eine Art von »Gewalt« ihm gegenüber »angewendet«, um ihre angeblichen Ziele – Sex mit ihm zu haben – erreichen zu können.

Aufgrund der expliziten und impliziten Schuldzuschreibungen des Täters hat sich gewiss das *Schuldweltbild* innerhalb der Dialogpartnerin stark festigen können: »[Ich] habe mich zu der Zeit auch schon eher in der Täter- als in der Opferrolle gefühlt.« Auch heute noch wird dieses *Schuldweltbild* gewiss weiter verstärkt, da der Täter im Rahmen des Gerichtsverfahrens in seiner Aussage darauf besteht, dass die Dialogpartnerin freiwillig »mitgemacht« habe und es demnach »nichts Gewaltsames« gewesen sei.

Kontrollillusion zur Abwehr der Hilflosigkeit

Als ein ebenfalls sehr wichtiger Aspekt bei der Schuldgefühlentwicklung, ist der starke Wunsch nach Kontrolle im Sinne eines Schutzmechanismus zu nennen. Wie oben erwähnt, habe sich die Dialogpartnerin »eher in der Täter- als in der Opferrolle gefühlt«. In diesem Zusammenhang erklärt die Dialogpartnerin, sie sei »auf irgendeine Art und Weise aktiv« bei dem sexuellen Missbrauch gewesen und habe sich dementsprechend auf diesen auch »eingelassen«, denn sie sei zu dem Täter »hingegangen«. Er habe sie irgendwann gar nicht mehr fragen müssen, ob sie nachts zu ihm komme, sondern sie sei »von selber gekommen«. Die Dialogpartnerin sei, wenn sie ins Bett gegangen sei, »gar nicht mehr in« ihr »Zimmer, sondern direkt in seins« gegangen, obwohl sie gewusst habe, was passieren werde. Daher habe es in ihrer »Hand gelegen, das deutlicher zu machen, was« sie »möchte und was« sie »nicht möchte«.

Dies zeigt, dass die Dialogpartnerin davon ausgeht, dass sie eine gewisse Macht darüber besessen hat, ob der sexuelle Missbrauch stattfindet oder nicht. Nach ihrer »Interpretation« hätte sie nicht in sein Schlafzimmer gehen müssen und auf diese Weise den sexuellen Missbrauch verhindern können. Doch ihr selbst gewähltes Wort »Interpretation« weist schon darauf hin, dass ihre damalige Perspektive nicht der Wahrheit entspricht. Denn die Dialogpartnerin war aufgrund ihrer körperlich schwächeren Position und aufgrund ihrer emotionalen Abhängigkeit dem Täter jederzeit hilflos ausgeliefert (vgl. *Täterschutz*). Doch diese Wahrheit ist für die

Dialogpartnerin sicherlich zu schmerzlich, sodass ihre Psyche bevorzugt sich selbst die Schuld zu geben, anstatt die Illusion der Kontrolle in der traumatischen Situation aufgeben zu müssen.

Selbst während des Interviews ist die Dialogpartnerin noch der »Meinung, dass viele Dinge hätten anders laufen können, wenn« sie sich »anders verhalten hätte«. Dies sei für sie »eine Tatsache, da gibt es nicht dran zu rütteln«. Sie sei »kein hilfloses Opfer« gewesen, daher sei sie zumindest »zu einem gewissen kleinem Teil [...] auch schuld« an dem sexuellen Missbrauch. Diese und ähnliche Äußerungen, die die Dialogpartnerin mehrfach während des Gesprächs äußert, zeigen, wie wichtig dieser Selbstschutzmechanismus Schuldgefühl anstelle des Hilflosigkeitsgefühls immer noch ist.

Das Gefühl den Körper freiwillig verkauft zu haben
Ein weiterer Faktor, der im Zusammenhang mit der Schuldgefühlverursachung steht, ist das Gefühl der Dialogpartnerin ihren Körper freiwillig an den Täter ›verkauft‹ zu haben. Denn sie habe die freie »Wahl gehabt, die Geschenke [des Täters] anzunehmen«. Die Dialogpartnerin erklärt und klagt sich dabei selbst an, sie habe »genommen, was« sie »kriegen konnte« – von Geld, Kleidung bis hin zu einem gemeinsamen Skiurlaub. Sie erklärt weiter, »das hat ja was von sich bezahlen lassen«, denn sie habe »genau gewusst, warum er das macht«. In ihrer »optimalen Vorstellung« hätte sie am liebsten gesagt gehabt: »Das kannst du dir hinstecken, wo du willst. Lass mich in Ruhe!«

Dieses Gefühl des freiwilligen Verkaufs des Körpers stellt sicherlich einen Unteraspekt des zentralen Oberaspekts ›Schuldgefühl zur Abwehr der Hilflosigkeit‹ bei der Dialogpartnerin dar. Denn auch an dieser Stelle wird wieder erkennbar, dass die Dialogpartnerin davon ausgeht, dass sie die Kontrolle über den Ablauf des sexuellen Missbrauchs gehabt hat, in dem Sinne, hätte sie die Geschenke nicht angenommen, hätte der sexuelle Missbrauch nicht stattgefunden. Doch diese für ihre Psyche überlebenswichtige Überzeugung ist genau wie oben ausführlich beschrieben eine reine Illusion – denn der Täter hätte sie mit und ohne ihres Annehmen der Geschenke missbrauchen können.

Nicht genügend Gegenwehr
Ebenfalls ein wichtiger Aspekt hinsichtlich der Schuldgefühlentwicklung der Dialogpartnerin ist folgender Vorwurf sich selbst gegenüber: Sie habe sich nicht genügend gegen den sexuellen Missbrauch gewehrt.

»Am Anfang« habe die Dialogpartnerin bezüglich der sexuellen Übergriffe »massiv Widerstand geleistet«. Doch »irgendwann« sei »das so ein bisschen abgeebbt« und sie habe den sexuellen Missbrauch »einfach« über sich »ergehen lassen«. Das Gefühl, nicht durchgängig und aktiv Widerstand geleistet zu haben, sei etwas, dass sie sich oft »vorwerfe«.

Auch an dieser Stelle sieht man erneut die Kontrollillusion der Dialogpartnerin aufblitzen, denn sie erklärt: »Also, wenn ich mich permanent durchgängig, die ganze Zeit gewehrt hätte, dann ist das überhaupt keine Frage, [...] ob das was Freiwilliges gewesen ist.« Doch dadurch, dass sie sich irgendwann nicht mehr gewehrt habe, steht demnach die Frage für sie im Raum, ob sie freiwillig an dem sexuellen Missbrauch teilgenommen hat. Die Dialogpartnerin hat die starke Tendenz, auf diese Frage wie folgt zu antworten: »Ich bin bis heute irgendwie der Meinung, dass viele Dinge hätten anders laufen können, wenn ich mich anders verhalten hätte. Das ist meiner Einschätzung nach eine Tatsache, da gibt es nichts dran zu rütteln. Ich hätte es ihm deutlicher machen können«

Doch auch an dieser Stelle die Anmerkung, selbst wenn sie sich bis zum letzten Tag des sexuellen Missbrauchs gewehrt hätte, hätte sie keinen Einfluss auf das Stattfinden des sexuellen Missbrauchs gehabt. Denn die Dialogpartnerin berichtet selbst, dass der Täter zu Anfang des sexuellen Missbrauchs ihr gegenüber massiv Gewalt anwenden musste, um sie sexuell zu missbrauchen: »Er musste sehr gewaltsam werden, das war schon so, mich festhalten und mich runterdrücken.« Es ist stark anzunehmen, dass der Täter, sobald die Dialogpartnerin sich wieder gewehrt hätte, die gleiche grauenvolle Gewalt ihr gegenüber ausgeübt hätte. Doch mit diesen Überlegungen setzt sich die Dialogpartnerin gewiss erst gar nicht auseinander, da sie höchstwahrscheinlich aus Selbstschutzgründen mit allen Mitteln an ihrer Kontrollillusion festhalten muss.

Das Alter der Dialogpartnerin
Auch, dass die Dialogpartnerin zu Anfang des Missbrauchs mit 13 Jahren ihrer Meinung nach »schon ein bisschen älter« gewesen sei, weist auf einen wesentlichen Faktor bei der Entstehung des Schuldgefühls hin. Denn die Dialogpartnerin erklärt, dass sie sich sehr daran störe, dass sie eben »keine fünf« und dementsprechend auch »kein Kind mehr« gewesen sei zu der Zeit des sexuellen Missbrauchs. Sie sei »nicht mehr komplett hilflos« gewesen, im Gegenteil sie habe sich zu dieser Zeit »erwachsen gefühlt«. Auch betont sie, dass der sexuelle Missbrauch bis kurz vor ihrem 16. Geburtstag angedauert habe.

Es wird deutlich, dass das Alter der Dialogpartnerin – auch im Sinne der oben beschriebenen *Kontrollhypothese* – das Gefühl einer Mitverantwortlichkeit für den sexuellen Missbrauch stützt.

Sexuelle Erregung
Die Dialogpartnerin habe »vor allem« bei den »ersten paar Malen«, wo er sie »z. B. auf der Brust […] gestreichelt« habe, erregende Gefühle verspürt. Eine nicht vorhandene sexuelle Erregung habe sie als einen »Indikator« angesehen, »dass es nicht gut« sei, dass sie »es nicht möchte«. Die anfängliche sexuelle Erregung habe demnach eine Freiwilligkeit in den Augen der Dialogpartnerin dargestellt. Sicherlich hat sich die Dialogpartnerin aufgrund dieser »positiven Gefühlen« zu Anfang »des Missbrauchs« sehr schuldig gefühlt.

Nicht zu wissen, dass es sich um einen sexuellen Missbrauch handelt
Die Dialogpartnerin habe nicht gewusst, dass es sich um einen sexuellen Missbrauch handelt: »Am Anfang war es noch so verwirrend und ich wusste nicht, was ist das jetzt.« »Also, ich habe nie das Wort gefunden zu sagen, das ist ein Missbrauch.« Dementsprechend habe die Dialogpartnerin auch nicht gewusst, dass der Täter im Unterschied zu ihr als die Betroffene die alleinige Schuld an dem Missbrauch trägt. Es ist davon auszugehen, dass diese Unsicherheit bezüglich dessen, was ›es‹ überhaupt ist, ebenfalls einen Faktor bei der Schuldgefühlentstehung darstellt. Denn die rationale Erkenntnis, sexuell missbraucht worden zu sein, stellt eine wichtige und notwendige Voraussetzung für eine mögliche Schuldüberwindung dar.

Verhalten der Klinik als professionelle Instanz
Einen ebenfalls wichtigen Faktor stellt mit großer Sicherheit das Verhalten der psychiatrischen Klinik in ihrer Funktion als professionelle Stelle dar. Die Dialogpartnerin sei mit 14 Jahren in eine psychiatrische Kinderklinik eingewiesen worden. Dort habe sie sich ihrer Betreuerin als erstem Menschen bezüglich des sexuellen Missbrauchs anvertraut. Zwar habe diese Betreuerin »sehr positiv drauf reagiert in dem Moment«, doch danach sei seitens der Klinik »sehr lasch reagiert worden«. Denn obwohl das Klinikpersonal von dem sexuellen Missbrauch gewusst habe, – die Dialogpartnerin habe klar formuliert, dass der Täter »über einen längeren Zeitraum hinweg« »übergriffig« gewesen sei – habe dieses nicht ausreichend dafür gesorgt, dass die Dialog-

partnerin vor dem Täter geschützt wird. Zwar habe es die Vereinbarung gegeben, dass der Täter ausziehen müsse, und dass dieser keinerlei Kontakt mehr zu der Dialogpartnerin habe, jedoch sei dies »nur die Vereinbarung auf dem Papier« gewesen, denn »faktisch« sei »er nie ausgezogen« und »von der Klinik« habe »sich dann [auch] niemand [...] mehr drum gekümmert«.

Sehr wahrscheinlich hat diese Situation der Dialogpartnerin vermittelt, dass der Missbrauch gar nicht so schlimm sei bzw. dass sie sich gegen diesen alleine wehren könne, sodass sie keine Hilfe von Außen erhalten bräuchte. In solch einer Atmosphäre konnte das Schuldgefühl gewiss rasant wachsen. Denn sicherlich, zumindest unbewusst, ist die Dialogpartnerin davon überzeugt gewesen: Wäre ich unschuldig, wäre mir seitens der Klinik mehr geholfen worden.

Verhalten der Mutter

Das Verhalten der Mutter in Bezug auf den sexuellen Missbrauch ist ebenfalls als ein sehr zentraler Punkt bei der Schuldgefühlentwicklung anzusehen. Die Mutter habe über die psychiatrische Klinik von dem sexuellen Missbrauch ihrer Tochter durch ihren damaligen Lebensgefährten erfahren. Doch trotz dieses Wissens habe sich die Mutter nicht von dem Täter getrennt. Ganz im Gegenteil, sie habe in der Familientherapie betont, wie sehr sie ihn »liebe« und brauche: »Sie hat halt gesagt, sie möchte ihm eine zweite Chance geben und sie glaubt ihm auch, dass er das so alles nicht gewollt hat und dass es nicht mehr passiert.«

Mit Sicherheit hat diese Verteidigung des Verhaltens des Täters durch die Mutter das Schuldgefühl bei der Dialogpartnerin enorm verstärkt. Denn die Mutter hat mit ihren Aussagen deutlich gezeigt, dass sie davon ausgeht, dass ihr geliebter Lebensgefährte den sexuellen Missbrauch gar nicht gewollt hätte. Dies hat bei der Dialogpartnerin gewiss zu folgenden, zumindest unbewussten, Annahmen geführt: Wenn der Lebensgefährte den sexuellen Missbrauch nicht gewollt hat, wie es die Meinung ihrer Mutter ist, muss sie die Schuldige an dem sexuellen Missbrauch sein, die diesen gewollt und damit auch ausgelöst hat.

Die Mutter habe noch nicht mal während der Klinikzeit dafür gesorgt, dass die Tochter keinen Kontakt mehr mit dem Täter haben musste: »Meine Mutter hatte am Anfang noch ein bisschen drauf geachtet, dass sie mich dann in der Klinik abgeholt hat, aber später dann nicht mehr. Er hat dann im Auto gewartet, ich bin dann zum Auto gegangen und er hat mich dann abgeholt.«

Als die Tochter aus der Klinik entlassen worden und wieder zu Hause gewesen sei, habe die Mutter auch kurze Zeit darauf den Täter erneut einziehen lassen. Keiner habe die Dialogpartnerin in dieser Zeit »in Schutz genommen«, im Gegenteil, die Mutter stellt sich ganz eindeutig auf die Seite des Täters. Die Tochter habe erst ein zweites Mal in die Klinik eingewiesen werden müssen, damit die Mutter überzeugt werden konnte, dass sie sich von dem Täter trennen müsse: »Dafür musste das zweite Mal sie jemand schütteln. Dann hat sie auch den Entschluss gefasst, sich zu trennen.« Diese geschilderten Situationen und die gesamte Haltung der Mutter haben sehr wahrscheinlich das Schuldgefühl mehr und mehr wachsen lassen.

Das erste Glaubwürdigkeitsgutachten
Im Rahmen der Anzeige habe die Dialogpartnerin ein aussagepsychologisches Gutachten gemacht. Sie sei sicher gewesen, dass dieses Gutachten für sie positiv ausfallen werde, da sie schließlich der Gutachterin die Wahrheit gesagt habe. Doch in dem Gutachten habe Folgendes gestanden: »Die These, die dahinter steht, ist, dass es eine Liebesbeziehung gewesen ist, es ist eine Verliebtheit von meiner Seite. Das es daraus entstehen konnte und dass es sich nicht um eine Vergewaltigung handelt.« Die sexuellen Praktiken haben laut dem Gutachten dementsprechend stattgefunden, aber es sei kein sexueller Missbrauch gewesen, sondern alles sei auf freiwilliger Basis geschehen. In dem Gutachten wird diese Aussage folgendermaßen begründet: »Empfindungen« – wie die sexuelle Erregung und die positiven Gefühle, die die Dialogpartnerin teilweise bei dem sexuellen Missbrauch verspürt habe – könne es »nicht […] im Zusammenhang mit einer unfreiwilligen Vergewaltigung geben«. Das Gutachten, sei »das Schlimmste« gewesen, was der Dialogpartnerin »hätte passieren können«. Denn dieses Gutachten habe ihre Ansätze hinsichtlich der Schuldgefühlüberwindung, welche sie Stück für Stück für sich erkämpft gehabt habe, mit einem Schlag zerstört: »Das [hat] genau das bestätigt, wo ich lange dran gearbeitet habe, um ein anderes Gefühl zu bekommen. Das hätte nicht passieren dürfen.« »Das bestätigt ja alle Ängste, die man haben kann. […] dass man vorgehalten bekommt, dass man doch selbst schuld gewesen ist.«
Besonders habe es die Dialogpartnerin in diesem Zusammenhang belastet, dass es sich bei der Gutachterin um eine professionelle Person hinsichtlich der Thematik von sexuellem Missbrauch gehandelt habe. Die Dialogpartnerin sei davon ausgegangen, »die muss ja ein bisschen davon wissen, wovon sie

redet.« Als die Dialogpartnerin das Gutachten gelesen habe, sei sie »verleitet« gewesen zu sagen: »Wir stellen das Verfahren ein, der arme Mann. Wer kann das im Nachhinein schon beurteilen, wie das gewesen ist?«

Auswirkungen und Auswirkungszusammenhänge

Schuldweltbild
Das Schuldgefühl hat bei der Dialogpartnerin zu einem bestimmten *Schuldweltbild* geführt. Die Basis dieses *Schuldweltbildes* ist folgende Grundüberzeugung: Sie habe den Lebensgefährten ihrer Mutter »verführt«. Dementsprechend habe sich die Dialogpartnerin »eher in der Täter- als in der Opferrolle gefühlt«. Daher habe sie auch »erwartet«, dass die Betreuerin in der Klinik, der sie sich als erstes anvertraut habe, ihr Vorwürfe machen werde – in dem Sinne, dass diese z. B. sagen werde: »Aber das darf nicht sein, das ist doch der Freund deiner Mutter.« Die Dialogpartnerin sei verblüfft gewesen, dass solch eine Reaktion nicht gekommen sei.

Alle weiteren beschrieben Auswirkungen und Auswirkungszusammenhänge sind mit großer Wahrscheinlichkeit als Bestandteile des *Schuldweltbildes* der Dialogpartnerin anzusehen.

Auswirkungen auf die Anzeige
Ein immer noch vorhandener und auswirkungsreicher Bestandteil ihres *Schuldweltbildes* ist die Überzeugung, dass bei den Missbrauchssituationen, bei denen sich die Dialogpartnerin ihrer Ansicht nach zu wenig gewehrt habe, sie zumindest eine Mitschuld trage. Sie »gebe« dem Täter daher bei diesen Übergriffen »weniger Schuld«. Diese Überzeugung habe »im Rahmen der Anzeigenerstattung« dazu geführt, dass die Dialogpartnerin diese Missbrauchsszenen »nicht […] erwähnt« habe.

Man erkennt an dieser Stelle, welche Auswirkungen das Schuldgefühl auf die derzeit laufende Anzeige hat. Aufgrund des immer noch bestehenden Schuldgefühls fällt es der Dialogpartnerin schwer, den Täter in Rahmen der Anzeige und in anderen Kontexten eindeutig als solchen zu beschuldigen.

Negatives Selbstbild
Eine weitere Auswirkung sei ihr enorm negatives Selbstbild. Die Dialogpartnerin sei zu der Zeit des sexuellen Missbrauchs überzeugt gewesen, ein »schlechter Mensch« zu sein, »der andere Leute offensichtlich

dazu bringt, dass sie ihre Beziehung auf Spiel setzen, um mit« ihr »ins Bett zu gehen«. Ihr Selbsthass sei so weit gegangen, dass sie sich »nicht wert« gefühlt habe, weiter leben zu dürfen, da sie solch eine große Schuld, den Mann ihrer Mutter verführt zu haben, trage.

Selbstverletzendes Verhalten
In Zusammenhang mit ihrem Selbsthass habe auch ihr selbstverletzendes Verhalten, das etwas sehr »selbstzerstörerisches« gehabt habe, gestanden. Die Dialogpartnerin habe den Drang verspürt, sich für »irgendwas zu bestrafen«. Wahrscheinlich galten diese Bestrafungswünsche und -ausführungen ihrem angeblichen Fehlverhalten, also der angeblichen Verführung des Mannes ihrer Mutter.

Schweigegebot
Das Schuldgefühl habe ebenfalls verursacht, dass die Dialogpartnerin über den sexuellen Missbrauch geschwiegen habe. Denn sie habe Angst gehabt, dass jemand erfahre, dass sie den »Mann« ihrer Mutter »verführe«.

Generalisierung
Die Dialogpartnerin habe sich schon von klein auf »sehr schnell für irgendwas verantwortlich oder schuldig« gefühlt (vgl. ›In die Schuld hineingeboren‹). Aber aufgrund der Schuldgefühlproblematik während des sexuellen Missbrauchs sei dieses ständige Schuldigfühlen »noch schlimmer« geworden und die Generalisierung habe einen größeren Umfang eingenommen. Sie »neige« seit dem Missbrauch dazu, »die Verantwortung für etwas zu übernehmen, was wirklich nicht« in ihrer »Verantwortung« liege. In diesem Zusammenhang erklärt die Dialogpartnerin: »Ich fühle mich sehr unwohl damit, meine Position zu verteidigen und zu sagen, ich habe da überhaupt keine Schuld dran. Ich fühle mich viel besser, wenn ich sage: »Ja, das stimmt, das habe ich falsch gemacht.«

Überwindungsansätze

Die Dialogpartnerin habe vom Verstand her das Schuldgefühl nach eigener Aussage überwunden, jedoch emotional gebe es immer wieder Rückschläge: »Auch wenn ich rational weiß, dass das nicht meine Schuld ist, wie das alles passiert ist, gibt es auch noch Phasen, wo es sich anders anfühlt.« Doch selbst auf der rationalen Ebene zeigen sich bei der Dialogpartnerin während des Interviews noch Schuldgefühlüberzeugungen. So erklärt sie: »Zu einem gewissen kleinen Teil war ich auch Schuld, [denn] ich wäre in der Lage gewesen, es deutlicher zu machen.«

Rationales Überwinden

Verstehen der Missbrauchsdynamik und der Schuldgefühldynamik

Die Dialogpartnerin habe zunächst »durch die Beschäftigung mit dem Thema [sexueller Missbrauch] an sich« angefangen, das Schuldgefühl Stück für Stück rational ablegen zu können. Aufgrund dieses reinen Faktenwissens, was ein sexueller Missbrauch ist und was solch einer bedeutet, hat die Dialogpartnerin gewiss mehr und mehr die Missbrauchsdynamik bei ihrem eigenen Fall verstanden. Denn sie habe »rekonstruieren« können, »was überhaupt nötig« gewesen sei, damit der Täter habe »ansetzen« können. »Im Nachhinein« könne sie nun auch gut »die Mechanismen rekonstruieren und nachvollziehen, wie er [es] geschafft« habe, sie »von ihm abhängig zu machen«. In diesem Zusammenhang sei der Dialogpartnerin bewusst geworden, dass sie als das Opfer »austauschbar gewesen wäre«, da sich der Täter »speziell so eine Familie gesucht« habe, die sich für sein Missbrauchsvorhaben ›eigne‹.

Auch das Wissen, es handelt sich um »kein Einzelphänomen«, sondern sexueller Missbrauch komme oft vor – besonders in der Form, in welcher sie diesen erlebt habe – habe ihr bei der Überwindung geholfen.

Die äußere Perspektive

Es sei vor allem der »Verdienst der Therapie« gewesen, dass die Dialogpartnerin einen Teil ihrer Schuld ablegen konnte. In diesem Zusammenhang habe ihr besonders geholfen, »die Außenperspektive einzunehmen«. Sie habe sich vorgestellt, sie wäre die Therapeutin und jemand wie sie käme in die Therapie. Ihr »Urteil« über diese Person »wäre ziemlich klar«, denn sie könnte die Person ohne Probleme schuldfrei sprechen, da sie nicht über sich selbst urteilen müsste.

Zudem sei »ein Psychotherapeut [...] jemand, der von draußen draufguckt«. Dieser sei »professionell« und habe den »nötigen Abstand«. Aufgrund dieser Außensicht und der Professionalität konnte die Dialogpartnerin wahrscheinlich ihrer Therapeutin glauben, dass diese sie wirklich für unschuldig hält. Und diese Unschuldsüberzeugung der Therapeutin konnte die Dialogpartnerin sicherlich in einem gewissen Rahmen für sich selbst annehmen.

Austausch mit Betroffenen

Des Weiteren sei der Austausch mit anderen, von sexuellem Missbrauch Betroffenen, »sehr wichtig« gewesen. Dies sei besonders hilfreich für die Dialogpartnerin gewesen, da die Betroffenen hinsichtlich ihrer eigenen Schuldgefühlproblematik »fast im Wortlaut genau das gleiche über sich denken«, wie dies die Dialogpartnerin getan habe und teilweise noch tue. Auf diese Weise habe die Dialogpartnerin mitbekommen, dass andere Betroffene sich genau die gleichen Fragen stellen und sich die gleichen Vorwürfe machen. Die Dialogpartnerin habe diese Betroffenen – obwohl diese »genau die gleiche Situation« wie sie selbst gehabt haben, wie die Dialogpartnerin betont – als »schuldfrei« erklären können, nur sich könne sie nicht von der Schuld komplett frei sprechen.

Dies ist ein erster Hinweis darauf, dass eine Schuldgefühlüberwindung nicht nur objektive und rationale Faktoren benötigt, sondern darüber hinaus vor allem auch subjektive und emotionale Aspekte beinhaltet.

Emotionales Überwinden

Emotional sei die Dialogpartnerin von einer vollständigen Überwindung, wie oben zitiert, noch weit entfernt. Dementsprechend gebe es Phasen, in denen sie für den Täter »eine verteidigende Haltung« annehme. Dann versuche sie sein Verhalten zu »rechtfertigen«, indem sie z. B. erkläre, dass der Täter »ein Opfer« »seiner Triebe« gewesen sei. Die Dialogpartnerin erlebe selbst heute noch ein ständiges gefühlsmäßiges Hin und Her ihrer Schuldgefühle.

Kontaktabbruch mit dem Täter

Die Dialogpartnerin habe sich mit 18 Jahren für einen endgültigen Kontaktabbruch entschieden, da sie in der Beziehung zu ihrem damaligen Freund plötzlich realisiert habe, was der Täter ihr alles angetan habe: »Und dann habe ich ihm eine E-Mail geschrieben und ihm ganz, ganz viele Vorwürfe gemacht. Das erste Mal überhaupt. Habe da alles reingepackt, was mir da so eingefallen ist, [...] ›Du blödes Arschloch‹, ›Begegne mir niemals alleine!‹, habe das abgeschickt tatsächlich und habe da keine Reaktion drauf bekommen bis heute. Er hat sich dann nie wieder gemeldet.«

Aufgrund des Kontaktabbruches mit dem Täter habe die Dialogpartnerin »emotional« auch immer mehr »Abstand« zu diesem »bekommen« können. Demnach habe sie »angefangen ihn nicht mehr so zu vergöttern«.

Dies zeigt, dass sich die »starke emotionale Verbindung« zwischen ihr und dem Täter von ihrer Seite her Stück für Stück auflösen konnte.

Die Dialogpartnerin habe auch erst dann über den sexuellen Missbrauch »sprechen können«, als sie »angefangen« habe, »die Sache klar zu sehen«. Dies belegt, dass es für das Infragestellen des zu der damaligen Zeit noch fest bestehenden *Schuldweltbildes* der Dialogpartnerin »notwendig« gewesen war, dass sie »keinen Kontakt mehr« zu dem Täter gehabt hat und er dementsprechend seinen »Einfluss auch nicht mehr« ihr gegenüber »ausüben« konnte. Wahrscheinlich würde die Anwesenheit des Täters die alte Missbrauchsatmosphäre – demnach auch das *Schuldweltbild* mit der Basisüberzeugung der Dialogpartnerin, den Mann ihrer Mutter verführt zu haben – wieder aufleben lassen. An dieser Stelle sieht man, dass der definitive Kontaktabbruch zu dem Täter einen sehr wichtigen Schritt für die Überwindung des Schuldgefühls darstellt.

Aufgrund des großen emotionalen Einflusses des Täters habe die Dialogpartnerin demnach die nachvollziehbare »Angst«, dass sie »vor Gericht« in ihre alte »Rolle« zurückfalle, da dort der Kontakt zum Täter unvermeidbar sei.

Das zweite Glaubwürdigkeitsgutachten

Nachdem das erste Gutachten negativ ausgefallen sei, sei ein zweites Gutachten erstellt worden. Dieses Gutachten habe sie als unschuldig beschrieben und damit die »Sicht« der Dialogpartnerin »bestätigt«. Es ist anzunehmen, dass das zweite Gutachten sich positiv auf den Prozess der Schuldgefühlüberwindung bei der Dialogpartnerin auswirkt. Denn die Gutachterin – als eine professionelle Person – gibt der Dialogpartnerin keine Schuld.

Anzeige als Schuldklärung

Eine wichtige Motivation der Anzeige sei für die Dialogpartnerin gewesen, die Schuldfrage zu klären: »Und ich habe mir das so vorgestellt, ich zeige ihn an, […] dann kommt es zu einem Prozess und dann ist das klar: Der ist schuld oder der ist es nicht. Dann habe ich das schriftlich.« Sie habe die »Hoffnung, dass dieser Prozess positiv verläuft, dass es da eine Verurteilung gibt«. Bis vor Kurzem sei die Dialogpartnerin der festen Überzeugung gewesen, dass solch eine Verurteilung ihr helfen würde, ihr Schuldgefühl komplett ablegen zu können. Doch während des Interviews realisiert sie mehr und mehr, »selbst wenn es einen Schuldspruch« geben werde, werde es zu einer Schuldgefühlüberwindung bei ihr

»wahrscheinlich nicht [...] kommen«. Denn ihr wird bewusst, dass sie die »Hoffnung« »komplett zur Seite schieben« kann, »dass das Schuldgefühl irgendwas mit der rechtlichen Situation« zu tun hat.

Dies weist erneut darauf hin, dass vor allem für die emotionale Schuldgefühlüberwindung, nicht äußere Bedingungen wie die rechtliche Situation der ausschlagende Punkt sind, sondern dass ein »innerer Prozess« bei der Dialogpartnerin – wie sie selbst erkennt – ablaufen muss: »Das muss ein innerer Prozess sein.«

Innerer Prozess – Annehmen der Gefühle aus der Missbrauchssituation
Der Dialogpartnerin wird im Interview deutlich, dass sie, um das Schuldgefühl überwinden zu können, ihren sexuellen Missbrauch »therapeutisch irgendwie weiter angehen« müsse. Sie spüre, »da führt kein Weg dran vorbei«. Sie habe ihr »Leben [...] in allen Ecken und Kanten abgesichert, dass ein wirkliches Arbeiten mit dem Thema nicht möglich« sei. Doch sie merkt, dass sie dem Ganzen »einen Raum« »geben« müsse, dass sie das Thema »noch mal wirklich« anpacken müsse, und zwar »nicht nur auf einer rationalen Ebene«: »[Dass man] da auch reinfühlt in die Situation.« Dieses emotionale ›Reinfühlen‹ könnte ihrer Meinung nach die wichtige innere gefühlsmäßige Erkenntnis, ›Ich bin unschuldig‹ einleiten. Denn dieses Reinfühlen sei schließlich »mehr als das Rationale«, es ginge »vor allem« dabei um »das Emotionale«.

Die Dialogpartnerin gehe weiter davon aus, wenn man diesen längeren inneren Prozess der Schuldgefühlüberwindung vollzogen habe, dann sei es »ganz egal, was alle sagen«, denn: »Selbst wenn alle sagen: ›Du bist schuldig.‹, wenn ich mit mir im Einklang bin, dann ist es o.k., glaube ich. Dann kann mich das ärgern, aber es kann mich nicht mehr aus der Bahn werfen.«

Das Aufeinandertreffen mit dem Täter, in dem »geschützten Rahmen« des Gerichtsverfahrens, sehe sie als möglichen Auslöser des oben beschriebenen emotionalen Einfühlens an. Sie hoffe auf diese Weise an die verdrängten und abgespaltenen Gefühle aus der Situation des Missbrauchs zu gelangen, um die Schuldgefühlproblematik vor allem emotional besser greifen können.

Das Sehen des Täters könnte möglicherweise die mit dem Missbrauch verknüpften, lange nicht gespürten Gefühle – wie Hilflosigkeit, Angst usw. – auslösen. Jedoch ist davon auszugehen, dass die Psyche der Dialogpartnerin nur die Gefühle bzw. das Ausmaß an Gefühlen zulässt, welche die Psyche ertragen kann. Daher könnte es auch sein, dass selbst in der Konfrontation mit dem Täter der Dialogpartnerin das Fühlen ihrer verdrängten und abgespaltenen Gefühle aus Selbstschutzgründen verwehrt bleibt, sodass auch die Schuldgefühlproblematik emotional nicht weiter geklärt werden kann. Es könnte jedoch auch sein, dass das Schuldgefühl der Dialogpartnerin durch das Sehen des Täters verstärkt wird, da vielleicht wie weiter oben erklärt, die Anwesenheit des Täters das *Schuldweltbild* der Dialogpartnerin im vollen Umfang entfalten könnte: »Ich habe Angst davor, dass ich wieder in diese Rolle reinrutsche, wenn ich ihn sehe vor Gericht. [...] Dass es irgendwas wachruft, was offensichtlich [...] da gewesen ist.«

Die Dialogpartnerin erkennt (einen) Sinn des Schuldgefühls:
Kontrollillusion zur Abwehr des Hilflosigkeitsgefühls
Während des Interviews stellt die Dialogpartnerin fest, es sei für sie »nicht möglich« zu sagen: »Ich habe überhaupt keine Schuld an dem sexuellen Missbrauch.« Dementsprechend müsse sie sich zumindest immer eine Teilschuld geben. Darüber hinaus realisiert sie, dass sie sich sogar »besser« »fühle«, wenn sie sich selbst die Schuld zuschreibe. Diese Äußerungen der Dialogpartnerin weisen darauf hin, wie wichtig das Schuldgefühl als Schutzmechanismus für ihre Psyche sein muss.

Im Gespräch fängt die Dialogpartnerin an, diesen Schutzmechanismus zu erkennen. Zwischen ihrem Schuldgefühl und dem Wunsch nach Kontrolle sehe sie eine Verbindung, die sie zuvor noch nie gesehen habe. Ihr fällt demnach auf, dass sie das gesamte Gespräch über sehr betont habe, dass sie in der Situation des sexuellen Missbrauchs »hätte anders reagieren können« und dass es folglich in ihrer »Hand« – zumindest zum Teil – »gelegen« hätte, den Missbrauch zu kontrollieren. Als würde sich eine ganz ›neue Tür der Wahrnehmung‹ bei der Dialogpartnerin öffnen, wird ihr plötzlich bewusst, dass »diese ganze Kontrollsache [...] sehr wichtig« für sie gewesen sein müsse, denn dieser Kontrollwunsch habe sich auch in ihrer »ganzen Symptomatik« widergespiegelt: »Diese ganze Symptomatik war ja drauf ausgelegt. Ich habe nicht gegessen. Wenn ich nicht in die Schule gegangen bin. Es ist ja auch irgendwas Kontrollierendes in dem Augenblick.« Die Dialogpartnerin ziehe daraus den Schluss, dass sie diese »viele[n] andere[n] Sachen«, die für sie »sehr viel mit Kontrolle zu tun« haben, gemacht habe, um die »unkontrollierbare Situation« des sexuellen Missbrauchs kompensieren zu können. Denn auf ein Mal hat die Dialogpartnerin den begründeten und sicherlich auch angstbesetzten Verdacht, die Situation des sexuellen Missbrauchs sei »was ganz Hilfloses« gewesen.

Die Dialogpartnerin könne sich »gut vorstellen«, dass das Wiedererleben dieser Hilflosigkeit einen sehr wichtigen Aspekt bei der Schuldgefühlüberwindung darstelle: »Ich kann mir gut vorstellen, dass das etwas sehr Heilsames ist, wenn man erlebt, dass man tatsächlich hilflos war und wenn man einfach nicht nur davon spricht, weil man weiß, dass es so sein muss. Wenn man das selber erlebt noch mal, dass man sich in der Situation sehr hilflos gefühlt hat und dass das sehr schlimm war.«

Die Dialogpartnerin setzt sich an dieser Stelle Stück für Stück mit ihrem Selbstschutzmechanismus das Schuldgefühl zur Abwehr der Hilflosigkeit auch gefühlsmäßig auseinander. Mit Sicherheit ist diese Auseinandersetzung – bei der die Psyche gewiss die Menge an innerer Erkenntnis zulässt, welche diese ertragen kann – ein äußerst bedeutender Schritt bei der emotionalen Schuldgefühlüberwindung.

Die Dialogpartnerin habe aber auch Angst, dass sie durch solch ein Wiedererleben des Hilflosigkeitsgefühls und des damit einhergehenden Annehmens dieses, ihre »Stabilität« »zerstört« werde. Daher ist es gewiss enorm wichtig, bei diesem emotionalen Annehmen der Hilflosigkeit durch Außen – also durch Freunde, Familie und Partner, usw. Stabilität zu erfahren. Die äußere Stabilität der Dialogpartnerin sei »ganz gut«. Sie habe »seit Langem eine feste Partnerschaft. Und einen Job. Und genaue Zukunftspläne«. Und Freunde« seien auch »da«.

Täterschutz aufgeben können

Neben dem Annehmen des Hilflosigkeitsgefühls stellt mit großer Sicherheit, den Täter als gutes Objekt emotional nicht loslassen zu können, das Haupthindernis bei der Schuldgefühlüberwindung der Dialogpartnerin dar.

Ihre derzeitigen Gefühle dem Täter gegenüber seien »was ganz Ambivalentes«. Sie fühle zwar nicht mehr »eine tiefe Verbundenheit«, doch es gäbe eine »gewisse Sympathie« und auch »Mitleid«. Doch auf der anderen Seite spüre sie auch »Abneigung«. Teilweise könne sie ihn gar »nicht mehr« »leiden«, da sein »Verhalten« im »Prozess« »unter aller Sau« sei.

Man erkennt, dass die Dialogpartnerin anfängt, das ›wahre Gesicht‹ des Täters zu sehen. Sie realisiert langsam gewiss, dass dieser ihre Bedürfnisse ausgenutzt hat, um sie missbrauchen zu können. Jedoch gibt es auch immer noch die Tendenz in der Dialogpartnerin, die mit allen Mitteln versucht, den Täter zu schützen. Dementsprechend gibt es immer noch Phasen, in denen sie versuche sein Verhalten »zu rechtfertigen«.

Es ist stark anzunehmen, dass die Dialogpartnerin das Schuldgefühl erst vollständig überwinden kann, wenn sie es schafft das gute Bild des Täters aufgeben zu können. Diesen Wunsch, den Täter emotional loslassen zu können, spüre die Dialogpartnerin, doch sie könne es gefühlsmäßig noch nicht umsetzen: »Es ist einfach nicht so, dass ich sage, ich hasse diesen Mann. Das wäre schön, wenn das so wäre, aber diese Gefühle habe ich nicht. Am liebsten hätte ich, dass ich sagen könnte: ›So ein Arschloch.‹, und das auch fühle, wenn ich das sage.«

5.4 Psychologische Beschreibung der Dialogpartnerin C (23)

Die Dialogpartnerin habe das Gefühl, dass der sexuelle Missbrauch schon sehr früh begonnen habe. Sie wisse es nicht, habe aber eine Ahnung, dass dieser schon zu ihrer Babyzeit eingesetzt habe. Ihre ersten konkreten Erinnerungen an den sexuellen Missbrauch ordne sie in den Zeitraum ihres vierten, fünften Lebensjahres ein. Angedauert habe der Missbrauch bis zum 17. Lebensjahr. Der Täter sei ihr eigener Vater gewesen. Die Dialogpartnerin habe den sexuellen Missbrauch nach jedem Übergriff vergessen, sodass jeder Missbrauch sozusagen gefühlsmäßig ihr erster gewesen sei. Als sie 18 Jahre alt gewesen sei – der Missbrauch habe schon zwei Jahre nicht mehr stattgefunden – habe sie sich durch Körperflashbacks an den Missbrauch wieder erinnert. Die Dialogpartnerin habe sich in der Missbrauchszeit für diesen sehr stark schuldig gefühlt. Heute sei das Schuldgefühl schon schwächer, jedoch immer noch, vor allem gefühlsmäßig, vorhanden.

Ursachen

Basisschuldgefühl – ›in die Schuld hineingeboren‹
Die Dialogpartnerin hat in ihrer Kindheit und Jugend ein *Schuldweltbild* entwickelt, dessen Basis ihre eigene Existenz dargestellt habe: »Ich habe mich schuldig dafür gefühlt, dass ich geboren wurde.« Ihre Meinung sei gewesen, wenn sie nicht auf die Welt gekommen wäre, wäre der »Papa bei der Mama geblieben«. Die Schuldkette sei insofern weitergelaufen: dadurch, dass ihr Vater seine Frau »verloren« habe, sei wie selbstverständlich das Resultat entstanden, dass sie »schuldig« sei, dass »dieser Missbrauch stattgefunden« habe. Denn sie erklärt auf Nachfra-

gen der Interviewerin, dass sie lediglich »den Ersatz« für ihre Mutter dargestellt habe, in dem Sinne: »Jeder Mann braucht eine Frau.« Und da sie ihrem Vater diese Frau geraubt habe, dürfe sie sich auch nicht »beschweren«, dass ihr Vater, der als Mann nicht anders könne, sie als die neue Frau genutzt habe. Ihr Vater hat in diesem Zusammenhang offenbar die Schuldgefühle noch zusätzlich verstärkt, indem er der Dialogpartnerin »öfters« gesagt habe, dass der Verlust ihrer Mutter »die größte Enttäuschung seines Lebens« gewesen sei. Dies habe die Dialogpartnerin womöglich noch stärker dazu motiviert, diese angeblich erlebte Enttäuschung ihres Vaters in der Rolle der neuen Ehefrau wieder gut zu machen und dementsprechend auch den sexuellen Missbrauch über sich ergehen zu lassen. Man kann davon ausgehen, dass dieses Basisschuldgefühl der eigenen Existenz einen guten ›Nährboden‹ für alle weiteren Schuldgefühle der Dialogpartnerin bildet – und somit auch für »diese jahrelange gewachsene Gewissheit« bezüglich des sexuellen Missbrauchs: »Du bist aber schuld!«

Vaterschutz (Täterschutz)

Ein sehr wichtiger Aspekt bei der Entstehung des Schuldgefühls der Dialogpartnerin ist mit Sicherheit ihren Vater, den sie »mein lieber Papa« nennt, als Liebesobjekt schützen zu können. Auf die Frage, ob sie sich für den sexuellen Missbrauch schuldig fühle, bejaht sie dies und erklärt ihre persönliche Entstehungstheorie, die sie sehr wahrscheinlich aufgrund ihrer Therapien und ihrer eigenen Auseinandersetzung bezüglich des Missbrauchs für sich entdeckt hat: »Der Papa macht da was ganz Schlimmes und … aber der Papa, der beschützt mich, und daher darf er ja keine Schuld haben. Sonst würde ja mein ganzes Weltbild zusammenbrechen. Also, wer kann nur schuld sein? Ich kann nur schuld sein.« Diese Sätze hören sich während des Interviews wie auswendig gelernt an, jedoch drücken sie die grausame Wahrheit aus. In ihrer Kindheit und Jugend habe sie sich »sehr geborgen und sehr sicher beim ihm gefühlt«. Zwischen ihr und ihrem Vater habe eine »tiefe Verbindung« bestanden. Die Gefühle, die diese Beziehung zu ihm ihrer Meinung nach am besten beschreiben, sind vor allem »ein Gefühl von Sicherheit, aber auch von Respekt und Bewunderung ganz stark«. Zudem habe der Vater »einen wahnsinnigen Einfluss« auf sie gehabt, in dem Sinne, dass sie versucht habe, dem zu entsprechen, wie er es von ihr verlangt habe. Heute hingegen spüre sie ambivalente Gefühle gegenüber ihrem Vater. Auf der einen Seite »sehne« sie sich »schon nach ihm«, jedoch habe sie auf der anderen Seite auch Gefühle wie »unheimliche Wut« und »unheimlichen Hass«. Diese negativen Gefühle äußere sie in Form von Briefen an ihren Vater, die sie »natürlich nicht abschicke«. Eine mögliche Erklärung für das Nicht-Abschicken der Briefe kann in der Angst bestehen, den Vater vollständig zu verlieren, wenn sie ihre negativen Gefühle ihm gegenüber ausdrücke. Auch sucht sie während des Interviews krampfhaft nach möglichen Rechtfertigungen und Entschuldigungen, um ihren Vater nicht beschuldigen zu müssen. Dementsprechend bezeichnet sie ihn als »Opfer seiner Gene« oder auch als »Opfer seiner Vergangenheit«. Sie räumt ein: »Ich wollte ihn eben als Opfer sehen.« Diese Aussage zeigt deutlich, wie wichtig es ihr war und wohl immer noch ist, ihren Vater als guten Vater erhalten zu können, sodass sie, wie sie es selbst treffend formuliert, nur sich selbst habe die Schuld geben können. Die Mutter wird durch die Dialogpartnerin im Unterschied zum Vater als »psychisch krank« und »sehr schwach« beschrieben. Die Mutter habe auch, bevor die Dialogpartnerin sich selbst in die Psychiatrie habe einweisen lassen, »gar nicht mitgekriegt, was in den Monaten« bei der Dialogpartnerin »vorher innerlich los war«. Dies weist darauf hin, dass die Beziehung zu ihrer Mutter von ihr als wenig stärkend erlebt worden ist. Sollte dies der Fall gewesen sein, hat diese fehlende emotionale Unterstützung seitens der Mutter wahrscheinlich ihren Vater zu einer noch bedeutenderen Bezugsperson werden lassen.

Kontrollillusion zur Abwehr der Hilflosigkeit
Als einen weiteren sehr wichtigen Aspekt bei der Schuldgefühlentwicklung ist der starke Wunsch nach Kontrolle im Sinne eines Schutzmechanismus zu nennen. Die Dialogpartnerin habe das Gefühl gehabt, sie sei für den sexuellen Missbrauch »verantwortlich«. Sie schildert eine Situation, in der sie der Vater nach dem Missbrauch aus dem Bett geworfen habe und sie dann getreten habe, weil der Vater »kapiert hat, was er gerade macht«. Während dieses Vorfalles sei ihr Gedanke gewesen: »Jetzt hat der Papa es so schwer mit der Situation. Und hätte ich mal und hätte ich mal erspürt, dass es heute schwierig wird für den Papa und er merkt, was er macht, ja dann hätte ich da sagen müssen: ›Ja, Papa heute nicht.‹« In einem von ihr selbst gewählten Bild ausgedrückt: »Ich bin die Medizin, aber heute ist dein Magen schlecht. Ich hätte spüren müssen, dass er kotzt, wenn er heute die Medizin nimmt.« Doch die Realität ist eine ganz andere gewesen: Sie hätte nie erspüren können, was genau passiert und somit hätte sie auch nie die Macht gehabt, die

Situation zu kontrollieren. Allerdings ist diese Wahrheit unheimlich schmerzlich in dem Sinne, dass das Opfer Gefühle von Hilflosigkeit und Ohnmacht erleben müsste. Daher gibt die Dialogpartnerin sich selbst die Schuld, anstatt die Illusion der Kontrolle aufgeben zu müssen. Die Dialogpartnerin beschreibt, als sie gemerkt habe, dass sie es nicht erspüren konnte, dass sie sich »noch elender« gefühlt habe. Wahrscheinlich hat sie sich »noch elender« gefühlt, da sie in dem Moment dem Gefühl der Hilflosigkeit und der Ohnmacht näher gewesen ist, als dem Gefühl der Kontrolle.

Des Weiteren geht die Dialogpartnerin davon aus, dass sie sich »falsch verhalten« und »ihn verführt« habe. In dem Zusammenhang erklärt sie, dass dieser Verführungsgedanke etwas »sehr Reifes und Erwachsenes und Aktives« habe. Auf die Bitte, die Verführungsidee etwas näher zu beschreiben, schildert sie folgende Szene: Ihr Vater habe ihr genaue Anweisungen gegeben, wie sie sich verhalten solle, sobald er ins Zimmer käme, »wie in einem Theaterstück«. So habe sie z. B. ihr Schlafanzugoberteil auszuziehen und sich in einer bestimmten Weise positionieren sollen. Als der Vater das Zimmer betrat, habe er dann gesagt: »Ach, da will mich ja jemand verführen.« Diesen ersten Teil, dass er sie »dazu gezwungen« habe, habe sie »ausgeblendet«, sodass ihre Verführungstheorie einen Sinn ergeben habe. Auch an dieser Stelle erkennt man, dass es der Dialogpartnerin wichtig gewesen ist, die Illusion der Kontrolle zu erhalten, denn nur so kann sie das Gefühl des Ausgeliefertseins von sich fern halten.

An der Überzeugung, die Möglichkeit gehabt zu haben, den sexuellen Missbrauch kontrollieren zu können, in der Form, dass sie lediglich etwas an sich hätte ändern müssen, hält sie auch während des Interviews fest, indem sie äußert: »Wenn ich mich ganz perfekt an ihn angepasst hätte, wenn ich die ideale Tochter gewesen wäre, wenn ich einen anderen Körper gehabt hätte, andere Interessen, andere Bedürfnisse gehabt hätte, wenn ich diese Ehe nicht kaputt gemacht hätte, dann wäre das alles nicht passiert.«

Auch sei es nach der Meinung der Dialogpartnerin eine »wahnsinnige imposante Stellung«, denn »wer kann schon gleichzeitig von sich sagen, Tochter und Frau zu sein?« Diese Omnipotenzphantasie, die für die Dialogpartnerin damals ihre Realität bedeutete, sei etwas »Besonderes« und »Schönes« gewesen, die sogar so weit ging, dass sie dachte: »Mit dir war der Sex bestimmt besser, als mit deiner Mutter.« Diese Gedanken, die sie selbst im Nachhinein als »pervers« betitelt, haben dazu geführt, dass sie nicht habe sagen können: »Da bin ich nur das Opfer!«

Schuldzuschreibung seitens des Täters

Ebenfalls kann man davon ausgehen, dass die Äußerungen des Vaters wie »Ach, da will mich ja jemand verführen.« – z. B. während der oben beschriebenen Inszenierung – das Schuldgefühl bei der Dialogpartnerin mit Sicherheit enorm verstärkt haben.

Nicht genügend gewehrt

Als einen weiteren Faktor für die Schuldgefühlentstehung nennt die Dialogpartnerin, dass sie sich nicht bzw. nicht von Anfang an stark genug gewehrt habe: »Wenn ich mich gewehrt hätte, von Anfang an oder stärker gesagt hätte: ›Ne, ich will nicht!‹ Oder: ›Ich mag es nicht machen!‹ … Dass er es dann einfach unterlassen hätte.« Auch an dieser Stelle blitzt die anscheinende Möglichkeit auf, dass die Dialogpartnerin durch anderes Verhalten, wie sich genügend Wehren, die Situation hätte beeinflussen können.

Angenehme Momente des Missbrauchs

Die Dialogpartnerin betont mehrfach, dass »es auch Momente gab, die mal schön waren«, dass es »immer mal wieder was Liebevolles gab« und der sexuelle Missbrauch demnach nicht nur schlimm und grausam gewesen sei. Auf die Nachfrage, ob diese angenehmen Momente während des sexuellen Missbrauchs ihrer Meinung nach im Zusammenhang mit dem Schuldgefühl stehen, bejaht sie dies. Denn sie erklärt, in der Therapie auch schon besprochen zu haben: »Wie kann man an etwas schuldig sein, was man selber nicht möchte?«. Doch sie habe es in solchen Momenten gewollt, da sie dieses Liebevolle auch »schön« gefunden habe. Rational wisse sie zwar, dass dies bei Opfern öfters vorkomme, sie habe dazu viel gelesen, jedoch emotional belaste sie dies in Form von Schuldgefühlen immer noch.

Sexuelle Erregung

Auf die Frage, ob sie eine sexuelle Erregung gespürt habe, antwortet sie sofort »Ja, genau«. Sehr wahrscheinlich hat sie diese sexuelle Erregung gleichzeitig verwirrt und ebenfalls zum Schuldgefühl beigetragen.

Verhalten der Mutter

Eine wichtige Rolle spielt offensichtlich, wie oben schon ausgeführt, neben der Beziehung zu der Mutter, ebenfalls die Reaktionen der Mutter bezüglich des sexuellen Missbrauchs.

In einem Nebensatz erwähnt die Dialogpartnerin, dass ihre Mutter, die ihr zuerst noch nicht einmal geglaubt habe, dass der Vater sie sexuell missbraucht habe, immer noch Kontakt mit ihm habe. Diesen Kontakt kann die Dialogpartnerin sicherlich zumindest unbewusst nicht einordnen, sodass durch dieses Verhalten der Mutter wahrscheinlich auch ihr Schuldgefühl verstärkt wird. Außerdem habe die Mutter der Dialogpartnerin berichtet, dass deren Therapeutin erklärt habe, dass der Vater sie als »Ersatzfrau« »verstanden« habe. Diese Äußerung von der Therapeutin der Mutter habe die Dialogpartnerin »darin bestärkt«, dass sie sich »auch heute manchmal noch so fühle« und dass sie sich für den sexuellen Missbrauch »verantwortlich« fühle.

Auswirkungen und Auswirkungszusammenhänge

Negatives Selbstbild
Relativ zu Anfang des Interviews, bringt die Dialogpartnerin ihren »ganz großen Selbsthass« mit dem Schuldgefühl in Verbindung, in dem Sinne, dass derjenige, der die Schuld trägt, ein schlechter Mensch ist. Die Dialogpartnerin konnte mit großer Sicherheit das gute Bild des unschuldigen Vaters nur durch solch eine Selbstentwertung für sich retten. Die Psyche nimmt in diesem Zusammenhang lieber ein sehr starkes negatives Selbstbild in Kauf, anstatt das gute Bild einer wichtigen Bezugsperson zu zerstören, von der das Opfer sowohl emotional als auch körperlich abhängig ist.

Selbstverletzendes Verhalten
Des Weiteren habe das Schuldgefühl »einen großen Anteil an der Selbstverletzung gehabt«. Die Dialogpartnerin habe einen starken Drang verspürt, sich für ihr angebliches Fehlverhalten selbst bestrafen zu müssen, vor allem dann, wenn sie keinerlei Strafe von Außen erfuhr: »Wenn die Prügel vom Papa dann nicht kam, dann musste man es halt selber machen.« Anhand dieser Äußerung kann man sehr gut erkennen, dass die Dialogpartnerin mit hoher Wahrscheinlichkeit ein Täterintrojekt in sich trägt, das weite Teile ihres Erlebens und Verhaltens beeinflusst.

Generalisierung
Ebenfalls eine Auswirkung des Schuldgefühls sei bei der Dialogpartnerin die Generalisierung dieses Schuldgefühls auf alle Lebensbereiche.

Dementsprechend habe sie sich »als Kind immer schuldig gefühlt. Ständig! Egal, was passiert« sei. Nicht nur als Kind, sondern bis zum heutigen Tage, fühle sie sich »bei allen Menschen ständig schuldig« und »ständig verantwortlich«. Anhand von folgendem Beispiel wird diese Generalisierung deutlich: »Ich habe z.B. letztens meine Klausur in Pädagogik zurückbekommen, die war dann leider nur 2,3 und nicht 1,0. Und dann habe ich gedacht: Was bist du doch für ein Arschloch? Und wie kann man nur so blöd sein? Dann hättest du mal besser gelernt. Ich denke dann nicht: Die Schuld liegt vielleicht darin, dass ich keine Zeit hatte zu lernen, oder, weil die Dozentin die Klausur so schwer gestellt hat, ... sondern: Ich als Ganzes bin so der letzte Kotzbrocken.«

Druck nie einen Fehler zu machen
Diese Veranschaulichung weist auf einen weiteren Auswirkungszusammenhang des Schuldgefühls hin, nämlich auf den wahnsinnigen »Druck« »immer« »toll sein« zu müssen, unter dem die Dialogpartnerin jederzeit stehe. Dahinter stünde »unbewusst diese Angst«, wenn sie es nicht schaffe perfekt zu sein, dass dann »was ganz, ganz Schlimmes« passieren werde. Auch während des Interviews spüre sie diesen Druck und müsse demnach »prüfen«: »Ist das jetzt so richtig, wie ich das mache?« Dazu passt, dass sie im Gespräch wiederholt fragt, ob sie zu viel oder zu wenig erzähle und ob sie laut genug spreche.

Überwindungsansätze

Die Dialogpartnerin habe die Schuldgefühle »auf der rationalen Ebene« komplett überwunden. Jedoch »emotional« sei es ein ständiger innerer Kampf. Es gebe »zwei Teile« in ihr: Der eine Teil sage: »Du hast keine Schuld«, der andere Teil hingegen, den sie den »bösen Hassonkel« in ihrem Kopf nennt, plädiere vehement für absolute Schuldigkeit.

Phantasie der Dialogpartnerin
zur emotionalen Schuldgefühlüberwindung

Schuldfreispruch durch Täter
Die Dialogpartnerin habe die Überzeugung, dass es ihr helfen würde, wenn ihr Vater sie von der Schuld freisprechen würde, indem er z.B. formulieren würde: »Ja, es lag nicht an dir. Du warst einfach im falschen

Moment an dem falschen Ort.« Dieses Freisprechen wirkt wie ein selbst- und objektschützendes Wunschdenken: Auf diese Weise würde sie nicht nur ihre gefühlte Schuld verlieren können, sondern der Vater – und dies ist wahrscheinlich die wichtigere Konsequenz – würde die Schuld auch nicht zugeschrieben bekommen. Die Schuld würde sich in diesem Fall in einer Art ›luftleerem Raum‹ befinden, sodass der sexuelle Missbrauch reiner Zufall oder vorgegebenes Schicksal gewesen sein müsste, alles andere als die Realität: Ein kalkulierter Übergriff seitens des Vaters.

Emotionales Überwinden

Sicherheitsgefühl in Beziehungen (Stabilität)
Bezüglich der emotionalen Ebene habe sie sich »früher [...] viel stärker schuldig gefühlt«. Besonders wenn sie heute von ihren Mitmenschen in der Weise »angenommen« werde, wie sie wirklich sei, sei das Schuld- gefühl sehr gering. Sie könne lediglich das Gefühl der Schuldlosigkeit »zulassen«, wenn sie sich »super sicher fühle«. Demnach erlebe sie sich während des Interviews als »schuldig«, da ich nicht ihre Therapeutin sei und wir uns nicht gut kennen.

Annehmen des Hilflosigkeitsgefühls
Erste emotionale Überwindungsschritte in Bezug auf das Schuldge- fühl habe sie geschafft, indem sie die Hilflosigkeit der »kleinen, kindli- chen C.« habe wahrnehmen können. In solchen schmerzlichen Momen- ten realisiert die Dialogpartnerin sehr wahrscheinlich, wie abhängig sie von ihrem Vater gewesen ist und zudem, wie machtlos. Dann werde ihr plötzlich klar, dass der sexuelle Missbrauch »ganz schlimm war und [...] dass da ein Großteil [...] [ihrer] Kindheit draufgegangen« sei. Darüber hinaus werde ihr bewusst, dass sie damals nicht »erwachsen«, sondern dass sie »leider nur fünf oder zehn« Jahre alt gewesen sei. Demnach müssen in solchen Momenten ihre bis dahin festen Kontrollüberzeu- gungen der Realität weichen. Dieser Prozess brauche »viel Zeit, weil es natürlich auch ganz viel Schmerz« bedeute. Besonders wichtig ist bei diesem Realisieren mit Sicherheit, dass nicht nur der Verstand diese Tat- sachen versteht, sondern dass die Dialogpartnerin wirklich noch mal am eigenen Leibe »spüren« kann, »wie verletzlich« sie in der Situation des se- xuellen Missbrauchs gewesen ist. Die Dialogpartnerin formuliert es sehr treffend, indem sie mit einem schweren, belasteten Seufzer ausspricht: »Da schlägt es ja echt über einen zusammen [...] In dem Moment, in

dem ich die kleine kindliche C. in mir wahrnehme und die auch mal was sagen lasse. Da habe ich keine Schuldgefühle in mir!« Sie habe es in der Therapie geschafft Kontakt zu ihrem inneren Kind aufzubauen. Doch räumt sie auch ein, dass sie ihr Kind oft nicht zu Wort kommen lasse, auf dieses »sofort drauf haue« und schimpfe: »Schnauze, ich war doch erwachsen.« Diese heftige Reaktion weist darauf hin, wie schmerzvoll und angstbesetzt der Zustand des Spürens der wahren Gefühle sein muss. Wie oben schon angesprochen, könne sie diesen Zustand der Schuldlosigkeit nur erleben, wenn sie sich »super sicher fühle«. Dies bedeutet dementsprechend, dass für das Überwinden der Schuldgefühle offenbar enorm wichtig ist, dass sich die Dialogpartnerin in einem sozialen Netzwerk befindet, das ihr äußere Stabilität vermittelt. Diese ist gewiss durch eine gute therapeutische Beziehung und vertraute Freunde, die »meisten haben gut reagiert« auf den Missbrauch, zu erreichen.

Vaterschutz (Täterschutz) aufgeben können
Während des Interviews merkt man, dass die Dialogpartnerin sich mit weiten Teilen der Schulddynamik vorab auseinandergesetzt haben muss, besonders mit der Beziehung zu ihrem Vater. Wie weiter oben unter den Ursachen des Schuldgefühls ausgeführt, berichtet die Dialogpartnerin folgende persönliche *Schuldtheorie*: »Der Papa macht da was ganz Schlimmes und … aber der Papa, der beschützt mich, und daher darf er ja keine Schuld haben. Sonst würde ja mein ganzes Weltbild zusammenbrechen. Also, wer kann nur schuld sein? Ich kann nur schuld sein.« Sie habe als sie 16 Jahre alt gewesen sei, den Kontakt zu ihrem Vater abgebrochen, da sie realisiert habe: »Was ist das eigentlich für ein Mensch?« Es ist anzunehmen, dass die Dialogpartnerin angefangen hat, vielleicht auch zunächst nur unbewusst, das ›wahre‹ Gesicht ihres Vaters, das Gesicht eines Täters, zu erkennen. Dies war zu einer Zeit, als sie nach jedem sexuellen Missbrauch vergessen habe, dass ein solcher stattgefunden habe, sodass jeder Missbrauch der erste für sie gewesen sei, da sie es immer »geschafft« habe, »es bis zum nächsten Mal völlig zu vergessen«. Bevor sie den Kontakt abgebrochen habe, sei sie sehr enttäuscht von ihrem Vater gewesen, da dieser durch die Mutter von ihrem selbstverletzendem Verhalten gewusst habe, und doch habe er sich dafür »nicht interessiert«, habe ihr nicht versucht zu helfen, ganz im Gegenteil, das Verhältnis sei »schwierig« und »sehr einengend« geblieben. Dieser selbst gewählte Kontaktabbruch der Dialogpartnerin war sicherlich ein wichtiger Schritt bei der Schuldgefühlüberwindung, da auf diese Weise kein direktes Einwirken von ihrem Vater

mehr erfolgten konnte. Man kann des Weiteren davon ausgehen, dass sie dadurch genügend Raum erhalten hat, um auch negative Gefühle, wie eine »unheimliche Wut« und »unheimlichen Hass« gegenüber ihrem Vater erleben zu können. Während des Interviews nimmt sie plötzlich konkret wahr, welche »wahnsinnige Wut« sich in ihr »angestaut« habe. Auch kann sie diese negativen Gefühle in Form von Rachewünschen äußern: »Er wird in der Hölle schmoren.« Diese Erkenntnisse und Gefühlswahrnehmungen bezüglich ihres Vaters sind mit hoher Wahrscheinlichkeit große Fortschritte in die Richtung der Schuldgefühlüberwindung. Jedoch müssten dieses Erkennen und diese negativen Gefühle wohl kontinuierlich präsent sein, um eine komplette Überwindung des Schuldgefühls erreichen zu können. Allerdings ist die Psyche der Dialogpartnerin nachvollziehbarerweise noch nicht in der Lage, den ganzen Schmerz ertragen zu können, sodass sie diesen immer nur dosiert zulassen kann. Bricht zu viel von ihrem *Weltbild* des guten Vaters zusammen, zieht sie die Notbremse und hält sich wieder an ihrem gewohnten *Schuldweltbild* fest.

Doch die Hoffnung, die sie im Gespräch bewusst spürt, den guten Vater irgendwann komplett aufgeben zu können, lebt sicherlich auch dann in ihr weiter: »Ich hoffe es, dass ich es in ein paar Jahren verneinen kann. Dass ich sagen kann: »Nein, ich liebe ihn nicht.«

Vaterspaltung (Täterspaltung) auflösen
Während der Zeit des Missbrauchs habe die Dialogpartnerin eine Spaltung ihres Vaters vorgenommen, wahrscheinlich um das für sie Gute ihres Vaters zu bewahren. Sie habe es »nicht geschafft«, »das Monster« mit dem »liebevollen Vater« »irgendwie zusammenbringen zu können«. Doch sie habe angefangen, diese beiden, zuerst nicht miteinander vereinbaren Teile, zu integrieren, sodass es heute »schon Berührungspunkte« zwischen dem guten und dem schlechten Vater gebe. Man kann davon ausgehen, dass diese Reintegration eine notwendige Voraussetzung für die Überwindung darstellt. Denn nur, wenn die Dialogpartnerin ihren Vater in seiner Ganzheit als Täter wahrnimmt und erlebt und keinen noch so kleinen Teil abzwickt, um diesen zu schützen, kann sie sich von ihrem Schuldgefühl freisprechen und ihm die gesamte Schuld geben.

Eine professionelle, höhere Instanz
Relativ am Ende des Gesprächs kommt die Dialogpartnerin darauf, dass es ihr auch geholfen habe, dass eine »höhere Instanz«, in dem Fall eine Anwältin, die »professionell [...] in dem Beruf« sei, ihr bestätigt habe:

»Ja, es ist ein sexueller Missbrauch.«, den sie erfahren habe. Dementsprechend hat diese höhere Instanz, die die gesamte Geschichte gekannt
habe, aber im Unterschied zur Therapeutin neutral sei, der Dialogpartnerin ebenfalls ihre Schuldlosigkeit bestätigt.

5.5 Psychologische Beschreibung der Dialogpartnerin B (55)

Die Dialogpartnerin sei im Alter von sechs Jahren von dem Großvater
ihrer besten Freundin mehrfach sexuell missbraucht worden. Als die
Dialogpartnerin neun Jahre alt gewesen sei, sei sie von ihrem sieben
Jahre älteren Bruder ebenfalls mehrfach sexuell missbraucht worden.
Sehr lange habe sie sich für die sexuellen Missbräuche schuldig gefühlt.
Erst viele Jahrzehnte später, im Alter von 55 Jahren, habe sie ihr tief-
greifendes Schuldgefühl überwinden können.

Ursachen

Missbrauch durch den Großvater der besten Freundin

Mutterschutz
Die Dialogpartnerin beschreibt ihre Kindheit als »eine wenig liebevolle«. Sie habe »nie etwas zu sagen« gehabt, auch habe sie »gelernt,
man muss gehorsam sein Erwachsenen gegenüber«. Den ersten sexuellen Missbrauch habe sie mit sechs Jahren durch den Großvater ihrer
besten Freundin erlebt. Daraufhin sei sie sehr verwirrt gewesen und
habe sich gefragt: »Und was hast *du* denn gemacht?« Dies seien ihre
»ersten Schuldgefühle« gewesen, die sie aber »noch nicht so richtig als
Schuldgefühle verstanden habe«. Die Dialogpartnerin erklärt: »Die
[Schuldgefühle] kamen erst so richtig auf, als meine Mutter mir dann
die Schuld eingeredet hat. Als ich dann meiner Mutter erzählt habe, was
mir passiert ist. Und sie mir eben nicht glaubte.« Die Mutter sei für die
Dialogpartnerin der »einzige Ansprechpartner« gewesen, dem sie sich
habe anvertrauen können. Sie habe »wochenlang darauf hingearbeitet,
ihrer Mutter von dem sexuellen Missbrauch zu erzählen, habe »fast täglich gedacht: Heute erzählst du es ihr, heute schaffst du es« und dann
habe sie es doch »wieder nicht geschafft«, weil ihre »Angst« zu groß
gewesen sei. Aber eines Tages habe die Dialogpartnerin ihren ganzen

Mut zusammengenommen und folgende Sätze ausgesprochen: »Ss. Opa zieht sich immer die Hose aus. Und dann zeigt der mir alles. [...] Und dann muss ich den anfassen.« In dem Moment sei sie glücklich gewesen, dass sie es ausgesprochen gehabt habe. Sie habe sich »alles so schön vorgestellt«: Wenn sie es ihrer Mutter erzählt habe, sei »endlich Schluss damit. Dann hört das alles auf und dann wird der zur Rede gestellt und bestraft.« Doch ihre »vielen Erwartungen«, mit denen die Dialogpartnerin »an das Gespräch gegangen« sei, seien auf das Bitterste enttäuscht worden, dadurch, dass die Mutter »von vornherein sofort«, ohne zu zögern gemeint habe, dass die Dialogpartnerin »lügen« würde und »so was dürfte man nicht erzählen, dann käme man ins Gefängnis«.

Zunächst war das Schuldgefühl dementsprechend lediglich als kleiner Keim in der Dialogpartnerin vorhanden. Mit Sicherheit hätte die Dialogpartnerin diesen kleinen ›Schuldgefühlkeim‹ unter positiveren Bedingungen schnell überwinden können. Jedoch hat die Reaktion der Mutter das Schuldgefühl explosionsartig zum Wachsen gebracht, sodass die Dialogpartnerin mit der Überwindung des Schuldgefühls Jahrzehnte zu kämpfen gehabt habe.

Ab diesem Punkt sei die Dialogpartnerin »total verzweifelt« gewesen und habe sich immer wieder die gleichen Vorwürfe gemacht: »Irgendwas muss ich ja gemacht haben, dass der so was mit mir gemacht hat.«

Die Mutter der Dialogpartnerin habe »schon was« von einer »Tyrannin« gehabt. Die Dialogpartnerin kann sich demnach auch »nicht [...] entsinnen«, dass ihre Mutter sie »mal in den Arm genommen hätte« oder dass sie, wenn sie »krank« gewesen sei, an ihrem »Bett gesessen« hätte, obwohl sie in solchen Momenten immer sehnsuchtsvoll »nach ihr gerufen« habe: »Mama! Mama!« Sogar als die Dialogpartnerin ins Krankenhaus gekommen sei, sei die »Mutter [sie] nicht besuchen« gekommen. Während die Dialogpartnerin diese traurigen Kindheitsszenen schildert, merkt sie im Interview wie sehr sie das heute noch trifft und dass sie das »noch ganz nervös« mache.

An dieser Stelle wird erkennbar, welche große Sehnsucht die Dialogpartnerin verständlicherweise nach einer liebevollen Mutter gehabt hat. Doch die Realität ist wie oben beschrieben eine ganz andere gewesen: Die Mutter war ihrer Tochter gegenüber sehr kalt. Es ist stark davon auszugehen, dass die Dialogpartnerin als Kind versucht hat, ihre Mutter für sich als gutes Objekt zu schützen. Dementsprechend hat sie in allen Situationen die Schuld bei sich gesucht, um die Schuld von ihrer Mutter fern halten zu können. So habe sie angefangen, sich zu fragen – als die Mutter nicht zu ihr kam, als sie als krankes Kind nachts nach ihr rief –:

»Was habe *ich* meiner Mutter getan, wieso sitzt die nicht hier?« Anhand dieser Frage kann man feststellen, dass die Dialogpartnerin bei sich nach Gründen für das Verhalten ihrer Mutter gesucht hat und folglich sich selbst die Schuld für das Nicht-Kommen dieser gegeben hat. Wahrscheinlich ist der gleiche objektschützende Mechanismus auch bei der Anvertrauenssituation bezüglich des sexuellen Missbrauchs wirksam gewesen: Demnach hat in den kindlichen Augen der Dialogpartnerin nicht die Mutter falsch und unmütterlich reagiert, sondern diese Reaktion der Mutter ist das Resultat des angeblich falschen Verhaltens der Dialogpartnerin. Man kann annehmen, dass die Dialogpartnerin aus der Reaktion der Mutter Folgendes für sich geschlossen hat: Wäre ich unschuldig an dem sexuellen Missbrauch, würde meine Mutter mir glauben und mir helfen, doch dies tut sie nicht. Daher muss ich schuldig an dem Missbrauch sein. Diese Schuldübernahme war gewiss eine der wenigen, wenn nicht sogar die einzige Möglichkeit um das gute Bild der Mutter nicht aufgeben zu müssen. Wenn man sich vor Augen führt, in welcher emotionalen und körperlichen Abhängigkeit ein Kind zu seiner Mutter steht – besonders wenn man berücksichtigt, dass die Mutter der »einzige Ansprechpartner« gewesen sei – versteht man die überlebenswichtige Notwendigkeit dieses Schutzmechanismus.

Schuldzuschreibung seitens der Mutter

Später als der Täter »gestorben« sei, habe die Mutter ihrer Tochter die »Schuld daran« gegeben, da sie angeblich solche Lügen über diesen »netten Mann« erzählt habe. Hier zeigt sich deutlich, dass die Mutter ihrer Tochter explizit die Schuld an dem Tod des Täters gegeben hat. Zwar bezieht sich diese äußere Schuldzuschreibung seitens der Mutter nicht auf das Stattfinden des Missbrauchs – denn diesen wollte die Mutter verleugnen – trotzdem hat diese enorme Anschuldigung mit Sicherheit in der Dialogpartnerin weitergewirkt und ihr großes, übergreifendes Schuldgefühl – und somit auch den Teil des Schuldgefühls bezogen auf den Missbrauch – genährt. Die Dialogpartnerin betont in diesem Zusammenhang, dass ihre Mutter ihr die »Schuldgefühle aktiv und tatsächlich eingepflanzt« habe und es nicht nur eine »reaktive Verarbeitung« gewesen sei.

Kontrollillusion zur Abwehr der Hilflosigkeit

Als ein wichtiger Punkt bei der Schuldgefühlentstehung ist zudem der Wunsch der Dialogpartnerin nach Kontrollerhalt über den eigenen Körper und das eigene Leben in der Missbrauchssituation zu nennen.

Die Dialogpartnerin sei davon ausgegangen, dass sie »hätte weglaufen können« und sich auf diese Weise dem Missbrauch entziehen können. Sie habe sich dementsprechend immer Vorwürfe gemacht, wieso sie »nicht weggelaufen« sei und wieso sie das mit sich habe »machen lassen«. In diesem Zusammenhang erklärt die Dialogpartnerin weiter, dass der Täter sie »ja nicht an den Arm gepackt und in den Keller gezerrt« habe. Sie bringt das Wirken des Schutzmechanismus auf den Punkt, als sie sagt: »Ja, es fühlte sich schon so an, als wäre ich da so freiwillig mitgegangen.« Die Dialogpartnerin hat das subjektive Gefühl einer Freiwilligkeit verspürt und fühlt dieses in gewissen Teilen bis heute noch. Dieses Gefühl der Freiwilligkeit gibt dem Opfer die Illusion, Macht über den Ablauf der Missbrauchssituation gehabt zu haben, das heißt, dass das Opfer angeblich kontrollieren kann, ob ein Missbrauch stattfindet und wann dieser stattfindet. Doch diese Omnipotenzphantasien entsprechend nicht der Realität. Die Dialogpartnerin hat zu keinem Zeitpunkt Macht über den Missbrauch gehabt, ganz im Gegenteil, sie war dem Täter jederzeit hilflos und schutzlos ausgeliefert. Allerdings ist diese Wahrheit unheimlich schmerzlich in dem Sinne, dass das Opfer Gefühle von Hilflosigkeit und Ohnmacht erleben müsste. Demnach ist gewiss die psychisch gesündere Reaktion für die Dialogpartnerin gewesen, im Sinne eines Schutzmechanismus, sich selbst die Schuld zuzuschreiben, anstatt sich eingestehen zu müssen, dass sie der Missbrauchssituation ohnmächtig ausgeliefert gewesen war.

Die immer wiederholte Äußerung des Täters »Ich mache dich tot, wenn du jemanden was erzählst.« habe bei der Dialogpartnerin zu großer »Angst« und »Panik« geführt. An dieser Stelle sieht man deutlich, wie überlebenswichtig die Abwehr des Erlebens der Hilflosigkeit durch das Aufkommen des Schuldgefühls zu der Zeit des Missbrauchs gewesen ist. Denn der Täter hat der Dialogpartnerin mit diesem Satz explizit zu verstehen gegeben, dass er jederzeit über ihr Leben bestimmen könne.

Missbrauch durch den Bruder

Mutterschutz

Als die Dialogpartnerin neun Jahre alt gewesen sei, sei sie von ihrem sieben Jahre älteren Bruder mehrfach sexuell missbraucht worden. Die Dialogpartnerin berichtet von einer Situation aus ihrer Kindheit, die das Verhältnis zwischen ihrem Bruder und ihr gut darstellt: »Ich habe mit Bauklötzen gespielt und Türme gebaut, wie man es als Kind halt so macht.

Und er kam dann so vorbei und kippte mal eben so mit dem Schuh den Turm um. Daran entsinne ich mich auch noch, dass mein Bruder mich oft zur Verzweiflung getrieben hat. Nicht nur, dass ich richtig wütend war, sondern traurig, tieftraurig und enttäuscht.« Der Bruder habe, da er als Junge »wohl wertiger« als die Dialogpartnerin »als Mädchen« gewesen sei, »in der Familie« eine »Sonderstellung« gehabt. Er sei »Everybody's Darling« gewesen und vor allem die Großmutter und die Mutter seien ihm »deutlich mehr zugetan« gewesen als der Dialogpartnerin.

Eines Abends sei der Bruder, mit der Bitte die Dialogpartnerin nackt malen zu dürfen, um eine gute Biologiezensur zu erhalten, zu ihr gekommen. Obwohl die Dialogpartnerin zunächst Bedenken gehabt habe, habe sie zugestimmt, da sie es »toll« gefunden habe, dass ihr großer Bruder, der sie sonst »immer geärgert« habe, sich »mit ihr beschäftigte«. Aufgrund ihres ungestillten Bedürfnisses nach Liebe, sei sie »froh für jedes bisschen« gewesen, was ihr »entgegen gebracht« worden sei und habe dies dementsprechend in sich »hineingezogen«. Die Dialogpartnerin erklärt, dass es auf diese Weise zum sexuellen Missbrauch gekommen sei: »Weil ich war so stolz. Der wollte mit mir spielen. […] Da war ich auch ganz glücklich. […] Und so fällt man natürlich auf einiges rein.«

Wieder habe sich die Dialogpartnerin in ihrer Not ihrer Mutter anvertraut, »wieder« sei sie »so hoffnungsvoll an das Gespräch rangegangen und wieder total enttäuscht aus dem Gespräch rausgegangen«. Die Mutter habe Folgendes zu ihr gesagt: »Das hatten wir doch schon mal alles. Du hast doch schon mal solche Lügen erzählt. Und du weißt ja, der ist sogar daran gestorben. Willst du denn, dass dein Bruder auch stirbt?« Aufgrund dieser Reaktion der Mutter habe die Dialogpartnerin »wieder alle Schuld« bei sich gehabt. Ab diesem Moment habe die Dialogpartnerin auch »immer […] [die] Angst gehabt« als ihr »Bruder« krank gewesen sei: »Jetzt stirbt der, weil ich was meiner Mutter erzählt habe.«

Wie weiter oben bei dem sexuellen Missbrauch durch den Großvater der besten Freundin ausführlich dargestellt, ist bei dem Missbrauch durch den Bruder mit hoher Wahrscheinlichkeit ebenfalls der starke Wunsch der Dialogpartnerin, die Mutter als gutes Objekt zu schützen die Hauptursache für das Entstehen der Schuldgefühle. Die Dialogpartnerin habe einen harten und bis vor Kurzem andauernden »Kampf […] um die Zuneigung« ihrer Mutter geführt. Bis vor wenigen Jahren habe sie immer eine »große Sehnsucht« nach »Zuneigung« »Anerkennung« »Liebe«, »mütterliche Liebe einfach« verspürt. Um die Hoffnung, dass diese unendlich große Sehnsucht irgendwann von ihrer Mutter gestillt wird, nicht aufgeben zu müssen, ist die logische Schlussfolgerung für die Dialogpartnerin, wie oben ausführlicher dargestellt, dieselbe: In dieser Anvertrauenssituation musste sich die Dialogpartnerin selbst die Schuld geben, anstatt das gute Bild der Mutter von vornherein aufgeben zu müssen. Denn nur dadurch, dass die Dialogpartnerin als Kind ihre Mutter für diese extrem negative Reaktion nicht verurteilt hat, konnte sie in dem Gefühl weiterleben, dass ihre Mutter sie liebt: »Also, wenn Sie mir jetzt die Frage vor 50 Jahren gestellt hätten, ob meine Mutter mich liebt, da hätte ich bestimmt ›Ja.‹ gesagt.« Doch heute wisse sie: »aber da war nichts« an Liebe.

Bruderschutz (Täterschutz)
Des Weiteren ist davon auszugehen, dass der Wunsch einen guten Bruder zu haben, der sie liebt, das Schuldgefühl bei der Dialogpartnerin zusätzlich verstärkt hat. Die Dialogpartnerin habe sich so sehr »Anerkennung« und »Zuneigung« von ihrem älteren Bruder, der sich ihr gegenüber immer »biestig« verhalten habe, »gewünscht«. Dementsprechend hat wahrscheinlich die Dialogpartnerin sich selbst die Schuld an dem Missbrauch gegeben, um – neben dem Bild der guten Mutter – auch das Bild des guten Bruders zu schützen. Auf diese Weise konnte die Dialogpartnerin weiter mit der Hoffnung leben, dass ihr Bruder sich ihr im Sinne einer geschwisterlichen Liebe zuwenden wird. Hätte sie ihm die Schuld an dem sexuellen Missbrauch damals gegeben, hätte sie ihn zur damaligen Zeit nicht als guten Bruder für sich im Herzen halten können.

Auswirkungen und Auswirkungszusammenhänge

Generalisierung
Die Dialogpartnerin habe das Schuldgefühl »verinnerlicht«, ihr »Leben lang« »mitgenommen« und auf alle weiteren Lebensbereiche generalisiert. Sie beschreibt den Zustand wie einen »Kokon, aus dem man nicht raus« gekommen sei, weil sie »immer wieder so eingewoben« gewesen sei »in diese Schuldgefühle«. Demzufolge habe die Dialogpartnerin »bis vor ein paar Jahren […] für jedes Fehlverhalten anderer die Schuld« bei sich selbst »gesucht« und sich ständig gefragt: »Was habe ich dem getan?« Sie habe »immer irgendwelche Schuldgefühle« verspürt. Auch wenn die Dialogpartnerin »vom Verstand her noch so genau« wusste, dass sie alles richtig gemacht habe, habe »das Gefühl […] immer gesagt,

141

ne das hättest du besser machen können. Das hättest du anders machen können. Das ist deine Schuld«. Beispielsweise habe sie ihrer »besten und langjährigsten Freundin« vor anderthalb Jahren erzählt, dass sie als Kind sexuell missbraucht worden sei. Darauf habe diese plötzlich »den Kontakt [...] abgebrochen«. Zunächst fand die Dialogpartnerin dies »empörend und total blöd«, doch kurz danach fing die »Grübelei« wieder an: »Was habe ich denn jetzt falsch gemacht? Was habe ich der denn jetzt getan?« Sie sei »drei Monate mit dem Gedanken rumgelaufen, bestimmt etwas falsch gemacht zu haben«. Dieses ›bei sich selbst und nie bei dem anderen die Schuld suchen‹, käme sogar »manchmal« heute noch vor.

Rückzug
Die Dialogpartnerin habe in einer ständigen Angst gelebt, gegenüber anderen Personen etwas falsch zu machen. Daher habe sie sich lieber »immer zurückgezogen«, anstatt Gefahr zu laufen wieder, in ihren Augen, schuldig für etwas zu sein. Dieser Rückzug habe dazu geführt, dass sie »isoliert« und »ziemlich einsam« gewesen sei.

Schuldgefühl manifestiert sich im Körper
Das Schuldgefühl habe sich auch in ihrer »verkrampfte[n]« und »schlechte[n] Körperhaltung« widergespiegelt: »Ich habe ... eigentlich seit ich lebe diesen Druck auf den Schultern. Die Schultern hochgezogen und wie gesagt, die Beine so. Die Finger, die kleinen Finger hatte ich als Kind immer so. Immer eine ganz verkrampfte Haltung. Ich konnte eigentlich gar nicht mehr locker lassen.«

Negatives Selbstbild
Eine weitere Auswirkung des Schuldgefühls aus ihrer Kindheit sei »ein absolutes Gefühl von Minderwertigkeit« gewesen. Als Kind und Jugendliche habe sie sich »immer« als »blöd, dumm und hässlich« empfunden. Bis vor einigen Jahren habe sie sich noch als »minderwertig« erlebt. Derzeit überwiegt das positive Gefühl sich selbst gegenüber, doch selbst heute fände sie sich »manchmal« »blöd«.

Keine Abgrenzung
Auch stehe die Unfähigkeit anderen eine Bitte abzuschlagen mit dem Schuldgefühl in Verbindung. Die Dialogpartnerin sei »immer für jeden da« gewesen, da sie sich an nichts und niemandem habe schuldig

machen wollen. Demnach habe sie sich »ein Bein ausgerissen«, um die Bedürfnisse anderer zu befriedigen, ihre eigenen seien dabei verständlicherweise »auf der Strecke« geblieben.

Überwinden

Die Dialogpartnerin habe als Kind nicht gewusst, dass es sich um einen sexuellen Missbrauch gehandelt habe: »Ich wusste genau, das ist was Verbotenes. Das darf ich nicht. Das war mir ganz klar. Aber ich wusste nicht, was da passiert.« Erst als sie mit 17 Jahren einen Artikel über sexuellen Missbrauch gelesen habe, sei ihr »bewusst« geworden, was ihr als Kind passiert sei. Und selbst, als sie ab diesem Moment verstanden habe, dass es ein sexueller Missbrauch gewesen war, der ihr zugefügt worden sei, habe sie sich für diesen immer noch »schuldig gefühlt«.

Der Dialogpartnerin wird geglaubt

Nach den zwei gescheiterten Anvertrauensversuchen in ihrer Kindheit ihrer Mutter gegenüber, habe sie Jahrzehnte geschwiegen und sich erst vor vier Jahren ihrer Psychotherapeutin anvertraut. Danach habe sie sich ihrem Ehemann und weiteren ihr nahestehenden Personen anvertraut. Der Dialogpartnerin habe es in diesem Zusammenhang »sehr gut getan«, dass ihr diese Menschen »geglaubt« haben, denn »das Wichtigste« sei für sie, dass ihr »geglaubt wird«.

Das Schuldgefühl heute

Relativ am Anfang des Interviews sagt die Dialogpartnerin, dass sie sich »an den Missbräuchen« »nicht« mehr »schuldig« fühle und kann diese Aussage auch am Ende des Interviews gefühlsmäßig bestätigen. Doch an einer Stelle im Gespräch differenziert sie plötzlich, indem sie erklärt, das Schuldgefühl rational überwunden zu haben, dass emotional aber noch Anteile – wenn auch sehr geringe – irgendwo vorhanden seien: »Aber bei so einem kleinem Kind. Das hat einfach keine Schuld. Das ist mir so vom Verstand her völlig klar. Aber das Gefühl sitzt da halt noch.« Es ist anzunehmen, dass die Dialogpartnerin im Grunde das Schuldgefühl, neben der längst erreichten rationalen Überwindung, auch emotional überwunden hat. Jedoch gibt es wohl wenige Momente, in denen das bekannte Schuldgefühl, das jahrelang so tief in der Dialogpartnerin gesessen hat, die Dialogpartnerin an ihrer Unschuld plötzlich zweifeln lässt. Die Überwindung ist im Vergleich zu dem jahrzehntelangen Sich-Schuldigfühlen bei der Dialogpartnerin noch relativ ›frisch‹. Daher ist davon auszugehen, dass dieses Gefühl der Unschuld noch einige Zeit benötigt, um sich wirklich festigen zu können und auch das Gefühl der Schuld komplett und endgültig ablösen zu können.

Körperhaltung
Die Dialogpartnerin berichtet, dass sich das Überwinden der Schuldgefühle besonders in ihrer Körperhaltung widergespiegelt habe. Sie habe den Ballast der Jahrzehnte, der auf ihr gelegen habe, loswerden können und ihre »verkrampfte Haltung« habe sich gelöst: »Das hat mich irgendwie ganz leicht gemacht ... ich kann jetzt ganz bewusst locker lassen. Du hast keine Schuld.«

Mutterschutz aufgeben können
Der wahrscheinlich bedeutendste und für die Dialogpartnerin sicherlich schmerzvollste Schritt bei dem Überwinden des Schuldgefühls ist darin zu sehen, dass es der Dialogpartnerin möglich gewesen ist, ihre Mutter als gutes Objekt aufgeben zu können. An die Stelle des Schuldgefühls sei eine starke Wut gegenüber ihrer Mutter getreten. Sie sei derart »wütend« gewesen, dass sie »am liebsten« ihrer »Mutter eine rein gehauen« hätte. Denn die Dialogpartnerin habe auch »vom Gefühl her« realisiert, dass die Mutter ihr das »Leben so ziemlich versaut« habe, und »nicht nur auf die Missbräuche bezogen, sondern auch so ganz, ganz viele andere Dinge«. Die Wut habe »komischerweise vorrangig« ihrer »Mutter« gegolten und nicht den Tätern ihres sexuellen Missbrauchs. »Natürlich« sei sie auch auf ihren »Bruder total sauer« gewesen, doch die Hauptwut habe der Mutter gegolten. Außerdem habe sie bezogen auf das emotionale Erkennen, dass ihr Bruder sie sexuell missbraucht habe, »keine Trauer« verspürt, es sei nur »Wut« gewesen.

Dies weist darauf hin, dass der Bruder für die Dialogpartnerin als Bezugsperson nicht so einen hohen Stellenwert gehabt hat, wie es offensichtlich bei der Mutter der Fall war. Das Bild des guten Bruders zu erhalten war wahrscheinlich nicht so überlebenswichtig für die Dialogpartnerin, wie an dem guten Bild der Mutter festzuhalten. Mit ihrem Bruder habe sie abgeschlossen und kann dementsprechend klar formulieren, dass ihr Bruder »ein sehr unangenehmer, ein sehr unsympathischer Mensch« sei. Auf die Frage »Die Mutter verloren zu haben war viel härter [als den Bruder]?«, antwortet die Dialogpartnerin: »Ja. Ich glaube, das ist alles an meiner Mutter festgemacht.« Daher steht im Fokus bei der Schuldgefühlentstehung und ebenso auch bei der Schuldgefühlüberwindung mit großer Sicherheit die Mutter der Dialogpartnerin. Der Knackpunkt bei der Schuldgefühlüberwindung ist demnach gewesen, dass die Dialogpartnerin es geschafft hat, den jahrzehntelang ersehnten Wunsch, eine gute Mutter haben zu wollen, für sich begraben zu können: »Ich habe aufgehört eine Mutter haben zu wollen.« Sie habe ihr Leben lang um ein »Mutter-Tochter-Verhältnis« »gekämpft« – doch nun habe sie festgestellt: »Da, ist kein Mutter-Tochter-Verhältnis da.« Es ist verständlich, dass dieses emotionale Erkennen, »keine gute Mutter gehabt zu haben«, ein »sehr schmerzlicher Prozess« gewesen sei, der auch mit »ganz viel Trauer« verbunden gewesen sei. Doch dadurch, dass sie das Mutterbild nun nicht mehr schützen muss, kann sie die Schuldgefühle bezüglich der sexuellen Missbräuche, welche jahrelang dem *Mutterschutz* dienten, ablegen.

Nach dem Interview schreibt die Dialogpartnerin einige Wochen später folgende Sätze: »Nach unserem Gespräch ging mir noch ein paar Tage Ihre Frage durch den Kopf, ob meine Mutter mich je geliebt hat. So direkt hatte ich darüber noch nicht nachgedacht, und mein ›Nein‹ bewirkte letztlich, dass ich mir sagen konnte: ›Wer mich nicht liebt, den muss ich auch nicht lieben!‹ Das war zuerst eine traurige Einsicht, aber dann fand ich den Gedanken gar nicht schlecht und eher hilfreich. Ich war entlassen aus dem Zwang, meiner Mutter zu Diensten zu sein.« Diese Rückmeldung zeigt, dass die Dialogpartnerin den schmerzlichen Prozess des Ablegens des guten Mutterbildes mehr und mehr für sich abschließen kann.

Therapie und die Beziehung zur Therapeutin –
die ›äußere Perspektive‹
Bei dem wichtigen Schritt der Mutteraufgabe und der damit in Verbindung stehenden Schuldgefühlüberwindung habe der Dialogpartnerin ihre derzeit noch laufende »Therapie« und in diesem Zusammenhang vor allem ihre »Therapeutin«, die ihr »die Augen« »durch viele Gespräche« »geöffnet« habe, geholfen. Diese Therapeutin habe der Dialogpartnerin »immer wieder« »vor Augen« gehalten, dass sie als »kleines Kind überhaupt keine Schuld haben konnte«. »Durch das Wiederholen« der »Worte« der Dialogpartnerin »aus einer anderen Sicht«, also aus der Sicht der Therapeutin bzw. »aus der Sicht [eines] Gegenübers« und eben nicht aus ihrer subjektiven Sicht, sei ihr »immer mehr und mehr bewusst geworden: Das Gegenüber hat eigentlich Recht«, sie

trage an dem sexuellen Missbrauch keine Schuld. Auch habe es ihr innerhalb der Therapie geholfen, »Rollenspiele«, in denen sie sich selbst und ihre Mutter gespielt habe, durchzuführen. Die Dialogpartnerin habe durch dieses Hören ihrer Worte aus einer anderen Perspektive und durch diese Rollenspiele Stück für Stück eine objektivere Perspektive bezüglich ihres sexuellen Missbrauchs annehmen können.

Doch dies sei »ein schwieriger langer, langer Lernprozess« gewesen. Es habe sie verständlicherweise viel Kraft gekostet, dieses Gefühl der Unschuld aushalten zu können: »Ich habe mich so richtig anstrengen müssen, dieses Gefühl auch zuzulassen: Du hast keine Schuld.« Diese große Anstrengung weist noch mal auf die Funktion des Schuldgefühls hin. Das Schuldgefühl schützt das Bild der guten Mutter. Die Angst zu realisieren nie eine gute Mutter gehabt zu haben ist enorm groß. Es kostet die Psyche der Dialogpartnerin daher sehr viel Kraft, den Schutzmechanismus zu lösen, also das Schuldgefühl abzulegen, da die Erkenntnis ohne eine liebevolle Mutter leben zu müssen für die Psyche enorm bedrohlich ist.

Das Erleben des Gefühls der Unschuld ist sicherlich daher auch nur vor dem Hintergrund einer sehr guten Therapeutin-Patientin-Beziehung für die Dialogpartnerin realisierbar gewesen. Offenbar hat der therapeutische Rahmen der Dialogpartnerin genügend Sicherheit und Halt geboten, um den Schutzmechanismus Schuldgefühl zu großen Teilen ablegen zu können.

Stabilität

Auch ist davon auszugehen, dass nicht nur die Therapie ihr diesen *Schutzraum* geboten hat, sondern auch ihr Ehemann, ihre Töchter – durch die die Dialogpartnerin Unterstützung erfahren habe – und ihr weiteres soziales Umfeld – das ebenfalls gut reagiert habe – einen wichtigen Teil zu diesem *Schutzraum* beigetragen haben.

Annehmen des Hilflosigkeitsgefühls – ihr Buch, zunächst die ›äußere Perspektive‹

Ein ebenfalls sehr wichtiger Faktor bei dem Überwinden des Schuldgefühls stellt mit Sicherheit das Schreiben des Buches über die eigene Missbrauchsgeschichte dar. Die Dialogpartnerin habe ihre gesamte Leidensgeschichte in einem Buch niedergeschrieben. Beim Schreiben habe sie »plötzlich Rotz und Wasser [...] um dieses arme Kind«, welches sie beschrieben habe, »weinen« können. Sie habe großes »Mitleid« mit diesem Kind empfunden. Sie habe dementsprechend auch gesehen, dass dieses arme Kind ein hilfloses und unschuldiges Opfer ist. Doch war ihr zu diesem Zeitpunkt gefühlsmäßig noch nicht bewusst, dass sie selbst dieses unschuldige Kind sei: »Obwohl ich ›ich‹ geschrieben habe, war ich das nicht.«

Wahrscheinlich hat ihr gerade diese Distanz zu der Romanfigur ermöglicht Mitleid für dieses Kind zu empfinden – das eben nicht sie, sondern das »so ganz weggerückt« von ihr gewesen sei. Denn es ist davon auszugehen, dass die Dialogpartnerin diese gewisse Distanz zu dem Zeitpunkt noch benötigt hat, um nicht den eigenen überwältigenden Schmerz wahrnehmen zu müssen. Dieses »von oben drauf« schauen, war gewiss eine Art notwendiges Zwischenstadium, um die Psyche langsam auf den gesamten Schmerz vorzubereiten. Mit der Zeit habe sie realisiert: »Das bist du ja selber!« Dies zeigt, dass die Dialogpartnerin die Distanz mehr und mehr auflösen konnte und dieses Mitleid um das arme Kind in Selbstmitleid umwandeln konnte.

»Dieses Aufschreiben« habe »viel bewirkt«, weil es eine ähnliche Funktion gehabt habe, wie die Therapeutin: Es habe »dafür gesorgt, dass sich« ihre »Augen öffnen«. Es ist anzunehmen, dass die Dialogpartnerin nun vorwiegend mit den Augen einer erwachsenen Frau ihre Missbrauchsgeschichte betrachten kann. Und eben nicht mehr aus der kindlichen Perspektive, bei dem das Schuldgefühl, wie oben ausführlich beschrieben, ein enorm wichtiger Schutzmechanismus gewesen ist.

Ein gutes Objekt in ihrer Kindheit – ihr Großvater
Es ist davon auszugehen, dass ihr Großvater, der eines der wenigen wirklich guten Objekte in ihrer Kindheit dargestellt hat, ihr indirekt zu verstehen gegeben hat, dass der sexuelle Missbrauch nicht ihre Schuld gewesen ist. Zunächst habe er dafür gesorgt, dass ihr Bruder in einem anderen Zimmer habe schlafen müssen, wodurch der sexuelle Missbrauch aufgehört habe. Kurz vor seinem Tod habe der Großvater der Dialogpartnerin zudem gesagt: »Es gibt auch gute Männer.« Die Dialogpartnerin erklärt, dass er »ausgerechnet […] diese Worte« gewählt habe, habe ihr »gezeigt, er wusste genau Bescheid, was war«. Es sei heute noch »ziemlich berührend«, wenn sie an seine Worte denke.

Es ist erkennbar, dass der Großvater zumindest in Ansätzen gut reagiert und im Unterschied zu der Mutter der Dialogpartnerin wenigstens versucht hat zu helfen. Das Verhalten des Großvaters hat der Dialogpartnerin wahrscheinlich gezeigt, dass er ihr glaubt und er sie dementsprechend auch für unschuldig erklärt. Es ist davon auszugehen, dass dieser Großvater die Voraussetzung für alle Überwindungsschritte – die erst viele Jahre später folgten – gewesen ist, da er als einziges gutes Objekt auf der Seite der Dialogpartnerin gestanden hat und als einziger die Meinung – auch wenn er dies der Dialogpartnerin nie direkt gesagt hat –gehabt hat: Das Kind ist unschuldig.

5.6 Psychologische Beschreibung der Dialogpartnerin U (39)

Die Dialogpartnerin U hat eine komplexe Missbrauchsgeschichte erleben müssen. Ihr Vater habe sie von ihrem fünften Lebensjahr an ungefähr bis zu ihrem zwölften Lebensjahr sexuell missbraucht. Ihr ältester Bruder habe sie ebenfalls von frühster Kindheit bis zu ihrem 16. Lebensjahr missbraucht. Ihr Vater und der eben genannte Bruder seien für die Dialogpartnerin die »Haupttäter«. Auch habe sie durch einen ihrer anderen Brüder »gelegentliche Übergriffe« erfahren. Zudem sei die Dialogpartnerin von einem Nachbar sexuell missbraucht worden.

Für die Dialogpartnerin habe zu der Zeit des Missbrauchs »tagsüber ein anderes Leben als nachts« stattgefunden. Diese beiden Welten seien »klar voneinander getrennt« gewesen. In der ›Nacht-Welt‹ habe es den sexuellen Missbrauch gegeben. Sie habe in dieser Welt ein großes Schuldgefühl bezüglich des sexuellen Missbrauchs verspürt: »Ich habe immer gedacht, ich bin schuld.« Tagsüber seien die schönen Momente mit ihrer Familie gewesen: »Papa geht mit uns allen im Wald spazieren. Und wir gehen mit allen schwimmen.« In dieser Welt seien die Schuldgefühle lediglich »hintergründig« vorhanden gewesen: »Was mir geblieben ist und das war vielleicht Schuld, dass ich mich ja auch tagsüber immer schlecht gefühlt habe. Dass ich mich immer schlecht und schmutzig gefühlt habe. Und ich glaube, das war so mein Schuldgefühl.« Doch sie habe dieses Schuldgefühl nicht mit dem sexuellen Missbrauch in Verbindung bringen können, da es diesen nur in der ›Nacht-Welt‹ gegeben habe. Heute fühle sie sich nicht mehr schuldig.

Ursachen

Schuldzuschreibungen seitens des Vaters und des Bruders
Die Schuldzuschreibungen seitens der Täter in Verbindung mit dem enormen Abhängigkeitsverhältnis zu den Tätern stellt bei der Dialog-

partnerin mit Sicherheit eine bedeutende Ursache des Schuldgefühls dar. Nach den Angaben der Dialogpartnerin haben die Täter ihr sowohl implizit als auch explizit die Schuld an dem sexuellen Missbrauch zugeschrieben. So habe der Vater ihr beispielsweise »unterschwellig« »Schuldgefühle eingeredet«, indem dieser immer gesagt habe, wenn die Dialogpartnerin etwas verraten würde, kämen alle Kinder »ins Heim« und die »Mutter« wäre »traurig«. Zudem haben ihr die Täter, wie die Dialogpartnerin betont, auch ganz offen die Schuld »eingeredet«, indem sie ihr erklärt haben, sie nur zu missbrauchen, da sie sich »so verhalten habe« oder dass es daran liege, was sie in dem Moment an Kleidung trage oder auch, weil sie »so niedlich« sei. Die Täter haben ihr immer wieder Gründe genannt, wodurch es käme, dass sie sich »nicht beherrschen können«. Die Dialogpartnerin habe diese Schuldzuschreibungen seitens der Täter angenommen und an ihre Schuldigkeit dementsprechend felsenfest geglaubt. Dieses Annehmen der Schuldzuweisungen muss in Verbindung mit dem großen Abhängigkeitsverhältnis gesehen werden.

Großes Abhängigkeitsverhältnis zu den Tätern
Die Dialogpartnerin habe in einer enormen »emotionalen Abhängigkeit« zu den Tätern gestanden. Neben dieser emotionalen Abhängigkeit hat selbstverständlich auch eine körperliche Abhängigkeit zu den Tätern bestanden, da der Missbrauch in frühster Kindheit eingesetzt hat. Aufgrund dieses Abhängigkeitsverhältnisses haben die Täter, den Angaben der Dialogpartnerin zufolge, die komplette Kontrolle über sie gehabt: »Und das war so eine Zeit, wenn mein Vater gesagt hätte: ›Steig oben aufs Dach und spring darunter.‹, dann hätte ich das auch gemacht. Ohne zu fragen und ohne Widerworte zu geben.« Die Dialogpartnerin sei »jahrelang so in diesem System groß geworden«, sie habe es gar nicht anders gekannt.

Es ist davon auszugehen, dass gerade aufgrund dieser Abhängigkeitssituation die Dialogpartnerin das Schuldgefühl unbewusst auf sich genommen hat. Höchstwahrscheinlich hat die Dialogpartnerin vor folgendem Konflikt gestanden: Ihre authentischen Gefühle zu spüren, wie z.B. Angst, Hilflosigkeit und das Gefühl Opfer zu sein auf der einen Seite und auf der anderen Seite die ver-rückte Welt der Täter anzunehmen, also davon auszugehen, dass sie den Vater und den Bruder verführt hat. Da die Dialogpartnerin aufgrund der großen Abhängigkeit die Täter zum seelischen und körperlichen Überleben gebraucht hat, nimmt sie die Schuldzuschreibungen der Täter an und verdrängt ihre authentischen Gefühle. Denn zu realisieren, der Vater und der Bruder sind schlecht, wäre in dieser Zeit für die Psyche der Dialogpartnerin zu bedrohlich gewesen.

Große Sehnsucht nach einer guten Familie (Täterschutz)
Ein weiterer wichtiger Faktor bei der Entstehung des Schuldgefühls ist wahrscheinlich in der damaligen großen Sehnsucht der Dialogpartnerin nach einer guten und liebevollen Familie begründet. Die Beziehung zu ihrem Vater sei »sehr ambivalent« gewesen. Denn einerseits habe es den »netten Familienpapa« gegeben, der mit den Kindern viele Sachen unternommen habe: »Mein Vater, der mit uns schwimmen gegangen ist, mit uns spazieren gegangen ist, Schlitten gefahren ist. Ja, alles so heile Welt mäßig.« Anderseits habe sie ihren Vater »gehasst und verachtet«, denn wenn er »getrunken« habe, sei er »sehr aggressiv« gewesen. Dann habe es »viel Prügel« gegeben. Die Dialogpartnerin habe dementsprechend »immer in Angst vor dem gelebt«.

Auch die Beziehung zu ihrem sieben Jahre älteren Bruder, dem zweiten Haupttäter, sei »ambivalent« gewesen. Sie habe ihm gegenüber »Gleichgültigkeit« gespürt und doch habe sie den Wunsch nach einem guten Verhältnis gehabt: »Ich hätte das gerne anders gehabt.«

Wie eben schon erwähnt, habe es auch schöne familiäre Momente gegeben: Sie seien »alle schwimmen« gegangen oder sie seien »alle in den Wald« gegangen. Sie habe sich an diesen schönen Momenten »hochgezogen«, denn sie habe »diese heile Familie haben« wollen. Sie habe »ein tolles Elternhaus haben« wollen, »wo eine Mama steht und mit dem Essen wartet und sich kümmert«. Doch die Wahrheit sei eine andere gewesen, da ihre Kindheit – wie oben dargestellt – vor allem durch »Stress«, »Schreierei«, »Schläge«, »Aggressivität« und den sexuellen Missbrauch geprägt gewesen sei.

Es ist anzunehmen, dass die Dialogpartnerin diese wenigen, oben beschriebenen, schönen familiären Momente zum psychischen Überleben gebraucht hat, sodass sie diese gewiss schützen musste. Daher hat sich die Dialogpartnerin sehr wahrscheinlich selbst die Schuld an dem sexuellen Missbrauch gegeben, um an dem Bild einer guten Familie festhalten zu können. Denn nur auf diese Weise – also durch die eigene Schuldannahme – konnte sie wahrscheinlich das gute Bild ihres Vaters und das gute Bild ihres Bruders und vor allem auch das Gesamtbild einer guten, liebenden Familie erhalten. Hätte sie diese Illusion der heilen Welt verloren, hätte sie mit Sicherheit vor dem Nichts gestanden.

Verhalten Mutter; Mutterschutz
Als ein ebenfalls wichtiger Aspekt ist das Verhalten der Mutter hinsichtlich des sexuellen Missbrauchs zu nennen. Die Dialogpartnerin habe »ein recht inniges [Verhältnis]« zu ihrer Mutter gehabt. Als die Dialogpartnerin 14 Jahre alt gewesen sei, habe die Mutter ihren Bruder und sie beim sexuellen Missbrauch »mehr oder weniger überrascht«. Jedoch habe die Mutter in diesem Moment »einfach die Augen zugemacht« und sei »wortlos« aus dem Raum »rausgegangen«.

Es ist anzunehmen, dass in den kindlichen Augen der Dialogpartnerin nicht die Mutter falsch und unmütterlich in dieser Situation reagiert hat, sondern diese Reaktion der Mutter das Resultat des angeblich falschen Verhaltens der Dialogpartnerin gewesen ist. Dementsprechend hat die Dialogpartnerin wahrscheinlich Folgendes aus der Reaktion der Mutter für sich geschlossen: Ich muss selbst an dem Missbrauch schuld sein, denn wäre es nicht meine Schuld, würde meine Mutter mir helfen. Auf diese Weise hat die Dialogpartnerin das gute Bild der Mutter schützen können.

Dass die Mutter von den Übergriffen gewusst habe, sei ihr jedoch erst viel später bewusst geworden, als sie schon erwachsen gewesen sei: Sie habe mit ihrer Mutter eine Talkshow zu dem Thema sexueller Missbrauch gesehen. Die Mutter habe sich über die Mütter, die angeblich von dem sexuellen Missbrauch ihrer Kinder nichts bemerkt haben »echauffiert« und habe gemeint, »sie würde das immer merken«. »Ab dem Zeitpunkt« sei »etwas« in der Dialogpartnerin »zerbrochen«. Bis zu dieser Situation habe sie sich an dem »Bild hochgehalten«, dass sie »zumindest eine Mutter habe«, die sich um sie »sorgt« und »kümmert«, doch in diesem Moment habe sie dieses Bild auch nicht mehr halten können. Dieses Realisieren sei »ganz schlimm« gewesen: »Als würde man mir das Herz rausreißen.« Es ist nachvollziehbar, dass diese Erkenntnis sehr schmerzvoll für die Dialogpartnerin gewesen sein muss, da in diesem Moment der hart erkämpfte *Mutterschutz* zusammengebrochen ist. Daher habe sie diese schlimme Erkenntnis, keine gute Mutter zu haben, auch »lange wieder weg gedrängt«. Mit diesem Verdrängen ging sicherlich auch das Fühlen eines verstärkten Schuldgefühls wieder einher, um den *Mutterschutz* in einem doppelten Sinne aufrecht zu erhalten. Die erste Absicherung stellt demnach das Verdrängen dar und die zweite Absicherung, die eigene Schuldannahme: Denn sollte die Erkenntnis erneut bewusst werden, dass die Mutter über ihren sexuellen Missbrauch Bescheid wusste, wird höchstwahrscheinlich das verstärkte Schuldgefühl genutzt, um den *Mutterschutz* weiterhin aufrecht zu erhalten.

Wunsch nach Zärtlichkeit
Die Dialogpartnerin sei zu ihrem ältesten Bruder gegangen um mit diesem zu »kuscheln«, in seiner Nähe zu sein und mit ihm fernzusehen. Es ist davon auszugehen, dass die Dialogpartnerin eine große Sehnsucht nach »ganz normaler körperlicher« und emotionaler Nähe zu ihren Geschwistern verspürt hat und dementsprechend auch nach dieser gesucht hat. Wahrscheinlich ist die Dialogpartnerin – zumindest unbewusst – davon überzeugt gewesen, dass diese kindgerechten Bedürfnisse nach geschwisterlicher, körperlicher und emotionaler Nähe den sexuellen Missbrauch ausgelöst haben, sodass sie auch die Schuld für diesen trage.

Die Frage nach angenehmen Momenten des Missbrauchs
Auf die Frage: »Gab es beim sexuellen Missbrauch auch Situationen, die du als angenehm empfunden hast?«, atmet die Dialogpartnerin schwer durch und antwortet: »O.K. jetzt kommen wir zum schwierigeren Frageteil.« Dann erklärt sie, sie habe sich »das oft gefragt«. Schließlich sei sie zu dem Schluss gekommen: »Eigentlich habe ich mich immer schmutzig gefühlt und immer erniedrigt gefühlt« und dementsprechend habe sie keine angenehmen Momente während des sexuellen Missbrauchs erlebt. Jedoch ist auffällig, dass sie das Wort eigentlich in diesem Satz gebraucht. Das eigentlich könnte auf ein kleines ›aber‹ hinweisen. Dieses mögliche ›aber‹ und die Tatsache, dass die Dialogpartnerin sich die Frage oft selbst gestellt hat, könnten als folgende unbewusste Angst der Dialogpartnerin verstanden werden: Die Angst, dass der Missbrauch irgendwo doch auch seine ›angenehmen‹ Momente hatte. Nicht, dass es diese Momente in Wirklichkeit gegeben haben muss, es geht hierbei vielmehr um die unbewusst Überzeugung, dass es die Momente gegeben haben könnte. Wenn die Dialogpartnerin diese Überzeugung – bewusst oder auch unbewusst – gehabt hat, hat diese sicher zum Schuldgefühl mit beigetragen.

Kontrollillusion zur Abwehr der Hilflosigkeit
Mit hoher Wahrscheinlichkeit hat der überlebenswichtige Wunsch der Dialogpartnerin nach Kontrollerhalt in der traumatischen Situation des sexuellen Missbrauchs, einen enorm großen Anteil an dem Schuldgefühl gehabt. Die Dialogpartnerin habe immer gedacht, »ich mache irgendwas, was die Leute dazu veranlasst, solche Dinge mit mir zu machen«. Dementsprechend habe sie auch ständig überlegt, was *sie* denn machen

müsse, dass der sexuelle Missbrauch aufhört. Sie habe »gejammert«, »geweint«, und »um Gnade gefleht«, doch all diese Bitten seinen von den Tätern »nie erhöht worden«. Trotz dieser grausamen Niederschläge habe die Dialogpartnerin nicht aufgegeben, nach dem Verhalten zu suchen, mit dem sie den Missbrauch beenden könne.

An dieser Stelle wird deutlich, dass die Dialogpartnerin fest davon überzeugt gewesen ist, dass ihr Verhalten den sexuellen Missbrauch ausgelöst hat. Sie müsse demnach nur rausfinden, welches Verhalten genau den Missbrauch verursacht und müsste dieses dann ändern.

Doch heute wisse sie, dass diese Überzeugungen lediglich Kontrollillusionen dargestellt haben, denn sie habe nie die Macht besessen, den sexuellen Missbrauch selbstständig beenden zu können: »Aber es war eigentlich egal, ob ich mich in Sack und Asche gehüllt habe, ob ich mich ganz rar gemacht habe. Die haben ja letztendlich immer Gründe gefunden [mich zu missbrauchen].«

Diese Kontroll- und Machtillusionen sind überlebenswichtig für die Psyche der Dialogpartnerin gewesen, denn auf diese Weise konnte sie das extrem bedrohliche Hilflosigkeitsgefühl abwehren. Hätte sie dies nicht gemacht, hätte sie höchstwahrscheinlich vor dem Aus gestanden, wie folgender Ausschnitt des Interviews verdeutlicht: »J: Könntest du denn sagen, lieber hast du die Schuld auf dich genommen – natürlich unbewusst – als dass du die Hilflosigkeit gespürt hättest in dem Moment? U: (*antwortet sofort und mit fester Stimme*) Ja! [...] Das konnte ich ja ganz lange Zeit nicht ertragen, mich so hilflos zu fühlen [...] das war nicht für mich zu ertragen. Ich konnte das nicht aushalten.«

Welche große Bedrohung von dem Hilflosigkeitsgefühl für die Dialogpartnerin ausgegangen ist, zeigt folgende Schilderung: Wenn es einer Freundin von ihr schlecht gegangen sei, weil sie z. B. Liebeskummer gehabt habe, habe dies die Dialogpartnerin »ganz aggressiv gemacht«. Sie hätte ihre Freundin in diesen Momenten »verprügeln können«. Viel später sei ihr klar geworden, dass sie die unheimliche Wut der Freundin gegenüber gespürt habe, da diese ihr in diesen Momenten »einen Spiegel« vorgehalten habe. In diesem Spiegel hat sie gewiss unbewusst ihre eigene Hilflosigkeit gespürt, die sie jedoch mit allen Mittel hat verdrängen müssen.

Keine Gegenwehr

Die Dialogpartnerin habe sich vor allem schuldig gefühlt, da sie sich gegen den sexuellen Missbrauch »nicht gewehrt« habe. Aufgrund ihres Nicht-Wehrens habe sie folgenden Gedanken gehabt: »Ich habe mich

[...] nicht gewehrt. Dann wollte ich das vielleicht auch.« Ihre Überzeugung sei zudem gewesen: »Hätte ich mich gewehrt, hätten die aufgehört.« Diese Auffassung kann als ein weiterer Bestandteil des oben beschriebenen Kontrollwunsches angesehen werden. Denn auch hier ist die Dialogpartnerin davon ausgegangen, hätte sie sich gewehrt, hätte sie die Macht besessen den sexuellen Missbrauch zu beenden. Diese Kontrollillusion bezüglich sich hätte wehren können habe sie viele Jahre – selbst in der Therapie – aufrechterhalten. Doch irgendwann habe sie »begriffen«, dass sie sich aufgrund der »emotionalen Abhängigkeit« nicht habe wehren können. Auch wisse sie, sie wäre »gar nicht in der Lage gewesen [sich] körperlich [...] zu wehren«. Die Dialogpartnerin ist dementsprechend den Tätern immer hilflos ausgeliefert gewesen.

Nicht sie hat den sexuellen Missbrauch beendet, sondern die Umstände
Nicht die Dialogpartnerin habe den sexuellen Missbrauch beendet, sondern es seien die äußeren Umstände der Täter gewesen, die nach den Angaben der Dialogpartnerin für dessen Ende gesorgt haben. Dementsprechend habe der Missbrauch durch den Vater geendet, als es zur Trennung der Eltern gekommen sei. Und der Missbrauch durch den ältesten Bruder habe aufgehört, als dieser »ausgezogen« sei. Dass die Dialogpartnerin den sexuellen Missbrauch nicht selber habe beenden können, habe ebenfalls dazu geführt, dass sie sich schuldig gefühlt habe. Auch in diesem Schuldgefühlanteil wird der Kontrollgedanke der Dialogpartnerin sichtbar.

Sich-kaufen-Lassen
Die Dialogpartnerin erklärt, dass ihr Schuldgefühl auch darin begründet gewesen sei, dass ihr Bruder ihr immer mal wieder »Geld zu gesteckt« habe. Daher sei sie sich »wie [...] eine Prostituierte vorkommen«. Ihre Auffassung sei in diesem Zusammenhang dementsprechend gewesen: »Du hast dich ja dafür bezahlen lassen, du bist ja selber schuld.«

Übergriffe in der Öffentlichkeit – Umwelt reagiert nicht
Beide Haupttäter, also ihr Vater und ihr ältester Bruder, haben die Dialogpartnerin, ihrer Angabe zufolge, auch in der Öffentlichkeit, z.B. auf Festen, für alle sichtbar »betatscht«. Die Dialogpartnerin erklärt, die Anwesenden haben in der Form reagiert, dass sie »entweder weggeguckt« haben »oder, was so die Regel« gewesen sei, die haben das »lustig« gefunden. Diese negativen Reaktionen von außen haben die

Dialogpartnerin in ihrem Gefühl der eigenen Wertlosigkeit bekräftigt: »Es hat mich in meinen Gedanken bestätigt, dass ich eh, wenn ich das mal so ausdrücken darf, dass ich das letzte Stück Scheiße war. Mit mir durfte jeder machen, was er wollte. Es war auch egal, ob es mir damit gut oder schlecht ging. Ich habe das verdient, dass man so mit mir umgeht, weil es interessierte keinen.« Zudem haben diese Reaktionen die Schuldüberzeugung der Dialogpartnerin »ganz stark« verfestigt, denn sie habe aus dem Verhalten – das wie oben beschrieben von Ignorieren bis hin zu Belustigung gegangen sei – geschlossen: »Dann muss es meine Schuld sein.«

Erste Anvertrauenssituation
Mit 24 Jahren habe sich die Dialogpartnerin zum ersten Mal jemanden anvertraut. Sie habe mit einer Freundin einen Film gesehen, in dem sexueller Missbrauch vorgekommen sei. Die Dialogpartnerin habe darauf gesagt: »Ich glaube, ich habe das selber erlebt.« Die Freundin sei jedoch »nicht [...] drauf eingegangen«.

Es ist anzunehmen, dass das Ignorieren dieses ersten ›Hilfeschreis‹, ähnlich wie bei den Reaktionen der Umwelt (vgl. Übergriffe in der Öffentlichkeit – Umwelt reagiert nicht), dem Schuldgefühl weiteren Raum zum Wachsen gegeben hat.

Ihr Mann ist nicht solidarisch gewesen
Ihr Mann, dem die Dialogpartnerin von dem sexuellen Missbrauch erzählt habe, sei ihr gegenüber »nicht solidarisch« gewesen. Im Gegenteil er habe sich weiterhin normal mit dem Bruder – also ihrem Täter – unterhalten. Die Dialogpartnerin habe sich »schlecht«, »verraten und verkauft« gefühlt. Es ist davon auszugehen, dass dieses unsolidarische Verhalten ihres Mannes dem Schuldgefühl ebenfalls weiteren ›Nährboden‹ zum Wachsen gegeben hat.

Auswirkungen und Auswirkungszusammenhänge

Schuldweltbild
Die Dialogpartnerin hat ein eigenes *Schuldweltbild* für sich entwickelt. Die Basis dieses *Schuldweltbildes* bildet die folgende feste Überzeugung: »Ich habe immer gedacht, ich bin schuld.« Den sexuellen Missbrauch habe sie als solchen dementsprechend nicht wahrgenommen:

»Ich hätte jetzt nicht sagen können, das ist sexueller Missbrauch, [...]
weil ich habe das nicht in Zusammenhang gebracht.«

Als der Dialogpartnerin mit 24 Jahren – ausgelöst durch den oben
angesprochenen Film – »klar geworden« sei, dass es sich um einen sexuellen Missbrauch handelt, konnten offensichtlich nur erste Teile ihres
Schuldweltbildes abgebaut werden. Denn sie habe ihren Vater und ihren
Bruder trotz der Missbrauchserkenntnis noch nicht als Täter angesehen,
im Gegenteil, sie sei davon »noch ganz weit [...] entfernt« gewesen. Auch
sich selber konnte sie noch nicht als Opfer einordnen.

Keine Hilfe annehmen können

Wie oben schon beschrieben, habe die Freundin auf die Äußerung der
Dialogpartnerin nicht reagiert. In diesem Zusammenhang erklärt die
Dialogpartnerin, selbst wenn die Freundin nachgefragt hätte, hätte sie
»das wieder abgeblockt«. Denn »dieser Zeitpunkt« sei »noch nicht richtig« gewesen, um über den sexuellen Missbrauch zu reden. Dies zeigt,
dass die Dialogpartnerin aufgrund des zum großen Teil noch vorhandenen *Schuldweltbildes* wahrscheinlich nicht in der Lage gewesen wäre,
Hilfe anzunehmen.

Schweigegebot

Zwar habe die Dialogpartnerin vor allem aufgrund ihrer Scham über
den sexuellen Missbrauch geschwiegen, jedoch auch, da sie »immer gedacht« habe: »Ich bin schuld.« Sie habe niemanden von dem sexuellen Missbrauch erzählt, – abgesehen von der Freundin – da sie große
»Angst vor Ablehnung« gehabt habe.

Wahrscheinlich hat die Dialogpartnerin befürchtet, dass dieser jemand,
dem sie sich anvertrauen würde, sie mit den gleichen Augen sehen würde,
wie sie es selbst getan hat: Als die Schuldige. Gewiss hat die Dialogpartnerin auch aufgrund der angedrohten Konsequenzen geschwiegen, dass
alle Kinder ins Heim kämen und die Mutter traurig wäre. Denn würde
sie das *Schweigegebot* brechen, bedeute dies in den Augen der Dialogpartnerin, sie wäre neben dem Stattfinden des Missbrauchs zusätzlich
schuld an dem Auseinanderbrechen der Familie.

Negatives Selbstbild

Das Schuldgefühl habe »extrem« an ihrem »Selbstbewusstsein gerüt-
telt«. So habe die Dialogpartnerin in ihrer Kindheit und Jugend »ein
ganz schlimmes« »Verhältnis« zu sich selbst gehabt. Sie habe sich

»ganz lange Zeit gehasst«. Sie habe sich als »schlecht«, als »abgrund-
tief schlecht« gefühlt. Dieser extreme Selbsthass habe sich auch in ihren
früh aufgekommenen »Depressionen« gezeigt. Die Dialogpartnerin
»kämpfe [...] heute noch« mit diesem negativen Selbstbild. Aber es sei
schon »wesentlich besser geworden« im Vergleich zu früher. Heute sei
der Dialogpartnerin klar, durch die eigene Schuldzuschreibung habe sie
sich »viel Lebensqualität [...] genommen«.

Authentizität verleugnet
Einer der schwersten Auswirkungen des Schuldgefühls sei für die Dialogpartnerin, dass sie sich dadurch selber »ein Stück« »verleugnet«
habe. Denn sie habe eigentlich immer gewusst, dass sie keine Schuld
treffe, aber trotzdem habe sie gesagt, »ich bin schuld«. Das Schuldgefühl hat sie demnach dazu ›gezwungen‹, ein Stück ihrer Authentizität
aufzugeben.

Selbstverletzendes Verhalten
Mit ungefähr acht Jahren habe die Dialogpartnerin angefangen, sich
selbst zu verletzen: »Ich habe mich schon ganz früh selbst verletzt. Also
dass ich versucht habe mir ein Bein oder einen Arm zu brechen. Mich
mit irgendwelchen Scherben aufgeschnitten.« Auch habe sie einige
»Selbstmordversuche« unternommen. Die Dialogpartnerin habe sich
damals all diese Verletzungen »wegen diesen Schuldgefühlen« bezüglich des sexuellen Missbrauchs zugefügt, da sie gedacht habe, sie müsse
sich »dafür« »bestrafen«.

»Das mit der Selbstverletzerei« sei bis heute »noch zum Teil geblieben«. Allerdings diene dieses Verhalten nun »eher zum Druckabbau«
und nicht mehr zur eigenen Bestrafung.

Generalisierung
Eine weitreichende Auswirkung des Schuldgefühls sei die Generalisierung dieses auf eine Vielzahl von anderen Lebensbereichen gewesen.
Das Schuldgefühl habe »sich wie ein roter Faden durch« ihr »Leben gezogen«. »Für alles, was schief gegangen« sei, sei sie »schuld« gewesen.
Diese Generalisierung bestehe heute noch, jedoch in einem viel schwächeren Ausmaß: »In anderen Situationen merke ich das, dass ich erst
mal ganz schnell gewillt bin mir diesen Schuh anzuziehen. [...] dann
brauche ich Zeit und das muss ich erst mal realisieren, es ist nicht meine
Schuld.«

Überwindung

Heute sei für die Dialogpartnerin »ganz klar«, der sexuelle Missbrauch »war nicht meine Schuld«. Diese Schuldgefühlüberwindung habe sie sowohl auf der rationalen als auch auf der emotionalen Ebene erreicht: »Das weiß ich nicht nur verstandesgemäß, sondern das fühle ich auch. Und das ist dieses: Das weiß ich und das kann mir keiner mehr nehmen! Das ist wirklich inzwischen gesackt.«

Anstelle des Schuldgefühls

Als sie das Schuldgefühl in seiner Ganzheit habe überwinden können, habe sie »ein absolutes Befreiungsgefühl« gespürt. Es habe sich angefühlt als sei »ein Stein« von ihrem »Herzen gefallen«. Endlich habe sie »authentisch sein« können, denn dieses Gefühl »ich bin nicht schuld« habe immer in ihr geschlummert. Ihr hauptsächliches Erleben sei in diesem Moment der Schuldüberwindung Folgendes gewesen: »Ich habe Recht gehabt, ich bin nicht schuld.«

Dies zeigt, dass dieses Wissen und auch Fühlen bezüglich ihrer eigenen Unschuld immer schon in der Dialogpartnerin – wahrscheinlich unbewusst oder auch vorbewusst – vorhanden gewesen war. Denn diese Äußerung »Ich habe Recht gehabt, ich bin nicht schuld« lässt deutlich erkennen, dass ihr Unschuldsgefühl kein neues Erleben gewesen ist, sondern eher eine Art Bestätigung ihrer authentischen – jedoch unbewussten oder auch vorbewussten – Gefühle. Zu der Zeit des sexuellen Missbrauchs und auch viele Jahre danach waren diese authentischen Gefühle, wie das Unschuldsgefühl, aber auch Gefühle von Hilflosigkeit, Wut, Trauer usw., für die Dialogpartnerin offensichtlich nicht richtig ›greifbar‹ gewesen. Mit Sicherheit mussten diese – wie oben ausführlich erklärt – zum Selbstschutz lange mithilfe des Schuldgefühls abgewehrt werden. Doch die bedeutende Erkenntnis an dieser Stelle: Die Dialogpartnerin hat offenbar immer schon von ihrer Unschuld gewusst und diese auch gefühlt – jedoch war dieses Wissen und dieses Erleben jahrzehntelang unbewusst.

Seit der Schuldgefühlüberwindung habe die Dialogpartnerin »ein ganz neues Selbstbewusstsein«. – also ein Bewusstsein für ihr eigenes authentisches Selbst. Nun könne sich die Dialogpartnerin im Spiegel angucken, da sie nun sagen könne: »So wie ich bin, bin ich gut.« Auch habe die Dialogpartnerin im Zuge dieser Überwindung »ganz viel Stolz« empfunden, da sie »in erster Linie« sich selbst »zu verdanken« habe, wo sie jetzt steht.

Rationales Verstehen vs. emotionales Verstehen

Die Therapeutin habe der Dialogpartnerin »ganz oft den Spiegel vorgehalten« und sie gefragt: »Wenn jetzt ein kleines Kind zu dir kommen würde und die erzählt dir das. Würdest du der auch die Schuld geben?« Daraufhin habe die Dialogpartnerin die eindeutige Antwort geben können, dass dieses Kind natürlich keine Schuld treffe. Sie habe »verstandesmäßig« ihrer Therapeutin immer »sehr folgen« können, dass sie damals ebenfalls ein »kleines Kind« gewesen sei und deshalb keine Schuld trage. Ihr »Kopf« habe all diese rationalen Begründungen verstehen können, aber sie habe es »nicht fühlen« können: »Das wusste mein Kopf alles, aber ich konnte das nicht weiter sacken lassen. Also, es konnte nicht ankommen in mir. Also, das hat nicht ausgereicht mir dieses Schuldgefühl zu nehmen.« Dies zeigt, dass das rationale Verstehen der eigenen Unschuld mit dem emotionalen Annehmen dieser nicht gleichzusetzen ist.

Doch irgendwann habe es »auf einmal« »plumps gemacht« und dieses Unschuldsgefühl sei zu der Dialogpartnerin »durchgedrungen«. Allerdings wisse sie nicht, was »der ausschlaggebende Punkt« gewesen sei, »dass sich das plötzlich geändert« habe und sie das Unschuldgefühl auch emotional habe annehmen können. Selbst nach diesem ›Plumps-Erlebnis‹ habe die Dialogpartnerin immer mal wieder »Phasen« erlebt, in denen sie an ihrer Unschuld »gezweifelt habe«. Sie wusste auch in diesen Momenten auf der rationalen Ebene, dass sie »keine Schuld habe«. Jedoch habe sie in diesen Momenten das Gefühl der Unschuld »nicht« mehr in sich »tragen« können.

Man kann davon ausgehen, dass in diesen Phasen des emotionalen Zweifelns das Unschuldgefühl zu bedrohlich gewesen ist, sodass die Psyche das altbekannte Schuldgefühl wieder hoch geholt hat.

Austausch mit Betroffenen

Ihre »Selbsthilfegruppe« habe die Dialogpartnerin »noch mal ein ganzes Stück nach vorne gebracht«, da sie gesehen habe, dass sich diese betroffenen Frauen »mit den gleichen Sachen gequält« haben wie sie. So haben diese betroffenen Frauen, den Angaben der Dialogpartnerin zufolge, ebenfalls ein Schuldgefühl verspürt. Auf diese Weise habe die Dialogpartnerin erkannt, dass das Schuldgefühl normal für Betroffene von sexuellem Missbrauch sei und es nicht nur sie betreffe.

Die Dialogpartnerin berichtet des Weiteren, einige dieser Frauen haben ihr Schuldgefühl überwinden können. Dies habe die Dialogpartnerin »motiviert« auch ihr eigenes irgendwann hinter sich lassen zu können.

Ein langer Prozess

Es habe »lange, lange gedauert« bis die Dialogpartnerin gefühlsmäßig habe »akzeptieren« können, dass sie unschuldig an dem sexuellen Missbrauch sei. Dieser innerliche Prozess habe sie »viel Kraft«, »Anstrengungen« und »Schmerzen« »gekostet«. Dies belegt, dass das Schuldgefühl, welches Jahrzehnte in der Dialogpartnerin bestanden hat, auch seine Zeit benötigt, um abgelegt zu werden.

Ihre Therapeutin habe der Dialogpartnerin für diesen langwierigen Prozess genügend »Raum« gegeben. So habe sich die Dialogpartnerin das »erste halbe Jahr« mit ihrer Therapeutin »über die Parkplatzsituation« unterhalten, um »bloß nicht übers Thema« Missbrauch zu sprechen. Jedoch habe sie genau »diese Zeit« »gebraucht«, um sich »einzufinden« und »um dieses Vertrauen zu haben«.

Beziehung zur Therapeutin

Die Therapie und vor allem die Beziehung zu ihrer Therapeutin haben bei der Dialogpartnerin mit Sicherheit einen sehr bedeutenden Aspekt bei der Schuldgefühlüberwindung dargestellt. Ihre Therapeutin sei »immer dieser verlässliche Fels in der Brandung« gewesen. Egal welche starken »Emotionen« und »psychischen Zusammenbrüche« die Dialogpartnerin gehabt habe, ihre Therapeutin habe all dies »mitgetragen«. Solch eine »Verlässlichkeit« seitens der Therapeutin hat der Dialogpartnerin offensichtlich enorme Stabilität gegeben.

Neben diesem Verlässlichkeitsaspekt sei der Dialogpartnerin in der Therapie »diese distanzierte Beziehung zwischen Therapeut und Patient« wichtig gewesen. Es habe ihr gut getan eindeutig zu wissen, die Therapeutin mache ihren »Job« und sie seien »keine Freunde«.

Zudem sei die Therapeutin selbst eine Betroffene von sexuellem Missbrauch. Aufgrund ihrer eigenen Betroffenheit habe die Dialogpartnerin die therapeutischen Gespräche »gut« »annehmen können«. Denn die Therapeutin wusste sozusagen, worum es geht. Die Therapeutin hat offensichtlich für die Dialogpartnerin eine Art Vorbild dargestellt, denn diese habe schon das gehabt, was die Dialogpartnerin noch gerne erreichen wollte: »Die hat das selber erlebt, aber die kann Nähe zulassen, die kann Berührungen zulassen, die kann ausgelassen und locker sein, die kann total authentisch sein.«

Therapie

Die Dialogpartnerin erklärt, für die Schuldgefühlüberwindung sei das das »A und O«: »Man muss sich damit auseinandersetzen.« Bei dieser

Auseinandersetzung im Rahmen der Therapie sei ihr »Schuldbedürfnis ganz, ganz hoch« gewesen. In dieser Zeit habe sie sich »noch ganz lange die Schuldgefühle gemacht«. Sie sei ständig damit beschäftigt gewesen selbstanklagende Gedanken zu haben: »Hättest dich da mal gewehrt. Irgendwann warst du größer, irgendwann warst du älter.« An dieser Stelle wird klar, dass die stabilisierende Therapiesituation zunächst eine große Gefahr für die Psyche der Dialogpartnerin darstellt: Und zwar in dem Sinne, dass das jahrzehntelang verdrängte überwältigende Hilflosigkeitsgefühl ins Bewusstsein der Dialogpartnerin dringen könnte. Dementsprechend nutzt die Psyche der Dialogpartnerin offensichtlich zunächst alle mögliche Energie um das Bewusstwerden dieses Hilflosigkeitsgefühls zu verhindern: So macht sich die Dialogpartnerin diese enorm selbstverurteilenden Gedanken, um die Kontrollillusion zunächst erfolgreich aufrechterhalten zu können. Hier wird deutlich, wie bedrohlich das Gefühl der Hilflosigkeit selbst im Erwachsenenalter für die Dialogpartnerin gewesen sein muss.

Erst im Laufe der Therapie konnte nach und nach diese Abwehr abgebaut werden und die Dialogpartnerin erkennt: »Ich habe ganz lange gebraucht, um zu begreifen, was da überhaupt los war. Was da für ein Abhängigkeitsverhältnis war, dass ich mich gar nicht hätte zur Wehr setzen können nach so einer langen Zeit, wo ich so lange so klein gehalten wurde, wo ich über zehn Jahre missbraucht worden bin. Ich hätte nicht anders reagieren können.« Doch für diese Erkenntnis habe sie wie oben schon erwähnt »lange« »gebraucht« und es habe sie »viel Kraft«, »Anstrengungen« und »Schmerzen« »gekostet«. Auch habe ihr die Therapeutin erklärt, und dies könne sie inzwischen ebenfalls »verinnerlichen«, dass selbst wenn sie zu ihrem »Bruder ins Bett gekrochen« sei, sei nicht ihr Ziel gewesen »Sex zu haben«, sondern sie habe »wirklich kuscheln« und »Fernsehen gucken« wollen. Es wird klar, dass die Therapeutin zunächst durch reines Aufklären, was die Missbrauchsdynamik und was die Schulddynamik ausmacht, ein rationales Überwinden bei der Dialogpartnerin erreichen konnte. Für den emotionalen Prozess, der nun näher betrachtet werden soll, ist bisher deutlich geworden, dass dieser vor allem Zeit und die gute Beziehung zu der Therapeutin gebraucht hat.

Authentische Gefühle, wie das Hilflosigkeitsgefühl annehmen
Ein wichtiger Schritt bei der emotionalen Überwindung ist offenbar, sich selbst als Kind in der Situation des sexuellen Missbrauchs wahrzunehmen, und die damit in Verbindung stehenden Gefühle spüren

zu können. Die Dialogpartnerin habe zum ersten Mal in der Therapiesituation »wahrgenommen«, dass sie während des sexuellen Missbrauchs ein »kleines Kind« gewesen sei. Sie habe in diesen Situationen ein »kleines, verwahrlostes Mädchen gesehen«. Das Sehen dieses kleinen verwahrlosten Mädchen – was sie selbst gewesen sei – habe sie »ganz schockiert«. Ihre erste Reaktion sei Ablehnung und Hass gewesen: »Ich habe angefangen mit ich hasse dieses kleine, blöde, hilflose Kind, was da ich ist.« Daher habe sie dieses Kind auch »ständig verprügeln« wollen. Ihre Aggressivität dem Kind gegenüber sei darin begründet gewesen, dass es in diesem Kind eine »Trauer« gegeben habe, die die Dialogpartnerin »gar nicht« habe »ertragen« können. Auch habe sie diese Hilflosigkeit und diese Schwäche des Kindes nicht aushalten können: »Weil ich mich ja nie in dieser hilflosen Situation akzeptiert habe. Ich war ja immer die Starke […] gewesen.« Mit der Zeit konnte die Dialogpartnerin diese für sie negativen Gefühle immer mehr annehmen und als ihre akzeptieren. So habe sie mit »Wut und Hass« auf sich selbst angefangen und konnte »irgendwann dazu übergehen« dieses kleine Kind – das sie selbst gewesen sei – »zu bedauern«. Man erkennt, mit welcher Heftigkeit zunächst die angstbesetzten Gefühle Trauer, Hilflosigkeit und Schwäche von der Dialogpartnerin abgewehrt werden mussten. Wahrscheinlich waren diese Gefühle damals noch zu überwältigend und zu bedrohlich. Jedoch mit der Zeit, in der die Dialogpartnerin gewiss immer mehr Stabilität durch die Therapeutin erfahren habe, konnte sie diese schmerzvollen Gefühle mehr und mehr zulassen. Sicherlich konnte diese sehr belastende Gefühlsannahme nur aufgrund der äußeren Stabilität, die sie vor allem wohl durch die therapeutische Beziehung erfahren hat, erreicht werden. Da ab diesem Moment das Schuldgefühl eine seiner wichtigen Funktionen verloren hat, nämlich die Abwehr des Hilflosigkeitsgefühls und der anderen bedrohlichen Gefühle, ist es zu einer erheblichen Abnahme des Schuldgefühls bei der Dialogpartnerin gekommen.

Das starke Kontrollbedürfnis von damals findet sich in ihren heutigen alltäglichen Lebenssituationen wieder. Denn es sei ihr noch »ganz wichtig« in diesen Alltagssituationen »die Kontrolle zu haben«. Jedoch könne sie nun »wesentlich besser […] Kontrolle« »auch mal« »abgeben«. »Früher« hätte sie das »nicht ertragen«. Man erkennt, bei der Dialogpartnerin sind noch Reste des Kontrollbedürfnis vorhanden, jedoch nicht mehr in diesem großen Ausmaß wie es in ihrer Vergangenheit der Fall war – was höchstwahrscheinlich auf das Annehmen des Hilflosigkeitsgefühls und der anderen negativen Gefühle zurückzuführen ist.

Bei dieser Gefühlsannahme sei die emotionale Anteilnahme ihrer Therapeutin für die Dialogpartnerin »sehr hilfreich« gewesen. Die Therapeutin habe »Tränen in den Augen« gehabt, da sie im Gegensatz zu der Patientin »total berührt« gewesen sei, als diese von ihrer Kindheit und Jugend erzählt habe. Dass die Dialogpartnerin ihre Therapeutin »so emotional gesehen habe«, habe die Dialogpartnerin zum »Nachdenken« gebracht. Ihr sei klar geworden, dass ihr »dieses kleine Kind eigentlich Leid tun muss«. Als seien Schleusen geöffnet worden, habe die Dialogpartnerin plötzlich »ganz viel getrauert« und »ganz viel geweint um die Kleine«. Bis heute sei sie »noch nicht fertig damit«. Wahrscheinlich hat in diesem Moment des therapeutischen Prozesses eine projektive Identifizierung stattgefunden. Denn die Therapeutin hat mit Sicherheit die Gefühle gespürt, die eigentlich die der Dialogpartnerin gewesen sind. Doch diese konnte diese schmerzvollen Gefühle höchstwahrscheinlich noch nicht wahrnehmen, da wie oben erklärt, diese noch zu gefährlich waren. Es ist anzunehmen, dass die Dialogpartnerin erst jemanden brauchte, der um sie trauert, damit sie sich selbst auch dieses Recht zu trauern, zugestehen konnte.

Neben der emotionalen Anteilnahme der Therapeutin habe ihr vor allem auch ihr eigenes Kind geholfen, Zugang zu ihren Gefühlen zu erhalten. Denn dadurch, dass sie ihrer »Tochter [...] viel Mitgefühl entgegenbringen« könne, könne sie nun solch ein Mitgefühl auch für sich selbst spüren.

Die Liebe zu ihrem Kind als der ›Schlüssel‹ –
die Konfrontation mit dem Täter
Generell sei ihr Kind der »Wendepunkt« gewesen. Ihre Tochter sei »ein paar Monate alt« gewesen, da habe ihr Bruder »sie ungefragt aus dem Kinderwagen [...] auf den Arm« genommen. Diese Situation habe die Dialogpartnerin »nicht ertragen« können, sodass sie den »Kontakt« zu ihrem Bruder »abgebrochen« habe. Ausgelöst durch diesen ›Schreckensmoment‹ mit der Tochter habe die Dialogpartnerin zum ersten Mal die direkte Konfrontation mit dem Täter gesucht. Sie habe sich »ein Herz gefasst und den angerufen und gesagt: »Ich möchte kein Kontakt mehr. Und du weißt auch warum.« Daraufhin habe der Täter mit folgender expliziten Schuldzuweisung »ganz höhnisch« reagiert: »Ja, wer ist denn immer zu mir gekommen?« Aufgrund dieser Äuße-

rung habe sich die Dialogpartnerin »ganz schlecht gefühlt«. Sie sei in diesem Moment »total geschockt« gewesen und habe »erst mal aufgelegt«. Es ist anzunehmen, dass die Dialogpartnerin im ersten Moment keine Gegenwehr zeigen konnte, da ihr Bruder sie an ihrer wunden Stelle getroffen hat: Nämlich, dass sie den sexuellen Missbrauch gewollt habe. Jedoch »zwei Sekunden später« habe sie »den Hörer wieder in die Hand genommen, ihn zurückgerufen und gesagt: »Ich werde das jedem erzählen, der das hören will oder der das nicht hören will. Du hast deine Wahrheit und ich habe meine Wahrheit. Und ich weiß meine Wahrheit ist die richtige Wahrheit [...] Du bist ab heute für mich gestorben.« Diese Szene zeigt, dass die Dialogpartnerin in der Lage gewesen ist, das jahrelang bestehende Schuldweltbild trotz der eindeutigen Schuldzuweisungen seitens ihres Bruders in dieser Situation zumindest abzulegen. Denn sie konnte dem Täter gegenüber ihr Unschuldgefühl ausdrücken und hat höchstwahrscheinlich dieses auch authentisch spüren können. Man kann davon ausgehen, dass die Dialogpartnerin in diesem Moment den Teil ihrer Authentizität, die sie durch das Schuldgefühl verloren hatte, zurückerobert hat. Die Konfrontation mit dem Täter sei für die Dialogpartnerin »heilsam« gewesen. Sie habe für sich beschließen können, sie müsse »den Tätern nicht verzeihen«, weil die »Dinge«, die sie mit ihr gemacht haben, »einfach unverzeihlich« seien. Dieser selbst gewählte Kontaktabbruch zu dem Täter stellt sicherlich eine wichtige Voraussetzung für das dauerhafte Überwinden des Schuldgefühls dar. Denn auf diese Weise ist es dem Täter nicht mehr möglich, durch direktes Einwirken das Schuldweltbild der Dialogpartnerin – was sicherlich noch nicht vollkommen abgelegt worden ist – wieder zu aktivieren und zu festigen. Nach diesem Telefonat habe sie dann den sexuellen Missbrauch durch ihren Bruder »öffentlich gemacht«. Sie habe es der Lebensgefährtin ihres Bruders, der Lieblingstante ihres Bruders und ihrer restlichen Familie gesagt. Dieses Öffentlichmachen sei »ein ganz wichtiger Schritt« für die Dialogpartnerin gewesen.

Stabilität

Ein wichtiger Aspekt, der im Kontext der therapeutischen Beziehung schon angesprochen worden ist, ist der Stabilitätsaspekt. Die Dialogpartnerin erklärt: »Also ich brauche Leute bedingungslos hinter mir.« Diese sollen nicht ihre »Kämpfe fechten«, jedoch muss die Dialogpartnerin spüren, dass ihr soziales Netzwerk »hinter« ihr »steht«.

Eine äußere Stabilität, durch Freunde, Partnerschaft, Familie, wichtige Bezugspersonen usw. ist für die Überwindung des Schuldgefühls sehr wahrscheinlich unbedingt notwendig. Denn gewiss nur wenn diese äußere Stabilität vorhanden ist, kann die innere Instabilität – wie das Fühlen der Hilflosigkeit – zugelassen werden (vgl. authentische Gefühle, wie das Hilflosigkeitsgefühl annehmen).

Kontrolle im Hier und Jetzt – heute ist sie die ›Mächtige‹
Die Dialogpartnerin lebe im gleichen Dorf wie ihr Bruder. Früher sei sie diejenige gewesen, die sich bei zufälligen Begegnungen klein gefühlt habe. Jedoch – nach der Konfrontation und dem Öffentlichmachen des sexuellen Missbrauchs – sei nun »er derjenige«, der ihr »aus dem Weg« gehe und »den Kopf« senke. Nun sei sie die, »die da hocherhobenen Hauptes« stehe, ihm ins Gesicht schaue und denke: »Arschloch!« Solch »eine Konfrontation« sei »trotz allem immer wieder emotional viel«, aber es habe der Dialogpartnerin auch »die Erkenntnis gebracht: Der hat keine Macht mehr über mich«. Und genau »dieses Gefühl«, der hat jetzt keine Macht mehr über mich, »genieße« die Dialogpartnerin, es sei ein »Triumph«. Es ist davon auszugehen, dass dieses authentische Gefühl, der Täter besitzt keine Macht mehr über mich, der Dialogpartnerin geholfen hat, das Gefühl der Hilflosigkeit aus ihrer Kindheit und Jugend besser ertragen zu können. Denn wahrscheinlich ist die Erkenntnis, während der Missbrauchszeit hilflos dem Täter ausgeliefert gewesen zu sein schrecklich, jedoch überwältigt dieses Gefühl die Dialogpartnerin nicht, da sie im Hier und Jetzt dem Täter nicht mehr ohnmächtig gegenüber steht – sogar im Gegenteil, die Machtverhältnisse haben sich gedreht, nun ist er derjenige, der Angst vor der Dialogpartnerin spürt: »Dass er jetzt Respekt hat vor mir, weil er weiß, er kann es nicht mehr mit mir machen. Und ich finde es ganz nett zu sehen, dass er mir jetzt ausweicht, weil jahrelang war es ja anders. Und da bin ich ganz ehrlich, das genieße ich.«

Mutterschutz aufgeben können
Während des Gesprächs wird deutlich, dass die Dialogpartnerin ihrer Mutter gegenüber eine berechtige Wut verspürt und diese im Interview auch ausdrücken kann: »Sie hat mir oft und viel erzählt, dass ich eigentlich gar nicht mehr gewollt war. Dass ich ja eigentlich ein Unfall war. […] Aber das sind so Dinge, wo ich sage, wenn ich mich

entscheide für ein Kind, dann habe ich verdammt noch mal die Pflicht auf das Kind aufzupassen und zu sorgen, dass es dem Kind gut geht.« An dieser Stelle spielt die Dialogpartnerin gewiss auf die Situation an, in der die Mutter den sexuellen Missbrauch zwar miterlebt, diesen aber ignoriert hat. Man erkennt, dass die Dialogpartnerin das idealisierte Bild ihrer Mutter, was sie lange nicht hat aufgeben können (vgl. *Mutterschutz*), nicht mehr in sich trägt. Sicherlich hat diese Aufgabe erheblich dazu beigetragen, dass das Schuldgefühl überwunden werden konnte.

Vaterschutz und Bruderschutz (Täterschutz) aufgeben können
Während des Interviews wird deutlich, dass sich die Dialogpartnerin neben der Mutter sowohl von ihrem Vater als auch von ihrem Bruder emotional distanziert hat und dementsprechend das gute Bild dieser beiden hat aufgeben können. So habe sie es »nicht mal wirklich berührt« als sie »erfahren habe«, dass ihr Vater »gestorben« sei. In diesem Kontext erklärt die Dialogpartnerin auch, dass ihr Bruder ihr »egal« sei. Ihr sei ebenfalls »egal, ob der sterben würde oder nicht.« Dieses emotionale Lösen von den Tätern hat sicherlich enorm zur Schuldgefühlüberwindung beigetragen. Denn es ist davon auszugehen, dass ab dem Zeitpunkt als die Dialogpartnerin das ›wahre Gesicht‹ der Täter gesehen hat und dies auch gefühlsmäßig aushalten konnte, die frühere notwendige *Täterschutzfunktion* des Schuldgefühls entfallen ist.

Hoffnung
Die Dialogpartnerin spürt, dass der Missbrauch und dementsprechend auch das Schuldgefühl sie nicht mehr in diesem extremen Ausmaß bestimmen, wie dies lange der Fall gewesen sei. Sie habe die Zuversicht, dass sie all dies hinter sich lassen könne und noch viel Schönes auf sie warte: »Ich komme langsam an diesen Punkt, wirklich zurück gucken zu können und sagen zu können: Ja, und das liegt hinter mir. Ich kann das wirklich hinter mir lassen. Und vor mir liegt aber auch noch so viel Schönes, was ich machen will. Und da bin ich auch ganz zuversichtlich, dass ich das hinkriege, weil ich einfach nicht mehr will, dass das so sehr mein Leben bestimmt.« Dieses Vertrauen in sich selbst, die positive Einstellung dem Leben gegenüber und den Blick auf das gerichtet, was an Schönem noch kommen wird, ist mit Sicherheit ein förderlicher Aspekt gewesen, das Schuldgefühl in seiner Ganzheit überwinden zu können.

6 Vereinheitlichende Beschreibung

In diesem Kapitel werden die bedeutendsten Ergebnisse aus den 14 geführten Interviews hinsichtlich folgender drei Fragestellungen aufgezeigt:

1) die Frage nach den Entstehungsaspekten und -zusammenhängen des Schuldgefühls bei weiblichen Betroffenen innerfamiliären sexuellen Missbrauchs;

2) die Frage nach den Auswirkungen und Auswirkungszusammenhängen des Schuldgefühls bei weiblichen Betroffenen innerfamiliären sexuellen Missbrauchs;

3) die Frage nach den Überwindungsschritten und -ansätzen bezüglich des Schuldgefühls bei weiblichen Betroffenen innerfamiliären sexuellen Missbrauchs.

Vorab sei an dieser Stelle darauf hingewiesen, dass die herausgearbeiteten Aspekte der drei Kernfragen (z.B. *Kontrollillusion zur Abwehr*, *Täterschutz*), trotz der bestehenden, oftmals sehr komplexen Zusammenhänge, zum besseren Verständnis einzeln diskutiert werden. Des Weiteren soll darauf hingewiesen werden, dass viele dieser Aspekte nicht jeder einzelnen Dialogpartnerin zugeordnet worden sind. Dies kann bedeuten, dass die jeweilige Dialogpartnerin diesen Aspekt nicht aufweist, muss es jedoch nicht notwendigerweise. Denn es kann sein, dass bei einer bestimmten Dialogpartnerin z.B. ein gewisser Entstehungsfaktor zwar zutrifft, dieser jedoch in dem qualitativen Tiefeninterview nicht explizit angesprochen wurde bzw. dass sich dieser in dem Gespräch nicht gezeigt hat. Eine weitere Ursache für das Nichtaufdecken bestimmter Faktoren bei einzelnen Dialogpartnerinnen ist darin zu sehen, dass während des Forschungsprozesses neue Hypothesen hinzugekommen sind und die alten sich teilweise modifizierten haben, sodass bestimmte Aspekte sich erst im Verlauf des gesamten Forschungsprozesses auftaten.

6.1 Ursachen

Im Folgenden werden die in Rahmen der Diplomarbeit gewonnenen *Entstehungsmöglichkeiten* des Schuldgefühls aufgezeigt. Besonders bedeutsam sind dabei die unter Punkt 6.1.1 dargestellte *Kontrollillusion zur Abwehr der Hilflosigkeit*, der unter Punkt 6.1.2 diskutierte *Täter-*

schutz, zudem das *Schuldgefühl als aus infantilen Konflikten vertrauter Abwehrmechanismus* (Punkt 6.1.9) und die *Rolle der Mutter* (Punkt 6.1.10). Jede Ursache wird zunächst mit einem oder auch mehreren Zitaten aus den Interviews bzw. den individuellen Beschreibungen eingeleitet, um an die Thematik heranzuführen und einen ersten Einblick zu erhalten. Anschließend wird angegeben, bei wie vielen der 14 befragten Frauen die jeweilige Ursache eine Rolle bei der Entstehung des Schuldgefühls gespielt hat. Dann wird der jeweilige Entstehungsaspekt in seinem psychischen Wirken ausführlich dargelegt und anhand anschaulicher Beispiele aus den Interviews belegt.

6.1.1 Kontrollillusion zur Abwehr des Hilflosigkeitsgefühls

»*Ich habe es gemacht! Ich habe nicht gedacht, mein Bruder macht das mit mir, ja? Oder gegen meinen Willen, es war ja nicht gegen meinen Willen, sondern ich habe das mit meinem Bruder gemacht. [...] Und so war meine Perspektive auch. Ich habe mit meinem Bruder geschlafen*« *(Dialogpartnerin Q).*

»*Ich hatte das Gefühl, es liegt in meiner Hand, ob der Missbrauch [...] stattfindet oder nicht*« *(Dialogpartnerin O).*

14 Dialogpartnerinnen: Q, C, I, S, H, B, N, Z, D, G, E, A, U, O

Bei allen der 14 interviewten Dialogpartnerinnen stellt der starke Wunsch nach Kontrollerhalt einen bedeutenden Kernaspekt bei der Entstehung des Schuldgefühls dar. Alle Dialogpartnerinnen sind bzw. waren bis zu dem Zeitpunkt ihrer Schuldgefühlüberwindung fest davon überzeugt, dass sie zumindest eine gewisse Macht über das generelle Stattfinden sowie den konkreten Ablauf des sexuellen Missbrauchs gehabt hätten.

Die Ausprägung dieser Kontrollüberzeugungen weist bei den Dialogpartnerinnen folgende, relativ breite Variation auf: Angefangen bei der Auffassung, den Missbrauch passiv »geschehen (haben zu) lassen« (Dialogpartnerin S), über die Ansicht bei diesem »mitgemacht« zu haben (Dialogpartnerin Z) und dementsprechend bei diesem »aktiv« »beteiligt« gewesen zu sein (Dialogpartnerin G), bis hin zu der Gewissheit den sexuellen Missbrauch »selber provoziert« zu haben (Dialogpartnerin G), in dem Sinne, als die ›Mächtige‹ den eigentlichen Täter »verführt« zu haben (Dialogpartnerin C), sodass es anscheinend allein in der »Hand«

der jeweiligen Dialogpartnerin gelegen hat, »ob der Missbrauch [...] stattfindet oder nicht« (Dialogpartnerin O).

Das Motiv hinter diesen unterschiedlich ausgeprägten Kontrollillusionen ist bei allen Dialogpartnerinnen das Gleiche: Die Psyche braucht das Schuldgefühl als Selbstschutzmechanismus, um in der traumatischen Situation des sexuellen Missbrauchs seelisch überleben zu können. Denn wie viele Dialogpartnerinnen im Vorhinein oder auch während des Interviews erkennen, handelt es sich bei diesen Überzeugungen lediglich um eine »Illusion« (Dialogpartnerin Q), um eine »Interpretation« (Dialogpartnerin D), um »ein subjektives Gefühl der Freiwilligkeit« (Dialogpartnerin B) – oder wie es Dialogpartnerin E treffend formuliert: Es sind überlebenswichtige »Omnipotenzphantasien« (Dialogpartnerin E).

Doch diese Allmachtsphantasien entsprechen – wie der Begriff ›Phantasien‹ schon aufzeigt – nicht der Realität. Keine der Dialogpartnerinnen hatte jemals Kontrolle über die durch den Täter erlebte sexuelle Gewalt. Ganz im Gegenteil, jede von ihnen war dem Täter hilflos und schutzlos ausgeliefert. Diese enorme Hilflosigkeit und Schutzlosigkeit ist besonders vor dem Hintergrund der emotionalen und der körperlichen Abhängigkeit eines Kindes gegenüber dem Täter – der in den meisten Fällen eine wichtige Bezugsperson, oft sogar die wichtigste Bezugsperson darstellt, – nachvollziehbar (vgl. Punkt 6.1.2).

Allerdings ist diese Wahrheit – nämlich seiner Selbstbestimmtheit beraubt zu sein – unheimlich schmerzlich in dem Sinne, dass das Opfer Gefühle von überwältigender Hilflosigkeit und Ohnmacht erleben müsste. Demnach ist gewiss die psychisch gesündere Reaktion für die Betroffene, sich selbst die Schuld zuzuschreiben, anstatt sich eingestehen zu müssen, die Kontrolle über den eigenen Körper und das eigene Leben in der traumatischen Missbrauchssituation nie gehabt zu haben und somit absolut hilflos gewesen zu sein. Das Wahrnehmen dieser Gefühle wäre demnach – wie die Dialogpartnerin E es formuliert – »existenzgefährdend« gewesen. Die Dialogpartnerin erklärt in diesem Zusammenhang weiter: »Und ganz wichtig als Kind ist, dieses Gefühl [von Hilflosigkeit] in der Situation abzuwehren.« So habe sie »um den Preis«, »die Hilflosigkeit ausblenden« zu können, das Schuldgefühl angenommen. Denn es ist nachvollziehbar: Lieber nimmt das Opfer die Schuld auf sich, als die Ohnmacht ertragen zu müssen, denn diese »Ohnmacht« sei das »Ende« (Dialogpartnerin E). Doch der Dialogpartnerin E sei nun bewusst, »mit der Schuld nehme ich natürlich eine Macht, die ich gar nicht habe«. Auch die Dialogpartnerin H hat für sich das Wirken dieses Selbstschutzmechanismus erkannt: »Wenn man das objektiv-logisch betrachtet, dann ist es, [...] wenn man sich schuldig fühlt, ... dann heißt es ja, dass man theoretisch hätte was ändern können ... und es ist immer noch besser, dass man selber Schuld ist, als dass man keinen Einfluss darauf hätte haben können.« Bei der Dialogpartnerin O komme heute ebenfalls ab und zu die Erkenntnis durch, »wie schlimm« der sexuelle Missbrauch und »wie ohnmächtig« sie doch gewesen sei. Die Dialogpartnerin beschreibt es als »so eine Stimme« in sich, die »manchmal« ihre Kontrollphantasien durchbreche: »Ich habe so eine Stimme in mir, [...] manchmal bricht die durch: [...] eigentlich war ich der Situation total ausgeliefert. [...] Sobald die durchbricht, ist sie für Momente da und ich habe das Gefühl auf der Stelle tot umzufallen und dann schalte ich die aus und bleibe [...] bei meiner Kontrolle.« Diese Äußerungen der Dialogpartnerinnen zeigen eindrücklich, welche große Bedrohung das Gefühl der absoluten Hilflosigkeit für die Psyche des Opfers darstellt. An dieser Stelle soll darauf hingewiesen werden, dass es sich bei diesem Selbstschutzmechanismus *Schuldgefühl anstelle von Ohnmacht* nicht um einen bewusst ablaufenden Prozess handelt. Im Gegenteil, diese seelischen Mechanismen, wie das Hilflosigkeitsgefühl zu verdrängen oder auch abzuspalten, geschehen unbewusst und können, aufgrund der ebenfalls oft unbewussten Angst, lange Zeit nicht ins Bewusstsein dringen (vgl. Punkt 6.3.3.5).

Es fällt auf, dass die Kontrollüberzeugungen bei den meisten Dialogpartnerinnen auch intraindividuell schwanken. In diesem Zusammenhang erklärt die Dialogpartnerin S, dass sie eine »kleine Stimme« in sich habe, die ganz klar ihr die Schuld aufgrund ihrer Freiwilligkeit und Aktivität bezüglich des sexuellen Missbrauchs zuschreibe. Diese Stimme werde mit der Zeit »immer leiser«, doch »in manchen Situationen« sei sie »extrem laut« und habe ein »Megaphon« bei sich. Wahrscheinlich ist in solchen Momenten die Gefahr zu groß, dass die Seele des Opfers von dem Gefühl der Ohnmacht überwältigt wird, sodass die ›kleine Stimme‹ ganz laut werden muss, um das Gefühl der Hilflosigkeit wieder verdrängen zu können.

6.1.1.1 Keine Gegenwehr

»Wenn ich mich gewehrt hätte, von Anfang an oder stärker gesagt hätte: ›Ne, ich will nicht!‹ Oder: ›Ich mag es nicht machen!‹ ... Dass er es dann einfach unterlassen hätte« (Dialogpartnerin C).

8 Dialogpartnerinnen: C, H, S, B, Z, D, G, U

Bei acht der interviewten Frauen steht der Selbstvorwurf, keine bzw. nicht genügend Gegenwehr geleistet zu haben im engen Zusammenhang mit der soeben beschriebenen überlebenswichtigen Kontrollillusion. Viele dieser acht Dialogpartnerinnen erläutern, dass sie sich »am allermeisten schuldig fühlen«, da sie sich in der Situation des sexuellen Missbrauch »nicht gewehrt« haben, »einfach« »geschehen lassen« haben, »nichts gemacht« haben, »gar nichts« (Dialogpartnerin H). Dialogpartnerin B erklärt in diesem Zusammenhang, dass sie lange davon ausgegangen sei, dass sie zumindest »hätte weglaufen können«, doch sie habe nichts dergleichen gemacht. Auch Dialogpartnerin G laste sich schwer an, sich gegen den sexuellen Missbrauch »nie gewehrt« zu haben. Die acht aufgezählten Dialogpartnerinnen haben lange Zeit die Überzeugung in sich getragen bzw. tragen diese bis heute noch in sich, »hätte ich mich gewehrt, hätten die [Täter] aufgehört« (Dialogpartnerin U). Dieses Nicht-Wehren bzw. dieses Nicht-genügend-Wehren ist bei den Dialogpartnerinnen oft mit folgendem Gedanken verknüpft: »Ich habe mich […] nicht gewehrt. Dann wollte ich das vielleicht auch« (Dialogpartnerin U). In diesem Kontext erklärt die Dialogpartnerin D, wenn sie sich »permanent durchgängig, die ganze Zeit gewehrt hätte«, dann sei »das überhaupt keine Frage, […] ob das was Freiwilliges gewesen« sei. Doch dadurch, dass sie, nachdem sie zunächst »massiv Widerstand« gegen die sexuellen Übergriffe »geleistet« habe, dieser jedoch »irgendwann« »so ein bisschen abgeebbt« sei, habe daraufhin immer wieder die Frage im Raum gestanden, ob sie nicht vielleicht doch freiwillig mitgemacht habe.

Der Wunsch nach Kontrolle ist bei diesen Überzeugungen, wie oben erwähnt, das entscheidende unbewusste Motiv für die Dialogpartnerinnen. Denn der Vorwurf sich nicht gewehrt zu haben bzw. sich nicht genügend gewehrt zu haben, stützt die überlebenswichtige Kontrollillusion. Dementsprechend kann der Aspekt *Keine Gegenwehr* als Unteraspekt des Hauptaspektes *Kontrollillusion zur Abwehr des Hilflosigkeitsgefühls* angesehen werden.

Während der Gespräche zeigt sich oftmals, wie es dazu kam, dass sich die Dialogpartnerinnen nicht bzw. irgendwann nicht mehr gewehrt haben. So z. B. bei der Dialogpartnerin S: »Dann gab es eine Situation, da habe ich mich gewehrt. Dann hat er meinen Kopf gegen die Wand geknallt. Dann war es auch erst mal wieder hin.« Diese geschilderte Situation lässt erkennen, dass die Dialogpartnerin sich in einer extrem hilflosen Lage befunden hat und keine andere Möglichkeit hatte, als den sexuellen Missbrauch über sich ergehen zu lassen. Neben der körperlich schwächeren Position spielt in den meisten Fällen auch die emotionale Abhängigkeit eine bedeutende Rolle, wieso das Opfer sich nicht wehrt. Dementsprechend habe auch die Dialogpartnerin U irgendwann »begriffen«, dass sie sich aufgrund der »emotionalen Abhängigkeit« nicht habe wehren können.

Oftmals können die Dialogpartnerinnen nachvollziehbare Erklärungen nennen, wodurch es gekommen sein könnte, dass sie keine bzw. in ihren Augen nicht genügend Gegenwehr geleistet haben. So gibt die Dialogpartnerin G folgende, mögliche Begründung für ihr Verhalten an: Es könnte sein, dass sie sich nicht gewehrt habe, da sie ihrem Vater »einen Gefallen« habe tun wollen. Zudem habe ihr Vater »mit Kinderheim« »gedroht«, wovor sie unheimliche Angst gehabt habe. Doch zumeist können diese Erklärungen den starken Beschuldigungen der Dialogpartnerinnen sich selbst gegenüber nichts anhaben – wie auch bei Dialogpartnerin G, die weiterhin an ihrer Überzeugung, selbst am Missbrauch schuld zu sein, festhält.

6.1.1.2   Keine Gewaltanwendung seitens der Täters

»Ich denke, ein großer Teil meiner Schuld hängt auch damit zusammen, dass ich dachte, ich bin ja gar kein richtiges Opfer, weil es war ja kein gewaltsamer Missbrauch« (Dialogpartnerin O).

3 Dialogpartnerinnen: Z, G, O

Dass der sexuelle Missbrauch ohne Gewaltanwendung seitens des Täters abgelaufen ist, hat bei einigen Dialogpartnerinnen enorm zu ihrem Schuldgefühl beigetragen. Die drei oben genannten Dialogpartnerinnen berichten, dass der Täter den sexuellen Missbrauch nicht mit körperlicher »Gewalt [...] erzwungen« (Dialogpartnerin O) hat – zumindest soweit sich die Dialogpartnerinnen erinnern könnten – sondern im Gegenteil, dass dieser »das Ganze in etwas Harmloses [...] verpackt« (Dialogpartnerin Z) hat, sodass die Dialogpartnerinnen den Missbrauch oftmals nicht als bedrohlich erlebt haben. Den Dialogpartnerinnen wäre es »lieber« sagen zu können, der Täter habe sie »dazu gezwungen« (Dialogpartnerin G). Denn hätte der Täter sie gewaltsam zu den sexuellen Praktiken genötigt, hätten sie ihrer Meinung nach »eine Entschuldigung« (Dialogpartnerin G) und wären unschuldig. So berichtet auch die Dialogpartnerin O, sie habe sich immer gewünscht, dass der Vater sie »geprügelt und geschlagen [...] hätte«, dass er ihr körperliche »Wunden«, wie »Striemen auf dem Rücken«, zugefügt hätte, denn dann hätte sie gewusst, dass sie »wirklich schuldfrei« sei. Doch dies sei nicht der Fall gewesen. Es sei über ihre »Neugier und Spiele« gegangen – und eben nicht über die ›erwünschte‹ körperliche Gewalt.

Höchstwahrscheinlich ist der Aspekt *Keine Gewaltanwendung seitens des Täters* wie der vorherige Aspekte *Keine Gegenwehr*, als Unteraspekt des übergeordneten Punktes *Kontrollillusion zur Abwehr des Hilflosigkeitsgefühls* anzusehen. Denn immer wieder schwingt die Überzeugung seitens des Opfers mit, da der Täter den Missbrauch nicht gewaltsam erzwungen hat, hätte das Opfer den Missbrauch jederzeit beenden können oder diesen erst gar nicht anfangen müssen.

6.1.1.3   (Anscheinende) aktive Zustimmung

»J: Also für dieses kleine Wörtchen ja – sage ich jetzt mal ganz krass – verdammst du dich? Q: (lacht) Ja! Im Prinzip schon!« (Dialogpartnerin Q)

3 Dialogpartnerinnen: Q, I, N

Bei drei Dialogpartnerinnen stellt sich heraus, dass diese sich große Vorwürfe machen, da sie explizit dem sexuellen Missbrauch zugestimmt haben. So habe beispielsweise die Dialogpartnerin Q dem sexuellen Missbrauch »zweimal [...] zugestimmt«, als der Bruder sie gefragt habe, ob sie bestimmte sexuelle Praktiken machen sollten. Die Dialogpartnerin erklärt, sie habe in dem Moment, wo sie »ja gesagt« habe, verpasst nein zu sagen und dies sei die Begründung für ihre Schuld.

Bei den anderen zwei Dialogpartnerinnen ist die Situation etwas anders gewesen, da es sich bei diesen im Gegensatz zu der Dialogpartnerin Q um eine Art ›Dealsituation‹ gehandelt hat. Der Vater der Dialogpartnerin N habe dieser »versprochen«, wenn sie »mitmache«, dann lasse er zumindest die Schwester in Ruhe. Dementsprechend sei die Dialogpartnerin davon ausgegangen, dadurch, dass sie sich ihrem Vater ›zur Verfügung‹ stelle, würde er ihre Schwester nicht missbrauchen. Auch bei der Dialogpartnerin I habe es eine ›Dealsituation‹ gegeben: Der Dialogpartnerin sei von den Tätern ein Spiel, was sie gerne habe spielen wollen, versprochen worden, wenn sie bestimmte sexuelle Praktiken über sich ergehen lasse. Nach langem »Überreden« habe sie sich »drauf eingelassen«. Dieser »Deal«, der sicherlich das Gefühl von ›Sich-haben-kaufen-Lassen‹ zur Folge hatte, habe »sehr dazu beigetragen«, dass sie »Schuldgefühle empfunden habe«. Bis heute verstehe sie nicht, wieso sie sich darauf »eingelassen« habe: »Ja, ich habe einen Deal gemacht für dieses blöde Spiel. Wo man sich so denkt: Vielleicht war sie ja doch selber schuld. Wenn du dich für ein Spiel darauf einlassen kannst, dann bist du selber schuld!« Sie erzähle »diesen Punkt« ihrer Missbrauchsgeschichte niemandem, da sie davon ausgehe, dass ihre Mitmenschen ihr Verhalten »nicht begreifen« könnten. Erst nachdem die Interviewerin den Begriff der »anscheinenden Freiwilligkeit« im Interview in diesem Zusammenhang benutzt, räumt sie ein, dass sie zu der Zeit »altersmäßig nicht in der Lage« gewesen sei, »das zu begreifen«. Ebenfalls fügt sie hinzu, dass sie »Angst [...] vor den beiden« gehabt habe und demnach unter einem »psychischen Druck« gestanden habe. Trotz ihrer eigen genannten, nachvollziehbaren Erklärungen, mache sich die Dialogpartnerin bis zum heutigen Tage noch unbewusst Vorwürfe für diesen anscheinend freiwilligen Deal ihrerseits: »Und ich glaube so ganz im Unterbewusstsein, so ganz hinten, und ganz klein ist doch ein Stück Vorwurf da.« Die Dealsituation wird von dem Opfer offensichtlich in der Form genutzt, dass diese in das *Schuldweltbild* des Opfers aufgenommen wird, zuvor jedoch umgewertet werden muss, in dem Sinne, dass diese Dealsituation die *Schuldtheorie* des Opfers gut untermauern kann: »Wenn du dich für ein Spiel darauf einlassen kannst, dann bist du selber schuld!« (Dialogpartnerin I)

Dieser Aspekt *(anscheinende) aktive Zustimmung* – egal ob mit oder ohne Dealsituation – ist ebenfalls in Verbindung mit dem Aspekt *Kontrollillusion zur Abwehr des Hilflosigkeitsgefühls* zu sehen. Denn bei allen drei Dialogpartnerinnen zeigt sich die Tendenz zu sagen: Ich hätte den Missbrauch verhindern können, wenn ich nicht zugestimmt hätte. Dabei werden seitens der Dialogpartnerinnen bedeutende Faktoren wie die emotionale Abhängigkeit vom Täter sowie die eigene hilflose Position außer Acht gelassen.

6.1.1.4 Das Gefühl ›sich verkauft‹ zu haben

»Das ist echt so mit den Schuldgefühlen glaube ich, dass ich mir hinterher, später wie so eine Prostituierte vorgekommen bin. Also das war eben mit ein großer Teil, weil mein Bruder mir z.B. mal Geld zugesteckt hat. Oder was ich auch tagsüber nicht als Bezahlung empfunden habe. Aber so rückblickend gesehen habe ich so gedacht, das geht gar nicht. Also da habe ich mich noch schmutziger gefühlt. Zu denken ... Ja mein Schuldgefühl ... Du hast dich ja dafür bezahlen lassen, du bist ja selber schuld« (Dialogpartnerin U).

4 Dialogpartnerinnen: I, D, U, O

Bei vier der Dialogpartnerinnen steht das Schuldgefühl mit dem Gefühl sich und seinen Körper verkauft zu haben im engen Zusammenhang. Die Täter haben den Dialogpartnerinnen Geschenke gemacht. Dies fängt an bei gelegentlichem Zustecken von Geld, geht über Kaufen von kleinen Aufmerksamkeiten wie eine Kette oder auch Kleidung, bis hin zu dem Bezahlen des gemeinsamen Skiurlaubs. Zunächst sind die Betroffenen »total glücklich« oder auch »total stolz« (Dialogpartnerin O) über die Geschenke des Täters, doch kurz darauf schwinden diese positiven Gefühle meist und an deren Stellen treten Selbstvorwürfe, denn die Dialogpartnerinnen realisieren, »das hat ja was von sich bezahlen lassen« (Dialogpartnerin D). So sei sich die Dialogpartnerin U aufgrund des Geldes, was ihr Bruder ihr ab und an gegeben habe, »wie [...] eine Prostituierte vorgekommen«.

Die Dialogpartnerinnen betonen in den Interviews, sie haben die freie »Wahl gehabt, die Geschenke anzunehmen« (Dialogpartnerin D). Bis heute verstehen sie nicht, wieso sie sich darauf »eingelassen« haben (Dialogpartnerin I). Es zeigt sich, dass die Dialogpartnerinnen davon ausgehen, dass sie die Kontrolle über den sexuellen Missbrauch gehabt haben und damit auch die Schuld an diesem tragen, da sie die Geschenke nicht abgelehnt haben, in dem Sinne: Hätten sie die Geschenke nicht angenommen, hätte der sexuelle Missbrauch nicht stattgefunden. So auch die jahrelange Überzeugung der Dialogpartnerin U: »Du hast dich ja dafür bezahlen lassen, du bist ja selber schuld.« Doch diese für die Psyche überlebenswichtige Überzeugung ist genau, wie oben ausführlich beschrieben, eine reine Illusion – denn der Täter hätte sie mit und ohne Annehmen der Geschenke missbrauchen können.

6.1.1.5 Alter

»Ich habe mich zu der Zeit schon so erwachsen gefühlt, also nicht so wie eine 13- oder 14-Jährige [...] ich hatte das Gefühl, ich könnte jetzt jederzeit ausziehen und ich würde wunderbar alleine klarkommen« (Dialogpartnerin D).

3 Dialogpartnerinnen: Q, D, G

Die drei genannten Dialogpartnerinnen sind ihrer Meinung nach »vergleichsweise alt« (Dialogpartnerin Q) während des sexuellen Missbrauchs gewesen. In diesem Zusammenhang erklärt Dialogpartnerin D, bei der der Missbrauch vom 14. Lebensjahr bis kurz vor ihrem 16. Geburtstag angedauert habe, dass sie sich sehr daran störe, dass sie eben »keine fünf« und daher auch »kein Kind mehr« zu der Zeit des sexuellen Missbrauchs gewesen sei. Sie sei »nicht mehr komplett hilflos« gewesen, im Gegenteil, sie habe sich zu dieser Zeit »erwachsen gefühlt«. In diesem Kontext berichtet die Dialogpartnerin G, es sei »einer der großen Ach-du-Scheiße-Erkenntnisse« gewesen, als sie festgestellt habe, dass der sexuelle Missbrauch bis zu ihrem 19. Lebensjahr angedauert habe.

Alle drei Dialogpartnerinnen sind sich darin einig, hätte der sexuelle Missbrauch z.B. nur bis zum elften Lebensjahr stattgefunden, wäre das »Schuldgefühl [...] geringer« (Dialogpartnerin G). Das jugendliche bzw. das erwachsene Alter stützt bei den Dialogpartnerinnen – auch im Sinne der oben beschriebenen Kontrollillusion – offensichtlich das Gefühl der Mitverantwortlichkeit bezüglich des sexuellen Missbrauchs und verstärkt dementsprechend auch ihr Schuldgefühl.

6.1.2   Täterschutz

»Die Ursache für das Schuldgefühl, an oberster Stelle steht meinen Vater zu schützen. Und so lange mein Schuldgefühl da war, habe ich meinen Vater geschützt« (Dialogpartnerin O).

»Der Papa macht da was ganz Schlimmes und ... aber der Papa, der beschützt mich, und daher darf er ja keine Schuld haben. Sonst würde ja mein ganzes Weltbild zusammenbrechen. Also wer kann nur schuld sein? Ich kann nur schuld sein« (Dialogpartnerin C).

12 Dialogpartnerinnen: Q, C, H, S, B, N, D, G, E, U, O, I

Bei zwölf von den insgesamt 14 Dialogpartnerinnen ist der starke Wunsch, das gute Bild des Täters aufrechtzuerhalten als ein sehr zentraler Aspekt – höchstwahrscheinlich sogar als *der zentrale Kernaspekt überhaupt* – bei der Entstehung des Schuldgefühls anzusehen. Die zwölf eben genannten Dialogpartnerinnen beschreiben das Verhältnis zum Täter während der Zeit des sexuellen Missbrauchs überwiegend als ein sehr positives. Die meisten Dialogpartnerinnen erklären, dass sie den Täter »sehr geliebt« haben (Dialogpartnerin O). Des Weiteren stellt sich heraus, dass diejenigen, die das Schuldgefühl noch nicht überwunden haben, ihren Täter »immer noch« lieben, teilweise sogar »mehr [...] als damals« (Dialogpartnerin Q). Viele der Dialogpartnerinnen haben sich in ihrer Kindheit und Jugend bei dem Täter »sehr geborgen und sehr sicher [...] gefühlt« (Dialogpartnerin C). Es ist jemand gewesen, der sich mit ihnen »beschäftigt« und sich um sie »gekümmert« hat (Dialogpartnerin S). In den Interviews zeigt sich zudem, dass dem Täter oft »Respekt und Bewunderung« (Dialogpartnerin C) seitens der Dialogpartnerinnen entgegengebracht wurden. In diesem Kontext berichtet die Dialogpartnerin Q, dass sie ihren großen Bruder »bewundert« habe »für alles, was er getan hat«.

Es fällt auf, dass die Dialogpartnerinnen oftmals von einer *besonderen Beziehung*, die zwischen ihnen und dem Täter bestanden habe, sprechen. So berichtet die Dialogpartnerin C, dass es zwischen ihr und ihrem Vater eine »tiefe Verbindung« gegeben habe. Bei der Dialogpartnerin E zeigt sich ebenfalls, das solch eine besondere Beziehung bestanden hat: Sie habe sich mit ihrem Großvater, der wie sie auch Außenseiter gewesen sei, als Kind »identifiziert«. Denn »dieses Verlorene, dieses ein bisschen Abseitsstehende, das Gefühl haben, nicht wirklich dazuzugehören« sei »auch ein Teil« ihrer »Identität« gewesen. »Uns hat schon so etwas miteinander verbunden. Was so ein Lebensgefühl betrifft.« Auch die Dialogpartnerin D spricht von einer besonderen Verbindung zum Täter. Diese »starke emotionale Verbindung« habe sogar »noch jahrelang später (nach dem sexuellen Missbrauch), ohne« dass sie ihn »gesehen habe«, bestanden.

Die Beziehung zum Täter zeichnet sich durch ihre Mehrdimensionalität aus. Neben der schon erwähnten, besonderen Beziehung, die in einer Form positiv konnotiert ist, stehen demgegenüber die negativen Aspekte und drücken so die *Ambivalenz* in der Haltung zum Täter aus. Bei einigen der Dialogpartnerinnen hat schon während der Zeit des sexuellen Missbrauchs dieses ambivalente Verhältnis dem Täter gegenüber bestanden. Bei der Dialogpartnerin E habe auf der einen Seite demnach »ein Gefühl von ganz großer Verunsicherung und Irritation, ein Gefühl auch von Wut, Ärger und Hass« mit ihrem Großvater im Zusammenhang gestanden. Doch auf der anderen Seite habe sie ihn als Kind »geliebt« und verbinde »ein Gefühl von Nähe und Geborgenheit mit ihm«. Sie habe »einerseits immer [...] Angst« davor gehabt »ihn zu sehen«. Doch sei in ihr ebenfalls ein Gefühl gewesen, dass »es auch schade« sei »ihn nicht zu sehen«. »Dieses Hin- und Hergerissen«-Sein sei »etwas, was sehr dominant für diese Beziehung« gewesen sei. Auch die Dialogpartnerin D geht ausführlich auf ihre Ambivalenz bezüglich des Täters ein: Als der sexuelle Missbrauch angefangen habe, habe sich das absolut positive Verhältnis in ein »ambivalent[es]« gewandelt. Dieses »Ambivalente« habe sich darin gezeigt, dass auf der einen Seite immer noch »eine sehr starke emotionale Verbindung« bestanden habe. Aber auf der anderen Seite habe die Dialogpartnerin auch negative Gefühle wie Wut gegenüber dem Täter verspürt. Es sei ein ständiges Wechselbad der Gefühle gewesen: »Dass ich abwechselnd wütend war auf ihn und dann hat er mir wieder irgendwas gekauft und sich ganz viel mit mir befasst, dann habe ich mich wieder ganz verbunden mit ihm gefühlt. Und das war wieder ein gutes Gefühl.«

Bei jeder der zwölf Dialogpartnerinnen stellt der Täter eine sehr bedeutende, oftmals sogar die bedeutendste Bezugsperson in der Kindheit und der Jugend der jeweiligen Dialogpartnerin dar. Die meisten Dialogpartnerinnen haben »als Kind« »unglaublich« an ihrem Täter »gehangen«, er ist »eine ganz wichtige Person« für sie gewesen (Dialogpartnerin O). Aufgrund dieser enormen Bedeutung, die der Täter für das Opfer einnimmt, steht dieses in einer großen *emotionalen Abhängigkeit* zu dem Täter. Denn dieser ist einer der wenigen, oftmals sogar der einzige Mensch, der die für die Psyche des Kindes überlebenswichtigen Bedürfnisse und Sehnsüchte stillen kann: Hierbei sind u. a. der Wunsch nach seelischer sowie körperlicher Nähe, Geborgenheit und Schutz sowie Aufmerksamkeit und Anerkennung, vor allem jedoch das zentrale Bedürfnis, geliebt zu werden, zu nennen. Anhand des Beispiels von Dialogpartnerin E, die von ihrem Großvater sexuell missbraucht worden ist, kann dies eindrücklich aufgezeigt werden: Die Dialogpartnerin sei »immer eifersüchtig« gewesen, dass ihr Bruder neben der emotionalen Nähe auch körperliche Nähe von der Mutter erfahren habe – ganz im Gegensatz zu ihr, die weder das eine noch das andere gehabt habe. Das Verhältnis zwischen ihrer Mutter und ihr beschreibt die Dialogpartnerin auf den Punkt gebracht wie folgt: »Ich habe mich einfach nicht geliebt gefühlt, wie ich bin und war.« Mit Sicherheit hat die Dialogpartnerin eine tiefe Sehnsucht nach mütterlicher Liebe empfunden. Jedoch hat ihre Mutter diese Sehnsucht, wie oben dargestellt, in keiner Weise stillen können. Der Täter sei für die Dialogpartnerin der »einzige berührbare Mann« – sowohl im körperlichen als auch im emotionalen Sinne – gewesen. Den sexuellen Missbrauch habe die Dialogpartnerin dementsprechend, nicht nur, aber auch als eine Art »innere Zuwendung« erlebt. An dieser Stelle ist zu erkennen, dass der Großvater die einzige emotional erreichbare Bezugsperson war, bei dem die Dialogpartnerin ihre überlebenswichtigen Bedürfnisse nach Liebe, Zuwendung und Geborgenheit in seelischer sowie in körperlicher Hinsicht hat erfüllen können. Durch den Großvater hat sie offensichtlich das erhalten, was ihr vor allem die Mutter immer verwehrt hat.

Die emotionale Abhängigkeit des Opfers geht häufig mit einer *körperlichen Abhängigkeit* einher, da der Missbrauch überwiegend in frühster Kindheit einsetzt. In dieser Zeit ist das Opfer auf seine Primärpersonen angewiesen, da es nicht eigenständig Nahrung, Wärme und Schutz erlangen kann, sondern sich darauf verlassen muss, dass seine Primärpersonen ihm diese körperlichen Grundbedürfnisse befriedigen.

Es ist nachvollziehbar, welch große Bedeutung der Täter als Mensch und vor allem die Beziehung zu diesem im Leben der jeweiligen Dialogpartnerin eingenommen hat – bei einigen Dialogpartnerinnen sogar bis heute noch einnimmt. Als die Dialogpartnerin D während ihres Psychiatrieaufenthalts erfahren habe, dass ihre Mutter den Täter von zu Hause rausgeschmissen habe, sei sie »zusammengebrochen«, da sie »so traurig darüber« gewesen sei.

Aufgrund dieser enormen Bedeutsamkeit, die dem Täter zugeschrieben wird, ist die psychische Notwendigkeit bei den Betroffenen groß, den Täter als gutes Objekt zu schützen. Denn für die Opfer würde es einen unerträglichen Schmerz bedeuten, zu realisieren, dass der Mensch – den sie lieben und dem sie immer vertraut haben – ein Täter ist. Das Erkennen, dass beispielsweise der eigene Vater die kindlichen Bedürfnisse sowie die Abhängigkeit seines Kindes ausgenutzt hat, um dieses zu missbrauchen, stellt für die Psyche des Opfers eine extreme Bedrohung dar, wie folgender Ausschnitt aus der psychologischen Beschreibung der Dialogpartnerin O veranschaulicht: Sehr selten – für sehr kurze Momente – »realisiere« die Dialogpartnerin, dass ihr »eigener Vater« sie »kleines Etwas berechnend sexuell missbraucht« habe, dass er diesen Missbrauch »geplant« habe, dass er ihre »Seele rausgerissen« und ihr »noch obendrein die Schuld dafür gegeben« habe. Dann sei sie »für wenige Momente in einem Zustand der vollkommenen Trauer«. Es seien »nur Momente, Stiche ins Herz«, es bleibe ihr die Luft weg, sie habe »das Gefühl zu sterben«. Diese Sätze der Dialogpartnerin O belegen eindeutig, welchen Einschnitt die Erkenntnis, keinen guten Vater gehabt zu haben, in dem Leben der Dialogpartnerin markiert und wie wichtig dementsprechend der *Vaterschutz* in ihrer Kindheit gewesen sein muss.

Wenn die Dialogpartnerin kontinuierlich realisieren würde, dass der Vater der Täter ihres Missbrauchs ist, würde »alles schwarz sein« und sie wäre »tot«. Auch anhand des Beispiels von Dialogpartnerin N ist die Wichtigkeit des *Täterschutzes* gut zu illustrieren: Die Dialogpartnerin versucht mit allen ihr zur Verfügung stehenden psychischen Mitteln ihren geliebten Vater – der ihre »wichtigste Bezugsperson« dargestellt habe, der sie als einziger Mensch jemals »gefördert« habe, der ihre »Wünsche erfüllt« habe, der sie im Gegensatz zu ihrer Mutter geliebt habe – wenn auch auf eine »abartige Weise«, wie sie einräumt – zu schützen, auch wenn dieses Schützen die Abwertung ihrer Selbst bedeutet, indem sie sich als die ›Verführende‹ des Vaters darstellen muss. Die Wahrheit, einen »Kinderschänder« als Vater zu haben, der sich sowohl an ihr als auch an ihrer Schwester vergangen hat, ist sicherlich zu bedrohlich, zu grausam und würde die Welt der Dialogpartnerin zu sehr aus den Fugen geraten lassen. Vor diesem Hintergrund ist es verständlich, dass die Dialogpartnerin unbewusst das Schuldgefühl nutzt, um nicht ihren geliebten Vater, der das einzige gute Objekt aus ihrer Vergangenheit darstellt, aufgeben zu müssen.

Höchstwahrscheinlich hätte die Aufgabe des *Täterschutzes* während der Zeit des sexuellen Missbrauchs den psychischen Zusammenbruch des Opfers zur Folge. Oder wie es Dialogpartnerin C treffend formuliert, ihr »ganzes Weltbild« würde ohne diesen *Täterschutz* »zusammenbrechen«. Bei vielen Dialogpartnerinnen musste das gute Bild des Täters auch noch lange Zeit nach dem sexuellen Missbrauch aufrechterhalten werden. Bei einigen ist selbst bis heute der *Täterschutz* noch wirksam. So beispielsweise bei Dialogpartnerin G: Diese sagt innerhalb der ersten zwei Minuten des Interviews: »Ich habe einen sehr guten Vater«. Sie habe ihren »Vater immer geliebt«. Sie »hasse« ihn auch »nicht«. Sie könne noch nicht mal »böse« auf ihn sein. Später berichtet die Dialogpartnerin G, in ihrer letzten Therapie habe sie nicht gewollt, ihren Vater näher zu betrachten, denn sie habe »Angst« gehabt, dass die Therapeutin ihren Vater »von dem Thron stoßen« werde. An dieser Stelle wird deutlich, dass das Schuldgefühl bei vielen Betroffenen als objektschützender Mechanismus angesehen werden muss. Das Schuldgefühl hat dementsprechend seinen psychischen Sinn: Nämlich den, das Liebesobjekt, welches für das psychische und oftmals auch körperliche Überleben des Opfers notwendig ist, zu schützen.

Das Opfer kann aufgrund der weiter oben ausführlich beschriebenen, enormen Abhängigkeit vom Täter nicht riskieren, dass sich dieser von ihm abwendet bzw., dass dieser für das Opfer negativ besetzt wird. Daher ist mit Sicherheit die psychisch sinnvollere Reaktion, das gute Bild des Täters aufrechtzuerhalten, indem das Opfer sich selbst die Schuld an dem sexuellen Missbrauch gibt, anstatt den wirklichen Täter für schuldig zu erklären. Dieser objektschützende Mechanismus lässt sich an folgender Äußerung der Dialogpartnerin N eindrücklich aufzeigen: »Ich liebe meinen Vater«, »mein Vater ist doch für mich so ein lieber Mensch. Andere Leute sehen das anders. Aber er ist doch für mich so ein lieber Mensch. Und er kann doch kein, er kann doch kein … Kinderschänder sein. Das kann doch nicht sein. Das ist doch mein Papa. Das passt nicht zusammen. Und wenn er keine Schuld hat, dann muss es ja meine Schuld sein.«

Bei den meisten Dialogpartnerinnen ist eine starke *Täteridealisierung*, die ebenfalls einen Teil des *Täterschutzes* ausmacht, erkennbar. So erklären diese Dialogpartnerinnen, was der Täter für ein besonderer Mensch sei, sodass dieser seitens der Dialogpartnerinnen »vergöttert« (Dialogpartnerin D) und »bewundert« (Dialogpartnerin Q) wird. Auch zeigt sich diese Idealisierung, wenn die Dialogpartnerinnen während der Interviews ›krampfhaft‹ nach möglichen Rechtfertigungen und Entschuldigungen für den eigentlichen Täter suchen. Folglich wird der Täter als »Opfer seiner Gene« (Dialogpartnerin C), als »Opfer seiner Vergangenheit« (Dialogpartnerin C) oder auch als »krank«, was mit einer medizinischen Diagnose bestätigt sei (Dialogpartnerin H), bezeichnet. Die Täteridealisierung geht mit einer Abwertung des eigenen Selbst einher, sodass die Dialogpartnerinnen ein sehr negatives Selbstbild aufweisen (vgl. Punkt 6.2.2.2).

Bei zwei der Dialogpartnerinnen fällt auf, dass diese ihren Müttern, und eben nicht ihren Tätern, welche sie bis zum heutigen Tag lieben, die Schuld an der erlebten sexuellen Gewalt zuschreiben. So kann die Dialogpartnerin N ihrer Mutter im Gegensatz zu ihrem Vater eindeutig die Schuld an dem Missbrauch geben: »Aber eigentlich trägt die Schuld für alles in erster Linie meine Mutter. […] Weil sie es eben gesehen hat, und nicht interveniert hat, im Gegenteil mir – ihrem Kind – die Schuld gegeben hat, und ihren Mann in Schutz genommen hat.« Auch die Dialogpartnerin G betont immer wieder, dass sie ihrer »Mutter viel, viel böser« sei als ihrem »Vater«. Die Mutter trage »die größere Schuld« an dem sexuellen Missbrauch, denn: »Mein Vater hat sich nur in einem Punkt schuldig gemacht, […] meine Mutter in allen. Nicht nur, dass sie mich nicht vor meinem Vater beschützt hat, nicht nur, dass ich es ihr erzählt habe und sie mich bloßgestellt hat.«

Bezüglich der Schuldgefühlüberwindung ist es sicherlich förderlich, dass die zwei Dialogpartnerinnen emotional erkannt haben, dass ihre Mutter einen nicht unerheblichen Anteil an Schuld trifft. Jedoch könnten die Dialogpartnerinnen dabei auch Gefahr laufen, ihren Täter zu sehr zu schützen, indem sie sich bei der Beschuldigung ausschließlich auf die Mutter konzentrieren. Es ist davon auszugehen, dass die Aggressionen, welche das Opfer gegenüber der Mutter verspürt, auch Anteile der Aggressionen enthalten, die eigentlich dem Täter gelten. Wahrscheinlich kann der Täter bei den oben zwei genannten Dialogpartnerinnen nur uneingeschränkt gut bleiben, wenn die Hassgefühle, die sich unbewusst gegen ihn richten, auf die Mutter verschoben werden. Daher ist davon auszugehen, dass die Dialogpartnerinnen sowohl den Hass gegenüber der Mutter spüren, welcher dieser ursprünglich auch immer gegolten hat, *als auch den Hass, den die Dialogpartnerinnen gegen ihre Mutter richten, um den Täter zu schützen.* Auf diese Weise, wird der große Schuldanteil, der dem Täter zusteht, auf die Mutter verlagert. Aufgrund dieser Verschiebung ist es der Dialogpartnerin N sicherlich möglich an folgender Überzeugung festzuhalten: »Mein Vater hat mich wenigstens irgendwo geliebt, auf eine abartige Weise.« Die Mutter habe ihre Tochter dagegen »überhaupt nicht geliebt«.

Bei vielen der Dialogpartnerinnen (Q, S, D, N, G, E) habe der Täter nicht nur die wichtigste, sondern zudem die *einzige* Bezugsperson in deren Kindheit und Jugend dargestellt. Außer zu dem Täter hat es für viele der Dialogpartnerinnen »nie eine Zughörigkeit« (Dialogpartnerin S) gegeben. Die Dialogpartnerinnen haben sowohl innerhalb der Familie, wie außerhalb der Familie im Endeffekt »emotional auf jeden Fall« »alleine dagestanden« (Dialogpartnerin E). Daher hätte das Wegfallen des Täters zu einem absoluten Verlust geführt. Die Dialogpartnerin Q habe sich »nahezu alleine« gefühlt. Ihre größte Angst und gleichzeitig das Gefühl, an das sie sich »noch am Deutlichsten erinnere«, habe darin bestanden, diese letzte gebliebene Bezugsperson ebenfalls zu »verlieren« und erleben zu müssen, dass »er nun weg ist«. Ein zentraler Punkt für das Entwickeln ihrer Schuldgefühle sei – wie sie selbst erkennt – dementsprechend: »Da sind so viele Beziehungen vorher weggebrochen, ich hätte ja gar nicht riskieren können, meinen Bruder auch noch zu verlieren [...]. Dann wäre alles weg gewesen.« Aufgrund dieser enormen Verlustangst ist es sicherlich eine logische Konsequenz für die Dialogpartnerin gewesen, sich selbst die Schuld an dem – für sie nicht erkennbaren – sexuellen Missbrauch zu geben, anstatt Gefahr zu laufen, das einzige noch bestehende Liebesobjekt aufgeben zu müssen. Auch die Dialogpartnerin S realisiert, dass sie ohne ihren Halbbruder »alleine« gewesen wäre. Bei der Dialogpartnerin D sei der Täter, der der neue Lebensgefährte der Mutter gewesen sei, ebenfalls der einzige Vertraute der Dialogpartnerin gewesen: Weder »das Verhältnis« zu ihrem leiblichen »Vater«, noch zu ihrem »Stiefvater« noch zu ihrer »Mutter« sei »besonders gut« gewesen. Im Gegenteil, es habe »keine vertrauliche Basis« zu diesen drei Menschen gegeben. Der Täter habe diesen wichtigen und lange nicht besetzen Platz des einzigen erwachsenen Vertrauten eingenommen: »Ab dem Zeitpunkt, wo der in mein Leben getreten ist, war er meine engste Bezugsperson.« Es ist stark anzunehmen, dass dieser Mensch zu der damaligen Zeit die einzige Person im familiären Kontext im Leben der Dialogpartnerin gewesen ist, bei dem sie ihre emotionalen und körperlichen Bedürfnisse nach Nähe und Geborgenheit hat stillen können.

Diese große psychische Abhängigkeit, wie bei den drei vorangegangenen Beispielen erkennbar, führt mit Sicherheit dazu, dass die jeweilige Betroffene die Schuld hinsichtlich des sexuellen Missbrauchs sich selbst zuschreibt. Denn auf diese Weise kann die Betroffene erreichen, dass der eigentliche Täter in ihrem *Weltbild* frei von Schuld bleibt und dass sie demzufolge diesen nicht als ihre engste und einzige Bezugsperson aufgeben muss. Die Dialogpartnerin N bringt es auf den Punkt, indem sie formuliert: »Er war im Prinzip meine einzige Bezugsperson. [...] Mein Papa kann doch kein schlechter Mensch sein. Ich habe doch keinen anderen.«

Bei drei der zwölf Dialogpartnerinnen (D, N, E) ist offensichtlich bei dem *Täterschutz* das Gefühl, von der eigenen Mutter nicht geliebt zu werden, sehr entscheidend. Die Dialogpartnerin N sei davon überzeugt, dass ihr Vater (der Täter) sie geliebt habe, wenn auch auf eine »abartige Weise«. Von ihrer Mutter dagegen habe sie sich »nicht geliebt« gefühlt. Diese habe sich nie »so richtig« um die Dialogpartnerin gekümmert. Bei den anderen zwei Dialogpartnerinnen (D, E) ist es ähnlich gewesen. Das Gefühl, von der Mutter nicht geliebt zu werden, hat den Täter als Bezugsperson sicherlich noch wichtiger werden lassen, womit auch einhergeht, dass der Täter noch stärker geschützt werden musste – als es ohnehin schon der Fall war –, sodass die Schuldgefühle noch mehr ›wachsen‹ mussten.

Eine ganz andere Qualität bekommt der *Täterschutz*, wenn sich die gesamte Familie im »Sog des Missbrauchs« (Dialogpartnerin N) befindet, wie es auch bei der Dialogpartnerin U der Fall gewesen ist. Sie ist von ihrem Vater und ihrem Bruder sexuell missbraucht worden, die Mutter habe den Missbrauch toleriert. Ihre Kindheit sei vor allem durch »Stress«, »Schreierei«, »Schläge«, »Aggressivität« und den sexuellen Missbrauch geprägt gewesen. Es ist anzunehmen, dass die Dialogpartnerin die wenigen schönen familiären Momente, das gemeinsame Schwimmen z.B., zum psychischen Überleben gebraucht hat, sodass sie diese Momente gewiss schützen musste. Daher hat sich die Dialogpartnerin sehr wahrscheinlich selbst die Schuld an dem sexuellen Missbrauch gegeben, um an dem Bild einer guten Familie festhalten zu können. Denn nur auf diese Weise – also durch die eigene Schuldannahme – konnte sie wahrscheinlich das gute Bild ihres Vaters, das gute Bild ihres Bruders und das gute Bild ihrer Mutter erhalten. Hätte sie diese Illusion der heilen Welt verloren, hätte sie mit Sicherheit vor dem Nichts gestanden.

Manche Dialogpartnerinnen haben »keine Beziehung, keine Bindung« (Dialogpartnerin H) zu dem Täter, schützen diesen jedoch trotzdem. Denn sie verspüren eine enorme Sehnsucht nach der Liebe des Täters. Sie leben in der Hoffnung, dass der Täter irgendwann gut werden kann und sich ihnen zuwenden wird, wie es bei der Dialogpartnerin B beispielsweise der Fall gewesen ist: Sie habe zu ihrem Bruder, der sie sexuell missbraucht habe, nie eine gute Beziehung gehabt. Jedoch habe sie sich so sehr »Anerkennung« und »Zuneigung« von ihrem Bruder, der sich ihr gegenüber immer »biestig« verhalten habe, »gewünscht«. Die Missbrauchssituation stellte eine Möglichkeit dar, eine Form von »Zuneigung« vom Bruder zu erhalten. Indem sie die Tat anfänglich geschehen ließ, hoffte sie auf dessen emotionale Zuwendung. Die Dialogpartnerin musste sich in der Folge des Missbrauchs selbst die Schuld gegeben, um das Bild des guten Bruders zu schützen. Denn auf diese Weise konnte die Dialogpartnerin weiter an ihrer Hoffnung festhalten, dass der Bruder sich irgendwann im Sinne einer geschwisterlichen Liebe ihr zuwenden wird. Bei der Dialogpartnerin H, die von ihrem Vater sexuell missbraucht worden ist, ist dieser Mechanismus offensichtlich noch bis heute wirksam: Sie habe »den Wunsch einen guten Vater zu haben«. In ihr gebe es die »Hoffnung […], dass doch alles anders wird«. Demnach spüre sie den starken Drang in sich, dass sie »das Bild« ihres Vaters in sich »aufrechterhalten muss«. Denn sie erklärt, es sei »schwer zu ertragen, zu sagen, dass es [das Bild] nicht richtig« sei. Würde sie dieses gute Bild aufgeben, wäre es unmöglich, irgendwann einen liebevollen Vater zu haben. Dieses emotionale Erkennen, keinen guten Vater gehabt zu haben und niemals haben zu werden, ist nachvollziehbarerweise extrem schmerzhaft. Daher entwickelt die Dialogpartnerin unbewusst ihr Schuldgefühl, um die Hoffnung nicht aufgeben zu müssen, irgendwann einen guten Vater zu haben.

Viele der Dialogpartnerinnen tragen zwei gegensätzliche Tendenzen im Bezug auf den Täter in sich. Die eine Tendenz vertritt den Standpunkt, dass der Täter absolut unschuldig ist und dass die Dialogpartnerin demnach »alleine [die] Schuld« (Dialogpartnerin H) an dem Missbrauch trägt. Der Sinn dieser Tendenz besteht darin, das gute Bild des Täters zu erhalten.

Die andere Tendenz hingegen erkennt die Schuld des Täters an. Wenn diese Tendenz innerhalb der jeweiligen Dialogpartnerin stark genug ist, ist es dieser möglich – manchmal auch nur für einen kurzen Augenblick – dem Täter zumindest eine Teilschuld zuzuschreiben. In einer von der Dialogpartnerin H selbst gewählten ›Blumenmetapher‹ kommen diese beiden Tendenzen sehr gut zum Ausdruck: Auf die Frage, wie sich die Dialogpartnerin fühle, erklärt diese: »So wie jemand, der Blumen gepflückt hat, obwohl man es nicht darf und dann kommt jemand und weist ihn darauf hin und dann sagt der: ›Man kann sie ja auch wieder ankleben‹.« Im weiteren Gespräch wird deutlich, dass das Blumenpflücken für das Realisieren der Schuldigkeit des Vaters steht – demnach die zweite Tendenz. Doch dieses Realisieren ist wie oben erklärt mit einem großen Schmerz und einer großen psychischen Bedrohung verbunden, sodass die Dialogpartnerin die Blumen am liebsten sofort wieder ankleben möchte, was wiederum für die erste Tendenz steht. Auf die Äußerung der Interviewerin »Du versuchst an deiner Realität festzuhalten« – womit die subjektive Realität, den Vater als gutes Objekt zu erhalten, gemeint ist – entgegnet die Dialogpartnerin: »Kann man ja nicht richtig. [...] Blumen kann man nicht wieder ankleben.« In diesem Moment gewinnt die zweite Tendenz innerhalb der Dialogpartnerin die Oberhand. Die Dialogpartnerin stellt mit großer Trauer fest, dass ihr Vater kein guter Vater sei. Doch diese Tendenz ist, wegen der ungeheuerlichen Konsequenzen für das Seelenleben, im Allgemeinen sehr ›wackelig‹, sodass sie nur für kurze Momente ins Bewusstsein treten kann. Generell ist die erste Tendenz – den Vater zu schützen – die dominante, die einen großen Beitrag zum Schuldgefühl der Dialogpartnerin liefert.

Man kann diese zwei Tendenzen auch als zwei unterschiedliche Weltverständnisse ansehen, die in der Betreffenden, im Sinne eines dynamischen Gefüges, nebeneinander koexistieren. In den Gesprächen

zeigt sich, dass es drei unterschiedliche Zustände gibt, die jedoch in Sekundenbruchteilen wechseln können:
1) Die Tendenz (Tendenz 1), die für den *Täterschutz* steht und dementsprechend den Täter für unschuldig erklärt, ist die dominante und damit bewusst, die andere Tendenz (Tendenz 2), also die Gewissheit, selbst schuldfrei zu sein, ist hingegen unbewusst.
2) Tendenz 2 dringt ins Bewusstsein und wird stärker als Tendenz 1, die in den Hintergrund tritt.
3) Beide Tendenzen dringen ins Bewusstsein und führen sozusagen ein ›Streitgespräch‹ miteinander, sie geraten in einen bewussten Konflikt.

6.1.3 Schuldzuschreibung seitens des Täters

Bei einem Gespräch, in dem die Dialogpartnerin mit 18 Jahren ihren Vater das erste Mal auf den sexuellen Missbrauch angesprochen habe, habe dieser prompt gesagt: »Du musst doch wissen, dass du es selber gewollt hast« (Dialogpartnerin N).

9 Dialogpartnerinnen: C, H, I, N, Z, D, G, U, O

Ein weiterer wichtiger Faktor bei der Schuldgefühlentwicklung ist sicherlich in den Schuldzuschreibungen seitens des Täters dem Opfer gegenüber zu sehen. Diese Schuldzuschreibungen können neben der explizit ausgesprochenen Beschuldigung auch auf eine sehr subtile Weise ablaufen, wie es beispielsweise der Fall bei Dialogpartnerin C gewesen ist. Ihr Vater habe ihr genaue Anweisungen »wie in einem Theaterstück« gegeben, wie sie sich verhalten solle, sobald er ins Zimmer käme. So habe sie z.B. ihr Schlafanzugoberteil auszuziehen und sich in einer bestimmten Weise positionieren sollen. Als der Vater das Zimmer betrat, habe er dann gesagt: »Ach, da will mich ja jemand verführen.« In den Interviews zeigt sich, dass diese eher impliziten Schuldzuschreibungen seitens des Täters bei den Dialogpartnerinnen häufiger erfolgten als die konkreten, in denen Äußerungen wie ›du bist schuldig‹ genutzt wurden. So habe ebenfalls der Täter der Dialogpartnerin U dieser »unterschwellig« »Schuldgefühle eingeredet«, indem er immer gesagt habe, wenn sie etwas verraten würde, kämen alle Kinder »ins Heim« und die »Mutter« wäre »traurig«. Auch der Vater der Dialogpartnerin G habe mit seinen Äußerungen und generell mit seinem Verhalten dieser »sehr deutlich« zu verstehen gegeben »Du bist das schuld«, auch wenn er es nie konkret ausgesprochen habe. Er habe immer gesagt: »Ich tu das nur, weil du so bist, wie du bist. Also, weil du schön bist.« Zudem habe der Vater immer betont, »er macht das nur, weil er« die Dialogpartnerin »lieb« habe. Mit diesen Aussagen habe er »die ganze Verantwortung« an die Dialogpartnerin weitergegeben.

Wie oben erwähnt, kommt es seltener vor, dass der Täter die Schuldzuschreibung explizit ausspricht – dies ist nur bei einer der neun Dialogpartnerinnen der Fall gewesen: Nach den Angaben der Dialogpartnerin I haben die Cousins ihr ständig »eingeredet«, dass sie »das Böse mache« und dementsprechend auch sie »die Verantwortung dafür trage«. Der eine Cousin habe immer gemeint: »Ja, dann rufe ich deine Eltern an und sag denen das! [...] Und dass du schuld bist!«

Häufig werden diese impliziten und expliziten Schuldzuschreibungen des Täters von den Dialogpartnerinnen derart verinnerlicht, dass sie diese nicht als »Drohung«, sondern als »eine logische Konsequenz« auffassen (Dialogpartnerin H). Die Notwendigkeit dieser Annahme und des Verinnerlichens der Schuldzuweisungen muss vor allem in Verbindung mit dem starken Abhängigkeitsverhältnis gegenüber dem Täter gesehen werden (vgl. Punkt 6.1.2).

Oft tragen die Dialogpartnerinnen diese verinnerlichten Schuldzuschreibungen noch lange Jahre nach dem sexuellen Missbrauch als eine Art ›innere Stimme‹ in sich: Während der Täter die Dialogpartnerin D sexuell missbraucht habe, habe »er zwischen drin das Licht angeknipst im Schlafzimmer und [...] gesagt: ›Was machst *du* hier mit mir?‹« Daraufhin habe er »angefangen zu weinen«. Diesen anklagenden Satz, in dem er eindeutig der Dialogpartnerin die Schuld zuschreibt, höre sie »bis heute [in ihrem Kopf]«.

Folgende Szene zeigt anschaulich, welche große Wirkung die Schuldzuschreibung des Täters haben kann: Die Dialogpartnerin O habe ihren »ganzen Mut zusammengenommen, und habe gedacht, du machst jetzt, dass es aufhört«. Die Dialogpartnerin sei zu ihrem Vater gegangen und habe gemeint: »Ich möchte dieses Schmusen nicht mehr.« In diesem Moment sei sie »so erleichtert« gewesen, da sie »es ausgesprochen habe«. Sie habe gedacht, jetzt würde es endlich aufhören. Und dann habe ihr Vater sie angeguckt und darauf gesagt: »Ja, dann musst *du* damit aufhören.« Diese Äußerung sei »so schlimm« für die Dialogpartnerin gewesen, denn dadurch habe er ihr »die ganze Last [der

Schuld] in die Hände gedrückt«. Dieses Erlebnis sei »ein ganz wichtiger Punkt« gewesen, »warum« sie sich »schuldig gefühlt« habe, denn er habe ihr in diesem Moment ganz klar die Schuld für den Missbrauch zugeschrieben. »Zehn Minuten nach diesem Gespräch« sei sie von ihm »missbraucht« worden.

Es ist nicht zu klären, ob das schon bestehende *Schuldweltbild* der Dialogpartnerinnen durch diese Schuldzuschreibungen seitens der Täter gefestigt wird oder ob die Schuldzuschreibung sozusagen den Keim des daraus resultierenden Schuldgefühls darstellt. Wahrscheinlich handelt es sich an dieser Stelle auch nicht um einen kausalen Ablauf, sondern vielmehr um einen miteinander eng verwobenen, wechselseitigen Prozess, worauf auch die folgende Aussage der Dialogpartnerin H hinweist: Die äußeren Schuldzuschreibungen seitens des Vaters haben es der Dialogpartnerin »leichter gemacht«, ihre innere »Schuldtheorie zu entwickeln«. Denn es habe »alles gut zusammen gepasst«: Sie trage »alleine [die] Schuld« und ihr Vater sei schuldfrei.

6.1.4 Mögliche Ich-Beteiligung

Die Dialogpartnerin erklärt, sie sei »auf irgendeine Art und Weise aktiv« bei dem sexuellen Missbrauch gewesen und habe sich dementsprechend auf diesen auch »eingelassen« (Dialogpartnerin D).

7 Dialogpartnerinnen: O, E, (Z), (D), (G), (A), (U)

Ein weiterer Faktor bei der Entwicklung des Schuldgefühls ist wahrscheinlich eine mögliche, oft nur anfängliche, selbst gewollte *Ich-Beteiligung* des Opfers in der Missbrauchssituation. *Ich-Beteiligung* bedeutet im Kontext der vorliegenden Diplomarbeit, dass das Opfer an dem sexuellen Missbrauch – den es als solchen nicht erkennt – teilnimmt, da es dies (anfänglich) aus den verschiedensten Motivationen heraus selbst möchte. Zu diesen Motivationen zählen u.a. die Zuneigung, die das Kind durch den sexuellen Missbrauch erfährt, die körperliche und die seelische Nähe zum Täter, die kindliche sexuelle Erregung, die angenehmen Momente des Missbrauchs, die Neugier sowie die Aufmerksamkeit und die Anerkennung durch den Täter. Bei fünf Dialogpartnerinnen gibt es Hinweise für solch eine mögliche *Ich-Beteiligung* während des sexuellen Missbrauchs. Bei zwei weiteren Frauen (Dialogpartnerin O und Dialogpartnerin E) ist es sehr wahrscheinlich, dass es eine derartige Beteiligung gegeben hat. Zu Anfang des sexuellen Missbrauchs sei bei der Dialogpartnerin O – laut ihrer eigenen Aussage – »auf jeden Fall etwas Aktives« vorhanden gewesen, denn sie habe »diese Spiele, über die es [...] angefangen habe«, gewollt. Die Dialogpartnerin habe ihrem Vater ganz klar gegenüber formuliert: »Ich möchte das Spiel gerne spielen.« Es ist davon auszugehen, dass die *Ich-Beteiligung* der Dialogpartnerin O unter anderem aufgrund ihrer Neugier vorhanden gewesen ist: »Ich weiß, dass er auf jeden Fall meine Neugier ausgenutzt hat [...] das ging über meine Neugier.« Des Weiteren ist anzunehmen, dass ihre kindliche sexuelle Erregung und das Gefühl, dass der sexuelle Missbrauch auch im bestimmten Umfang angenehm gewesen sei, ebenfalls dazu geführt haben, dass die Dialogpartnerin O an dem sexuellen Missbrauch z.T. auch teilgenommen hat. Denn aufgrund dessen habe die Dialogpartnerin »es auch immer wieder« gewollt. Bei der Dialogpartnerin E ist solch eine *Ich-Beteiligung* im gewissen Umfang ebenfalls wahrscheinlich. Sie erklärt: »Es hat auch Missbrauchssituationen gegeben, die ich nicht als unangenehm erlebt habe.« Sondern es habe auch »Berührungen« und »Liebkosungen« gegeben, die sie »als angenehm«, »schön« »und auch als liebevoll« empfunden habe. Daher sei der sexuelle Missbrauch – »zumindest Teile davon« – von der Dialogpartnerin als etwas »Angenehmes« und etwas »Schönes« erfahren worden. Sie habe sich sogar nach diesen schönen und liebevollen Berührungen »gesehnt«.

Diese anfängliche *Ich-Beteiligung* seitens des Opfers führt dazu, dass das Opfer sich nicht zugesteht sich zu wehren, sobald das ›Schöne‹ in das ›Unangenehme‹ umschlägt, wie man bei Dialogpartnerin E sehen kann: Da sie vor allem die Anfänge des sexuellen Missbrauchs als angenehm erlebt habe, habe sie »mitgespielt«. Als es auch unangenehme Momente gegeben habe, habe die Dialogpartnerin gedacht: »Wer A sagt, muss auch B sagen, das heißt, wenn ich diesen ersten Teil zugelassen habe und mich da nicht gewehrt habe, dann war klar, dass ich den Rest über mich ergehen lassen muss.« Sie habe daher das Gefühl gehabt, »jetzt habe ich eh jedes Recht verwirkt, mich zu wehren. Weil ich habe ja am Anfang mitgespielt« Dies zeigt, dass die Dialogpartnerin davon ausgeht, dass sie die Schuld an dem sexuellen Missbrauch trägt, da sie ihre ›Chance‹ sich zu wehren sozusagen verpasst hat, in dem Sinne: Ist die Grenze mit ihrer ›anscheinenden Zustimmung‹ – denn sie wollte die anfänglichen zärtlichen Berührungen – einmal überschritten worden, führt ›kein Weg mehr zurück‹. Auch bei der Dialogpartnerin O, die betont, dass der sexuelle Missbrauch »ein sehr schleichender Prozess« gewesen sei, habe es diese ›verpasste Chance‹ gegeben: »Wenn man dann endlich erkannt hat, dass das was Schlimmes ist, was Böses ist, dann steckt man schon viel zu tief drin. Dann denkt man, man hat ja so viel mitgemacht.«

Mit Sicherheit trägt eine real vorhandene *Ich-Beteiligung* enorm zu dem Schuldgefühl bei. Denn im *Schuldweltbild* der Dialogpartnerinnen hat diese *Ich-Beteiligung* gewiss den sexuellen Missbrauch ausgelöst und aufrechterhalten. Dementsprechend ist die Überzeugung des Opfers sicherlich folgende: Hätte ich nicht (zu Anfang) mitgemacht und diese bestimmten Momente gewollt, wäre es nicht zum sexuellen Missbrauch gekommen.

Die (mögliche) *Ich-Beteiligung* seitens des Opfers ist wahrscheinlich oftmals eng mit der Kontrollillusion – die sicherlich bei jedem Opfer als Schutzmechanismus vorhanden ist – verknüpft (vgl. Punkt 6.1.1). Die reale *Ich-Beteiligung*, während der sich das Opfer meist nicht hilflos fühlt, kann die Kontrollillusion unterstützten: Es ist davon auszugehen, dass die Psyche die realen *Ich-Beteiligungsmomente* nutzt, um die erlebten Hilflosigkeitssituationen ›umzuschreiben‹. In dem Sinne werden die real bedrohlichen Hilflosigkeitssituationen – die einen großen Teil der Missbrauchssituation einnehmen – von den *Ich-Beteiligungsmomenten* überdeckt und die Kontrollphantasien, die eben nur Phantasien sind, durch reale Erinnerungen gestützt. Höchstwahrscheinlich hat die Dialogpartnerin O diesen Mechanismus genutzt, da diese lange mit folgender Illusion gelebt habe: »Ich hatte das Gefühl, es liegt in meiner Hand, ob der Missbrauch – den ich als solchen noch nicht erkannt hatte – stattfindet oder nicht.« Die Dialogpartnerin sei aufgrund ihrer *Ich-Beteiligungserinnerung* »davon überzeugt« gewesen, dass sie den Missbrauch »beginnen« und »beenden« könne, wie sie es wolle.

Natürlich gibt es auch viele Opfer, bei denen es nie eine *Ich-Beteiligung* gegeben hat. Bei der Mehrzahl der Dialogpartnerinnen konnte im Gespräch nicht geklärt werden, ob es sich bei dem Erleben ›mitgemacht zu haben‹ um eine mögliche – vielleicht auch nur anfängliche – *Ich-Beteiligung* handelt, oder ob dies vielmehr eine reine Kontrollillusion darstellt.

Auch schließen *Ich-Beteiligung* und Kontrollillusion einander nicht aus, wie am Beispiel von Dialogpartnerin O aufgezeigt werden konnte, sodass beide nebeneinander existieren können.

An dieser Stelle soll explizit darauf hingewiesen werden – wie die Dialogpartnerin O im Interview auch selbst formuliert – sie habe zwar diese Spiele in dem Moment spielen wollen, doch habe sie »nicht damit gesagt: ›Ich will missbraucht werden‹«. Eine mögliche *Ich-Beteiligung* seitens des Opfers – die bei einem Opfer vorhanden sein kann, jedoch nicht sein muss – ist auf keinen Fall eine Schuldbegründung im moralischen oder strafrechtlichen Sinne. Denn selbst wenn das Kind aus Neugier oder aus einer anderen Motivation heraus (zunächst) bei der Tat aktiv mit handelt liegt die Schuld nicht beim Kind bzw. beim Jugendlichen (Opfer), sondern eindeutig beim Täter.

6.1.5   (Unbewusste) Wünsche der Dialogpartnerin

Die Dialogpartnerin sei zu ihrem ältesten Bruder gegangen um mit diesem zu »kuscheln«, in seiner Nähe zu sein und mit ihm fernzusehen. Sie habe eine große Sehnsucht nach »ganz normaler körperlicher Nähe« zu ihren Geschwistern gehabt (Dialogpartnerin U).

Die Dialogpartnerin habe sich danach »gesehnt« »guten Kontakt« mit ihren beiden Cousins zu haben und sich mit diesen »beiden zu verstehen«. In diesem Zusammenhang habe in ihr der starke Wunsch nach »Anerkennung« und »akzeptiert« werden seitens der Cousins bestanden (Dialogpartnerin I).

12 Dialogpartnerinnen: Q, C, I, H, S, B, D, G, E, U, O, N

Wie unter dem Aspekt des *Täterschutzes* ausführlich erläutert, stellte der Täter in den meisten Fällen eine sehr wichtige Bezugsperson – oftmals sogar die wichtigste – im Leben der jeweiligen Dialogpartnerin dar. Der Täter ist zumeist derjenige, bei dem das Opfer seine unbewussten und bewussten Wünsche nach emotionaler und körperlicher Nähe, nach Liebe, Geborgenheit, Schutz u. Ä. stillen kann. Dies gilt besonders in den Fällen, in denen der Täter die einzige Bezugsperson im Leben der jeweiligen Dialogpartnerin gewesen ist, wie beispielsweise bei der Dialogpartnerin Q. Alle bedeutenden Beziehungen – die zu ihrem Vater, die zu ihrer Mutter und die zu ihrem zwei Jahre älteren Bruder – seien »weggebrochen«. Lediglich der vier Jahre ältere Bruder, also der Täter, sei als einzige Bezugsperson vorhanden gewesen, bei dem die Möglichkeit bestand, sowohl ihre bewussten als auch unbewussten Bedürfnisse nach körperlicher und seelischer Nähe zu befriedigen. Auch für die Dialogpartnerin S habe es »nie eine Zugehörigkeit« gegeben, sodass sie im Endeffekt »alleine« gewesen sei. Sie sei für jegliche Zuwendung seitens ihres Bruders »dankbar« gewesen. Ebenfalls trägt die Dialogpartnerin H bis zum heutigen Tag eine unheimliche Sehnsucht nach väterlicher Nähe in sich, wie folgende Ausführungen aufzeigen: Zwischen der Dialogpartnerin und ihrem Vater bestehe »keine Beziehung, keine Bindung«. Sie habe ihr Leben lang »gar keinen Bezug zu dem« gehabt. In ihrer Kindheit und Jugend habe sich die Dialogpartnerin von ihrem Vater »total vernachlässigt gefühlt«. Er habe »noch nicht mal« gewusst, wann sie »Geburtstag habe«. Zwar sei der sexuelle Missbrauch »schlimm« gewesen, doch auf der anderen Seite habe dieser die »einzige Aufmerksamkeit« seitens des Vaters dargestellt. Der Missbrauch sei demnach schrecklich gewesen, »aber […] besser als gar nichts«. Die Dialogpartnerin verspürt höchstwahrscheinlich bis heute eine enorme Sehnsucht nach der Liebe ihres Vaters: »Irgendwie wollte ich, dass er mich mal richtig sieht. Was ich so mache, ... das ist irgendwie ... was man sich wünscht, aber was man nie erreichen kann. Aber das, was man nie erreichen kann, das wünscht man sich trotzdem.« Man kann davon ausgehen, dass die Dialogpartnerin sowohl bewusste als auch unbewusste Wünsche nach Geborgenheit, Schutz, körperlicher wie auch emotionaler Nähe bezüglich ihres Vaters hatte. Die einzige Möglichkeit, diese Wünsche in einem geringen Maße stillen zu können, war der sexuelle Missbrauch – der, wie die Dialogpartnerin beschreibt, »besser als gar nichts« gewesen sei. Dieses Beispiel macht die dramatischen inneren Konflikte der Opfer deutlich.

All diese beispielhaft genannten Bedürfnisse, die selbstverständlich jedem Kind inne wohnen, werden von dem Täter extrem missbraucht. Diese Realität erkennt das Opfer jedoch lange Zeit nicht. Es ist vielmehr davon auszugehen, dass das Opfer sich in dieser Zeit noch massiv für seine bewussten und unbewussten Wünsche gegenüber dem Täter selbst anklagt. Denn das Opfer ist wahrscheinlich zumindest unbewusst der Auffassung, dass diese ersehnten und teilweise auch erfüllten Bedürfnisse den sexuellen Missbrauch mitverursacht, wenn nicht sogar ausgelöst haben, und dass das Opfer demnach auch Schuld am Missbrauch trägt.

Dieser Aspekt der Schuldgefühlentstehung *Unbewusste Wünsche* steht in engen Zusammenhang mit dem Aspekt *Kontrollillusion zur Abwehr des Hilflosigkeitsgefühls*. Denn in der (unbewussten) Überzeugung, durch Wünsche und Bedürfnisse den Missbrauch mit verursacht zu haben, steckt auch eine Allmachtsphantasie.

6.1.6   Schleichender Prozess

»Und es hat vor allem über Spiele angefangen. Es war ein sehr schleichender Prozess, und ich kann auch gar nicht sagen, wo die Grenze war, wo sozusagen die zärtlichen Spiele waren und wo es noch hygienische Erziehung von Erwachsenen war« (Dialogpartnerin O).

1 Dialogpartnerin: O

Zwar ist dieser Aspekt lediglich bei einem einzigen Interview seitens der Dialogpartnerin konkret angesprochen worden, jedoch ist anzunehmen, dass dieser bei einem Großteil der anderen Dialogpartnerinnen ebenfalls eine Rolle bei dem Entstehen des Schuldgefühls gespielt hat. Der sexuelle Missbrauch habe bei der Dialogpartnerin O »vor allem über zärtliche Spiele und hygienische Erziehung angefangen«. Es sei dementsprechend »ein sehr schleichender Prozess« gewesen, bei dem die Dialogpartnerin nicht habe feststellen können, wo genau die »Grenze« gewesen sei. Zunächst habe die Dialogpartnerin den sexuellen Missbrauch als »normal« erlebt: »Auch so normal, dass ich dachte, das macht wahrscheinlich jeder Vater mit seiner Tochter.« »Ganz am Anfang« sei der sexuelle Missbrauch »auch nicht schlimm« gewesen. Dann »irgendwann« sei ihr »so ein Gefühl« gekommen: »Ne, da stimmt was nicht. Also das ist irgendwie komisch. Das fühlt sich ganz komisch an.« Die Dialogpartnerin habe dann »irgendwann mitbekommen«, dass ihre »Mutter nichts davon erfahren durfte«. Ebenfalls habe sie ab diesem Zeitpunkt gespürt, »auch kein anderer« dürfe etwas mitbekommen. Ab da sei der Dialogpartnerin bewusst geworden: »Wenn keiner was erfahren darf, dann ist es was Unrechtes.« Möglicherweise hat in dieser Phase das Schuldgefühl der Dialogpartnerin eingesetzt. In diesem Zusammenhang erklärt die Dialogpartnerin, »wenn man dann endlich erkannt hat, dass das was Schlimmes ist, was Böses ist, dann steckt man schon viel zu tief drin. Dann denkt man, man hat ja so viel mitgemacht« (vgl. Punkt 6.1.4).

Für das Opfer ist es schwer einzuordnen, auch rückblickend, ab welchem Punkt der sexuelle Missbrauch angefangen hat. Das Opfer kann daher noch nicht überblicken, dass diese Vorläufer des Missbrauchs ebenfalls ein Teil der komplexen Missbrauchsdynamik darstellen, sodass es sein Tun als den Auslöser des Missbrauchs definiert und sich damit die Schuld zuschreibt.

6.1.7   Angenehme Momente des Missbrauchs

»Wie kann man an etwas schuldig sein, was man selber nicht möchte?«.
Doch sie habe es in solchen Momenten gewollt, da sie dieses Liebevolle
auch »schön« gefunden habe (Dialogpartnerin C).

8 Dialogpartnerinnen: C, D, G, E, A, U, O, S

Über die Hälfte der 14 Dialogpartnerinnen betonen, dass es während des
sexuellen Missbrauchs »auch Momente« geben hat, die »schön« gewesen
sind, in denen sie »immer mal wieder was Liebevolles« bekommen haben
und der sexuelle Missbrauch demnach nicht nur schlimm und grausam
gewesen ist (Dialogpartnerin C). Im Gegenteil, es hat auch Berührungen
und Zärtlichkeiten innerhalb der Missbrauchssituation geben, die die Dialogpartnerinnen als »gut empfunden« haben (Dialogpartnerin A) und
die sie daher auch gewollt haben. Die Dialogpartnerin E erklärt in diesem
Zusammenhang, es habe auch »Berührungen« und »Liebkosungen« gegeben, die sie »als angenehm«, »schön« »und auch als liebevoll« erlebt
habe. Daher sei der sexuelle Missbrauch – »zumindest Teile davon« – von
der Dialogpartnerin als was »Angenehmes« und was »Schönes« erfahren
worden. Sie habe sich sogar nach diesen schönen und liebevollen Berührungen »gesehnt«. Die Dialogpartnerinnen haben sich für das Erleben
dieser angenehmen Momente später sehr schuldig gefühlt – bzw. haben
bis heute noch Schuldgefühle aufgrund dessen: So habe die Erkenntnis
der Dialogpartnerin E, dass sie den Missbrauch auch als »schön« empfunden habe, ebenfalls bei ihr zu »ganz großen Schuldgefühlen« geführt.

Es passt offensichtlich nicht in das *Weltbild* der Dialogpartnerinnen,
dass der sexuelle Missbrauch für das Opfer auch (partiell) angenehm sein
kann. Sobald das Opfer angenehme Gefühle verspürt, handelt es sich – im
Denken des Opfers – demnach nicht mehr um einen Missbrauch, da die
Betreffende sich ihrer Meinung nach aufgrund ihrer Gefühlsregungen
schuldig gemacht hat. Die Dialogpartnerinnen sehen dieses Erleben von
angenehmen Gefühlen dementsprechend als Beleg dafür, den sexuellen
Missbrauch gewollt zu haben, diesen »zugelassen« zu haben und dass
sie sogar diejenigen seien, die diesen »initiiert« haben und vor allem,
dass sie deswegen »selber schuld« seien (Dialogpartnerin E). Viele der
Dialogpartnerinnen haben daher »jahrelang zu kämpfen gehabt« (Dialogpartnerin A), für sich zu klären, dass die angenehmen Gefühle eben
nicht mit einem Schuldspruch gleichzusetzen sind.

6.1.8 Sexuelle Erregung

Obwohl sie wisse, dass die »sexuelle Erregung an der Klitoris mit dem Kopf überhaupt nichts zu tun hat«, fühle sie sich aufgrund ihrer verspürten sexuellen Erregung während des Missbrauchs sehr schuldig (Dialogpartnerin G).

5 Dialogpartnerinnen C, S, D, G, O

Fünf der 14 Dialogpartnerinnen thematisieren, dass sie während des Missbrauchs eine sexuelle Erregung verspürt haben. Die Dialogpartnerin S erklärt in diesem Kontext, es habe auch Situationen gegeben, auf die ihr »Körper positiv reagiert« habe. Bei der Dialogpartnerin D sei es »vor allem« bei den »ersten paar Malen« gewesen – wo der Täter sie »z. B. auf der Brust […] gestreichelt« habe – dass es zu solch erregenden Gefühlen gekommen sei. Auch der Körper der Dialogpartnerin G habe auf die Übergriffe des Vaters mit sexueller Erregung reagiert. So habe sie während des sexuellen Missbrauchs »die Vorstufe zu dem eigentlich Orgasmus« erlebt und darüber hinaus auch währenddessen ihre Orgasmusfähigkeit entwickelt.

Dass der »Körper« der Dialogpartnerinnen in dieser Form »reagiert« hat, hat ihnen ein »rasend schlechtes Gewissen« gemacht (Dialogpartnerin G) und enorm zu ihrem Schuldgefühl beigetragen. Oftmals schämen sich die Frauen auch noch heute für diese Empfindungen, wie folgende Äußerung der Dialogpartnerin O illustriert: »Ich wünschte ich hätte keine Erregung gespürt, aber dann würde ich lügen. Es war eine kindliche sexuelle Erregung da.« Die große Scham zeigt sich auch darin, dass die Dialogpartnerinnen während der Interviews dazu geneigt sind, dieses Thema auszusparen und oft erst auf Nachfrage seitens der Interviewerin den Aspekt der sexuellen Erregung thematisieren.

Bei all diesen Dialogpartnerinnen steht sicherlich die nachstehend anklagende Frage, welche ihr Schuldgefühl nährt, im Raum: Ist diese Erregung ein Beleg dafür, dass mir der sexuelle Missbrauch gefallen, ich ihn deswegen gewollt und ich vielleicht auch deswegen mitgemacht habe? Der Dialogpartnerin D sei es in diesem Zusammenhang sehr wichtig gewesen, auf die Reaktionen ihres Körpers während des sexuellen Missbrauchs zu achten. Denn eine nicht vorhandene sexuelle Erregung habe sie als einen »Indikator« gedeutet, »dass es nicht gut« sei, und dass sie »es nicht möchte«. Ihre anfängliche sexuelle Erregung habe demnach eine Freiwilligkeit in den Augen der Dialogpartnerin dargestellt.

Wie bei dem Aspekt *Angenehme Momente* des Missbrauchs zeigt sich an dieser Stelle ein ähnliches Phänomen: In dem *Weltbild* der Betroffenen, kann eine mögliche sexuelle Erregung des Opfers nicht im Zusammenhang mit einem sexuellen Missbrauch stehen. Auch hier verlieren die Dialogpartnerinnen nach ihrer eigenen Auffassung ihre Schuldlosigkeit, sobald sie eine sexuelle Erregung verspüren.

6.1.9 ›In die Schuld hineingeboren‹ – Schuldgefühl als aus infantilen Konflikten vertrauter Abwehrmechanismus

Auf die Frage, wodurch ihrer Meinung nach ihr Schuldgefühl für den sexuellen Missbrauch entstanden sei, antwortet die Dialogpartnerin: »Ich denke, ich bin in die Schuld hineingeboren« (Dialogpartnerin Z).

6 Dialogpartnerinnen: C, B, Z, D, G, E

Bei sechs der 14 befragten Frauen zeigt sich, dass das Schuldgefühl hinsichtlich des sexuellen Missbrauchs in vorherigen oder auch zur gleichen Zeit erlebten infantilen Konflikten verwurzelt ist. Das Kind wächst in einer Atmosphäre auf, in dem es vor allem von den Primärobjekten sowohl implizit als auch explizit Schuld zugeschrieben bekommt. So beispielsweise bei der Dialogpartnerin D. Diese erklärt im Interview, dass die familiäre Situation *vor* dem sexuellen Missbrauch einen enorm wichtigen Faktor bei dem Aufkommen ihres Schuldgefühls bezüglich des sexuellen Missbrauchs darstelle: »Also zum Thema wie Schuldgefühle entstehen können, glaube ich, in so einem Kontext, wie es bei mir war, dass es tatsächlich sehr viel damit zu tun hat, wie man groß geworden ist.« Die Dialogpartnerin habe »seitdem« sie »denken« könne »vor allem gegenüber« ihrer »Mutter« schon immer ein »Schuldgefühl« gehabt. Dies sei »ein Gefühl« gewesen, mit dem sie »groß geworden« sei. Demnach sei für die Dialogpartnerin bis ins Erwachsenenalter »klar« gewesen, es muss ihre »Schuld« gewesen sein, »dass die Ehe [ihrer Mutter] gescheitert ist«. Auch bei der Dialogpartnerin Z ist der Ursprung des Schuldgefühls in der familiären Vorsituation zu sehen, wie sie selbst berichtet. Ihrer Mutter sei es »während der Schwangerschaft« mit ihr »nicht gut« gegangen. Aufgrund der Einnahme von bestimmten Hormonen, die förderlich für die Schwangerschaft gewesen seien, sei die Mutter »sehr dick« geworden. Für ihr Übergewicht habe sie sich »furchtbar geschämt«. Auch habe die Mutter unter der Einsamkeit, da sie niemanden gekannt habe und der Ehemann nur selten zu Hause gewesen sei, sehr gelitten. Zu der Zeit, wo andere werdende Mütter auf »Wolke sieben« schweben, sei für die Mutter der Dialogpartnerin diese »Schwangerschaft, dieses Dicksein, das Alleinsein« »einfach nur schrecklich« gewesen. Die Dialogpartnerin habe durch ihre Mutter von ihrer Geburt an bis zum heutigen Tage vermittelt bekommen: Wegen dir bin ich unglücklich. Es ist deine Schuld, dass es mir schlecht geht. Daher habe sich die Dialogpartnerin »für den Zustand der Mutter verantwortlich gefühlt«. Auch bei der Dialogpartnerin G habe die Mutter die Basis für das spätere Schuldgefühl gelegt. Denn in den Augen der Mutter sei die Dialogpartnerin für »alles schuld« gewesen, was die Mutter ihr bei jeder möglichen Gelegenheit vorgehalten habe.

Diese *Schuldatmosphäre*, in der das Kind aufwächst, bildet einen guten ›Nährboden‹ für alle weiteren Schuldgefühle und somit auch für »diese jahrelange gewachsene Gewissheit« (Dialogpartnerin C) bezüglich der eigenen Schuldigkeit an dem sexuellen Missbrauch. Die Dialogpartnerinnen sehen das Schuldgefühl hinsichtlich des Missbrauchs lediglich als eine Weiterführung oder auch als eine Verstärkung ihres immer vorhanden gewesenen, allumfassendem »Lebensgefühls« (Dialogpartnerin E): »Ich kann mich nicht erinnern, ohne Schuld gelebt zu haben, das war immer da« (Dialogpartnerin Z). Die Psyche des Opfers zieht demnach einen aus infantilen Konflikten vertrauten Abwehrmechanismus – nämlich den des Schuldgefühls – für die neue traumatische Situation, also den sexuellen Missbrauch, heran. Dieser Mechanismus ist an dem Beispiel der Dialogpartnerin B sehr gut nachvollziehbar: Die Mutter der Dialogpartnerin habe »schon was« von einer »Tyrannin« gehabt. Die Dialogpartnerin kann sich demnach auch »nicht […] entsinnen«, dass ihre Mutter sie »mal in den Arm genommen hätte« oder dass sie, wenn sie »krank« gewesen sei, an ihrem »Bett gesessen« habe, obwohl sie in solchen Momenten immer sehnsuchtsvoll »nach ihr gerufen« habe: »Mama! Mama!« Sogar als die Dialogpartnerin ins Krankenhaus gekommen sei, sei die »Mutter [sie] nicht besuchen« gekommen. Die Dialogpartnerin hat verständlicherweise eine große Sehnsucht nach einer liebevollen Mutter gehabt. Doch die Realität ist wie oben beschrieben eine ganz andere gewesen: Die Mutter war ihrer Tochter gegenüber sehr kalt. Allerdings muss die Psyche der Dialogpartnerin das bedrohliche Wissen, keine gute Mutter zu haben, abwehren. Hierfür hat sie offensichtlich das Schuldgefühl als Abwehrmechanismus genutzt. Dementsprechend hat die Dialogpartnerin in allen Situationen die Schuld bei sich gesucht, um die Schuld von ihrer Mutter fern halten zu können. So habe sie angefangen sich zu fragen – als die Mutter nicht zu ihr kam, wenn sie als Kind krank war und nachts nach ihr rief: »Was habe *ich* meiner Mutter getan, wieso sitzt die nicht hier?«

Mit Sicherheit übertragen die Dialogpartnerinnen diesen oft jahrelang vertrauten Abwehrmechanismus – man könnte auch sagen Erklärungsansatz für das Verhalten eines wichtigen Objektes – auf die Situation des sexuellen Missbrauchs, die ebenfalls eine Erklärung ›fordert‹.

6.1.10　Rolle der Mutter

Eine wichtige Rolle bei dem Entstehen des Schuldgefühls spielt das Verhalten und die Haltung der Mutter gegenüber dem sexuellen Missbrauch (Punkt 6.1.10.1 [Verhalten der Mutter], Punkt 6.1.10.2 [Schuldzuschreibung seitens der Mutter]) sowie vor allem die Beziehung der jeweiligen Dialogpartnerin zur Mutter (Punkt 6.1.10.3).

6.1.10.1　Verhalten der Mutter

Die Mutter der Dialogpartnerin habe lange von den sexuellen Übergriffen gewusst, jedoch habe sie nicht eingegriffen. Sie habe sich über die Mütter, die angeblich von dem sexuellen Missbrauch ihrer Kinder nichts bemerkt haben »echauffiert« und habe ihrer Tochter gegenüber gemeint »sie würde das immer merken« (Dialogpartnerin U).

Die Dialogpartnerin habe für sich irgendwann beschlossen, den Täter, der zu der Zeit im Krankenhaus gelegen habe, nicht mehr zu besuchen und habe der Mutter Folgendes gesagt: »Pass mal auf, ich weiß was über den Papa und deswegen möchte ich auch nicht ins Krankenhaus. Und ich möchte auch bitte in Ruhe gelassen werden mit dem Thema.« Die Reaktion der Mutter sei darauf gewesen: »Hat er dich angefasst?« Die Dialogpartnerin habe sich fest vorgenommen »nein« zu sagen. »Aber in dem Moment, wo sie es aussprach, gingen sofort die Schleusen auf« und die Dialogpartnerin habe angefangen »zu heulen«. Dann habe die Dialogpartnerin der Mutter alles über den sexuellen Missbrauch erzählt. Jedoch anstatt mitfühlend auf die Tochter einzugehen, sei die Mutter »fix und alle« gewesen, habe sich von ihrer Tochter trösten lassen und habe »die ganze Zeit« gesagt: »Mein Leben ist verpfuscht. Was habe ich nur von meinem Leben gehabt?« Obwohl die Dialogpartnerin ihr von dem sexuellen Missbrauch durch den Vater erzählt gehabt habe, habe die Mutter trotzdem verlangt, dass die Dialogpartnerin weiterhin ihren Vater im Krankenhaus besuche. Zudem habe sie ihrer Tochter vor dem nächsten Krankenhausbesuch wortwörtlich gesagt: »*Wenn du zur Staatsanwaltschaft gehst, sage ich gegen dich aus!*« *Beim nächsten Krankenhausbesuch sei die Mutter* »*händchenhaltend*« *mit dem Täter vor der Tochter spazieren gegangen (Dialogpartnerin G).*

11 Dialogpartnerinnen: C, S, B, N, Z, D, G, E, U, O, H

Bei elf der 14 Dialogpartnerinnen zeigt sich, dass durch das Verhalten sowie die generelle Haltung der Mutter bezüglich des sexuellen Missbrauchs den Betroffenen vermittelt wurde, dass diese an dem Missbrauch selbst schuld seien. So beispielsweise bei der Dialogpartnerin N: Zwar habe sich die Mutter über den Sex, der zwischen Tochter und Vater stattgefunden habe, beschwert, auf der anderen Seite aber unterstützte die Mutter sogar aktiv den sexuellen Missbrauch, indem sie ihrer Tochter die Pille besorgt habe. Anschließend habe sie die Dialogpartnerin als »schlechtes Kind« beschimpft, da diese die Pille schon mit unter 14 Jahren nehme. Es wird deutlich, in welch belastende und unlösbare *Double-Bind-Situation* die Mutter ihre Tochter durch dieses Verhalten gebracht hat.

Vermehrt zeigt sich, dass die Mütter besonders bei der Anvertrauenssituation beabsichtigt oder auch unbeabsichtigt kontraproduktiv reagiert haben und es dadurch zu einer Verstärkung des Schuldgefühls bei der jeweiligen Dialogpartnerin gekommen ist. Die Dialogpartnerin G habe ihrer Mutter mit ungefähr zehn Jahren anvertraut, dass der Vater sie missbrauche. Die Mutter habe jedoch anstatt einfühlend auf ihre Tochter einzugehen, es »fertig gebracht« sie »mit ins Schlafzimmer zu nehmen, wo« der »Vater im Bett« gelegen habe und ihn in ihrem Beisein darauf angesprochen.

Häufig schenken die Mütter ihren Töchtern hinsichtlich des erfahrenen sexuellen Missbrauchs keinen Glauben und bringen Kommentare wie »Das bildest du dir ein!« (Dialogpartnerin E)

Es stellt sich weiterhin heraus, dass einige Mütter mit dem Täter zusammengeblieben sind, obwohl sie von dem sexuellen Missbrauch gewusst haben, wie beispielsweise bei der Dialogpartnerin D. Die Mutter habe über die psychiatrische Klinik von dem sexuellen Missbrauch ihrer Tochter durch ihren damaligen Lebensgefährten erfahren. Doch trotz dieses Wissens habe sich die Mutter nicht von dem Täter getrennt. Ganz im Gegenteil sie habe in der Familientherapie betont wie sehr sie ihn »liebe« und brauche: »Sie hat halt gesagt, sie möchte ihm eine zweite Chance geben und sie glaubt ihm auch, dass er das so alles nicht gewollt hat und dass es nicht mehr passiert.« Mit Sicherheit führt solch eine Verteidigung des Verhaltens des Täters durch die Mutter dazu, dass das Schuldgefühl bei dem Opfer stark wächst. Denn die Mutter zeigt mit ihren Aussagen und ihrem Verhalten, dass sie auf der Seite des Täters steht und eben nicht auf der Seite ihres eigenen Kindes.

Manche Mütter haben sich zwar aufgrund des sexuellen Missbrauchs von dem Täter getrennt, jedoch haben sie aus den unterschiedlichsten Gründen Kontakt mit diesem gehalten (vgl. Punkt 6.1.11). Oft wird der sexuelle Missbrauch zudem nicht thematisiert, sondern totgeschwiegen. So auch bei der Dialogpartnerin Z, die zwar nach ihrem Anvertrauen keinen Kontakt mehr zu dem Täter hätte haben müssen, jedoch sei ihr nicht erklärt worden, was genau passiert sei. So sei ihr nicht erklärt worden, dass es sich um einen sexuellen Missbrauch handelt, und dass sie dementsprechend an diesem als Kind keine Schuld trägt. Durch dieses Totschweigen kann das Opfer sein meist über viele Jahre entwickeltes Schuldgefühl höchstwahrscheinlich nicht ablegen, sein jahrelang gewachsenes *Schuldweltbild* bleibt daher bestehen.

Ein zentraler Punkt ist auch, welche Haltung die Mutter dem Täter gegenüber einnimmt. Die Dialogpartnerin O habe gefühlt, dass die Mutter »unglaubliches Mitleid« mit dem Täter gehabt habe, da die Mutter diesem sogar »beim Auszug« »geholfen« habe. Die Opfer übernehmen gewiss dieses Mitleidsgefühl gegenüber dem Täter, was die Verstärkung ihres Schuldgefühls zur Folge hat.

6.1.10.2 Schuldzuschreibung seitens der Mutter
Die Mutter zur Tochter bezüglich des Missbrauchs durch den Vater: »Wenn du zur Staatsanwaltschaft gehst, sage ich gegen dich aus!« (Dialogpartnerin G)

3 Dialogpartnerinnen: B, N, G

Obwohl die meisten Mütter ihren Töchtern das Schuldgefühl implizit vermitteln (vgl. Punkt 6.1.10.1), gibt es einige wenige bei der vorliegenden Untersuchung, die ihren Töchtern explizit die Schuld zugeschrieben haben. Die Dialogpartnerin N nennt als bedeutende Ursache für ihr Schuldgefühl demnach, dass ihre Mutter ihr »die Schuld gegeben« habe. Denn diese habe die Tochter ständig beschuldigt, ihren Mann zu

»verführen« und dass sie »ihr den Mann [dadurch] wegnehme«. Als die Dialogpartnerin 15 Jahre alt gewesen sei, habe die Mutter sie sogar »zu Hause rausgeschmissen«, weil sie den Vater nicht weiter »verführen« sollte. Die Anschuldigungen und schließlich der Rausschmiss zeigen eindeutig, dass die Mutter ausschließlich der Tochter die Schuld an dem sexuellen Missbrauch gibt und in keiner Weise ihrem eigenen Mann – der zu Hause habe bleiben dürfen. Die Mutter der Dialogpartnerin G habe dieser ebenfalls die alleinige Schuld zugesprochen. Denn als ihre Tochter sich der Mutter unter Tränen anvertraut habe, habe diese anstatt mitfühlend zu reagieren, entgegnet: »Wenn du zur Staatsanwaltschaft gehst, sage ich gegen dich aus!«

Die Mutter der Dialogpartnerin B habe der Tochter zwar nicht explizit die Schuld an dem sexuellen Missbrauch gegeben – wie die anderen zwei Mütter – jedoch hat sie dies mit Sicherheit nur nicht getan, weil sie es nicht tun ›konnte‹: Denn sie habe ihrer Tochter keinen Glauben geschenkt, dass diese sexuell missbraucht worden sei. Die Mutter habe dafür der Tochter die »Schuld daran« gegeben, dass der Täter »gestorben« sei. Denn die Mutter habe ihrer Tochter erklärt, dass dieser nur gestorben sei, weil sie solche Lügen über diesen »netten Mann« erzählt habe. Als die Dialogpartnerin von dem zweiten Täter – ihrem eigenen Bruder – missbraucht worden sei, habe sie erneut versucht, Schutz und Hilfe bei ihrer Mutter zu finden und vertraute sich dieser daher zum zweiten Mal an. Jedoch reagierte diese mit folgender anklagenden Äußerung: »Das hatten wir doch schon mal alles. Du hast doch schon mal solche Lügen erzählt. Und du weißt ja, der ist sogar daran gestorben. Willst du denn, dass dein Bruder auch stirbt?«

Die Mütter erleben den sexuellen Missbrauch mit, doch anstatt dem eigentlichen Täter die Schuld zuzusprechen, laden sie die gesamte Schuld bei ihren Töchtern ab. Die Betroffenen nehmen diese Anschuldigungen der Mütter höchstwahrscheinlich als Introjekt in sich auf und identifizieren sich partiell mit dieser Anklage. Das Schuldgefühl nimmt auf diese Weise stark zu. Die psychische Notwendigkeit der Schuldannahme, welche von der Mutter zugeteilt wird, wird im nächsten Abschnitt *Mutterschutz* ausführlich aufgezeigt.

6.1.10.3 Mutterschutz

Trotz schwerwiegenden, vermehrt erlebten Enttäuschungen mit der Mutter, habe die Dialogpartnerin diese von den Menschen »am meisten« gemocht: »Manchmal mochte ich sie richtig, richtig gerne.« Auch heute noch sei ihr die Mutter »wichtig«. Zudem bestehe in der Dialogpartnerin der sehnsüchtige Wunsch, von ihrer Mutter geliebt zu werden: »Mir ist es immer noch wichtig, dass sie mich mag« (Dialogpartnerin H).

8 Dialogpartnerinnen: H, B, G, E, U, D, C, S

Der *Mutterschutz* stellt bei der Entwicklung des Schuldgefühls bei vielen Dialogpartnerinnen einen sehr zentralen Aspekt dar. Oftmals berichten die Dialogpartnerinnen, dass sie sich in ihrer Kindheit ihren Müttern bezüglich des sexuellen Missbrauchs anvertraut haben, mit der festen Überzeugung, die Mutter werde ihnen helfen. Jedoch haben die Mütter häufig ihren eigenen Kindern nicht geglaubt und Kommentare wie:»Das bildest du dir nur ein!« (Dialogpartnerin E) von sich gegeben. Bei der Dialogpartnerin B sei es ähnlich abgelaufen. Sie habe »wochenlang darauf hingearbeitet, ihrer Mutter von dem sexuellen Missbrauch zu erzählen, habe »fast täglich gedacht: Heute erzählst du es ihr, heute schaffst du es« und dann habe sie es doch »wieder nicht geschafft«, weil ihre »Angst« zu groß gewesen sei. Aber eines Tages habe die Dialogpartnerin ihren ganzen Mut zusammengenommen und folgende Sätze ausgesprochen: »Ss. Opa zieht sich immer die Hose aus. Und dann zeigt der mir alles. […] Und dann muss ich den anfassen.« In dem Moment sei sie glücklich gewesen, dass sie es ausgesprochen gehabt habe. Sie habe sich »alles so schön vorgestellt«: Wenn sie es ihrer Mutter erzählt habe, sei »endlich Schluss damit. Dann hört das alles auf und dann wird der zur Rede gestellt und bestraft.« Doch ihre »vielen Erwartungen«, mit denen die Dialogpartnerin »an das Gespräch gegangen« sei, seien aufs bitterste enttäuscht worden, als die Mutter »von vornherein sofort«, ohne zu zögern gemeint habe, dass die Dialogpartnerin »lügen« würde und »so was dürfte man nicht erzählen, dann käme man ins Gefängnis«.

Es ist anzunehmen, dass die meisten Mütter, die ihren Kindern in solch einer Situation keinen Glauben schenken wollen, in Wirklichkeit doch ihrem Kind in diesem Moment glauben, dass sich ein sexueller Missbrauch ereignet hat bzw. sogar über das Stattfinden des sexuellen Missbrauchs schon längst Bescheid wissen. Jedoch wollen die Mütter dies nicht wahrhaben und verleugnen die Realität dementsprechend vor sich selbst. Die Kinder spüren allerdings, dass die Mutter eigentlich die Wahrheit kennt, das heißt von dem Missbrauch weiß, bei diesem jedoch nicht eingreift. So auch bei der Dialogpartnerin H: »Meine Mutter … glaubt halt … ich weiß nicht, ob sie wirklich dran glaubt, aber sie vertritt halt die Meinung, dass sie nicht dran glaubt«. Dass ihre Mutter so tue, als würde sie ihr nicht glauben, mache die Dialogpartnerin »sehr traurig«.

Die Dialogpartnerinnen berichten auch von ganz eindeutigen Situationen, in denen die Mutter den sexuellen Missbrauch sieht, jedoch statt helfend einzugreifen diesen einfach geschehen lässt, wie es bei der Dialogpartnerin U der Fall gewesen ist: Als die Dialogpartnerin 14 Jahre alt gewesen sei, habe die Mutter ihren Bruder und sie beim sexuellen Missbrauch »mehr oder weniger überrascht«. Jedoch habe die Mutter in diesem Moment »einfach die Augen zugemacht« und sei »wortlos« aus dem Raum »rausgegangen«. Auf diese Weise vermittelt die Mutter der Dialogpartnerin, dass sie auf der Seite des Täters steht und den Missbrauch zumindest duldet.

Es stellt sich heraus, dass die oben genannten acht Dialogpartnerinnen eine tiefe Sehnsucht nach einer guten Mutter, die sie bedingungslos liebt, sie schützt und ihr beisteht während der Zeit ihrer Kindheit in sich getragen haben, einige tragen diese Sehnsucht sogar bis heute noch in sich. Die Dialogpartnerinnen haben einen großen Wunsch nach »Zuneigung«, »Anerkennung«, »Liebe« seitens der Mutter, »mütterliche Liebe einfach« verspürt (Dialogpartnerin B). Doch die Realität ist – wie oben ausführlich dargestellt, und unter Punkten 6.1.10.1 und 6.1.10.2 ebenfalls aufgezeigt – leider eine andere gewesen. Allerdings ist das Erkennen, keine gute Mutter zu haben, für die Psyche des Opfers zu bedrohlich, sodass ein objektschützender Mechanismus genutzt wird. Demnach hat in den kindlichen Augen des Opfers nicht die Mutter falsch und nicht ausreichend mütterlich reagiert, sondern diese Reaktion der Mutter ist das Resultat des angeblich falschen Verhaltens des Opfers. Man kann annehmen, dass die Dialogpartnerinnen aus den Reaktionen der Mütter Folgendes für sich geschlossen haben: Wäre ich unschuldig an dem sexuellen Missbrauch, würde meine Mutter mir glauben und mir helfen, doch dies tut sie nicht, daher muss ich schuldig an dem Missbrauch sein. Die Dialogpartnerinnen haben besonders *nach* den oben beschriebenen negativen Reaktionen der Mütter – angefangen bei ›dem eigenen Kind keinen Glauben schenken‹ bis hin zu ›aktiv den sexuellen Missbrauch geschehen lassen‹ – sich selbst Vorwürfe bezüglich des sexuellen Missbrauchs gemacht: »Irgendwas muss ich ja gemacht haben, dass der so was mit mir gemacht hat« (Dialogpartnerin B). Dies zeigt, welch enormen Stellenwert das Verhalten und die Haltung der Mutter bei dem Entstehen des Schuldgefühls einnimmt. Diese Schuldübernahme ist gewiss eine der wenigen, wenn nicht die einzige Möglichkeit um das gute Bild der Mutter nicht aufgeben zu müssen bzw. zumindest weiter an der Hoffnung festhalten zu können, dass die Mutter irgendwann gut werden kann.

Die Dialogpartnerin U, die den *Mutterschutz* hat ablegen können, wisse heute, dass sie das »Bild [ihrer Mutter] hochgehalten« habe, damit sie daran festhalten habe können, dass sie – da alle anderen in der Familie direkte Täter gewesen seien – »zumindest eine Mutter habe«, die sich um sie »sorgt« und »kümmert«. Dementsprechend sei auch das Realisieren, dass ihre Mutter von dem Missbrauch gewusst, aber nicht geholfen habe, »ganz schlimm« gewesen: »Als würde man mir das Herz rausreißen.« Es ist nachvollziehbar, dass diese Erkenntnis sehr schmerzvoll für die Dialogpartnerin gewesen sein muss, da in diesem Moment der hart erkämpfte *Mutterschutz* zusammengebrochen ist.

Wenn man sich vor Augen führt, in welcher emotionalen und körperlichen Abhängigkeit ein Kind zu seiner Mutter steht, versteht man die überlebenswichtige Notwendigkeit dieses Schutzmechanismus.

6.1.11   Keine Klarheit

Dass der Täter nicht sofort rausgeschmissen worden sei, sei schlimm gewesen, aber »viel dramatischer« sei gewesen, »als er dann endlich weg« gewesen sei, sei er »wieder« gekommen. Die Dialogpartnerin »verstehe bis heute nicht, wofür er genau wieder kommen musste«. Ihre Mutter habe mit ihm noch einige Sachen wegen ihrer Arbeit und deren Ehe klären müssen. Daher sei die Dialogpartnerin immer mal wieder »für einen Tag« »ausquartiert« worden, sodass der Täter an diesen Tagen habe kommen können. Die Dialogpartnerin erzählt in diesem Zusammenhang von einer bestimmten Situation: Ihre Mutter habe die Dialogpartnerin gefragt: »O. der A. kommt, kannst du nach der Schule zu einer Freundin?« Darauf habe die Dialogpartnerin »O. k.« gesagt, aber als ihre Mutter aus dem Zimmer gegangen sei, habe sich die Dialogpartnerin »total die Arme aufgeschnitten« (Dialogpartnerin O).

5 Dialogpartnerinnen: S, Z, D, U, O

Oft erleben die Betroffenen trotz beendetem sexuellen Missbrauch keine klare Grenzziehung seitens ihrer wichtigen Bezugspersonen (Eltern, Partner usw.) bezüglich des Täters. Zwar wird seitens dieser Bezugspersonen verhindert, dass das betroffene Kind weiterhin Kontakt mit dem Täter hat, jedoch brechen die Bezugspersonen diesen selbst aufgrund der verschiedensten Gründe nicht ab. So beispielsweise bei der Dialogpartnerin Z: Ihr Anvertrauen habe dazu geführt, dass sie keinen Kontakt mehr mit dem Täter gehabt habe, allerdings haben ihre Eltern, den Angaben der Dialogpartnerin zufolge, weiterhin Kontakt mit diesem gepflegt. Die Eltern seien zum Täter zu Besuch gefahren, die Tochter habe dagegen zu Hause bleiben müssen. Auch Dialogpartnerin S berichtet, dass ihre Eltern mit dem Täter im Kontakt stehen, obwohl sie wissen, dass ihr Sohn ihre Tochter sexuell missbraucht habe und die Mutter ihre Kinder sogar dabei »erwischt« habe. Wenn die Bezugspersonen – z. B. die eigenen Eltern wie bei Dialogpartnerin S – Kontakt zum Täter haben, wenn auch nur wenig, reicht dieser wenige Kontakt gewiss aus, um die Betroffene zumindest unbewusst zu verunsichern und das Schuldgefühl zu festigen. Denn die Bezugspersonen nehmen keine klare Positionierung ein, in dem Sinne, dass sie eindeutig formulieren und auch mit ihrem Verhalten ausdrücken, die Betroffene ist unschuldig und der Täter schuldig. Selbst wenn sie es verbal formulieren, ihr Verhalten vermittelt den Betroffenen oft etwas Gegenteiliges.

Bei einigen Dialogpartnerinnen hat das Anvertrauen gegenüber der Mutter nicht sofort dazu geführt, dass der Täter habe ausziehen müssen, so wie es bei der Dialogpartnerin O der Fall gewesen sei: Der Täter habe »nicht sofort« gehen müssen, sondern die Dialogpartnerin habe »noch ein halbes Jahr mit ihm zusammengelebt«, damit die Mutter »das ganze Finanzielle« habe »regeln« können. Dies sei auch »vernunftmäßig in Ordnung« gewesen, »aber emotional« habe das die Dialogpartnerin »sehr viel gekostet« – wie sie heute wisse. Auch die Dialogpartnerin D habe erst ein zweites Mal in die Psychiatrie eingewiesen werden müssen, damit die Mutter endlich dazu gebracht werden konnte, den Täter von zu Hause rauszuschmeißen. Auch diese Situationen sind für die Betroffenen mit Sicherheit sehr verwirrend und tragen dazu bei, dass das Schuldgefühl nicht überwunden werden kann. Denn der Täter darf zumindest vorübergehend bleiben, was in der Schuldwelt des Opfers dafür spricht, dass ihn keine bzw. wenig Schuld trifft.

Bei manchen Dialogpartnerinnen zeigt sich, dass diese erlebt haben, dass es für den Täter keine bzw. nur sehr geringe Konsequenzen gegeben hat. Die Dialogpartnerinnen hingegen haben sich »bestraft« und »ausgegrenzt« gefühlt, da sie als einzige zum Täter »nicht mehr mit hingenommen« (Dialogpartnerin Z) worden sind. Die Dialogpartnerin O sei während der Weihnachtsferien für zwei Wochen beispielsweise »ausquartiert« worden und habe in der Zeit bei einer Freundin der

Mutter gewohnt. Sie habe dementsprechend auch Weihnachten alleine verbringen müssen, während ihr Vater ganz normal in der Familie gefeiert habe: »Und das war so schlimm für mich, dass ich Weihnachten alleine saß.« Die Opfer schließen aus solchen ›verrückten‹ Situationen gewiss – zumindest unbewusst –, dass sie als die ›Ausgeschlossenen‹ die Schuldigen sein müssen und den eigentlichen Täter keine Schuld trifft, denn schließlich sind die Bezugspersonen des Opfers bei dem Täter und nicht bei ihr.

Oftmals wird mit den Betroffenen auch (nach Beenden des Missbrauchs) kein klärendes Gespräch geführt, indem das Kind aufgeklärt wird, dass es unschuldig an dem sexuellen Missbrauch ist und den Täter die alleinige Schuld trifft. Im Gegenteil, häufig wird der sexuelle Missbrauch »totgeschwiegen« (Dialogpartnerin Z), als habe dieser nie stattgefunden. Die Betroffenen leben in der Zeit kurz nach Beenden des sexuellen Missbrauchs noch sehr stark in ihrer *Schuldwelt* und haben oft »totales Mitleid« (Dialogpartnerin O) mit dem Täter. Diese Erlebnisse – dass die Bezugspersonen noch Kontakt mit dem Täter halten, der Täter trotz Anvertrauenssituation nicht sofort gehen muss, sie anstelle des Täters an wichtigen Festtagen alleine sind und kein klärendes Gespräch geführt wird – sind für die Opfer zunächst »das normalste der Welt« (Dialogpartnerin O), denn sie können es sich gar nicht anders vorstellen. Zum Großteil lieben sie den Täter noch und möchten gar nicht, dass dieser geht (vgl. Punkt 6.1.2). Die Betroffenen befinden sich daher gar nicht in der Lage, die notwendige Grenze zu ziehen und durchzusetzen, dass zum Täter kein Kontakt mehr besteht, sodass die Bezugspersonen für die Opfer reagieren müssen. Jedoch, wie oben dargestellt, machen viele Bezugspersonen dies nicht bzw. in einem zu geringen Maße. Diese fehlende Klarheit seitens der Bezugspersonen schadet dem Opfer enorm. Denn es ist stark davon auszugehen, dass diese Erfahrungen der fehlenden Grenzziehung unbewusst in dem Opfer weiter wirken, in dem Sinne, dass das *Schuldweltbild* weiter gefestigt wird und später folglich auch nur mit viel Anstrengung wieder abgebaut werden kann.

6.1.12   Rolle der Umwelt

In dieser Arbeit sind mit *Umwelt* all die Menschen gemeint, die nicht die Primärbezugspersonen (zumeist Eltern) und/oder die Täter der Betroffenen sowie nicht die Personen sind, die unter die Kategorie der professionellen Instanzen fallen. Denn die Bedeutung dieser Menschen soll aufgrund deren Komplexität und deren besonderen Stellung in der *Schuldgefühldynamik* einzeln und ausführlich betrachtet werden (vgl. Punkt 6.1.2, Punkt 6.1.10.3 und Punkt 6.1.13).

6.1.12.1 Reaktionen der Umwelt

Ihr Mann, dem die Dialogpartnerin von dem sexuellen Missbrauch erzählt habe, sei ihr gegenüber »nicht solidarisch« gewesen. Im Gegenteil, er habe sich weiterhin normal mit dem Bruder – also ihrem Täter – unterhalten. Die Dialogpartnerin habe sich »schlecht«, »verraten und verkauft« gefühlt (Dialogpartnerin U).

8 Dialogpartnerinnen: H, I, N, G, E, U, O, D

Das Verhalten, die Reaktionen und die Haltung der Umwelt spielen ebenfalls eine bedeutende Rolle bei der Schuldgefühlentwicklung. Bei der Untersuchung stellt sich heraus, dass vielen Dialogpartnerinnen durch das Verhalten, die Reaktionen und die Haltung ihrer Mitmenschen vermittelt wurde, dass sie Schuld an dem sexuellen Missbrauch tragen. Bei diesen Mitmenschen handelt es sich teilweise um dem Opfer nahestehende Personen, teilweise um emotional eher unwichtige Personen, bis hin zu Fremden. Die schuldvermittelnden Reaktionen sind sehr vielfältig und variieren zudem in ihrer Deutlichkeit – von sehr subtil und unterschwellig bis hin zu eindeutig erkennbar. Eine sehr deutliche Schuldzuschreibung zeigt sich bei dem Fall von Dialogpartnerin N: Die Großmutter sei immer mit der Dialogpartnerin »in die Kirche gegangen« um dort für die »Sünden« ihrer Enkelin »zu beten«, da sie so »ein hübsches Mädchen« sei, »an dem ältere Männer Spaß finden«. Diese Kirchenbesuche haben der Dialogpartnerin sicherlich folgendes Bild vermittelt und es auch gefestigt: Die Männer – als die eigentlichen Täter – trifft keine Schuld, nur sie trifft die Schuld, da sie mit ihrer Schönheit den sexuellen Missbrauch provoziert. Eine umfassende, aber subtile *Schuldzuschreibungsatmosphäre* – in dem Sinne, dass viele Menschen der Dialogpartnerin vermittelt haben, schuldig zu sein, zeigt sich bei der Dialogpartnerin U. Beide Haupttäter, also ihr Vater und ihr ältester Bruder haben die Dialogpartnerin, ihrer Angabe zufolge, auch in der Öffentlichkeit, z.B. auf Festen, für alle sichtbar »betatscht«. Die Dialogpartnerin erklärt, die Anwesenden haben in der Form reagiert, dass sie »entweder weggeguckt« haben »oder, was so die Regel« gewesen sei, die haben das »lustig« gefunden. Diese negativen Reaktionen haben die Schuldüberzeugung der Dialogpartnerin »ganz stark« verfestigt, denn sie habe aus dem Verhalten – das wie oben beschrieben von Ignorieren bis hin zu Belustigung gegangen sei – geschlossen: »Dann muss es meine Schuld sein.« Solche äußeren Schuldvermittlungen – wie beispielhaft bei Dialogpartnerin N und U aufgezeigt – führen dazu, dass das innere Schuldgefühl der Betroffenen bestätigt und erhärtet wird. Denn diese Botschaften, die das Opfer von außen erfährt, lassen diesem keine Möglichkeit, eine andere Weltsicht zu entwickeln. Mögliche neue Perspektiven – z. B. an dem Missbrauch unschuldig zu sein – werden im Keim erstickt.

In den Interviews stellt sich weiterhin heraus, dass die Umwelt häufig, meistens Freunde und Partner der Betroffenen, die *Schuldgefühldynamik* und die *Missbrauchsdynamik* schwer nachvollziehen kann. Sie können oft nicht verstehen, wodurch es kommt, dass sich die vielen Betroffenen gegen den sexuellen Missbrauch nicht wehren und fragen diese daher beispielsweise: »Wieso hast du dich nicht gewehrt?« (Dialogpartnerin G) Diese Frage, die vielleicht wirklich nur als Verständnisfrage gemeint ist, empfindet das Opfer jedoch – besonders wenn dieses noch am Anfang der Verarbeitung steht – als einen Schuldvorwurf von außen. Die Botschaft, die für die Betroffene wahrscheinlich in dieser Frage mitschwingt, ist höchstwahrscheinlich Folgende: Wenn du dich nicht gewehrt hast, dann bist du auch selber schuld. Dem inneren Schuldgefühl wird durch solche Fragen demnach ein ›guter Nährboden‹ zum ›Wachsen‹ geboten.

Es zeigt sich, dass das Schuldgefühl ebenfalls enorm zunimmt, wenn keiner reagiert und dementsprechend sich keiner dem Opfer – trotz mehr oder weniger deutlichen Hilferufen – zuwendet. Die Dialogpartnerin H habe im Sinne eines Hilfeschreis mehrfach »versucht« sich »umzubringen«. Doch ihre vielen Probleme, ausgedrückt durch diese Selbstmordversuche, ihre Essstörung, ihr selbstverletzendes Verhalten usw., haben ihren Angaben zufolge »keinen interessiert«. Offensichtlich konnte sich das Schuldgefühl durch dieses Nicht-Reagieren der Umwelt festigen, denn die Dialogpartnerin erklärt: »Wenn es irgendwen gegeben hätte, der auf meiner Seite gestanden hätte [wäre das Schuldgefühl] nicht so ausgeprägt«. Der Dialogpartnerin U wurde trotz deutlichem Hilferuf, ebenfalls nicht geholfen: Mit 24 Jahren habe sich die Dialogpartnerin U zum ersten Mal jemanden anvertraut. Sie habe mit einer Freundin einen Film gesehen, in dem sexueller Missbrauch vorgekommen sei. Die Dialogpartnerin habe darauf gesagt: »Ich glaube, ich habe das selber erlebt.« Die Freundin sei jedoch »nicht […] drauf eingegangen«. Innerhalb dieser zwei Dialogpartnerinnen befindet sich offenbar schon der Ansatz einer neuen Perspektive. Sie tragen offenbar das unbewusste Wissen in sich, unschuldig zu sein, welches weiter zur bewussten Oberfläche dringen kann. Jedoch wird oftmals – wie auch in den beiden Fällen – dieser Wissensansatz unschuldig zu sein im Keim erstickt, da von außen keiner diese Perspektive aufgreift und bestätigt.

Eine besondere Situation bietet sich, wenn ein hilfesuchendes Opfer von einem anderen Opfer, welches vom gleichen Täter missbraucht wird, keine Solidarität erfährt, wie bei der Dialogpartnerin I: Sie sei als ungefähr Zehnjährige gemeinsam mit ihrer besten Freundin zur Cousine gegangen, die ebenfalls Opfer der beiden Cousins gewesen sei, um sich mit dieser zu verbünden. Doch ihr Wunsch nach Solidarisierung mit der Cousine sei von dieser nicht geteilt worden, ganz im Gegenteil: »Und wo ich ihr [Cousine] gesagt habe, dass es mir schlecht geht, ob wir nicht irgendwas machen […]. Und sie hatte mir nur gesagt: ›Nein, mir geht es damit nicht schlecht. Und wenn es dir damit schlecht geht, musst du gucken, wie du damit klar kommst‹.« Daraufhin habe sich die Dialogpartnerin verständlicherweise »im Stich gelassen« gefühlt. Zudem habe die Reaktion der Cousine dazu geführt, dass die Dialogpartnerin an ihren eigenen Gefühlen und Wahrnehmungen bezüglich des sexuellen Missbrauchs noch stärker gezweifelt habe als zuvor: »Und ich wusste dann nicht, ob es mir dann schlecht gehen darf. Das war mir lange nicht klar. Lange war ich mir dessen nicht sicher ... ob es mir schlecht gehen darf oder nicht. Ob es ein Missbrauch war oder nicht.« Man kann davon ausgehen, dass die Dialogpartnerin den Wunsch gehabt hatte durch die Cousine die Bestätigung zu erhalten, dass sie schuldfrei an dem sexuellen Missbrauch sei. Jedoch wurde ihrem vorhandenen Schuldgefühl durch diese prägende Situation nur noch weiterer ›Nährboden zum Wachsen‹ gegeben.

6.1.12.2 Schuldzuschreibung seitens der Umwelt
Der Ehemann der Dialogpartnerin: »*Wenn du den als angenehm empfunden hast, dann bist du ja nicht ganz unschuldig*« *(Dialogpartnerin O).*

2 Dialogpartnerinnen: N, O

Wie unter Punkt 6.1.12.1 aufgezeigt, hat das Verhalten, die Reaktionen und die Haltung der Umwelt bei der Hälfte der Dialogpartnerinnen zu dem Schuldgefühl beigetragen. Explizite Schuldzuschreibungen der Umwelt, in der Form, dass jemand gegenüber der jeweiligen Betroffenen explizit ausgesprochen hat, dass diese Schuld an dem sexuellen Missbrauch trägt, zeigt sich dagegen nur bei zwei Dialogpartnerinnen. Die Großmutter der Dialogpartnerin N, die mit ihrer Enkelin immer für deren Sünden beten gegangen sei (vgl. Punkt 6.1.12.1), habe dieser auch direkt ins Gesicht gesagt, dass diese an dem sexuellen Missbrauch durch den Großvater »schuld dran« sei. Besonders Bezugspersonen, die dem Opfer wichtig sind, können durch ihre anklagenden Äußerungen das Schuldgefühl bei dem Opfer festigen. So wie es bei der Dialogpartnerin O zweimal geschehen ist: Der Bruder, der die Dialogpartnerin zuerst für unschuldig erklärt habe, habe zwei Jahre später gesagt: »*Du* hast den A. doch verführt.« Diese Äußerung sei für die Dialogpartnerin wie »ein Schlag ins Gesicht« gewesen. Eine weitere Schuldzuschreibung habe die Dialogpartnerin einige Jahre später von ihrem Ehemann erfahren. Die Dialogpartnerin habe ihrem Mann – nachdem sie einen Flashback während einer sexuellen Situation mit ihm gehabt habe – gesagt: »Ich fühle mich so schuldig, mir geht es so schlecht. Ich habe den sexuellen Missbrauch auch als angenehm empfunden.« Ihr Ehemann habe darauf Folgendes geantwortet: »Wenn du den als angenehm empfunden hast, dann bist du ja nicht ganz unschuldig.« Diese Antwort sei für die Dialogpartnerin »so schlimm« gewesen, sie sei »sauer« und »geschockt« gewesen. Denn in diesem Moment habe sie sich »eh schon so schuldig gefühlt« und ihr Mann habe dann durch die Aussage »noch mal richtig reingehauen«. Das Schuldgefühl erfährt durch solche eindeutigen Beschuldigungen eine Verfestigung, besonders wenn dieses in dem Opfer noch sehr verinnerlicht ist. Jedoch ist davon auszugehen, dass sich solche Anschuldigungen auch bei Opfern, die das Schuldgefühl schon zu großen Teilen ablegen konnten, negativ auswirkt: Und zwar in der Form, dass das kaum noch vorhandene Schuldgefühl durch solche Schuldzuschreibungen wieder, teilweise explosionsartig, zunimmt. Denn solange noch ein inneres Restschuldgefühl besteht, kann dieses mit hoher Wahrscheinlichkeit durch negative äußere Bedingungen, wie durch solche klaren Anschuldigungen seitens der Umwelt, in seinen Ausgangszustand zurückfinden, besonders wenn das Schuldgefühl innerpsychisch sehr bedeutsam ist.

6.1.13   Verhalten einer professionellen Instanz

Die Dialogpartnerin habe von der Staatsanwaltschaft »zu hören bekommen«: »Ja, Sie sind ja auch selber schuld dran, weil Sie sind ja selber mitgegangen« (Dialogpartnerin N).

3 Dialogpartnerinnen: N, D, O

Professionelle Instanzen sind auch ein Teil der Umwelt, jedoch sollen diese an dieser Stelle, wie oben schon erläutert, einzeln aufgeführt und diskutiert werden, da sie eine besondere Rolle bei der Schuldgefühlentwicklung einnehmen. Mit professioneller Instanz sind in der vorliegenden Arbeit Kliniken, Psychiatrien, Beratungsstellen, Richter, Gutachter, Ärzte, Psychotherapeuten o. Ä. gemeint. Bei drei Dialogpartnerinnen zeigt sich, dass das Verhalten einer solchen professionellen Instanz zu dem Schuldgefühl sehr beigetragen hat. So bei der Dialogpartnerin N. Sie habe es geschafft, ihren Vergewaltiger nach sechs Jahren anzuzeigen und habe dann von der Staatsanwaltschaft »zu hören bekommen«: »Ja, Sie sind ja auch selber schuld dran, weil Sie sind ja selber mitgegangen.« Ähnlich hat es sich bei dem Gerichtsprozess der Dialogpartnerin D abgespielt: Im Rahmen der Anzeige habe die Dialogpartnerin ein aussagepsychologisches Gutachten gemacht. Sie sei sicher gewesen, dass dieses Gutachten für sie positiv ausfallen werde, da sie schließlich der Gutachterin die Wahrheit gesagt habe. Doch in dem Gutachten habe Folgendes gestanden: »Die These, die dahinter steht, ist, dass es eine Liebesbeziehung gewesen ist, es ist eine Verliebtheit von meiner Seite. Das es daraus entstehen konnte und dass es sich nicht um eine Vergewaltigung handelt.« Die sexuellen Praktiken haben laut dem Gutachten dementsprechend stattgefunden, aber es sei kein sexueller Missbrauch gewesen – sondern alles sei auf freiwilliger Basis geschehen. In dem Gutachten werde diese Aussage folgendermaßen begründet: »Empfindungen« – wie die sexuelle Erregung und die positiven Gefühle, die die Dialogpartnerin teilweise bei dem sexuellen Missbrauch verspürt habe – könne es »nicht [...] im Zusammenhang mit einer unfreiwilligen Vergewaltigung« »geben«. Das Glaubwürdigkeitsgutachten, sei »das Schlimmste« gewesen, was der Dialogpartnerin »hätte passieren können«. Denn dieses Gutachten habe ihre Ansätze hinsichtlich der Schuldgefühlüberwindung, welche sie Stück für Stück für sich erkämpft gehabt habe, mit einem Schlag zerstört: »Das hat genau das bestätigt, wo ich lange dran gearbeitet habe, um ein anderes Gefühl zu bekommen. Das hätte nicht passieren dürfen.« Solche Reaktionen von professioneller Seite bestätigen bei dem Opfer »alle Ängste, die man haben kann« (Dialogpartnerin D). Dieses Zitat zeigt, dass die Opfer oft in der Angst leben, dass ihr Schuldgefühl, welches offensichtlich in einer bestimmten Form noch in ihnen vorhanden ist, von außen bestätigt werden kann und auf diese Weise wieder hoch geholt werden kann. Die Opfer fallen in solchen Momenten schnell wieder in die frühere *Schuldgefühldynamik* zurück und sind bei einem Gerichtsverfahren z. B. dazu »verleitet«, den eigentlichen Täter als unschuldig zu erklären. Dies sei auch der erste Gedanke bei der Dialogpartnerin D gewesen, als sie das Glaubwürdigkeitsgutachten gelesen habe: »Wir stellen das Verfahren ein, der arme Mann. Wer kann das im Nachhinein schon beurteilen, wie das gewesen ist?« Die Opfer haben in solchen Momente, in denen diese anscheinend professionellen Personen und Stellen ihnen die Schuld an dem Missbrauch geben, die Tendenz in sich, die Schuld anzunehmen und den Täter von der Schuld freizusprechen. Die Begründung des wachsenden Schuldgefühls liegt hierbei vor allem in der, von den Opfern verständlicherweise angenommenen, Professionalität dieser Institutionen und Fachleute. Denn die Opfer sind davon überzeugt, dass diese Stellen bzw. diese Menschen Experten auf dem Gebiet des sexuellen Missbrauchs sind und gehen dementsprechend z. B. davon aus, eine Gutachterin »muss ja ein bisschen davon wissen, wovon sie redet« (Dialogpartnerin D).

Die zwei geschilderten Fälle sind Beispiele dafür, dass dem Opfer von professioneller Seite her »vorgehalten« wird, »dass man doch selbst schuld gewesen ist« (Dialogpartnerin D). Jedoch gibt es auch die Fälle, bei denen es sich nicht um solch eine explizite Schuldzuschreibung handelt, sondern eher die Gesamtsituation, ausgehend von dem Verhalten der professionellen Stelle, zu dem Schuldgefühl beiträgt. Das (Fehl)verhalten der professionellen Instanz kann daher eine Atmosphäre schaffen, in der dem Opfer vermittelt wird, dass dieses (Mit)schuld an dem Missbrauch trägt. So z. B. bei der Dialogpartnerin D: Die Dialogpartnerin sei mit 14 Jahren in eine psychiatrische Kinderklinik eingewiesen worden. Dort habe sie sich ihrer Betreuerin als ersten Menschen bezüglich des sexuellen Missbrauchs anvertraut. Zwar habe diese Betreuerin »sehr positiv drauf reagiert in dem Moment«, doch danach sei seitens der Klinik »sehr lasch reagiert worden«. Denn obwohl das Klinikpersonal von dem sexuellen Missbrauch gewusst habe, – die Dialogpartnerin habe klar formuliert, dass der Täter »über einen längeren Zeitraum hinweg« »übergriffig« gewesen sei – habe dieses nicht ausreichend dafür gesorgt, dass die Dialogpartnerin vor dem Täter geschützt wird. Zwar habe es die Vereinbarung gegeben, dass der Täter ausziehen müsse und dass dieser keinerlei Kontakt mehr zu der Dialogpartnerin habe, jedoch sei dies »nur die Vereinbarung auf dem Papier« gewesen, denn »faktisch« sei »er nie ausgezogen« und »von der Klinik« habe »sich dann […] niemand […] mehr drum gekümmert«. Bei der Dialogpartnerin O habe die Beratungsstelle, die, wie die Dialogpartnerin betont, ihr auch sehr geholfen habe, ebenfalls einige Fehler gemacht. Denn diese habe mitorganisiert, dass der Täter nicht sofort habe gehen müssen, dass die Dialogpartnerin an seiner Stelle zunächst ausquartiert worden sei, dass der Täter auf Zeit wiedergekommen sei und dass dieser mit dem Bruder in Urlaub habe fahren sollen (vgl. Punkt 6.1.11). Sehr wahrscheinlich sind solche Situationen für die Betroffenen sehr verwirrend und sie vermitteln diesen, dass der Missbrauch gar nicht so schlimm sei. In solch einer Atmosphäre kann das Schuldgefühl gewiss rasant ›wachsen‹. Denn sicherlich, zumindest unbewusst, ist die Betroffene davon überzeugt: Wäre ich unschuldig, würde mir seitens der professionellen Stelle (mehr) geholfen werden.

6.1.14 Nicht zu wissen, dass es sich um sexuellen Missbrauch handelt

»Ich hätte jetzt nicht sagen können, das ist sexueller Missbrauch, [...] weil ich habe das nicht in Zusammenhang gebracht« (Dialogpartnerin U).

14 Dialogpartnerinnen: Q, C, H, I, S, B, N, Z, D, G, E, A, U, O

Allen 14 Dialogpartnerinnen ist jahrelang »überhaupt nicht klar« gewesen, »dass es ein Missbrauch ist«, der ihnen widerfährt (Dialogpartnerin O). Sie haben daher »nie das Wort gefunden zu sagen, das ist ein Missbrauch« (Dialogpartnerin D). Für die Dialogpartnerinnen ist es in ihrem *Weltbild* zunächst alles Mögliche gewesen, jedoch niemals sexuelle Gewalt. Die Opfer wissen dementsprechend auch lange Zeit nicht, dass der Täter im Unterschied zu ihnen, als die eigentlich Betroffenen, die alleinige Schuld an diesem nicht erkannten Missbrauch trägt. Die Situation ist für die Opfer »verwirrend« (Dialogpartnerin D). Einige Opfer haben gespürt, »dass es nicht gut ist«, aber sie wussten »nicht direkt, was jetzt falsch ist« (Dialogpartnerin H) und hatten Angst, dass sie sich ihre unangenehmen Gefühle nur einbilden. Die »Erkenntnis«, dass es sexuelle Gewalt ist, kommt meistens »erst in der Pubertät« (Dialogpartnerin G) oder noch später. Es ist davon auszugehen, dass diese lange Unsicherheit bezüglich dessen, was ›es‹ überhaupt ist, ebenfalls einen Faktor bei der Schuldgefühlentstehung darstellt. Denn das rationale Erkennen, sexuell missbraucht worden zu sein, stellt eine wichtige und notwendige Voraussetzung für eine mögliche Schuldgefühlüberwindung dar. In diesem Zusammenhang merkt die Dialogpartnerin O an: »Wenn ich aufgeklärt gewesen wäre, dann hätte sich das (Schuldgefühl) gar nicht entwickelt.«

6.1.15   Reale Lebensbedrohung

»Und das hat er [Täter] bei jedem Mal gesagt: ›Ich mache dich tot, wenn du was erzählst!‹« (Dialogpartnerin B)

2 Dialogpartnerinnen: B, N

Bei zwei der Dialogpartnerinnen zeigt sich als weitere Entstehungsmöglichkeit für das Schuldgefühl die erlebte reale Lebensbedrohung ausgehend von dem Täter. Der Täter der Dialogpartnerin B habe immer wieder gedroht: »Ich mache dich tot, wenn du jemanden was erzählst«. Diese Drohung habe bei der Dialogpartnerin zu großer »Angst« und »Panik« geführt. Außerdem habe die Dialogpartnerin aufgrund dieser Drohung enorme Angst gehabt, sich jemanden anzuvertrauen und daher lange mit sich gerungen, bis sie sich ihrer Mutter anvertraut habe. Auch bei der Dialogpartnerin N zeigt sich diese lebensbedrohliche Atmosphäre. Die Interviewerin fragt sie, ob sie sich jemals Gedanken gemacht hätte, ihren Vater für den sexuellen Missbrauch anzuzeigen. Die Dialogpartnerin erklärt darauf, würde sie ihren Vater anzeigen und dieser käme ins Gefängnis, würde er sie »umbringen, wenn er wieder draußen wäre«. An dieser Stelle wird deutlich, dass die innerpsychische Todesangst des Opfers in der äußeren Realität begründet ist. Denn der Täter befindet sich rein ›objektiv‹ in der weitaus mächtigeren Position im Gegensatz zu dem hilflosen Opfer. Im Extremfall kann dieser sogar über Leben und Tod des Opfers entscheiden. Die zwei angebrachten Beispiele zeigen, dass die Angst der Betroffenen um das eigene Leben die Beschuldigung des Täters verhindert. Durch das Schuldgefühl kommt das Opfer dementsprechend gar nicht in die ›Versuchung‹, den Täter öffentlich zu beschuldigen, im Gegenteil, das *Schweigegebot* wird verstärkt. Demnach ist das Schuldgefühl auch als ein lebenswichtiger Selbstschutz bezüglich einer real bestehenden Todesgefahr, die vom Täter ausgeht, anzusehen.

6.2   Auswirkungen und Auswirkungszusammenhänge

In diesem Kapitel werden die im Rahmen der Untersuchung gewonnenen *Auswirkungen und Auswirkungszusammenhänge* des Schuldgefühls aufgezeigt. Neben dem Begriff Auswirkung wurde der Begriff Auswirkungs*zusammenhang* gewählt, da auf diese Weise implizit darauf hingewiesen werden soll, dass es sich nicht um einen eindeutigen kausalen Prozess zwischen Schuldgefühl und dessen Auswirkungen handelt, sondern dass die Auswirkungen des Schuldgefühls vielmehr in einem dynamischen Zusammenhang mit diesem stehen. Besonders bedeutsam sind in diesem Kapitel das *Schuldweltbild* (Punkt 6.2.1), *Negatives Selbstbild* (Punkt 6.2.2) und die *Generalisierung* (Punkt 6.2.4). Wie bei dem vorangegangen Kapitel wird jeder Auswirkungsaspekt zunächst mit einem oder mehreren Zitaten aus den Interviews bzw. den individuellen Beschreibungen eingeleitet, um an die Thematik heranzuführen und einen ersten Einblick zu erhalten. Ebenfalls wird daraufhin angegeben, wie viele der 14 befragten Frauen die jeweilige Auswirkung aufweisen. Anschließend wird der jeweilige Auswirkungsaspekt in seinem psychischen Wirken ausführlich dargelegt und anhand anschaulicher Beispiele aus den Interviews belegt.

6.2.1   Schuldweltbild

»Ich habe wirklich nur diese Seite gesehen: Selber Schuld! Ich habe wirklich die Schuld nur bei mir gesehen [...]. Ich habe auch Null Schuld bei meinem Bruder gesehen.« Den sexuellen Missbrauch habe die Dialogpartnerin als solchen dementsprechend nicht wahrgenommen, sie habe es eingeordnet als: *»Ich habe mit dem geschlafen. Und so war meine Perspektive auch. Ich habe mit meinem Bruder geschlafen, wie konnte ich das tun?«* (Dialogpartnerin Q)

14 Dialogpartnerinnen: Q, C, H, I, S, B, N, Z, D, G, A, E, U, O

Bei allen 14 Dialogpartnerinnen zeigt sich, dass sich während der Zeit des Missbrauchs ein bestimmtes *Schuldweltbild* bei ihnen entwickelt hat. Diejenigen Dialogpartnerinnen, die ihr Schuldgefühl schon überwunden haben, konnten dieses *Schuldweltbild* ablegen, diejenigen Dialogpartnerinnen dagegen, die sich bis heute noch schuldig an dem Missbrauch fühlen, leben auch weiterhin in ihrer *Schuldwelt*. Das *Schuldweltbild* entwickelt sich meistens von klein auf und wird über die Jahre immer mehr ausgebaut. Auch erfährt es höchstwahrscheinlich durch das jahrelange Bestehen eine immer stärkere Verfestigung. In diesem *Schuldweltbild* ist *»für die Realität noch kein Platz«* (Dialogpartnerinnen Q), sodass der sexuelle Missbrauch als solcher auch nicht wahrgenommen werden kann (vgl. Punkt 6.1.14). Das Fundament und die Grundzüge dieses *Schuldweltbildes* sind bei allen Dialogpartnerinnen sehr ähnlich, die genauen Inhalte schwanken hingegen interindividuell sehr stark. Das Fundament wird gebildet aus der festen Überzeugung des Opfers, die Schuldige bzw. die Mitschuldige an dem nicht erkennbaren sexuellen Missbrauch zu sein: »Ich habe immer gedacht, ich bin schuld« (Dialogpartnerin U). So habe sich die Dialogpartnerin D auch »eher in der Täter- als in der Opferrolle« erlebt. Oftmals wird »Null Schuld« (Dialogpartnerin Q) beim eigentlichen Täter gesehen. Dieser wird häufig sogar als komplett unschuldig angesehen. Zudem wird gegenüber diesem oft »totales Mitleid« (Dialogpartnerin O) empfunden. Viele Dialogpartnerinnen erleben sich als »die Geliebte« (Dialogpartnerin O), die den Täter »verführt« (Dialogpartnerin D) habe und auf diese Weise beispielsweise ihre eigene Mutter hintergangen habe. Dementsprechend sei die eigentliche Betroffene in der Logik ihres *Schuldweltbildes* »die Böse«, die »es falsch gemacht« habe und daher auch den »Ärger« bekommen werde (Dialogpartnerin I). Für den eigentlichen Täter werden hingegen alle möglichen Rechtfertigungsgründe gesucht, damit dieser in den Augen des eigentlichen Opfers von Schuld frei gesprochen werden kann (vgl. Punkt 6.1.2): So sei der Vater der Dialogpartnerin H zum Beispiel »krank« und daher habe sie sich »hergeleitet«, dass sie »alleine schuld« an dem Missbrauch sein müsse. Nach dieser Logik seien es auch die Dialogpartnerinnen selbst, die »die Familie kaputt gemacht« (Dialogpartnerin H) haben – und eben nicht die eigentlichen Täter. Man erkennt, die Kontrollillusion stellt neben dem *Täterschutz* innerhalb des *Schuldweltbildes* einen sehr zentralen Aspekt dar. Immer wieder blitzt es durch, dass im »Gedankengang« der eigentlich Betroffenen, sie selbst diejenige sei, die »das aktiv alles steuert« (Dialogpartnerin O). Der Inhalt des *Schuldweltbildes* wird von den Dialogpartnerinnen sehr lange Zeit als »eine Tatsache, die man nicht infrage stellt« (Dialogpartnerin H) angenommen. Da die Dialogpartnerinnen ihr *Weltbild* zum psychischen Überleben benötigen, halten sie sehr lange an diesem fest. Sie können es daher nur schrittweise abbauen und erst dann fallen lassen, wenn der seelische Zusammenbruch nicht mehr bei Aufgabe dieses jahrelang bestehenden *Weltbildes* droht. Welche großen Auswirkungen solch ein *Schuldweltbild*, selbst noch Jahre nach dem Missbrauch, haben kann, zeigt sich bei der derzeit laufenden Anzeige der Dialogpartnerin D. Ein Bestandteil ihres *Schuldweltbildes* ist die Überzeugung, dass bei den Missbrauchssituationen, bei denen sie sich ihrer Ansicht nach zu wenig gewehrt habe, sie zumindest eine Mitschuld trage. Sie »gebe« dem Täter daher bei diesen Übergriffen »weniger Schuld«. Diese Überzeugung habe »im Rahmen der Anzeigenerstattung« dazu geführt, dass die Dialogpartnerin diese Missbrauchsszenen »nicht [...] erwähnt« habe. Aufgrund des immer noch bestehenden Schuldgefühls fällt es der Dialogpartnerin offensichtlich schwer, den Täter im Rahmen der Anzeige und in anderen Kontexten eindeutig als solchen zu beschuldigen.

Alle nachfolgend beschriebenen Auswirkungen und Auswirkungszusammenhänge sind mit großer Wahrscheinlichkeit als Bestandteile des gerade dargestellten *Schuldweltbildes* anzusehen.

6.2.2 Negatives Selbstbild

Die Dialogpartnerin erklärt, dass eine sehr zentrale Auswirkung des Schuldgefühls sei, dass sie sich »sehr, … sehr, … sehr … gehasst« habe und diesen Selbsthass heute noch größtenteils empfinde (Dialogpartnerin H).

13 Dialogpartnerinnen: Q, C, H, S, I, B, N, Z, D, G, E, U, O

Eine äußerst bedeutende Auswirkung des Schuldgefühls stellt das negative Selbstbild, welches sehr viele Dialogpartnerinnen gehabt haben bzw. bis heute noch aufweisen, dar. Dieses negative Selbstbild variiert bei den Dialogpartnerinnen von ein »neutrales bis schlechtes Verhältnis« (Dialogpartnerin Q) zu sich selbst zu haben, über »sich selbst zeitweise« zu hassen (Dialogpartnerin O) bis hin zum »ganz großen [durchgängigen] Selbsthass« (Dialogpartnerin C). Der Selbsthass der Dialogpartnerin D sei sogar so weit gegangen, dass sie sich »nicht wert« gefühlt habe, weiter leben zu dürfen, da sie solch eine große Schuld, den Mann ihrer Mutter verführt zu haben, trage. Ein zentraler Bestandteil des negativen Selbstbildes ist das »absolute[s] Gefühl von Minderwertigkeit« (Dialogpartnerin B). So fühlen sich die meisten Dialogpartnerinnen »minderwertig« (Dialogpartnerin B) und »wertlos« (Dialogpartnerin H). In diesem Kontext erklärt die Dialogpartnerin H »Wenn man so viel Schuld trägt, dann ist man ja auch … ein schlechter Mensch! Weil man an so vielen schlechten Dinge die Schuld trägt. Wenn man ein schlechter Mensch ist, dann ist man vielleicht auch nicht so viel wert wie andere Menschen.« Diese Entwertung des eigenen Selbst ist sogar so stark, dass die Dialogpartnerin der festen Überzeugung sei: »Im Prinzip sind alle mehr wert als ich.« Auch steht das negative Selbstbild damit im Zusammenhang, dass das Opfer sehr oft »kein Selbstmitleid« (Dialogpartnerin G) empfinden kann und alle Aggressionen gegen sich selbst richten muss (vgl. Punkt 6.2.3).

Die Abwertung des Selbst bis zur uneingeschränkten Selbstentwertung muss vor allem als eine psychisch notwendige Konsequenz der überlebenswichtigen Täteridealisierung betrachtet werden. Denn die Dialogpartnerinnen konnten mit großer Sicherheit das gute Bild des Täters nur durch solch eine Selbstabwertung für sich retten. Die Psyche nimmt daher lieber ein sehr stark negatives Selbstbild in Kauf, anstatt das gute Bild einer wichtigen Bezugsperson zu zerstören, von der das Opfer sowohl emotional als auch körperlich abhängig ist (vgl. Punkt 6.1.2).

Dieses negative Selbstbild ist für einige Dialogpartnerinnen, selbst jahrelang nach dem sexuellen Missbrauch, schwer abzulegen. So »kämpfe« beispielsweise die Dialogpartnerin U »heute noch« mit diesem.

6.2.3 Selbstverletzendes Verhalten

»Die [Schuldgefühle] haben einen großen Anteil an der Selbstverletzung gehabt. Da bin ich von überzeugt. Ich weiß jetzt nicht genau, warum das andere machen oder gemacht haben, aber bei mir war das immer ganz stark dieses Gefühl: Du bist schlecht! Du bist schuld! Du hast versagt! Du warst nicht richtig!« (Dialogpartnerin C)

8 Dialogpartnerinnen: C, H, I, S, D, G, U, O

Bei acht Dialogpartnerinnen zeigt sich als weitere Auswirkung des Schuldgefühls selbstverletzendes Verhalten, welches im engen Zusammenhang mit dem soeben beschriebenen negativen Selbstbild steht. Die Art der Selbstverletzung kann sehr unterschiedlich sein. Häufig schneiden sich die Opfer die Arme auf, andere versuchen sich »ein Bein oder einen Arm zu brechen« (Dialogpartnerin U), einige haben sogar »Selbstmordversuche« (Dialogpartnerin U) unternommen. Die Dialogpartnerin G erklärt hingegen, sie könne sich nicht selbst verletzten, daher »lasse« sie »es machen«: »Wenn Sie meine Hände angucken und meine Arme, ich glaube es gibt keinen Menschen, der so oft von einer Katze gebissen oder gekratzt wird. Ich fordere das heraus.« Es zeigt sich, dass die Betroffenen häufig das starke Bedürfnis empfinden sich für »irgendwas [...] bestrafen« (Dialogpartnerin D) zu müssen, dass sie jedoch lange Zeit nicht einordnen können, dass diese Bestrafungswünsche und deren Ausführungen mit dem sexuellen Missbrauch in einem engen Zusammenhang stehen. An dieser Stelle erkennt man, dass das Schuldgefühl auch sehr viele unbewusste und vorbewusste Anteile aufweist. Jedoch haben die meisten Dialogpartnerinnen derzeit für sich erkannt, dass hinter ihrem enormen Drang, sich selbst zu schädigen, der Wunsch steht, sich für das angebliche Fehlverhalten bezüglich des sexuellen Missbrauchs zu bestrafen. Bei einigen wenigen war dieses Wissen hinsichtlich ihrer Bestrafungsmotivation auch von klein auf schon vorhanden.

Es ist anzunehmen, dass viele Dialogpartnerinnen ein einflussreiches Täterintrojekt in sich tragen, welches sie zu diesen selbstverletzenden Handlungen drängt. So beispielsweise bei der Dialogpartnerin C: »Wenn die Prügel vom Papa dann nicht kam, dann musste man es halt selber machen.« Des Weiteren zeigt sich, dass jeder mögliche Angriff gegen den Täter durch die Wendung der Aggressionen gegen sich selbst im Keim erstickt wird. So habe sich beispielsweise die Dialogpartnerin S selbst verletzt, um sich dafür zu bestrafen, überhaupt über die Möglichkeit eine »Anzeige zu machen«, »nachgedacht« zu haben.

6.2.4 Generalisierung

»Ich habe das [Schuldgefühl] so erweitert. Irgendwie auf mein ganzes Leben«. Die Dialogpartnerin »fühle« sich »für alles schuldig« – ausnahmslos (Dialogpartnerin H).

8 Dialogpartnerinnen: C, H, B, Z, D, G, E, U

Acht der 14 Dialogpartnerinnen haben das Schuldgefühl »verinnerlicht«, »ihr Leben lang« »mitgenommen« (Dialogpartnerin B) und auf sehr viele, wenn nicht auf alle weiteren Lebensbereiche generalisiert. Es ist demnach für diese Dialogpartnerinnen eine Art »Lebensgefühl« (Dialogpartnerin E) geworden. Die Generalisierung des Schuldgefühls hat meist bei den Dialogpartnerinnen sehr früh eingesetzt. So habe sich beispielsweise die Dialogpartnerin C »als Kind immer schuldig gefühlt. Ständig! Egal, was passiert« sei. Auch die Dialogpartnerin Z könne sich »nicht erinnern, ohne Schuld gelebt zu haben«. Die sei immer da gewesen.

Bei vielen Dialogpartnerinnen ist dieses Gefühl so »umfassend« (Dialogpartnerin Z), dass sie sich »bei allen Mensch ständig schuldig« und »ständig verantwortlich« (Dialogpartnerin C) fühlen. Die Dialogpartnerin H berichtet in diesem Zusammenhang, ihre erste Therapeutin habe sich nicht in der Lage gefühlt, die Dialogpartnerin nach deren Klinikaufenthalt weiter therapieren zu können. Die Therapeutin habe ihr gesagt, sie könne sie erst weiter therapieren, wenn die Dialogpartnerin vorab für längere Zeit in die Psychiatrie ginge. Die Dialogpartnerin habe die Ursache und demzufolge die Schuld des Therapieabbruchs nur bei sich gesehen: Sie habe demnach gedacht, sie sei »zu bescheuert, zu verrückt, zu krank« um therapiert werden zu können. An diesem Beispiel erkennt man, dass die Dialogpartnerinnen noch nicht mal in Erwägung ziehen, dass sie an der Situation unschuldig sein könnten, dass der andere zumindest eine Teilschuld tragen könnte oder dass niemanden die Schuld treffen könnte und es einfach die Umstände sein könnten. Doch diese Überlegen machen sich die Opfer nicht. Sie schreiben sich die Schuld sofort zu und fragen sich dementsprechend: Was habe *ich* falsch gemacht? »Was habe *ich* dem getan?« (Dialogpartnerin B)

Einigen Dialogpartnerinnen ist »vom Verstand her« klar, dass sie sich bei bestimmten Situationen nicht schuldig gemacht haben, jedoch sagt ihnen immer »das Gefühl [...], ne das hättest du besser machen können. Das hättest du anders machen können. Das ist deine Schuld« (Dialogpartnerin B). Folgende Situation illustriert sehr anschaulich diese schuldzuschreibende Dynamik: Die Dialogpartnerin B habe ihrer »besten und langjährigen Freundin« vor eineinhalb Jahren erzählt, dass sie als Kind sexuell missbraucht worden sei. Darauf habe diese plötzlich »den Kontakt [...] abgebrochen«. Zunächst fand die Dialogpartnerin dies »empörend und total blöd«, doch kurz danach fing die »Grübelei« wieder an: »Was habe ich denn jetzt falsch gemacht? Was habe ich der denn jetzt getan?« Sie sei »drei Monate mit dem Gedanken rumgelaufen, bestimmt etwas falsch gemacht zu haben«. An diesem Beispiel sieht man, dass das Schuldgefühl letztendlich über den Verstand ›siegt‹.

Der überwiegende Teil der Dialogpartnerinnen fühlt sich »viel besser«, wenn gesagt werden kann: »Ja, das stimmt, das habe ich falsch gemacht« (Dialogpartnerin D). Dagegen empfinden die Dialogpartnerinnen ein starkes Unwohlsein, sobald sie sich selbst verteidigen und ihre Schuldgefühle infrage stellen. Dies zeigt, wie sehr die Opfer psychisch dieses Schuldgefühl in Form einer Generalisierung offensichtlich für ihr Leben brauchen, sodass dieses von ihrer Psyche mit einem Gefühl von Wohlsein besetzt wird.

Es ist auffallend, dass bei vielen Dialogpartnerinnen, obwohl sie das Schuldgefühl hinsichtlich des sexuellen Missbrauchs überwunden haben, sie unter der *Schuldgefühlgeneralisierung* noch leiden, das heißt, sie fühlen sich zwar nicht mehr für den sexuellen Missbrauch schuldig, aber ihr Schuldgefühl lebt in der Form weiter, dass sie sich bezüglich vieler anderer Situationen schuldig fühlen, obwohl sie in diesen Situationen, analog der Missbrauchssituation, ebenfalls unschuldig sind. Dieser Umstand könnte darauf hinweisen, dass das Opfer unbewusst das Missbrauchsschuldgefühl noch in sich trägt. Die Generalisierung könnte dementsprechend als letztes bewusstes Überbleibsel des großen verdeckten und somit unbewussten Schuldgefühls bezüglich des sexuellen Missbrauchs unter der bewussten Oberfläche verstanden werden. An dieser Stelle kommt die Frage auf: Muss die *Schuldgefühlgeneralisierung* ebenfalls aufgelöst werden, um eine komplette Schuldgefühlüberwindung zu erreichen?

6.2.5   Schweigegebot

»Also das Gefühl der Schuld, dass ich die Schuldige bin, dass ich die Böse bin, das war ein Grund dafür, dass ich nicht gesprochen habe. Dass ich nicht geredet habe. Und dass ich zu meinen Eltern nichts gesagt habe« (Dialogpartnerin I).

Das schlimmste Gefühl oder auch das intensivste Gefühl überhaupt in meiner Kindheit war diese Todesangst, was passiert, wenn das Schweigegebot gebrochen wird« (Dialogpartnerin O).

6 Dialogpartnerinnen: Q, I, D, G, U, O

Eine andere bedeutende Auswirkung des Schuldgefühls stellt das oft jahrelange, teilweise jahrzehntelange *Schweigegebot* der Dialogpartnerinnen dar. Das Schuldgefühl hat sich bei einigen Dialogpartnerinnen »hauptsächlich im Schweigen« (Dialogpartnerin Q) geäußert. Sie haben »furchtbare Angst« und »unglaubliche Panik« (Dialogpartnerin O) gehabt, dass jemand von dem sexuellen Missbrauch – den sie als solchen nicht angesehen haben – erfahren könnte. So habe die Dialogpartnerin D immer in der Angst gelebt, dass jemand raus finden könnte, dass sie den »Mann« ihrer Mutter »verführe«. Die Dialogpartnerinnen haben enorme »Angst vor Ablehnung« (Dialogpartnerin U) seitens ihrer Mitmenschen. Denn sie sind davon überzeugt gewesen bzw. sind es immer noch, dass derjenige, dem sie sich anvertrauen würden, sie mit den gleichen Augen sehen würde, wie sie es selbst zu der Zeit noch getan haben bzw. noch tun: Als die Schuldigen (vgl. Punkt 6.2.6). Die Befürchtung ist vor allem, dass eine wichtige Bezugsperson – wie beispielsweise die Mutter – in Erfahrung bringen könnte, dass die jeweilige Dialogpartnerin solch »böse Sachen« macht und dass diese dann »sauer« ist (Dialogpartnerin I). In den Dialogpartnerinnen hat wahrscheinlich die Angst gelebt bzw. lebt immer noch, dass sie von ihren wichtigsten Bezugspersonen, wie der Mutter, gehasst und verstoßen werden. Demnach habe auch die Dialogpartnerin O ständig »unglaubliche Panik« verspürt, dass ihre Mutter etwas erfahren könnte. Denn dies wäre in ihren Augen »das Allerschlimmste« gewesen, was hätte passieren können. Die Opfer leben teilweise in einer »Todesangst« (Dialogpartnerin O), da sie davon überzeugt sind, dass »was ganz Schlimmes« (Dialogpartnerin O) mit ihnen passieren wird, sobald jemand hinter ihr ›Geheimnis‹ kommt. Dementsprechend setzen sie alles daran, dass dieses nie aufgedeckt werden kann. Hier erkennt man, dass das Schuldgefühl, welches der Täter bei dem Opfer zum Teil hervorruft (vgl. Punkt 6.1.3), eines der »besten Mittel« (Dialogpartnerin O) darstellt, um das Opfer zum Schweigen zu bringen, denn das »oberste Gebot« (Dialogpartnerin O) ist für viele Opfer dieses »Schweigegebot« (Dialogpartnerin O) gewesen. So erklärt auch die Dialogpartnerin O, auf diese Weise habe sich der Täter »total abgesichert«, dass sie sich »niemand anvertrauen« werde (Dialogpartnerin O).

6.2.6 Die Überzeugung, andere sehen das Opfer als schuldig an

»J: Denkst du deine Therapeutin, die von dem sexuellen Missbrauch weiß, empfindet dich als wertlos?« H (ohne zu zögern): »Ja!« (Dialogpartnerin H)

7 Dialogpartnerinnen: H, Q, C, D, G, E, U

Ein wichtiger Bestandteil des *Schuldweltbildes* und somit auch eine weitere Auswirkung des Schuldgefühls ist folgende, meist über viele Jahre hinweg bestehende Auffassung vieler Dialogpartnerinnen: Sie gehen davon aus, dass ihre Mitmenschen, die von dem sexuellen Missbrauch erfahren haben, sie ab diesem Moment als schuldig, schlecht und wertlos ansehen – entsprechend ihrem eigenen Selbstbild. In diesem Kontext formuliert die Dialogpartnerin H: »Ich will nicht, dass andere mich so sehen, wie ich mich fühle. Schuldig, schlecht, wertlos.« Die Dialogpartnerin H habe aus diesem Grund weder ihrer derzeitigen Therapeutin noch ihrer besten Freundin von dem sexuellen Missbrauch erzählt. Denn diese Beziehungen seien ihr »sehr wichtig« und sie wolle diese nicht gefährden. In der Untersuchung zeigt sich, dass das Opfer regelrecht »erwartet« (Dialogpartnerin D), dass dessen Mitmenschen ihm »Vorwürfe oder dergleichen« (Dialogpartnerin Q) machen werden, sobald diese über den Missbrauch Bescheid wissen. So sei sich auch die Dialogpartnerin D sicher gewesen, dass die Betreuerin der Klinik, der sie sich als erstes anvertraut habe, ihr Vorwürfe mache werde, in dem Sinne, dass diese z. B. sagen werde: »Aber das darf nicht sein, das ist doch der Freund deiner Mutter.« Diese Überzeugung, dass die Mitmenschen sie als schuldig ansehen müssen, ist in den meisten Dialogpartnerinnen so tief verwurzelt, dass sie gar nicht in Erwägung ziehen können, dass ihre Mitmenschen – und vor allem ihre wichtigsten Vertrauten – vielleicht eine andere Perspektive haben könnten, nämlich die Perspektive, dass die jeweilige Dialogpartnerin unschuldig, gut und wertvoll ist.

Selbst wenn die Mitmenschen anders als erwartet reagieren, können die Betroffenen dies teilweise gar nicht realisieren, denn es passt einfach nicht in ihr *Schuldweltbild*, wie an dem Beispiel von Dialogpartnerin Q aufgezeigt werden kann: »Meiner besten Freundin gegenüber habe ich das [den Missbrauch] angedeutet. Und da konnte ich aber, kaum dass ich es gesagt hatte, überhaupt nicht mehr damit leben, dass die das jetzt weiß.« Obwohl die Freundin »eigentlich positiv« reagiert habe, habe die Dialogpartnerin in dieser Situation »gar nicht realisiert, dass sie [ihr] keine Vorwürfe gemacht hat«.

Die unbewusste Angst, dass das *Schuldweltbild* seine Gültigkeit verlieren könnte, ist offensichtlich so groß, dass die Dialogpartnerinnen sogar den Kontakt zu den Menschen aufgeben, die dieses *Weltbild* wieder in die Realität – nämlich dass sie unschuldig sind – zurechtrücken könnten. So habe auch die Dialogpartnerin Q, kurz nachdem sie sich ihrer besten Freundin anvertraut habe, »den Kontakt abgebrochen«. Auf diese Weise konnte das überlebenswichtig *Schuldweltbild* der Dialogpartnerin ohne Einschränkungen weiter bestehen bleiben. Sie kommt im Interview selbst zu dem Schluss, dass es »zu früh« zu diesem Zeitpunkt gewesen sei, das *Schweigegebot* zu brechen. Dies zeigt, dass das *Schuldweltbild* erst eine Art Riss bekommen muss, also dass das *Schuldweltbild* ein erstes Mal von dem *Opfer selbst* infrage gestellt werden muss, damit dieses schrittweise – dann auch durch die Hilfe von außen – abgelegt werden kann (Punkt 6.3).

6.2.7 Keine Hilfe annehmen können/sozialer Rückzug

»Ich denke der direkteste Einfluss, dass ich ja aufgrund der Schuldgefühle nie irgendwie Hilfe gesucht habe [...] Und auch in solchen Phasen, in denen ich eigentlich sicher war, dass ich eigentlich Hilfe bräuchte, habe ich nie Hilfe in Anspruch genommen, bzw. ich habe sogar ganz bewusst den Kontakt zu Personen gemieden, von denen ich Angst hatte, die würden da hinter steigen können, was eigentlich los ist« (Dialogpartnerin Q).

4 Dialogpartnerinnen: Q, S, B, U

Es stellt sich heraus, dass einige Dialogpartnerinnen von sich aus »nie Hilfe gesucht« (Dialogpartnerin Q) haben. Selbst wenn sie »wirklich am Ende« (Dialogpartnerin Q) gewesen sind, sind sie nicht in der Lage gewesen, mögliche Hilfsangebote in Anspruch zu nehmen. Im Gegenteil, manche von ihnen haben sogar »niemand« an sich »rangelassen« (Dialogpartnerin S). Denn die Überzeugung ist bei ihnen gewesen: »Wenn jemand selber schuld an etwas hat, hat er ja keinen Anspruch auf Hilfe« (Dialogpartnerin Q). Die Dialogpartnerin Q drückt dies in einem anschaulichen Bild wie folgt aus: »Ich kann mir nicht erst absichtlich den Finger abschneiden und dann ins Krankenhaus gehen und sagen: Näht mir den wieder an.« Mit großer Sicherheit waren die Dialogpartnerinnen aufgrund ihres verinnerlichten *Schuldweltbildes* nicht in der Lage, zu erkennen, dass ihnen – als dem Opfer – Hilfe zusteht. Einige von ihnen haben »sogar ganz bewusst den Kontakt zu Personen gemieden«, vor denen sie »Angst« hatten, dass sie »dahinter steigen« (Dialogpartnerin Q) könnten.

Auch haben einige Dialogpartnerinnen – wie unter Punkt 6.2.6 ausführlich dargestellt – sogar den Kontakt, selbst zu wichtigen Mitmenschen, abgebrochen, wenn diejenigen von dem sexuellen Missbrauch erfahren haben. Das Wissen, dass jemand von dem Missbrauch weiß, führte bei den Dialogpartnerinnen oft zu »Panik« und »Flucht« (Dialogpartnerin Q). Der immer erneute soziale Rückzug hat bei den Dialogpartnerinnen oftmals die Auswirkung gehabt, dass diese »isoliert« und »ziemlich einsam« (Dialogpartnerin B) gewesen sind.

Immer wieder betonen die Dialogpartnerinnen in den Interviews, »dieser Zeitpunkt« des Anvertrauens sei »noch nicht richtig« gewesen (Dialogpartnerin U), es sei zu »früh« gewesen (Dialogpartnerin Q). Diese Äußerungen weisen stark darauf hin, dass die Dialogpartnerinnen damals noch in ihrer *Schuldwelt* gelebt haben und für die »Realität noch kein Platz« (Dialogpartnerin Q) gewesen ist. Daher an dieser Stelle erneut der Hinweis, erst wenn sich innerlich etwas in dem Opfer ereignet – wie oben schon angesprochen, das *Schuldweltbild* einen ersten Riss erfährt – kann das Opfer langsam verstehen, dass ihm Hilfe zusteht und diese auch nutzen. Zuvor lebt das Opfer weiterhin in seiner *Schuldwelt* und verachtet sich für sein angebliches Fehlverhalten.

6.3   Überwindung

An dieser Stelle werden die im Rahmen der Diplomarbeit gewonnenen *Überwindungsmöglichkeiten* des Schuldgefühls aufgezeigt. Da nur vier der 14 Dialogpartnerinnen nach eigenen Angaben das Schuldgefühl überwunden haben, wurden auch die *Überwindungsphantasien* der Gesprächspartnerinnen miteinbezogen, die das Schuldgefühl noch verspüren, die sich jedoch teilweise in Mitten des Überwindungsprozesses des Schuldgefühls befinden und daher schon erste wichtige Faktoren benennen können. Bevor sich den einzelnen Überwindungsmöglichkeiten gewidmet wird, wird auf die zentrale Unterteilung *rationale vs. emotionale Überwindung* hingewiesen (Punkt 6.3.1). Dann wird analog zu den Ursachen und den Auswirkungen mit einem oder mehreren Zitaten aus den Interviews bzw. den individuellen Beschreibungen der jeweilige Überwindungsaspekt eingeleitet. Es folgt die Angabe, wie viele Dialogpartnerinnen den jeweiligen Überwindungsaspekt als solchen betrachten bzw. diesen als solchen erlebt haben. Anschließend wird wie gewohnt der jeweilige Überwindungsaspekt in seinem psychischen Wirken ausführlich dargelegt und anhand anschaulicher Beispiele aus den Interviews belegt. Folgende Aspekte sollen an dieser Stelle betont werden: *Annehmen des Hilflosigkeitsgefühls* (Punkt 6.3.3.5), *Täterschutz aufgeben* (Punkt 6.3.3.2), *Mutterschutz aufgeben* (Punkt 6.3.3.4) und *Stabilität* (Punkt 6.3.3.6).

6.3.1   Rationales vs. Emotionales Überwinden

Allen Dialogpartnerinnen ist im Rahmen einer Psychotherapie, einer Beratung, einer Selbsthilfegruppe oder auch durch das Lesen von Fachliteratur »verstandesmäßig« (Dialogpartnerin U) »relativ schnell« (Dialogpartnerin O) bewusst geworden, dass sie als Kind bzw. als Jugendliche keine Schuld an dem sexuellen Missbrauch tragen können. Die rationalen

Erkenntnisse, wie, dass sie als Kind bzw. als Jugendliche in einer körperlich und emotional schwächeren Position dem Täter gegenüber gestanden haben, ist ihnen »vom Kopf«, also »von der Vernunft, von der Logik« her »völlig klar« (Dialogpartnerin E) gewesen. Jedoch haben sie diese rational nachvollziehbaren Begründungen lange Zeit »nicht fühlen« (Dialogpartnerin U) können. In diesem Kontext formuliert die Dialogpartnerin U: »Das wusste mein Kopf alles, aber ich konnte das nicht weiter sacken lassen. Also es konnte nicht ankommen in mir. Also das hat nicht ausgereicht mir dieses Schuldgefühl zu nehmen.« Dies zeigt, dass das rationale Verstehen der eigenen Unschuldigkeit mit dem emotionalen Annehmen dieser nicht gleich zu setzen ist. Daher soll in diesem Kapitel die Schuldgefühlüberwindung getrennt hinsichtlich dieser beiden Aspekte betrachtet werden. Zunächst wird das rationale Überwinden diskutiert und danach das Emotionale, welchem die bedeutendere Rolle zugeschrieben wird. Vorab soll allerdings darauf hingewiesen werden, dass manche Aspekte der Überwindung nicht eindeutig einem dieser zwei Oberaspekte *rational* vs. *emotional* zuzuordnen sind, sodass es sich an manchen Stellen eher um eine künstliche Trennung handelt. Oftmals kann dementsprechend nur in der individuellen Betrachtung des Einzelfalles herausgearbeitet werden, welcher Anteil dem rationalen und welcher dagegen dem emotionalen Überwinden zuzuschreiben ist.

6.3.2 Rationales Überwinden

Nun werden von Punkt 6.3.2.1 bis Punkt 6.3.2.4 Überwindungsmöglichkeiten dargestellt, die eher der rationalen Bewältigung zuzuordnen sind.

6.3.2.1 Auseinandersetzung mit dem sexuellen Missbrauch und dem Schuldgefühl

Die Dialogpartnerin habe »angefangen darüber nachzudenken, wo kommt die Schuld her« und auf diese Weise damit begonnen, sich mit ihrem Missbrauch und ihrem Schuldgefühl auseinanderzusetzen (Dialogpartnerin Z).

14 Dialogpartnerinnen: Q, C, I, S, H, B, N, Z, D, G, E, A, U, O

Bei allen interviewten Dialogpartnerinnen findet derzeit eine individuelle Auseinandersetzung mit dem Thema sexueller Missbrauch und in diesem Zusammenhang auch mit dem zentralen Aspekt des

Schuldgefühls statt. Einige von ihnen befinden sich schon viele Jahre in solch einer Auseinandersetzung, andere hingegen haben gerade erst mit dieser begonnen. Die Beschäftigung mit diesem belastenden Themenkomplex kann innerhalb einer Therapie, einer Beratung oder einer Selbsthilfegruppe durch unterstützende Personen erfolgen. Meist findet zudem eine zusätzliche, teilweise sehr intensive individuelle Beschäftigung mit dem Thema, z.B. durch das Lesen von Fachliteratur oder ähnlichem, statt. Die Teilnahme an den Interviews für diese Diplomarbeit kann ebenfalls als eine weitere Vertiefung mit der schweren Thematik des eigenen Missbrauchs verstanden werden. Denn viele Dialogpartnerinnen begründen ihre »Motivation« für diese Untersuchung damit, über diese Themen »nachdenke[n]« zu können um sich »weiter zu entwickeln« (Dialogpartnerin N) sowie um eine seelische Verarbeitung voranzutreiben.

Den Dialogpartnerinnen ist bewusst, dass es sinnvoll ist, sich mit diesen Themen *Missbrauch* und *Schuldgefühl* auseinanderzusetzen anstatt diese – wie sie es oft jahrelang getan haben – von sich wegzuschieben: »Ich möchte mich damit auseinandersetzen, weil ich weiß, dass es wichtig ist, sich damit auseinanderzusetzen, damit es mir besser geht« (Dialogpartnerin N). Bei der Auseinandersetzung erfahren die Dialogpartnerinnen, wodurch ein sexueller Missbrauch überhaupt gekennzeichnet ist und was dieser für das Opfer bedeuten kann. Auch stellt sich in diesem Zusammenhang heraus, dass solch ein Missbrauch »anderen genau so passiert« (Dialogpartnerin O) und dass es sich daher um kein »Einzelphänomen« (Dialogpartnerin D) handelt. Die Opfer können auf diese Weise immer mehr »Faktenwissen« (Dialogpartnerin O) ansammeln, so auch, dass sie beispielsweise verstehen, »dass ein Körper eben reagieren kann auch ohne, dass der Kopf erregt sein muss« (Dialogpartnerin G). So gelingt es den Opfern immer mehr »Puzzleteilchen zusammensetzen« (Dialogpartnerin G), sodass sich nach und nach das Bild des sexuellen Missbrauchs, der ihnen widerfahren ist, vervollständigt. Die Beschäftigung mit dem Missbrauch und auch konkret mit dem Schuldgefühl ist mit Sicherheit eine wichtige Voraussetzung für das Überwinden des Schuldgefühls. In diesem Kontext erklärt auch die Dialogpartnerin U, für die Schuldgefühlüberwindung sei das »A und O«: »Man muss sich damit auseinandersetzen.« Denn nur wenn der sexuelle Missbrauch als wahr anerkannt wird, kann sich das Opfer auch mit der Zeit der *Schulddynamik* nähern, in dem Sinne, dass es rational und emotional das Wirken dieser Dynamik sowie deren psychische Bedeutung versteht.

Bei einigen Dialogpartnerinnen ist »das Schuldbedürfnis« im Rahmen solch einer Auseinandersetzung »ganz, ganz, ganz hoch« (Dialogpartnerin U) gewesen. So sei die Dialogpartnerin U beispielsweise ständig damit beschäftigt gewesen, selbst anklagende Gedanken zu haben: »Hättest dich da mal gewehrt. Irgendwann warst du größer, irgendwann warst du älter.« Dies deutet sehr stark darauf hin, dass die Auseinandersetzung in einem geschützten Rahmen, wie beispielsweise in einer Therapie, eine große Gefahr für die Psyche des Opfers darstellt: Um zwar in dem Sinne, dass zum Einen das jahrelang verdrängte Hilflosigkeitsgefühl ins Bewusstsein des Opfers dringen könnte (vgl. Punkt 6.3.3.5) und zum anderen die Gefahr, dass der *Täterschutz* nicht mehr aufrechterhalten werden könnte (vgl. Punkt 6.3.3.2). Daher nutzt die Psyche des Opfers höchstwahrscheinlich alle zur Verfügung stehende Energie, um dem Aufsteigen dieser beiden zentralen Aspekte ins Bewusstsein entgegenwirken zu können, sodass auf diese Weise zunächst das Schuldgefühl enorm verstärkt werden muss.

6.3.2.2 Verstehen der Missbrauchsdynamik und der Schuldgefühldynamik

»Ich kann im Nachhinein auch gut die Mechanismen rekonstruieren und nachvollziehen, wie er es geschafft hat, mich von ihm abhängig zu machen. Ich kann rekonstruieren, was überhaupt nötig war, dass das ging, was für eine psychische Grundstabilität, oder was da sein musste, dass der überhaupt ansetzen konnte« (Dialogpartnerin D).

10 Dialogpartnerinnen: Q, H, I, B, D, G, E, U, O, N

Wie oben erwähnt befindet sich jede der Dialogpartnerinnen an einem anderen Punkt bei der eigenen Auseinandersetzung mit dem Thema sexueller Missbrauch und dem zentralen Gefühl der Schuld.

Einige wenige von ihnen stehen noch ganz am Anfang dieser und haben dementsprechend während des Interviews auch große Zweifel, ob das, was sie erlebt haben, überhaupt ein Missbrauch ist. Jedoch zeigen sich auch bei diesen Dialogpartnerinnen erste Ansätze in Richtung eines beginnenden Erahnens, wenn nicht sogar schon in Richtung eines ersten Verstehens der Bedeutung ihres Schuldgefühls während der Zeit des sexuellen Missbrauchs. So räumt beispielsweise die Dialogpartnerin Q während des Interviews ein, »wenn das jetzt jemand anderes gewesen wäre, den ich nicht geliebt hätte, dann hätte ich da eher zugegeben, dass er

Schuld hat.« An dieser Stelle erkennt man eine erste Annäherung, im Sinne eines ersten Erkennens des noch stark ausgeprägten *Täterschutzes*.

Ebenfalls haben nur wenige der interviewten Dialogpartnerinnen die größten Anteile ihrer Missbrauchs- und der *Schuldgefühldynamik* für sich schon herausgearbeitet, so beispielsweise die Dialogpartnerin H. Sie kann fast die gesamten Interviews hindurch sehr reflektiert über diese Dynamiken und ihre eigens entwickelte Theorie, welche sie »Schuldtheorie« nennt, sprechen. Sie versteht die Zusammenhänge und deren Bedeutung. Die Dialogpartnerin weiß demnach, dass sie ihre »Schuldtheorie«, die »auf jeden Fall wichtig« für sie sei, zum Selbst- und Objektschutz braucht. Dementsprechend ist es ihr auch möglich, ihre *Kontrollhypothese* zu erklären: »Wenn man das objektiv-logisch betrachtet, dann ist es, [...] wenn man sich schuldig fühlt, ... dann heißt es ja, dass man theoretisch hätte was ändern können ... und es ist immer noch besser, dass man selber schuld ist, als dass man keinen Einfluss darauf hätte haben können.« Ebenfalls der Moment, in dem sie die Blumenmetapher erläutert, zeigt ihr inneres Wissen um die Wahrheit. Die Wahrheit, dass sie unschuldig und der Vater schuldig ist: »Blumen kann man nicht wieder ankleben.« Die Dialogpartnerin spürt, dass sie ihre *Schuldtheorie* derzeit noch braucht. Sie vermutet, dass sie irgendwann an den Punkt kommen muss, dass sie diese *Schuldtheorie* nicht mehr als Schutzmechanismus benötigt: »Vielleicht ist das wie ein Prozess, dass man irgendwann merkt, jetzt brauche ich die nicht mehr. Und man kann die auch loslassen. Und vielleicht bin ich da einfach noch nicht.« Diese sehr reflektierten Gedanken der Dialogpartnerin H zeigen, dass sie verstandesmäßig den Sinn ihres Schuldgefühls erkannt hat, jedoch noch nicht in der Lage ist, das Schuldgefühl – gerade aufgrund dessen hoher Bedeutung – emotional aufzugeben.

Die meisten Dialogpartnerinnen befinden sich dagegen mitten in der Betrachtung ihres Missbrauchs und daher auch mitten im Verstehen des psychischen Sinns ihres Schuldgefühls. Bei ihnen zeigt sich oftmals ein Schwanken, in dem sie teilweise in ein und demselben Satz behaupten, unschuldig und doch schuldig zu sein. In der individuellen Auseinandersetzung erkennen die Dialogpartnerinnen mehr und mehr die Dynamik des sexuellen Missbrauchs, das »typische Muster« (Dialogpartnerin I) des Täters und die Unfähigkeit des Kindes, dieses Muster zu durchschauen. Auch können sie in diesem Zusammenhang »rekonstruieren, was überhaupt nötig« gewesen ist, damit der Täter habe bei ihnen »ansetzen« (Dialogpartnerin D) können. »Im Nachhinein« können die Dialogpartnerinnen daher auch gut »die Mechanismen rekonstruieren und nachvollziehen«, wie der Täter es »geschafft« hat, die jeweilige Dialogpartnerin »von ihm abhängig zu machen« (Dialogpartnerin D). In diesem Kontext verstehen die Dialogpartnerinnen weiterhin, dass der Täter sie, wenn überhaupt nur auf »eine abartige Weise« (Dialogpartnerin N) geliebt hat und dass dieser ihre Wünsche und Bedürfnisse nach »Zuneigung« (Dialogpartnerin B), »Liebe« (Dialogpartnerin N), »Aufmerksamkeit« (Dialogpartnerin S), »Anerkennung« (Dialogpartnerin S), nach »Kuscheln« (Dialogpartnerin U) wollen, nur ausgenutzt hat. Auch erkennen viele der Dialogpartnerinnen ihren starken Wunsch nach Kontrollerhalt. Jedoch wird ihnen zunehmend bewusst, dass sie »als Kind gar nicht anders« haben »reagieren« (Dialogpartnerin I) können und daher in keiner Weise in einer Machtposition gewesen sind. Des Weiteren begreifen sie die hohe Bedeutung des *Täterschutzes*. In diesem Zusammenhang wird ihnen klar, dass die Bedeutung des Schuldgefühls größer ist, wenn zu dem Täter »eine emotionale Bindung« (Dialogpartnerin E) besteht.

Solche Reflektionen bezüglich des sexuellen Missbrauchs – wenn auch nur erste wie bei den Dialogpartnerinnen, die gerade am Anfang des Prozesses stehen – sind für die Schuldgefühlüberwindung enorm wichtig. Denn nur auf diese Weise kann die Schulddynamik zumindest rational erfasst werden, das heißt, das Opfer versteht zumindest verstandesmäßig die Gründe für seine Schuldgefühle. Jedoch ist es absolut notwendig, dass für die vollständige Schuldgefühlüberwindung später die emotionale Komponente hinzukommt, in dem Sinne, dass das Opfer auch emotional erleben kann, welche Bedeutung das Schuldgefühl als Schutzmechanismus in der Zeit des Missbrauch für es gehabt hat (vgl. Punkt 6.3.3). Jede Dialogpartnerin muss in diesem Zusammenhang für sich persönlich in Erfahrung bringen, was hinter *ihrem* Schuldgefühl genau steckt und welche psychische Schutzfunktion *ihr* Schuldgefühl übernimmt: Ob dieses z.B. in dem Wunsch nach Kontrollerhalt oder auch z.B. in dem Wunsch den Täter zu schützen begründet ist. Oder ob das Schuldgefühl vielleicht auch durch eine (anfängliche) *Ich-Beteiligung* fälschlicherweise erhalten wird oder noch andere bzw. weitere Entstehungsgründe aufweist. Jedoch, wie schon mehrfach betont, reicht das reine Wissen über dessen Sinn nicht aus, um das Schuldgefühl hinter sich lassen zu können, sodass das emotionale Annehmen folgen muss.

An dieser Stelle soll darauf hingewiesen werden, dass die Schulddynamik immer in der individuellen Missbrauchsgeschichte der jeweiligen Dialogpartnerin eingebettet ist, die wiederum in die Lebensgeschichte dieser eingebettet ist, welche wiederum in die gesamte Familiengeschichte eingebunden ist. Mit dieser Diplomarbeit kann lediglich ein Ausschnitt der individuellen Missbrauchsgeschichte der jeweiligen Dialogpartnerin betrachtet werden. Der Fokus liegt dabei aufgrund der Fragestellung natürlich auf der Schulddynamik, jedoch sind sicherlich manche bedeutende Aspekte dieser Schulddynamik in diesem Rahmen nicht zu verstehen bzw. gar nicht aufgedeckt worden, da sie eben in einem größeren Kontext eingebettet sind.

6.3.2.3 Austausch mit Betroffenen

»Und dafür, fand ich, war diese Selbsthilfegruppe sehr schön. Weil ich da irgendwie Leute getroffen habe, die irgendwie so waren wie ich. Die mich verstanden haben, auch in meinem Gedankenchaos« (Dialogpartnerin U).

5 Dialogpartnerinnen: D, G, E, U, O

Der Kontakt und der »Austausch mit anderen Betroffenen« von sexuellem Missbrauch ist für einige Dialogpartnerinnen im Hinblick auf die rationale Schuldgefühlüberwindung »sehr wichtig« (Dialogpartnerin D) gewesen. So formuliert beispielsweise die Dialogpartnerin U, dass ihre »Selbsthilfegruppe« sie »noch mal ein ganzes Stück nach vorne gebracht« habe. Denn »zu sehen, ich stehe nicht alleine« (Dialogpartnerin G) ist für die Dialogpartnerinnen enorm bedeutsam gewesen. Es ist davon auszugehen, dass die Erkenntnis, dass es sich bei dem eigenen sexuellen Missbrauch eben nicht um ein »Einzelphänomen« (Dialogpartnerin D) handelt, sondern dass viele andere auch betroffen sind, zu einem möglichen ersten Riss im *Schuldweltbild* führen kann.

Besonders bedeutend bei dem Austausch mit anderen Opfer ist, dass diese hinsichtlich ihrer eigenen Schuldgefühlproblematik »fast im Wortlaut genau das gleiche über sich denken« (Dialogpartnerin D), wie die Dialogpartnerinnen es tun bzw. es lange Zeit getan haben. Auf diese Weise bekommen die Opfer mit, dass andere Betroffenen sich genau die gleichen Fragen stellen, sich genau die gleichen Vorwürfe machen und oftmals auch »diese Ambivalenz dem Täter gegenüber« (Dialogpartnerin E) spüren. Aufgrund dieses Wissens, andere Opfer fühlen äußerst ähnlich – vor allem auch dieses tiefgreifende Schuldgefühl – können die Dialogpartnerinnen zumindest rational annehmen, dass ihre Empfindungen und Gedanken »total normal« (Dialogpartnerin E) sind.

Neben dem bedeutenden Aspekt des Nicht-alleine-Seins, nimmt der Motivationsaspekt ebenfalls bei dem Kontakt und dem Austausch mit anderen Betroffenen eine wichtige Rolle ein. Denn die Dialogpartnerrinnen sind durch die Opfer, die ihre Schuldgefühle schon überwunden haben, teilweise auch »motiviert« (Dialogpartnerin U). Denn durch das Miterleben, dass anderen Opfern diese Schuldgefühlüberwindung möglich ist, wächst bei den Betroffenen, die sich noch schuldig fühlen, die Hoffnung, dieses ebenfalls überwinden zu können.

Immer wieder zeigt sich in den Interviews, dass die Dialogpartnerrinnen andere Betroffene sexuellen Missbrauchs – obwohl diese »genau die gleiche Situation« wie sie selbst gehabt haben – als »schuldfrei« (D) erklären können, sich selbst jedoch nicht von der Schuld komplett frei sprechen können. Dies ist ein wichtiger Hinweis darauf, dass eine Schuldgefühlüberwindung nicht nur objektive und rationale Faktoren benötigt, sondern darüber hinaus vor allem auch subjektive und emotionale Aspekte beinhaltet. Dementsprechend ist davon auszugehen, dass sich in erster Linie ein *innerer* Prozess vollziehen muss (vgl. Punkt 6.3.3).

6.3.2.4 Äußerer Schuldfreispruch

Eine gute Freundin der Dialogpartnerin habe ihr mehrfach gesagt, dass sie unschuldig an dem sexuellen Missbrauch sei. Dies sei »der Anstoß« für »die intellektuelle Verarbeitung« gewesen. Zwar habe dieser Anstoß von außen der Dialogpartnerin »für den Intellekt gereicht«, um von der eigenen Unschuld rational überzeugt zu sein, jedoch »emotional nicht« (Dialogpartnerin G).

4 Dialogpartnerinnen: G, E, U, O

Einigen Dialogpartnerinnen hat für das rationale Überwinden geholfen, von ihren Mitmenschen explizit zu hören, dass sie an dem sexuellen Missbrauch keine Schuld treffe. Meist hat es sich bei diesen Menschen um solche gehandelt, die der jeweiligen Dialogpartnerin nahestehen, wie beispielsweise eine gute Freundin oder die Therapeutin. Den Dialogpartnerinnen ist von diesen Personen immer wieder vor Augen geführt worden, dass sie zu der Zeit des sexuellen Missbrauchs »ein Kind« und der Täter dagegen »ein Erwachsener« (Dialogpartnerin E) gewesen ist. Aufgrund dieser Tatsache kann die jeweilige Dialogpartnerin gar nicht schuld sein – so die sich immer wiederholende Aussage

des vertrauten Gegenübers. Neben dem Vertrauen ist den Dialogpartnerinnen auch wichtig gewesen, dass diese Person, die die jeweilige
Dialogpartnerin zumindest verstandesmäßig schuldfrei hat sprechen
können, jemand ist, den die Dialogpartnerin »ernst« nimmt und ihr
nicht »nach dem Mund« redet (Dialogpartnerin E).

Jedoch unabhängig davon, was die Mitmenschen äußerten und wie
oft sie dies wiederholten, haben diese Äußerungen auf emotionaler
Ebene im Hinblick auf die Schuldgefühlüberwindung bei dem überwiegenden Teil der Dialogpartnerinnen kaum etwas bis gar nichts
bewegen können. Lediglich bei einer Dialogpartnerin, nämlich der
Dialogpartnerin O, habe folgende Äußerung ihrer Therapeutin »viel«
mit ihr »gemacht«: »Wenn Sie aktiv waren, und auch wenn Sie eine
sexuelle Erregung gespürt haben, wenn Sie glauben ihn verführt zu
haben, glauben Sie mir, Sie sind nicht schuldig. Aber sagen Sie das
niemand! Sagen Sie niemand, dass Sie aktiv waren und sagen Sie niemand, dass Sie eine sexuelle Erregung gefühlt haben. Sagen Sie das
niemand. Jeder wird Sie als schuldig halten. Mir können Sie es sagen,
weil ich es weiß. Ich kenne die Dynamik. […] Aber sagen Sie das niemand, jeder wird Ihnen die Schuld geben.« Die Dialogpartnerin habe
bis zu diesem Zeitpunkt nie gesagt, wodurch es komme, dass sie sich
schuldig fühle. Jedoch als die Therapeutin »diese Worte […] mit dem
Aktivsein, mit der Erregung und so« ausgesprochen habe, da habe die
Dialogpartnerin gedacht: »Vielleicht weiß sie doch, wovon ich spreche,
warum ich mich schuldig fühle.« Offensichtlich hat die Therapeutin
in irgendeiner Form ›das Tor‹ zum Überwinden des Schuldgefühls bei
der Dialogpartnerin geöffnet, denn innerhalb dieser Therapie sei es
der Dialogpartnerin gelungen, dass Schuldgefühl hinter sich zu lassen.
Irgendwann habe es innerhalb der Therapie einen Punkt gegeben, an
dem die Dialogpartnerin sich nicht mehr schuldig gefühlt habe. Und ab
diesem Punkt habe sie sich »auch nie mehr bezüglich des Schuldgefühls
infrage gestellt«. Jedoch ist stark davon auszugehen, dass nicht die reine
Äußerung der Therapeutin zur emotionalen Schuldgefühlüberwindung
geführt hat, sondern dass es sich um ein komplexes Wechselspiel von
mehreren Faktoren handelte. Das soll heißen, dass innerhalb dieser
Dialogpartnerin schon ein innerer Prozess begonnen hatte, dass die
Dialogpartnerin anfing, ihre persönliche Bedeutung des Schuldgefühls
zu spüren und dass die Therapeutin für die Dialogpartnerin eine
wichtige Bezugsperson dargestellt hat, die diesen Prozess durch ihren
Schuldfreispruch unterstützt hat.

6.3.3   Emotionales Überwinden

Gegen Ende des Interviews sagt die Dialogpartnerin, dass das Wichtigste bei der Überwindung des Schuldgefühls sei, dass »die Erkenntnis [...] von Innen kommen muss« und »man darf nicht aufgeben. Man muss immer weiter kämpfen« (Dialogpartnerin S).

Die Dialogpartnerin merkt, dass sie dem sexuellen Missbrauch und der Schuldfrage »einen Raum« »geben« müsse, dass sie das Thema »noch mal wirklich« anpacken müsse, und zwar »nicht nur auf einer rationalen Ebene«: »[Dass man] da auch rein fühlt in die Situation.« Dieses emotionale ›Reinfühlen‹ könne ihrer Meinung nach die wichtige innere gefühlsmäßige Erkenntnis, ›ich bin unschuldig‹ einleiten. Denn dieses ›Reinfühlen‹ sei schließlich »mehr als das Rationale«, es ginge »vor allem« dabei um »das Emotionale« (Dialogpartnerin D).

14 Dialogpartnerinnen: Q, C, I, S, H, B, N, Z, D, G, E, A, U, O

Wie vorab ausführlich beschrieben reicht ein rein rationales Verstehen über die eigene Unschuld nicht aus, um das tiefgreifende Schuld*gefühl* zu überwinden. Für das gefühlsmäßige Annehmen des Unschuldgefühls muss sich vielmehr ein zu großen Teilen schmerzlicher innerpsychischer Prozess bei der Betroffenen vollziehen. Es ist anzunehmen, dass äußere positive Rahmenbedingungen, wie beispielsweise positive Reaktionen von Mitmenschen, die dem Opfer dessen Unschuld versichern, nur wirken, wenn bei dem Opfer dieser innere Prozess zumindest angefangen hat, sich zu vollziehen bzw. sich in einem fortgeschrittenen Entwicklungsprozess befindet. Der Beginn dieses inneren Prozesses steht mit Sicherheit im engen Zusammenhang mit dem ersten Infragestellen des über viele Jahre, wenn nicht sogar Jahrzehnte, hinweg bestehenden *Schuldweltbildes* des Opfers. Die Dialogpartnerinnen sehen diesen inneren Prozess als den wichtigsten Kernpunkt für die Schuldgefühlüberwindung an. Denn sie gehen davon aus, dass wenn die innere Erkenntnis, ich bin unschuldig authentisch spürbar ist, äußere Schuldzuschreibungen ihnen nichts mehr anhaben können. So erklärt auch die Dialogpartnerin D, wenn man diesen längeren inneren Prozess der Schuldgefühlüberwindung vollzogen habe, dann sei es »ganz egal, was alle sagen«, denn: »Selbst wenn alle sagen: ›Du bist schuld.‹, wenn ich mit mir im Einklang bin, dann ist es o. k., glaube ich. Dann kann mich das ärgern, aber es kann mich nicht mehr aus der Bahn werfen.« Die Dialogpartnerin U, die diesen innerlichen Prozess, der sie »viel Kraft«, »Anstrengungen« und »Schmerzen« »gekostet« habe, vollzogen hat, ist das beste Beispiel dafür. Denn sie habe selbst in der direkten Konfrontation mit dem Täter, obwohl dieser ihr explizit Schuld zugeschrieben habe, ihr authentisches Gefühl von Unschuld aufrechterhalten können und dementsprechend formuliert: »Du hast deine Wahrheit und ich habe meine Wahrheit. Und ich weiß meine Wahrheit ist die richtige Wahrheit [...] Du bist ab heute für mich gestorben.« Die zentralen Aspekte dieses inneren Prozesses zur Schuldgefühlüberwindung sollen in den nun folgenden Abschnitten eingehend betrachtet werden.

6.3.3.1 Kontaktabbruch mit Täter

»*Dann hatte ich sieben bis acht Jahre keinen Kontakt. Was auch sehr gut war. Hätte ich nämlich Kontakt gehabt, dann wäre es sehr schlimm. Dann wäre ich immer noch in diesem Konflikt, dass ich meinen Vater lieben will« (Dialogpartnerin O).*

5 Dialogpartnerinnen: C, N, D, U, O

Einen sehr bedeutenden Faktor bei der Schuldgefühlüberwindung stellt offenbar der vollständige und definitive Kontaktabbruch zu dem Täter dar. Denn sobald der Kontakt nicht mehr besteht, ist es dem Täter auch nicht mehr möglich durch direktes, z.B. durch seine Äußerungen, sowie indirektes Einwirken, z.B. durch sein Verhalten, das *Schuldweltbild* der Betroffenen wieder zu aktivieren und zu festigen. Aufgrund des realen Kontaktabbruches mit dem Täter gelingt es den Betroffenen »emotional« auch immer mehr, »Abstand« zu diesem zu »bekommen« (Dialogpartnerin D). Die emotionale Bindung zum Täter, die jahrelang bestanden hat, kann sich erst mit der Zeit lösen. So habe auch die Dialogpartnerin D nach ihrem selbst gewählten Kontaktabbruch »angefangen«, den Täter »nicht mehr so zu vergöttern« wie zuvor. Auch die Dialogpartnerin O habe erst in den »Jahren des Nichtkontaktes« »realisieren« können, dass »ein Täter« sie »missbraucht« habe. Es wird erkennbar, dass der absolute Kontaktabbruch dem Opfer ermöglicht – wenn auch erst unbewusst – den Täter als Täter zu erkennen. Das Opfer erhält aufgrund dieser Distanz genügend Raum, um auch seine negativen Gefühle, wie eine »unheimliche Wut« und »unheimlichen Hass« (Dialogpartnerin C) gegenüber dem Täter, erleben zu können.

Die nachstehende Schilderung der Dialogpartnerin N zeigt eindrücklich auf, dass es mit Sicherheit notwendig ist, den Kontakt mit dem Täter als Opfer abzubrechen, um das Schuldgefühl dauerhaft überwinden zu können: Sobald die Dialogpartnerin im Kontakt mit ihrem Vater, dem Täter, stehe – auch wenn sie dann »anfangs der Unterhaltung Bedenken habe – vergesse« sie »nach ein paar Minuten Unterhaltung auch wieder, dass da ein Missbrauch« gewesen sei. Während solcher Situationen kann sie auch nicht zulassen, dass ihr Vater, der »so herzlich« sei, der Täter ihres sexuellen Missbrauchs ist: »Das kann doch gar nicht sein.« An dieser Stelle ist erkennbar, dass die alte Missbrauchsdynamik, welche das Opfer zunächst Schritt für Schritt hat ablegen können, in wenigen Sekunden wieder vollständig aufgebaut werden kann – und demnach das Schuldgefühl auch wieder im vollen Maße aktiviert werden kann – sobald die äußere Distanz zum Täter aufgelöst wird. Einige Dialogpartnerinnen sind sich des großen emotionalen Einflusses, den der Täter schon allein durch seine Anwesenheit auf sie ausüben kann, bewusst. Daher hat auch beispielsweise die Dialogpartnerin D die nachvollziehbare »Angst«, dass sie »vor Gericht« in ihre alte »Rolle« zurückfalle, da dort das Aufeinandertreffen mit dem Täter unvermeidbar sei.

Diejenigen Dialogpartnerinnen, die lange Zeit keinen Kontakt mit dem Täter gehabt haben, erklären, dass der Kontaktabbruch »sehr gut« (Dialogpartnerin O) für sie gewesen ist. Es wird klar, dass die Distanz zum Täter ein sehr wichtiger Schritt in Richtung Schuldgefühlüberwindung ist, denn nur auf diesem Wege können die Dialogpartnerinnen das alte *Schuldweltbild* ablegen und sich ein neues *Weltbild* erschaffen.

An dieser Stelle soll darauf hingewiesen werden, dass nicht nur der Kontaktabbruch zum primären Täter eine notwendige Voraussetzung für die Schuldgefühlüberwindung darstellt, sondern ebenfalls ein Kontaktabbruch zu allen Menschen, die einen Teil der Missbrauchsdynamik ausmachen, sinnvoll, wenn nicht sogar unabdingbar ist. So beispielsweise zur Mutter, wenn die trotz des Wissens bezüglich des Missbrauchs nicht eingegriffen hat.

6.3.3.2   Täterschutz aufgeben

»Und so nach und nach sterben sie [die Täter] alle weg und ich denke so, ja, das habt ihr auch verdient« (Dialogpartnerin U).

12 Dialogpartnerinnen: Q, C, H, I, S, B, N, D, G, E, U, O

Bei dem überwiegenden Teil der interviewten Dialogpartnerinnen stellt der *Täterschutz* eines der stärksten, wenn nicht gar das stärkste Hindernis überhaupt bei der Überwindung des Schuldgefühls dar. Wie unter Punkt 6.1.2 ausführlich beschrieben ist eine zentrale Funktion des Schuldgefühls darin zu sehen, das gute Bild des geliebten Täters schützen zu können.

Bei vielen Dialogpartnerinnen hat sich das jahrelang bestehende enorm positive Gefühl dem Täter gegenüber in »was ganz Ambivalentes« (Dialogpartnerin D) gewandelt, wie folgende Worte der Dialogpartnerin I beispielhaft veranschaulichen: »Ich wünsche denen [den Tätern], dass es denen gut geht. Ich wünsche, wenn man mich fragt, wünsche ich ihnen auch gleichzeitig das Allerschlechteste auf der Welt.« Es zeigt sich, dass die Dialogpartnerinnen auf der einen Seite positive Gefühle, wie »Liebe« (Dialogpartnerin N) und »Verbundenheit« (Dialogpartnerin E) gegenüber dem Täter spüren, jedoch auf der andere Seite auch negative Gefühle wie »Wut«, »Ärger« und »Hass« (Dialogpartnerin O) zulassen können. Denn sie fangen an, zu erkennen, was der Täter ihnen angetan hat: Sehr selten – für sehr kurze Momente – »realisiere« die Dialogpartnerin O in diesem Zusammenhang, dass ihr »eigener Vater« sie »kleines Etwas berechnend sexuell missbraucht« habe, dass er diesen Missbrauch »geplant« habe, dass er ihre »Seele rausgerissen« und ihr »noch obendrein die Schuld [dafür] gegeben« habe. Jedoch ist diese erschütternde Erkenntnis, von dem Täter sexuell missbraucht worden zu sein, bei den Dialogpartnerinnen oftmals, vor allem emotional, nicht kontinuierlich präsent. Denn sobald die sich vollziehende *Täterschutzaufgabe* eine zu große Bedrohung für die Psyche des Opfers bedeutet, zieht diese sozusagen die Notbremse und hält wieder an dem altbekannten *Schuldweltbild* fest. So fällt beispielsweise die Dialogpartnerin N, da die Gefahr offensichtlich zu groß wird, während des Interviews in ihr altes Muster zurück, indem sie betont: »Ich liebe meinen Vater […] mein Vater ist doch für mich so ein lieber Mensch. […] Und er kann doch kein, er kann doch kein … Kinderschänder sein. Das kann doch nicht sein. Das ist doch mein Papa. Das passt nicht zusammen. Und wenn er keine Schuld hat, dann muss es ja meine Schuld sein.«

Bei dem Erkennen, dass der Täter nicht – wie lange geglaubt – ein gutes Objekt ist, handelt es sich verständlicherweise um einen äußert schmerzvollen Prozess, wie am Beispiel von Dialogpartnerin O verdeutlicht werden kann: In dem Moment des Realisierens, sei sie »für wenige Momente in einem Zustand der vollkommenen Trauer«. Es seien »nur Momente, Stiche ins Herz«, es bleibe ihr die Luft weg, sie habe »das Gefühl zu sterben«. Aufgrund dieses überwältigenden Schmerzes kann die Psyche des Opfers die grausame Wahrheit, von einem geliebten Menschen missbraucht worden zu sein, mit Sicherheit nur dosiert zulassen, wie auch die Dialogpartnerin O selbst erklärt: »Aber dieses Realisieren kann nur immer ein Stück passieren.« Dementsprechend braucht dieses innere Annehmen des einst geliebten Objektes als missbrauchender Täter auch sehr viel Zeit und Geduld.

So habe die Dialogpartnerin G erst nach Jahrzehnten geschafft, ein erstes emotionales Loslassen hinsichtlich ihres Vaters, also des Täters, zuzulassen: »In einer Therapiesitzung sollte ich was malen, was mir bezüglich des sexuellen Missbrauchs in Erinnerung war, und das waren seine blauen Augen. Und nach ganz viel, da war ich schon über ein Jahr da, und nach ganz viel tun und machen habe ich es fertig gebracht – das klingt jetzt albern für einen erwachsenen Menschen – mit einem Stift, die Augen, die ich gemalt hatte, (*Pause*) durchzustreichen. Das war alles, was ich jemals an körperlicher Gegenwehr, [...] was ich bis jetzt fertig gebracht habe.« In dieser Therapiesitzung ist es der Dialogpartnerin offensichtlich möglich gewesen, ihre negativen Gefühle gegenüber ihrem Vater in einem bestimmten Ausmaß zu spüren und auch auszudrücken. Zwar habe sie für das Durchstreichen der Augen viel Zeit benötigt, doch als sie es getan habe, habe es ihr »gut getan« und sie habe es auch später nicht bereut.

Neben dem Zeit- und Dosierungsaspekt, ist die Komponente der äußeren Stabilität bei diesem Prozess des emotionalen Loslassens des Täters unverzichtbar. Denn nur, wenn eine äußere Stabilität, z.B. durch eine haltende Partnerschaft, gute Freunde oder auch eine unterstützende therapeutische Beziehung, gegeben ist, kann eine innere Instabilität psychisch ausgehalten werden. Denn nur, wenn neue, gute Objekte vorhanden sind, kann der lange benötigte *Täterschutz* abgelegt werden (vgl. Punkt 6.3.3.6).

Nur die wenigsten der interviewten Dialogpartnerinnen haben diesen wichtigen Schritt, der *Täterschutzaufgabe,* schon in seiner Gänze vollziehen können. Die Dialogpartnerin U stellt eine dieser wenigen dar, denn sie erklärt in einer sehr authentisch wirkenden Weise, dass ihr Bruder ihr »egal« sei. Auch habe es sie »nicht mal wirklich berührt« als sie »erfahren habe«, dass ihr Vater »gestorben« sei. Die meisten Dialogpartnerinnen hingegen befinden sich derzeit in einem Zwischenstadium, welches sich – wie oben erwähnt – durch die ambivalente Haltung dem Täter gegenüber ausdrückt.

In einigen Dialogpartnerinnen lebt die große Hoffnung, dass sie den Täter irgendwann komplett aufgeben können. So formuliert auch die Dialogpartnerin C: »Ich hoffe es, dass ich es in ein paar Jahren verneinen kann. Dass ich sagen kann: »Nein, ich liebe ihn nicht.«

6.3.3.3 Täterspaltung aufgeben

Bezüglich der Spaltung des Täters, falle es der Dialogpartnerin schwer, den guten und den bösen Anteil ihres Vaters in »eine Person zu integrieren«. Sie müsste sich das »Gehirn amputieren«, würde sie solch eine Integration vornehmen (Dialogpartnerin N).

4 Dialogpartnerinnen: Q, C, N, G

Einige der Dialogpartnerinnen haben den Täter in zwei, voneinander abgegrenzte, Bereiche unterteilt. So gebe es beispielsweise für die Dialogpartnerin C den »liebevollen Vater« auf der einen und das böse »Monster« auf der anderen Seite. Das Ziel dieses Spaltungsmechanismus besteht offensichtlich darin, wenn nicht der gesamte Täter als solcher geschützt werden kann, so doch zumindest, ein bestimmter, wenn manchmal auch nur geringer Anteil von diesem. Auf diese Weise wird z. B. der gute Vater bewahrt. So spüre die Dialogpartnerin Q »ein gutes Stück Ablehnung« gegenüber ihrem »Bruder von damals«, jedoch liebe sie ihren »Bruder von heute« »immer noch«. Auch gebe es für die Dialogpartnerin G »einen guten und einen schlechten Vater«. Nur der schlechte Vater habe sie ihrer Meinung nach missbraucht.

Diese täterschützende Spaltung stellt allerdings eine große Hürde bezüglich der Überwindung des Schuldgefühls dar. Denn sehr wahrscheinlich reichen die negativen Gefühle gegenüber dem bösem Täteranteil nicht aus, um das Schuldgefühl in seiner Gänze ablegen zu können. Es müsste vielmehr eine Reintegration stattfinden, sodass der Täter in seiner Gesamtheit als solcher von dem Opfer wahrgenommen und erlebt werden kann. Denn nur auf diese Weise kann sich die Betroffene von ihrem Schuldgefühl freisprechen und dem Täter die gesamte, ihm zustehende Schuld geben.

Bei einigen der Dialogpartnerinnen zeigen sich erste Ansätze solch einer wichtigen Reintegration, so erklärt beispielsweise die Dialogpartnerin C, dass sie angefangen habe, diese beiden, zuerst nicht miteinander vereinbaren Teile, zu integrieren, sodass es heute »schon Berührungspunkte« zwischen dem guten und dem schlechten Vater gebe. Auch bei der Dialogpartnerin Q sind solche erste Ansätze sichtbar, denn sie formuliert gegen Ende des Interviews: »Ich könnte mir sogar vorstellen, dass ich eines Tages vielleicht auch wütend auf ihn [den Bruder von heute] bin.«

6.3.3.4 Mutterschutz aufgeben

»Nach unserem Gespräch ging mir noch ein paar Tage Ihre Frage durch den Kopf, ob meine Mutter mich je geliebt hat. So direkt hatte ich darüber noch nicht nachgedacht, und mein ›Nein‹ bewirkte letztlich, dass ich mir sagen konnte: ›Wer mich nicht liebt, den muss ich auch nicht lieben!‹ Das war zuerst eine traurige Einsicht, aber dann fand ich den Gedanken gar nicht schlecht und eher hilfreich. Ich war entlassen aus dem Zwang, meiner Mutter zu Diensten zu sein« (Rückmeldung der Dialogpartnerin B).

5 Dialogpartnerinnen: B, H, N, G, U

Die Aufgabe des *Mutterschutzes* erweist sich bei fünf Dialogpartnerinnen ebenfalls als ein sehr zentraler Aspekt, bei einigen sogar als der zentralste, hinsichtlich der Schuldgefühlüberwindung. Wie unter Punkt 6.1.10.3 ausführlich beschrieben, kann das Schuldgefühl die bedeutende psychische Funktion des *Mutterschutzes* beinhalten. Es stellt sich heraus, dass der meist umfangreiche Schuldgefühlanteil, der aufgrund dieser Funktion entstanden ist, dementsprechend erst abgelegt werden kann, wenn die Mutter seitens des Opfers als (nur) gutes Objekt aufgeben werden kann bzw. der meist jahrelang ersehnte Wunsch, irgendwann eine gute Mutter haben zu können, aufgegeben werden kann, wie es beispielsweise der Dialogpartnerin B nach Jahrzehnten gelungen ist: »Ich habe aufgehört, eine Mutter haben zu wollen.« An die Stelle des Schuldgefühls tritt dann zumeist starke »Wut« gegenüber der Mutter und »ganz viel Trauer« (Dialogpartnerin B), da realisiert wird, was auch die Mutter einem angetan hat. So sei die Dialogpartnerin B derart »wütend« gewesen, dass sie »am liebsten« ihrer Mutter »eine rein gehauen« hätte.

Ab diesem Zeitpunkt können die Dialogpartnerinnen der Mutter auch eindeutig Schuld zusprechen. So kann die Dialogpartnerin N klar formulieren: »Aber eigentlich trägt die Schuld für alles in erster Linie meine Mutter. [...] Weil sie es eben gesehen hat und nicht interveniert hat, im Gegenteil mir – ihrem Kind – die Schuld gegeben hat und ihren Mann in Schutz genommen hat.« Auch die Dialogpartnerin G hat mittlerweile erkannt, dass ihre Mutter nicht die gute Mutter ist für die sie sie bisher gehalten hatte, im Gegenteil, sie sei »bösartig«, »falsch«, »hinterhältig« und »so schrecklich«. An dieser Stelle soll jedoch betont werden, dass es zwar für das Opfer hinsichtlich der Schuldgefühlüberwindung sehr wichtig ist, der Mutter die ihr ›zustehende‹ Schuld zuzusprechen, jedoch sollte es sich hierbei nicht um eine Schuldverschiebung vom Täter auf die Mutter handeln, sodass die Mutterbeschuldigung ausschließlich geschieht um den Täter weiterhin schützen zu können (vgl. Punkt 6.1.2).

Die emotionale Erkenntnis, »keine gute Mutter gehabt zu haben«, ist verständlicherweise analog zur *Täterschutzaufgabe* ein »sehr schmerzlicher Prozess« (Dialogpartnerin B), der nur vor dem Hintergrund einer starken äußeren Stabilisierung erfolgen kann und oftmals viel Zeit benötigt (vgl. Punkt 6.3.3.6 und Punkt 6.3.3.10).

6.3.3.5 Annehmen des Hilflosigkeitsgefühls

Auf die Frage, wie die Dialogpartnerin das Schuldgefühl überwunden habe, antwortet diese, dass sie »gefühlsmäßig […] irgendwann gespürt« habe, »wie schlimm der Missbrauch doch eigentlich« gewesen sei. Sie habe mit der Zeit – wenn auch manchmal nur Augenblicke – all »diese Gefühle spüren« können: »Die Angst«, mit der sie »immer gelebt habe«, »dieses starke Gefühl von Unwohlsein«, »ganz großer Ekel« und das Realisieren: »Scheiße, ich war hilflos«. Ihr sei in diesem Zusammenhang gefühlsmäßig klar geworden: »Ich wurde wirklich in den Missbrauch reingeboren. Und die Wahrheit ist halt, ich hatte keine Kontrolle« (Dialogpartnerin O).

14 Dialogpartnerinnen: Q, C, H, I, S, B, N, Z, D, G, E, A, U, O

Unter Punkt 6.1.1 wurde ausführlich beschrieben, dass die Abwehr des Hilflosigkeitsgefühls einen zentralen Faktor bei der Schuldgefühlentstehung darstellt. Daher ist ein sehr wichtiger Schritt, um das Schuldgefühl ablegen zu können, psychisch in der Lage zu sein dieses Hilflosigkeitsgefühl und die anderen, abgewehrten bzw. abgespaltenen Gefühle aus der traumatischen Missbrauchssituation, wie beispielsweise Angst, Trauer und Ekel, rational anzuerkennen und vor allem emotional (wieder)erleben zu können. Denn durch das Annehmen des Hilflosigkeitsgefühls und der anderen belastenden Gefühle verliert das Schuldgefühl eine seiner Hauptfunktionen, sodass das Schuldgefühl zu einem großen Teil abgebaut werden kann. Wie oben bei den rationalen Überwindungsaspekten aufgezeigt, haben die Dialogpartnerinnen oft *verstandesmäßig* begriffen, dass es lediglich »eine Illusion« (Dialogpartnerin Q) gewesen ist, Kontrolle über den Missbrauch gehabt zu haben, jedoch ist diese Erkenntnis bei den meisten noch nicht *emotional* spürbar.

Das emotionale Nachempfinden des großen Hilflosigkeitsgefühls und der anderen negativen Gefühle ist ein sehr schmerzvoller Prozess. Dementsprechend erklärt die Dialogpartnerin C, dass dieser »viel Zeit« brauche, »weil es natürlich auch ganz viel Schmerz« bedeute. Aufgrund dieses drohenden Schmerzes ist die Psyche des Opfers wahrscheinlich besonders am Anfang des gefühlsmäßigen Realisationsprozesses dazu geneigt, das Hilflosigkeitsgefühl vehement abzuwehren, indem sie auf das altbekannte Schuldgefühl und den damit verbundenen Selbsthass zurückgreift. An dem Fall von Dialogpartnerin U kann dies gut illustriert werden: Die Dialogpartnerin habe zum ersten Mal in der Therapiesituation »wahrgenommen«, dass sie während des sexuellen Missbrauchs ein »kleines Kind« gewesen sei. Sie habe in diesen Situationen ein »kleines, verwahrlostes Mädchen gesehen«. Das Sehen dieses kleinen verwahrlosten Mädchens – was sie selbst verkörpert habe – habe sie »ganz schockiert«. Ihre erste Reaktion sei Ablehnung und Hass gewesen: »Ich habe angefangen mit, ich hasse dieses kleine, blöde, hilflose Kind, was da ich ist.« Daher habe sie dieses Kind auch »ständig verprügeln« wollen. Ihre Aggressivität dem Kind gegenüber sei darin begründet gewesen, dass es in diesem Kind eine »Trauer« gegeben habe, die die Dialogpartnerin »gar nicht« habe »ertragen« können. Auch habe sie diese Hilflosigkeit und diese Schwäche des Kindes nicht aushalten können: »Weil ich mich ja nie in dieser hilflosen Situation akzeptiert habe. Ich war ja immer die Starke […] gewesen.«

Jedoch zeigt sich, dass einige Dialogpartnerinnen die Hilflosigkeit und all die anderen negativen Gefühle mit der Zeit immer mehr annehmen und als ihre akzeptieren können. So habe auch die Dialogpartnerin U, die mit »Wut und Hass« auf sich selbst angefangen habe, »irgendwann dazu übergehen« können, dieses kleine Kind – das sie selbst gewesen sei – »zu bedauern«. Bei vielen Dialogpartnerinnen tritt anstelle des Schuldgefühls, wenn die Kontrollüberzeugung auch emotional abgelegt werden kann, ein großes Gefühl von »Selbstmitleid« (Dialogpartnerin I).

Im Folgenden soll der schmerzliche Prozess des Annehmens des Ohnmachtgefühls näher betrachten werden und dabei die Faktoren aufgezeigt werden, die diesen Prozess begünstigen. Viele Dialogpartnerinnen betonen, dass das *Spüren*, »wie verletzlich« (Dialogpartnerin C), »wie hilflos« (Dialogpartnerin O) und wie »abhängig« (Dialogpartnerin U) sie in der Situation des sexuellen Missbrauchs gewesen sind, der entscheidende Schritt gewesen ist. Es ist dementsprechend nicht das Wissen über die Wahrheit, sondern das *emotionale Erleben* dieser, welches das Schuldgefühl überflüssig werden lässt. In den Momenten dieser emotionalen Missbrauchserkenntnis bricht für das Opfer zunächst sein gesamtes *Weltbild* zusammen (vgl. Punkt 6.2.1). Zwar kann das Schuldgefühl abgelegt werden, jedoch ist der Schmerz zunächst unbeschreiblich groß. So formuliert die Dialogpartnerin C: »Da schlägt es ja echt über einen zusammen [...] In dem Moment, in dem ich die kleine kindliche C. in mir wahrnehme und die auch mal was sagen lasse. Da habe ich keine Schuldgefühle in mir!«

Das Erleben dieser überwältigenden Gefühle ist gewiss, analog zu dem Prozess der *Täterschutzaufgabe*, nur vor dem Hintergrund einer besonderen äußeren Stabilität des Opfers möglich. So beschreibt auch die Dialogpartnerin O: »Man braucht die Stabilität in dem Hier und Jetzt. Wenn die nicht gegeben ist, [...] ich hätte es nicht zulassen können. Das wäre zu schlimm.« Diese Stabilität erfahren die Dialogpartnerinnen durch wichtige Beziehungen – also z.B. durch den Partner, durch gute Freundschaften, durch die therapeutische Beziehung.

Ein weiterer wichtiger Aspekt bei dem Realisieren dieser bedrohlichen Gefühle ist, zu erfahren, dass das Erleben dieser negativen Emotionen die Psyche nicht in der Form überwältigt, dass diese zerstört wird. Oft leben bzw. lebten die Dialogpartnerinnen in der Angst, dass diese belastenden Gefühle »etwas Bodenloses« und »nie Endendes« (Dialogpartnerin Z) seien, sodass diese mehr oder weniger bewusst ferngehalten werden. So auch die Dialogpartnerin Z, die jedoch in ihrer Therapie gemerkt habe, dass diese Gefühle eben »nicht bodenlos« seien, sondern dass diese eine Begrenzung aufweisen. Wahrscheinlich erleben die Betroffenen, die diese angstbesetzten Gefühle zulassen, dass das Annehmen dieser Emotionen zu großen Teilen schrecklich ist, aber dass ihre Psyche von diesen eben nicht derart überwältigt wird, dass sie handlungsunfähig sind. Denn in der Jetzt-Situation sind sie dem Täter nicht mehr hilflos ausgeliefert, im Gegenteil, sie können ihn in eine ohnmächtige Position bringen, indem sie ihn z.B. anzeigen (vgl. Punkt 6.3.3.8).

Des Weiteren ist ein dosiertes und kontrolliertes Erleben dieses Hilflosigkeitsgefühls sinnvoll. So formuliert auch die Dialogpartnerin O, es sei wichtig, sich ein »Gefühl« »immer dosiert [...] anzugucken«, damit es einen nicht »übermannt«. Die meisten der Dialogpartnerinnen, die das Hilflosigkeitsgefühl zugelassen haben, können das Spüren der Gefühle aus der Missbrauchssituation auch jederzeit wieder ›wegpacken‹. So könne die Dialogpartnerin O »einen Schalter anknipsen« und dann seien diese schrecklichen Gefühle weg und sie sei »glücklich«. An dieser Stelle zeigt sich wieder der wichtige Aspekt der Kontrolle, also zu »kontrollieren« (Dialogpartnerin O), wie viel das Opfer erleben möchte und auch kann und wo die individuellen Grenzen sind.

Die emotionale Anteilnahme eines bedeutenden Gegenübers kann ebenfalls eine enorme Erleichterung bei dem Zulassen des Hilflosigkeitsgefühls darstellen, wie es bei der Dialogpartnerin U der Fall gewesen ist: Ihre Therapeutin habe »Tränen in den Augen« gehabt, da sie im Gegensatz zu der Dialogpartnerin »total berührt« gewesen sei, als diese von ihrer Kindheit und Jugend erzählt habe. Dass die Dialogpartnerin ihre Therapeutin »so emotional gesehen habe«, habe die Dialogpartnerin zum »Nachdenken« gebracht. Ihr sei klar geworden, dass ihr »dieses kleine Kind eigentlich Leid tun muss«. Als seien Schleusen geöffnet worden, habe die Dialogpartnerin plötzlich »ganz viel getrauert« und »ganz viel geweint um die Kleine«. Es ist anzunehmen, dass die Opfer ein vertrauenswürdiges Gegenüber brauchen, das durch sein eigenes Trauern um das Opfer, diesem wiederum das Recht gibt endlich auch trauern zu ›dürfen‹.

Oftmals ist das Annehmen des Hilflosigkeitsgefühls auch erst über das Zwischenstadium der äußeren Perspektive möglich, das heißt, die Betroffene empfindet Mitleid mit dem Kind, welches sexuell missbraucht worden ist, jedoch kann sie noch nicht begreifen bzw. emotional zulassen, dass sie selbst dieses missbrauchte Kind ist. Die Dialogpartnerin B habe ihre gesamte Leidensgeschichte in einem Buch niedergeschrieben. Beim Schreiben habe sie »plötzlich Rotz und Wasser […] um dieses arme Kind«, welches sie beschrieben habe, »weinen« können. Sie habe großes »Mitleid« mit diesem Kind empfunden. Sie habe dementsprechend auch gesehen, dass dieses arme Kind ein hilfloses und unschuldiges Opfer ist. Doch war ihr zu diesem Zeitpunkt gefühlsmäßig noch nicht bewusst, dass sie selbst dieses unschuldige Kind sei: »Obwohl ich ›ich‹ geschrieben habe, war ich das nicht.« Dieses zunächst ›von oben drauf Schauen‹, stellt sicherlich bei vielen Betroffenen ein notwendiges Zwischenstadium dar, um die Psyche langsam auf den gesamten, noch bevorstehenden von Schmerz begleiteten Entwicklungsprozess vorzubereiten. Man könnte auch sagen, um einen ersten Teil des Schmerzes sozusagen ›anzutesten‹. Die Dialogpartnerinnen können mit der Zeit die Distanz mehr und mehr auflösen, sodass sie realisieren: »Das bist du ja selber!« (Dialogpartnerin B) Das Mitleid bezüglich des von der Ferne betrachteten Kindes wandelt sich mit der Zeit in Selbstmitleid. Diese äußere Perspektive kann auch durch das eigene Muttersein erfahren werden. So habe die Dialogpartnerin Z, als sie selbst Mutter geworden sei, gefühlsmäßig noch mehr realisiert, ein »Kind kann« an einem sexuellen Missbrauch »nicht schuld sein, wenn ein Erwachsener so was tut«. Den Müttern wird wahrscheinlich anhand ihrer

Söhne und ihrer Töchter vor Augen geführt, wie hilflos ein Kind ist und dementsprechend dem mächtigeren Erwachsenen immer ausgeliefert ist. Die Dialogpartnerin O, die selbst nicht Mutter sei, habe allein durch das Sehen von Kleinkindern erkannt, »wie wehrlos Kinder doch sind, wie klein [...] wie hilflos« und konnte dies auf sich selbst übertragen.

6.3.3.6 Stabilität

Sie habe zu der Zeit der Auseinandersetzung mit dem sexuellen Missbrauch »sehr stabile, feste Freundschaften« gehabt: »Und das merke ich auch immer wieder, wie hilfreich und gut das ist, ein Netzwerk von Menschen zu haben, in das man sich im Notfall auch reinfallen lassen könnte, wenn man es bräuchte, das ist schon wichtig. Das hatte ich. Ich denke, sonst hätte ich das auch nicht so gut hingekriegt« (Dialogpartnerin Z).

12 Dialogpartnerinnen: C, H, I, S, B, N, Z, D, G, E, U, O

Der Aspekt der Stabilität, der sowohl unter dem Punkt 6.3.3.5 als auch unter den Punkten 6.3.3.2 und 6.3.3.4 schon angesprochen worden ist, soll aufgrund seiner Wichtigkeit an dieser Stelle noch mal ausführlicher diskutiert werden. Eine vorhandene äußere Stabilität kann die entsetzliche Erkenntnis, von einer geliebten Bezugsperson sexuell missbraucht worden zu sein und die grausame Erfahrung, dem Missbrauch jederzeit hilflos ausgeliefert gewesen zu sein, sicherlich in einem gewissen Sinne ›abfedern‹, denn der innere Schmerz wird mit Sicherheit erträglicher, wenn äußere Stabilität vorhanden ist. In diesem Zusammenhang erklärt die Dialogpartnerin H, dass, wenn »ganz viel äußere Stabilität« gegeben sei, das Zulassen der Hilflosigkeit »leichter« aushaltbar sei.

Die Opfer können Stabilität durch die unterschiedlichsten Personen in ihrem Umfeld erfahren. Oft wurde in den Interviews der Partner, wahre Freunde, nahestehende Familienmitglieder, wie beispielsweise die Mutter, sowie vor allem die Therapeutin genannt. Auch stellen bei einigen Dialogpartnerinnen Tiere einen wichtigen Stabilisationsfaktor dar. So erfahre beispielsweise die Dialogpartnerin S vor allem Halt durch ihre Hündin, welche sie zum Gespräch mitgebracht hatte und die die ganze Zeit über neben ihr gelegen hat. Während des Interviews schaut die Dialogpartnerin ihre Hündin an und sagt: »Sie hat mich sehr stabilisiert.«

Manche Dialogpartnerinnen haben ›nur‹ »ein paar feste Anker« (Dialogpartnerin S) als Stabilisation, andere hingegen verfügen über ein umfassendes »stabiles Netzwerk« (Dialogpartnerin I).

Unabhängig davon, wie viele Personen oder auch Tiere zu dem stabilisierenden Umfeld zählen, ein solches bietet dem Opfer eine Art *Schutzraum*. In diesem *Schutzraum* erfährt das Opfer höchstwahrscheinlich Geborgenheit, authentisches Wohlwollen und Wertschätzung. Zudem wird dem Opfer in diesem *Schutzraum* gewiss auch vermittelt, dass ihm geglaubt und vor allem auch seine Unschuld als wahr anerkannt wird. Darüber hinaus bietet der *Schutzraum* Beständigkeit und Rückhalt, wie es der Dialogpartnerin U sehr wichtig sei: »Also ich brauche Leute bedingungslos hinter mir.« Diese sollten nicht ihre »Kämpfe fechten«, jedoch müsse die Dialogpartnerin spüren, dass ihr soziales Netzwerk »hinter« ihr »steht«.

Des Weiteren erklären die Dialogpartnerinnen, es sei sowohl wichtig, dass die stabilisierenden Bezugspersonen ihnen zuhören, wenn sie ihre Gefühle und Gedanken verbalisieren wollen, jedoch seien die Bezugspersonen auch für einen Ausgleich, für eine Ablenkung von dem schweren Thema der Schuldproblematik sehr zentral. So berichtet die Dialogpartnerin Z: »Das war ganz gut da auch Menschen zu haben, die da einen auch mal wieder rausgerissen haben, mit denen man dann mal was unternommen hat mit denen man lachen konnte, mit denen man auch andere Dinge machen konnte, wo man auf andere Gedanken gekommen ist, die zugehört haben, wenn es notwendig war, die man anrufen konnte, wenn man Hilfe brauchte. Das war schon wichtig.« Unternehmungen mit Bezugspersonen, bei denen die Betroffene auf andere Gedanken kommt und viel gelacht wird, stabilisiert sicherlich sehr. Diese Art von Stabilisation stellt höchstwahrscheinlich ein positives Gegengewicht zu der ›Schwere‹ der Auseinandersetzung mit dem sexuellen Missbrauch dar. Es ist davon auszugehen, dass solche Momente der ›Leichtigkeit‹ dem Opfer viel Kraft geben, sich weiter dem belastenden Thema des sexuellen Missbrauchs und der Schuldthematik zu stellen.

Es zeigt sich weiter, dass es manchen Dialogpartnerinnen nur innerhalb dieses *Schutzraumes* – also innerhalb ihres stabilisierenden Umfeldes – möglich ist, ihr Schuldgefühl bezüglich des sexuellen Missbrauchs abzulegen. So könne die Dialogpartnerin C lediglich das Gefühl der Schuldlosigkeit »zulassen«, wenn sie bei Menschen sei, wo sie sich »super sicher fühle«. Die gleiche Tendenz ist bei dem generalisierten Schuldgefühl erkennbar. So könne die Dialogpartnerin H beispielsweise bei Menschen, die sie sehr gut kennt und mag, eher annehmen, dass sie bei »Kleinigkeiten oder generelle[n] Dinge[n]« keine Schuld trage.

6.3.3.7 Besondere Stabilität der Therapeutin
»Sie [die Therapeutin] war immer dieser verlässliche Fels in der Brandung«
(Dialogpartnerin U).

7 Dialogpartnerinnen: Q, H, B, G, U, O, E

Es stellt sich heraus, dass der Therapeut von vielen Dialogpartnerinnen als eine ihrer wichtigsten stabilisierenden Bezugspersonen wahrgenommen wird. Dementsprechend wird die therapeutische Beziehung auch als besonders stabilisierende und sichere Beziehung erlebt. So erklärt beispielsweise die Dialogpartnerin U, ihre Therapeutin sei »immer dieser verlässliche Fels in der Brandung« gewesen. Unabhängig davon, welche starken »Emotionen« und »psychischen Zusammenbrüche« die Dialogpartnerin gehabt habe, ihre Therapeutin habe all dies »mitgetragen«.

Oftmals gelingt es den Dialogpartnerinnen erst im Rahmen solch einer haltgebenden Therapie, das Schuldgefühl zu mildern bzw. es als seelische Notmaßnahme z. B. zur Bewältigung von Ohnmacht und Hilflosigkeit zu erkennen. Bei einigen Dialogpartnerinnen ist die Therapeutin die erste Person in ihrem Leben gewesen, die positiv auf das Anvertrauen der Missbrauchserzählung reagiert hat.

Es fällt auf, dass meistens zwischen der jeweiligen Dialogpartnerin und deren Therapeutin eine starke Vertrauensbasis besteht, welche jedoch meist über einen langen Zeitraum hinweg aufgebaut werden musste. So habe sich die Dialogpartnerin U das »erste halbe Jahr« mit ihrer Therapeutin »über die Parksituation« unterhalten, um »bloß nicht übers Thema« Missbrauch zu sprechen. Allerdings habe die Dialogpartnerin genau »diese Zeit« und diesen »Raum« »gebraucht«, um sich »einzufinden« und »um dieses Vertrauen zu haben«. Wenn die Dialogpartnerinnen dieses Vertrauen zu ihrer Therapeutin gefunden haben, sprechen sie davon, dass sie sich »verstanden« (Dialogpartnerin Q) fühlen, dass sie sich bei dieser gut »aufgehoben« (Dialogpartnerin Q) fühlen und dass sie eine »Verlässlichkeit« (Dialogpartnerin U) seitens der Therapeutin spüren.

Neben diesem empathischen und haltgebenden Aspekt der Therapie ist sicherlich jedoch auch die Klarheit und Grenzziehung in der therapeutischen Arbeit ein wichtiger Punkt. In diesem Kontext erklärt die Dialogpartnerin U, »diese distanzierte Beziehung zwischen Therapeut und Patient« sei wichtig gewesen. Es habe ihr gut getan eindeutig zu wissen, die Therapeutin mache ihren »Job« und sie seien »keine Freunde«. Diese Distanz und Transparenz ist gewiss für das Opfer sehr zentral, da in der Missbrauchssituation diese beiden Aspekte verloren gegangen sind.

6.3.3.8 Kontrolle im Hier und Jetzt – ›heute ist sie die Mächtige‹

Die Dialogpartnerin erkennt, dass sie heute als erwachsene Frau handlungsfähig ist »Und heute weiß ich, dass ich immer was tun kann, dass es an mir ist nein zu sagen, dass es an mir ist, Grenzen zu setzen, dass es an mir ist, aus der Situation raus zu gehen, wenn ich das Gefühl habe, die tut mir nicht gut, dass ich darin nicht verharren muss, dass ich das Recht dazu habe« (Dialogpartnerin Z).

5 Dialogpartnerinnen: H, Z, E, U, O

Ein weiterer zentraler Punkt bei der Schuldgefühlüberwindung ist das Gefühl der Betroffenen, im Hier und Jetzt Kontrolle zu besitzen und eben nicht mehr das hilflose Opfer zu sein. In diesem Zusammenhang schildert die Dialogpartnerin O ihren letzten Kontakt mit ihrem Vater, der nach acht Jahren Kontaktabbruch, vor ungefähr einem Jahr stattgefunden habe. Es habe sich um ein Telefonat gehandelt. Die Dialogpartnerin habe Angst gehabt, dass sie »wie beim letzten Telefonat« vor neun Jahren »umkippen, keine Kraft mehr haben und zusammenbrechen« werde. Doch es sei ganz anders gekommen: »Ich war total stark und ruhig und doch vehement. Ich habe in dem Gespräch bestimmt fünfmal gesagt, dass er mich sexuell missbraucht hat.« Als die Dialogpartnerin zum ersten Mal gesagt habe, dass er sie sexuell missbraucht habe, habe dieser geantwortet: »O, du siehst es zu einseitig.« Doch selbst diese implizite Schuldzuschreibung des Täters hat die Dialogpartnerin in ihrer Stärke offensichtlich nicht ›einknicken‹ lassen, in dem Sinne, dass die Dialogpartnerin ihr *Schuldweltbild* wieder angenommen hätte. Im Gegenteil, die Dialogpartnerin habe eindeutig dem Täter die Schuld zusprechen können. Sie habe sich »in diesem Gespräch« »mal endlich mächtiger als er gefühlt und stark«. »Plötzlich« sei »er« derjenige gewesen, der »machtlos« gewesen sei. Und die Dialogpartnerin, die »immer« dem Täter »ausgeliefert« gewesen sei, habe sich in diesem Moment »nicht hilflos« gefühlt. Dieses Telefonat habe ihr geholfen »die Wahrheit«, dass sie »in den Missbrauch reingeboren« worden sei und dementsprechend »keine Kontrolle« gehabt habe, zu ertragen. Denn diese Konfrontation mit dem Täter habe ihr gezeigt, dass sie nun »die Stärkere« sei und dass sie »jetzt die Kontrolle habe«: Sie könne ihn z. B. »anzeigen« und sie sei sich sicher, dass sie bei der »Anzeige gewinnen« werde. Bei der Dialogpartnerin U zeigt sich ebenfalls, dass sich die Machtverhältnisse zwischen dem Täter und ihr umgekehrt haben. Die Dialogpartnerin lebe im gleichen Dorf wie ihr Bruder. Früher sei sie diejenige gewesen, die sich bei zufälligen Begegnungen klein gefühlt habe. Jedoch – nach dem Öffentlichmachen des sexuellen Missbrauchs – sei nun »er derjenige«, der ihr »aus dem Weg« gehe und »den Kopf« senke. Nun sei sie die, »die da hoch erhobenen Hauptes« stehe, ihm ins Gesicht schaue und denke: »Arschloch!« Solch »eine Konfrontation« sei »trotz allem immer wieder emotional viel«, aber sie habe der Dialogpartnerin auch »die Erkenntnis gebracht: Der hat keine Macht mehr über mich.« Die zwei geschilderten Beispiele weisen darauf hin, wie enorm wichtig das Gefühl, zumindest in der Gegenwart eine gewisse Kontrolle zu besitzen, für die Schuldgefühlüberwindung ist. Denn nur durch dieses stabilisierende Kontrollempfinden im Hier und Jetzt ist sicherlich das Aushalten der damaligen absoluten Hilflosigkeit möglich (vgl. Punkt 6.3.3.5).

Die Machtverschiebung bis hin zur -umkehrung beinhaltet, dass nun der Täter ängstlich und hilflos ist, das ehemals ohnmächtige Opfer dagegen, handlungsfähig wird. Dies spiegelt sich auch in den erstatteten und der teilweise derzeit noch laufenden Anzeigen einiger Dialogpartnerinnen gegen den Täter wider. In diesem Kontext erklärt die Dialogpartnerin H, dass ihr vor allem bei dem Gerichtsverfahren »wichtig« sei, dass sie sich zumindest »im Nachhinein noch wehren kann«, dass sie »was tun kann«. Ein Gerichtsverfahren kann der Betroffenen offenbar die Chance geben, Kontrolle, die sie in der Situation des sexuellen Missbrauchs nie gehabt hat, zu erlangen. Das geänderte Machtverhältnis empfinden die Dialogpartnerinnen, welche das Schuldgefühl schon überwunden haben, als »Triumph« (Dialogpartnerin U), so formuliert die Dialogpartnerin U: »Dass er jetzt Respekt hat vor mir, weil er weiß, er kann es nicht mehr mit mir machen. Und ich finde es ganz nett zu sehen, dass er mir jetzt ausweicht, weil jahrelang war es ja anders. Und da bin ich ganz ehrlich, das genieße ich.«

6.3.3.9 Gutes Objekt in der Kindheit
»Im Grunde hatte ich als Kind immer ein sehr gutes Verhältnis zu meiner Mutter. [...] Genau das glaube ich nämlich auch, es war viel leichter das

Schuldgefühl zu überwinden, weil ich eine Stabilität hatte [...] Also dass ich die Stabilität zu meiner Mutter hatte« (Dialogpartnerin O).

2 Dialogpartnerinnen: B, O

Zwar ist dieser Faktor lediglich bei zwei Interviews seitens der jeweiligen Dialogpartnerin konkret angesprochen worden, jedoch ist anzunehmen, dass dieser bei weitaus mehr Dialogpartnerinnen als diesen zweien einen enorm wichtigen Stellenwert bei dem Prozess der Schuldgefühlüberwindung einnimmt. Bei der Dialogpartnerin B und bei der Dialogpartnerin O stellt sich heraus, dass sie in ihrer Kindheit mindestens ein gutes Objekt gehabt haben, dass von Anfang an auf deren Seite gestanden hat. So hat der Großvater der Dialogpartnerin B dieser indirekt zu verstehen gegeben, dass sie hinsichtlich des sexuellen Missbrauchs keine Schuld treffe: Zunächst habe er dafür gesorgt, dass ihr Bruder, also der Täter, in einem anderen Zimmer habe schlafen müssen, wodurch der sexuelle Missbrauch aufgehört habe. Kurz vor seinem Tod habe der Großvater zudem der Dialogpartnerin gesagt: »Es gibt auch gute Männer.« Die Dialogpartnerin erklärt, dass er »ausgerechnet [...] diese Worte« gewählt habe, habe ihr »gezeigt, er wusste genau Bescheid, was war«. Es sei heute noch »ziemlich berührend«, wenn sie an seine Worte denke. Auch die Dialogpartnerin O habe von klein auf ihre Mutter als wichtige Stabilität gehabt. Obwohl der Täter durchgängig versucht habe in der Dialogpartnerin ein Bild der Mutter aufzubauen, dass diese eine »Feindin« sei, habe das »sehr gute[s] Verhältnis« zwischen Mutter und Tochter bestehen können: »Der hat mich ja total gegen meine Mutter aufgehetzt. [...] sie war meine Feindin. Ich finde das echt was Besonderes, dass die Beziehung zu meiner Mutter dem standgehalten hat.« Die Dialogpartnerin kann sich dies nur dadurch erklären, dass die Beziehung zu ihrer Mutter »so stark wohl« gewesen sein muss, sodass die Dialogpartnerin immer das Positive ihrer Mutter für sich habe behalten können. Schon während der Zeit des sexuellen Missbrauchs habe die Dialogpartnerin Schutz bei ihrer Mutter vor dem Täter gesucht. So habe sie beispielsweise ihre Mutter gebeten bei ihr zu schlafen, da sie Angst vor dem Vater gehabt habe. Die besondere Qualität der Beziehung zu der Mutter zeigt sich auch in der Anvertrauenssituation. Denn obwohl der Täter jahrelang an dem *Schweigegebot* gearbeitet habe, dieses besonders gegenüber der Mutter einzuhalten, habe sich die Dialogpartnerin dieser mit 14 Jahren anvertraut. Die Mutter habe der Dialogpartnerin »sofort geglaubt« – dies sei »ganz toll« und »auch ganz wichtig« gewesen. Die Mutter habe für die Dialogpartnerin in der Form »positiv« reagiert, dass sie sofort eine Beratungsstelle aufgesucht habe, mit der Tochter da gemeinsam hingegangen sei und den Täter rausgeschmissen habe. Die Dialogpartnerin geht davon aus, dass diese »Stabilität« durch ihre Mutter es »viel leichter« gemacht habe, »das Schuldgefühl zu überwinden«.

Zwei wichtige Schlussfolgerungen kann man aufgrund dieser beiden Beispiele ziehen. Zum einem, dass ein gutes Objekt dem Opfer sowohl implizit – wie bei der Dialogpartnerin B geschehen – oder auch explizit vermitteln kann, dass dieses unschuldig hinsichtlich des sexuellen Missbrauchs ist. Das Opfer spürt demnach schon in seiner Kindheit, dass eine wichtige Bezugsperson an dessen Unschuld glaubt und trägt dieses Wissen wahrscheinlich meist unbewusst in sich. Jedoch kann dieses unbewusste Wissen über die eigene Unschuld, welches das Opfer als Art Kern in sich trägt, mehr und mehr bewusst werden, wenn die optimalen Bedingungen bestehen (äußere Stabilität, Kontaktabbruch zum Täter usw.). Die Opfer hingegen, die nie solch ein gutes Objekt in ihrer Kindheit hatten, welches ihnen schon früh vermittelt hat, unschuldig zu sein, haben gewiss größere Schwierigkeiten, das Unschuldsgefühl zu erlangen. Denn sie müssen sozusagen ›von null anfangen‹, im Gegensatz zu den Opfern mit guten Objekten, die von außen schon wichtige Voraussetzungen zur Überwindung des Schuldgefühls erhalten haben. Und zum anderen zeigt sich, dass das Opfer eine enorme Kraft aus der Beziehung zu diesem guten Objekt schöpfen kann. Diese Kraft kann das Opfer mit Sicherheit bei der anstrengenden und schmerzvollen Schuldgefühlüberwindung nutzen.

6.3.3.10 Zeit

Sie habe »diese Zeit gebraucht«. Denn in »diesen Jahren des Nichtkontaktes« habe die Dialogpartnerin »realisieren« können, dass »ein Täter [...]« sie »missbraucht« habe (Dialogpartnerin O).

Es habe »lange, lange gedauert« bis die Dialogpartnerin gefühlsmäßig habe »akzeptieren« können, dass sie unschuldig an dem sexuellen Missbrauch sei (Dialogpartnerin U).

10 Dialogpartnerinnen: B, Q, C, H, I, S, N, D, U, O

Bei zehn Dialogpartnerinnen zeigt sich, dass Zeit ein wesentlicher Faktor bei der Schuldgefühlüberwindung darstellt. Die Mehrzahl der

Dialogpartnerinnen weist darauf hin, dass der richtige Zeitpunkt bei der Schuldgefühlüberwindung sehr entscheidend ist. So erklärt die Dialogpartnerin Q ihr erstes Anvertrauen sei »zu früh« gewesen, sie hätte das Gefühl der Unschuld zu dem Zeitpunkt noch nicht annehmen können. Sicherlich hat die Dialogpartnerin zu dieser Zeit noch uneingeschränkt in ihrem *Schuldweltbild* gelebt, welches sie aufgrund von Selbst- und Objektschutzgründen noch nicht aufgeben konnte. Es stellt sich heraus, dass viele Jahre, bei einigen sogar Jahrzehnte, vergehen, bis erste Zweifel an dem *Schuldweltbild* aufkommen – mit anderen Worten ein erster Riss in diesem entsteht. Bei der Dialogpartnerin H ist dies z. B. erst im Alter von 14 Jahren geschehen. Aufgrund einer Krankheit an ihrem Bein sei sie in eine Klinik gekommen. In dieser Klinik habe die Dialogpartnerin zum ersten Mal erfahren, dass sie ein Mensch mit Wert sei: »In der Klinik. Eigentlich als sie mir versucht haben zu vermitteln, dass ich doch ... irgendwie ... so ... einen Wert habe.« Diese Erfahrung, von anderen wertgeschätzt zu werden, habe dazu geführt, dass sie das erste Mal in ihrem Leben an ihrer Schuldigkeit bezüglich des sexuellen Missbrauchs gezweifelt habe.

Nicht nur das Aufkommen des ersten Risses im *Schuldweltbild* beansprucht viel Zeit, sondern auch der nachfolgende Überwindungsprozess des Schuldgefühls an sich benötigt einen langen Zeitraum. In diesem Zusammenhang formuliert die Dialogpartnerin C daher: Dieser Prozess brauche »viel Zeit, weil es natürlich auch ganz viel Schmerz« bedeute. Es ist davon auszugehen, dass die Psyche nur so viel Erkenntnis zulässt, wie das jeweilige Opfer zu einem bestimmten Zeitpunkt ertragen kann – sodass es sich, je nach inneren und äußeren Bedingungen, um einen sehr langen Prozess handeln kann.

Auch spielt der Faktor Zeit eine bedeutende Rolle in der therapeutischen Arbeit. In diesem Kontext erklärt die Dialogpartnerin U, sie habe sich das »erste halbe Jahr« mit ihrer Therapeutin »über die Parkplatzsituation« unterhalten, um »bloß nicht übers Thema« Missbrauch zu sprechen. Jedoch habe sie genau »diese Zeit« »gebraucht«, um sich »einzufinden« und »um dieses Vertrauen zu haben«.

Oftmals ist die Überwindung des Schuldgefühls im Vergleich zu dem jahre- bis jahrzehntelangem Schuldigfühlen bei dem Opfer noch relativ ›frisch‹. Daher benötigt das Gefühl der Unschuld sicherlich oftmals noch eine gewisse Zeit, um zu reifen, sich wirklich festigen zu können und auch das Gefühl der Schuld komplett und endgültig ablösen zu können.

6.3.3.11 Hoffnung

Nach dem Interview habe die Dialogpartnerin per Internetchat mit ihrem Bruder Kontakt gehabt und er habe in dem Gespräch »die vollständige Verantwortung übernommen« für den ihr zugefügten Missbrauch. Allerdings habe dies der Dialogpartnerin »leider« auch nicht geholfen, ihr Schuldgefühl »vollständig« ablegen zu können, doch die Hoffnung bleibe: »Ich habe mir seinen Satz herausgezogen und sehe immer wieder darauf, in der Hoffnung, langfristig mein Schuldgefühl damit bekämpfen zu können« (Rückmeldung Dialogpartnerin Q).

5 Dialogpartnerinnen: Q, H, S, D, U

Einige Dialogpartnerinnen, die das Schuldgefühl noch nicht emotional überwunden haben, tragen jedoch die starke Hoffnung in sich, dass ihnen dies irgendwann möglich sein wird. Diese Hoffnung wird bei den Dialogpartnerinnen zum einem aus ihren schon erreichten Erfolgen hinsichtlich der Schuldgefühlüberwindung genährt, wie beispielsweise die Dialogpartnerin Q erklärt: Sie habe die Hoffnung, dadurch, dass sie sich zurzeit zumindest »manchmal unschuldig fühlen kann«, dass das Gefühl von Unschuld irgendwann »dauerhaft bleiben kann«. Zum anderen wird die Hoffnung der Dialogpartnerinnen aus dem starken inneren Wunsch genährt, das Schuldgefühl endlich hinter sich lassen zu können und somit auch ein glücklicheres Leben führen zu können, wie an dem Beispiel von Dialogpartnerin H aufgezeigt werden kann: Für diesen großen Wunsch, psychisch »gesund zu werden«, wolle sie »kämpfen«. In diesem Sinne erklärt die Dialogpartnerin auch während des Gesprächs, dass sie »vor allem« beschlossen habe, an diesem Interview für die vorliegende Diplomarbeit teilzunehmen, da sie auch hier aktiv »was« für ihre Heilung »tun« könne. Die Dialogpartnerin S, die die Hoffnung ebenfalls nicht aufgebe, stellt am Ende ihres Interviews in diesem Zusammenhang fest: »Man muss immer weiter kämpfen.« Auch die Dialogpartnerin U, die das Schuldgefühl bereits habe ablegen können, habe die Zuversicht, dass sie all das Schreckliche hinter sich lassen könne und noch viel Schönes auf sie warte: »Ich komme langsam an diesen Punkt, wirklich zurück gucken zu können und sagen zu können: ›Ja und das liegt hinter mir.‹ Ich kann das wirklich hinter mir lassen. Und vor mir liegt aber auch noch so viel Schönes, was ich machen will. Und da bin ich auch ganz zuversichtlich, dass ich das hinkriege, weil ich einfach nicht mehr will, dass das [, der Missbrauch,] so sehr mein Leben bestimmt.«

Höchstwahrscheinlich sind die Hoffnung, die Zuversicht und der Blick auf das gerichtet, was an Schönem noch kommen wird, äußerst förderliche Aspekte, um das Schuldgefühl überwinden zu können. Denn diese Aspekte stellen gewiss ein positives Gegengewicht zu den durch das Schuldgefühl ferngehaltenen Ängsten – also der Angst vor Hilflosigkeit, der Angst vor Täterverlust usw. – dar.

Allerdings soll an dieser Stelle darauf hingewiesen werden, dass es sich bei der Hoffnung lediglich um ein Gegengewicht handelt und dementsprechend unzureichend ist, um das Schuldgefühl vollends zu überwinden. Denn selbst wenn die Dialogpartnerinnen bewusst das Schuldgefühl überwinden wollen, wie bei den gesamten vorherigen Ausführungen oben aufgezeigt, können sie es oftmals nicht aufgrund der meist unbewussten *Schuldgefühldynamik*. Nur wenn diese erkannt und durchgearbeitet wird, rational sowie emotional, kann das Schuldgefühl überwunden werden. Jedoch bei gleichen Bedingungen gelingt es einem Opfer mit Hoffnung und Zuversicht bestimmt eher, das Schuldgefühl ablegen zu können, als einem Opfer, das die Hoffnung vollständig aufgegeben hat.

6.3.3.12 Positive Reaktionen

»Und es haben ja auch alle positiv reagiert. Also meine Mutter, die hat ja wirklich positiv reagiert. Meine Freundin, der ich es davor erzählt habe, die hat auch sehr positiv reagiert. [...] Die Beratungsstelle hat natürlich positiv reagiert. [...] Und Freunde haben auch alle positiv reagiert.« – all diese Reaktionen seien für die Dialogpartnerin *»sehr unterstützend«* gewesen (Dialogpartnerin O).

4 Dialogpartnerinnen: I, S, B, O

Unter Punkt 6.1.12.2 wurde aufgezeigt, in welchem umfangreichen Maß implizite sowie explizite Schuldzuschreibungen von außen das Schuldgefühl beim Opfer verstärken können. Es stellt sich heraus, dass gemäß dem Umkehrschluss positive Reaktionen von Mitmenschen in dem Sinne, dass diese beispielsweise dem Opfer glauben, diesem helfen oder auch dieses als eindeutig unschuldig erklären, sehr förderlich bei der Schuldgefühlüberwindung sein können. Die Dialogpartnerin S habe beispielsweise ihrer Pädagogiklehrerin von dem erlebten Missbrauch erzählt. Diese habe »sehr positiv reagiert«, da sie die Dialogpartnerin auch »zum Kinderschutzbund geschickt« habe.

Es ist davon auszugehen, dass besonders die Reaktion des Menschen, dem sich das Opfer als erstes anvertraut eine große Auswirkung hat, wie man an dem Beispiel von Dialogpartnerin I sehen kann. Die Dialogpartnerin habe sich als erstes ihrer besten Freundin anvertraut. Diese habe ihr »sofort geglaubt« und habe »verständnisvoll« und »sehr mitfühlend« reagiert. Die Dialogpartnerin realisiert im Interview, dass diese positive Reaktion der Freundin, die ihr bis heute Halt gebe, eine wichtige Erfahrung gewesen sei, um das Schuldgefühl zu überwinden: »Ich glaube schon, wenn ich an dem Punkt an jemanden geraten wäre, der gesagt hätte: Du bist schuldig! Das hätte wahrscheinlich das Ganze verstärkt. Das wäre weiterhin in die negative Richtung gegangen«.

6.3.3.13 Professionelle höhere Instanz
Die Dialogpartnerin habe »Anzeige erstattet [...] vor zweieinhalb Jahren« gegen ihren Halbbruder, »auch um [...] von der Schuld ... einfach einen Schlussstrich zu ziehen«. Dies zeigt, dass ein wichtiges Motiv dieser Anzeige der Wunsch ist, das Schuldgefühl auf diesem Wege überwinden zu können. In diesem Zusammenhang habe ihr offensichtlich auch schon das Ergebnis des Glaubwürdigkeitsgutachtens geholfen, da dieses »positiv ausgefallen« sei (Dialogpartnerin S).

6 Dialogpartnerinnen: C, H, S, D, G, O

Nicht wenigen Dialogpartnerinnen haben auch bei der Überwindung des Schuldgefühls das Verhalten und die Haltung einer bestimmten professionell höheren Instanz geholfen. Bei solch einer höheren Instanz kann es sich um einen Richter, eine Anwältin, eine Beratungsstelle oder ähnliches handeln. Die Dialogpartnerinnen nehmen diese Menschen vor allem als Professionelle in ihrem Tätigkeitsbereich wahr. Und genau diese zugeschriebene Professionalität ist es, die den entscheidenden Faktor darstellt, denn die Dialogpartnerinnen gehen davon aus, dass diese Menschen genau wissen, was sie tun, da diese schließlich Experten auf ihrem Gebiet seien. So erklärt beispielsweise die Dialogpartnerin C, dass ein Gespräch mit ihrer Anwältin sehr hilfreich gewesen sei, da es sich bei ihr um eine Person gehandelt habe, die »professionell [...] in dem Beruf« sei. Diese habe ihr noch mal von Außen bestätigt: »Ja, es ist ein sexueller Missbrauch«, den sie erfahren habe.

Neben der zugeschriebenen Professionalität ist diese höhere Instanz meist, im Gegensatz zum eigenen Therapeuten, neutral und steht dementsprechend nicht zwangsläufig auf der Seite des Opfers.

Das aussagepsychologische Gutachten im Rahmen eines Gerichtsverfahrens nimmt bei den Dialogpartnerinnen einen besonders hohen Stellenwert ein. Die Dialogpartnerin H habe dieses bereits für die Anzeige gemacht. Das Gutachten sei positiv ausgefallen, in dem Sinne, dass ihr geglaubt werde. Dieses Ergebnis helfe ihr, einen Schritt in Richtung Schuldgefühlüberwindung zu machen: »Wenn es da jetzt ein Gutachten gibt, wo eindeutig drin steht, dass ich nicht lüge und dass ich mir nichts ausdenke, dass ich keine Psychosen habe [...] irgendwie hilft mir das.« So auch bei der Dialogpartnerin D: Nachdem in dem ersten Gutachten gestanden habe, dass es sich nicht um einen Missbrauch, sondern um »eine Liebesbeziehung« gehandelt habe, sei die Dialogpartnerin dazu »verleitet« gewesen, den eigentlichen Täter als unschuldig zu erklären. Danach sei ein zweites Gutachten erstellt worden. Dieses zweite Gutachten habe sie als unschuldig beschrieben und damit die »Sicht« der Dialogpartnerin »bestätigt«. Daraufhin habe die Dialogpartnerin neuen Mut gefasst. Man erkennt, welchen enormen Einfluss solch ein Gutachten auf die Gefühlswelt des Opfers haben kann. Denn je nach Ergebnis kann das Schuldgefühl verstärkt oder geschwächt werden.

Es wird erkennbar, dass das Gerichtsverfahren mit seinen ganzen Schritten (z.B. Glaubwürdigkeitsgutachten) und sicherlich vor allem auch durch das abschließende Urteil von den Dialogpartnerinnen als eine mögliche Instanz wahrgenommen wird, die die ›Macht‹ besitzt, das Opfer von der Schuld frei zu sprechen. So hat auch die Dialogpartnerin G die Phantasie, dass ein Richter ihr Schuldgefühl mindern könnte, indem er sie vor Gericht wie folgt für unschuldig erklären würde: »Wenn ein Richter offiziell gesagt hätte: ›Sie sind nicht schuld! Da ist der Täter und jetzt ist es auch offiziell‹.« Jedoch, wie weiter oben gesehen, reichen alle äußeren Bedingungen – wie beispielsweise solch ein juristischer Schuldfreispruch – nicht aus, wenn sich innerlich nicht der notwendige Prozess vollzogen hat. Aber diese äußerlichen Schuldfreisprüche können, wie gerade gezeigt, sehr förderlich auf die Schuldgefühlüberwindung des Opfers wirken, indem es als eine Bestätigung für das (un)bewusste Wissen über die eigene Unschuld dient.

Nicht nur die juristischen Instanzen wie Richter, Anwalt usw. werden als mögliche Überwindungshilfen angesehen, sondern auch Beratungsstellen und ähnliche Institutionen. Die Dialogpartnerin O habe mit solchen Beratungsstellen »viel Kontakt« gehabt. Sie berichtet, alle haben »positiv reagiert«, denn diese haben der Dialogpartnerin »auch immer sofort helfen wollen«, wie sie erläutert. Dadurch, dass »so schnell« reagiert worden sei, sei der Dialogpartnerin »bewusst« geworden, »wie schlimm der Missbrauch ist«: »Dass das Mädchenhaus mich sofort rausholen wollte. Plötzlich wurde mir klar, das ist ja wirklich schlimm.« Diese Stellen habe sie als »professionell« angesehen, die »wissen [...], was sie tun«, daher müsse der Missbrauch »schlimm sein«. Auch hier sieht man wieder die Überzeugung der Dialogpartnerin, dass die helfenden Stellen professionell sind.

Neben der Professionalität dieser Instanzen ist sicherlich auch bedeutend, dass es sich bei der Anwältin, der Richterin, der Beraterin usw. um eine Instanz handelt, die *außerhalb* der Missbrauchsdynamik steht. Die Schuldfrage wird daher nicht mehr nur zwischen Täter, Opfer und den Familienmitgliedern, die auch einen Teil der Missbrauchsdynamik bilden (z.B. die Mutter), ausgetragen, sondern in einen anderen ›Kontext‹ gebracht. Das Miteinbeziehen solch einer Person führt daher aus der Missbrauchsdynamik heraus und kann auf diese Weise eine neue Perspektive für das Opfer darstellen.

Zusammenfassung und Diskussion

Im diesem Teil der Arbeit soll zunächst eine *Methodenkritik* der Untersuchung vorgenommen werden (Punkt 7). Anschließend werden die *zentralen Ergebnisse* der vorliegenden Arbeit zusammenfassend diskutiert und mit den vorgestellten Theorien und Erkenntnissen aus dem theoretischen Teil verglichen (Punkt 8). Des Weiteren soll anhand einer *vereinfachenden Grafik* der Überwindungsprozess des Schuldgefühls prototypisch dargestellt werden (Punkt 8.4). Geschlossen wird mit einigen *für die Praxis relevanten Schlussfolgerungen* für die *therapeutische Arbeit* mit betroffenen Frauen innerfamiliären sexuellen Missbrauchs, die unter einem Schuldgefühl leiden (Punkt 9).

7 Methodenkritik

Wie soeben angeführt, soll in diesem Kapitel aufgezeigt werden, inwiefern die angewandte Methodik zur (weiteren) Klärung des Phänomens *Das Schuldgefühl bei betroffenen Frauen innerfamiliären sexuellen Missbrauchs* beitragen konnte (Punkt 7.1). Außerdem soll unter Punkt 7.2 eine kritische Betrachtung der Durchführung der Untersuchung vorgenommen werden. In diesem Zusammenhang soll auch geprüft werden, inwieweit die Gütekriterien erfüllt worden sind (Punkt 7.3).

7.1 Klärung der Fragestellung

In der vorliegenden Diplomarbeit wurde folgender Gegenstand untersucht: *Das Schuldgefühl bei betroffenen Frauen innerfamiliären sexuellen Missbrauchs*. Dabei sollte vor allem die Innenperspektive der Betroffenen betrachtet werden. Im Fokus der Untersuchung standen folgende drei Fragestellungen:

1) Welche Ursachen gibt es für das Schuldgefühl?
2) Welche Auswirkungen und Auswirkungszusammenhänge hat das Schuldgefühl?
3) Wie kann das Schuldgefühl überwunden werden?

An dieser Stelle soll geklärt werden, inwieweit es gelungen ist, mit der Methodik des halbstrukturierten-leitfadenorientierten Tiefeninterviews und der vereinheitlichenden Beschreibung eine Klärung des Gegenstandes zu erreichen.

Das halbstrukturierte-leitfadenorientierte Tiefeninterview erwies sich als angemessenes Erhebungsinstrument im Rahmen des Forschungsprozesses, da die subjektive Innenperspektive der Dialogpartnerinnen gut erfasst werden konnte. Den Gesprächspartnerinnen war durch die Form des Tiefeninterviews genügend Raum und Zeit geboten worden, um ihre Gefühle ausdrücken und ihre Gedankengänge weiterentwickeln zu können. Aufgrund der Strukturierung in Form eines Interviewleitfadens konnten die Einzelfälle zudem gut miteinander verglichen werden. Die Interviewerin erhielt einen großen Umfang an Gesprächsmaterial, das, wie im Ergebnisteil gezeigt, nicht nur die bewussten Prozesse beleuchtete, sondern ebenfalls Rückschlüsse auf unbewusste Prozesse zuließ. Auch erwies sich die Gesprächsmethodik angenehm für die Dialogpartnerinnen, wie man an dem positiven Feedback dieser der Interviewerin gegenüber sehen kann (siehe Anhang, Frage nach dem Feedback).

Das Auswertungsinstrument der vereinheitlichenden Beschreibung erwies sich ebenfalls als sehr sinnvoll für die vorgestellte Untersuchung. Im ersten Auswertungsschritt wurden individuelle psychologische Beschreibungen erstellt, deren Ziel darin bestand, die Besonderheiten jedes Einzelfalles zu erfassen und dabei eine besonders tiefe Betrachtung und Analyse vorzunehmen. Der zweite Schritt der Auswertung, die vereinheitlichende Beschreibung, diente dagegen zur wissenschaftlichen Erfassung grundlegender seelischer Zusammenhänge des Schuldgefühls von weiblichen Betroffenen innerfamiliären sexuellen Missbrauchs. Durch einen systematischen Vergleich der 14 psychologischen Einzelbeschreibungen konnte dementsprechend die Gewinnung von überindividuellen Erkenntnissen hinsichtlich des Gegenstandes geleistet werden und ermöglichte somit eine gewisse Verallgemeinerung der Ergebnisse. Es zeigte sich, dass sich diese beiden Auswertungsschritte aufgrund ihrer unterschiedlichen Zielsetzung – die Herausarbeitung der Besonderheiten und der Tiefenaspekte beim Einzellfall auf der einen Seite und die überindividuellen Erkenntnisse auf der anderen Seite – sehr gut ergänzten.

7.2 Kritische Betrachtung der Durchführung der Untersuchung

Kritisch zu betrachten ist die Stichprobenziehung, da es sich um eine angefallene Stichprobe mit vorher festgelegten Kriterien handelt und sie daher bestimmten Selektionseffekten (z. B. Eigenmotivation der Dialogpartnerinnen) unterliegt, die nicht kontrolliert werden können. Aufgrund dessen liegt keine Repräsentativität der Stichprobe vor und es können keine Schlüsse für die Gesamtpopulation gezogen werden. Jedoch ist es bei der qualitativen Forschung auch nicht Ziel eine allumfassende Repräsentativität zu erreichen, sondern es soll vielmehr Ziel sein, die Ergebnisse auf eine bestimmte Lebens- und Erfahrungswelt übertragen zu können (vgl. Mayring 2002). Und so wurde versucht die Lebens- und Erfahrungswelt betroffener Frauen sexuellen Missbrauchs innerhalb der Familie, die sich im Zusammenhang mit dem Missbrauch schuldig fühlen, näher zu betrachten. Es zeigte sich, dass die herausgearbeiteten Entstehungsmöglichkeiten, Auswirkungs- und Überwindungsaspekte des Schuldgefühls in der vorliegenden Untersuchung sich zu großen Teilen mit den Erkenntnissen der aktuellen Forschung decken bzw. diese sinnvoll ergänzen.

Wie im Methodenteil beschrieben kamen einige Themen und Hypothesen erst im Laufe des Forschungsprozesses auf (z. B. der Aspekt der sexuellen Erregung). Aufgrund dessen konnten diese Themen und Hypothesen nicht in den ersten Interviews thematisiert und mit eingebracht werden, sodass bei den jeweiligen Dialogpartnerinnen nicht bzw. nur schwer geklärt werden konnte, ob sie diese Aspekte aufweisen oder nicht. Auf Grundlage der gewonnenen Erkenntnisse könnte eine weitere mehr standardisierte Studie angeschlossen werden, bei der von vornherein die gesamten bestehenden Hypothesen ins Gespräch der jeweiligen Dialog-partnerin eingebracht werden. Jedoch würde auf diese Weise der Raum für neue, unentdeckte Aspekte weniger vorhanden sein.

Des Weiteren ist anzunehmen, dass trotz der intensiven und zeitauf-wendigen Interviews, von bis zu drei Stunden, bestimmte Aspekte, die für das Schuldgefühl ebenfalls relevant sein könnten, sich nicht gezeigt haben. Dies könnte damit zusammenhängen, dass bestimmte Themen sehr schambesetzt sind und daher seitens der Gesprächspartnerinnen ungern thematisiert werden. Auch könnte es sich um unbewusste Pro-zesse handeln, die den Dialogpartnerinnen selbst nicht zugänglich sind. Um an schambesetzte Thematiken zu gelangen, hätte die Interviewerin die Dialogpartnerinnen nach dem Gespräch noch darum bitten können, Aspekte, welche sie aufgrund von Scham nicht besprechen möchten, aufzuschreiben. Erst nachdem die Dialogpartnerin gegangen wäre, hätte die Interviewerin diese Aspekte dann gelesen. Jedoch sind bei dieser zusätzlichen Form des Erkenntnisgewinns keine Nachfragen der Inter-viewerin hinsichtlich der schambesetzten Themen möglich.

Es fällt auf, dass das mündliche Feedback zur Interviewsituation nach dem Gespräch seitens der Dialogpartnerinnen überwiegend äußerst po-sitiv ausgefallen ist, und keine bzw. kaum kritische Momente benannt worden sind (siehe Anhang, Frage nach dem Feedback). Dies könnte daran liegen, dass die Dialogpartnerinnen sich nicht getraut haben, ne-gative Kritik zu äußern. Dem könnte man in weiteren Untersuchungen entgegenwirken, indem man den Dialogpartnerinnen die Gelegenheit bietet, ebenfalls schriftlich (anonymisiert) Kritik abgeben zu können.

Wie im Methodenteil beschrieben, hat die Interviewerin während der Gespräche auf ihre Gegenübertragungsgefühle geachtet und versucht deren Bedeutung in der Interviewsituation oder auch im Nachhinein zu verstehen; teilweise sind diese Gefühle auch in die Auswertung mit eingeflossen. Jedoch wurden die Gegenübertragungsgefühle nicht als systematisches Auswertungsinstrument genutzt, wie es ein ausgebildeter Therapeut hätte leisten können.

Von zwei Dialogpartnerinnen erhielt die Forscherin keine Rückmel-dung bezüglich der verfassten psychologischen Beschreibungen. Es ist leider nicht zu klären, wodurch es gekommen ist, dass die Gesprächs-partnerinnen keine Rückmeldungen gegeben haben. Durch das Fehlen dieser konnte bei den beiden betreffenden Beschreibungen keine kom-munikative Validierung durchgeführt werden, was ebenfalls kritisch zu betrachten ist.

7.3 Erreichen der Gütekriterien

Im Folgenden soll überprüft werden, inwieweit die qualitativen Gütekriterien in der vorliegenden Arbeit Anwendung gefunden haben:

1) Verfahrensdokumentation
Seitens der Forscherin wurde großer Wert auf die Transparenz und die Nachvollziehbarkeit der gesamten Untersuchung gelegt. Dementsprechend wurde zunächst im Theorieteil das Vorverständnis, welches die Forscherin im Vorfeld erworben hatte, dargelegt. Im Methodenteil wurde anschließend ausführlich auf die Planungs-, die Durchführungsund die Auswertungsphase der Untersuchung eingegangen und in diesem Zusammenhang angestrebt, auf verständliche Weise die einzelnen Forschungsschritte und deren Sinn zu explizieren. Zudem wurden die Ergebnisse in den Kapiteln 5 und 6 detailliert dargestellt. Darüber hinaus, hat der Leser die Möglichkeit, das Materialband, also das gesamte Rohmaterial (die 14 transkribierten Interviews), auf dem die Untersuchung basiert, einzusehen (vgl. Punkt 4.6).

2) Argumentative Interpretationsabsicherung
Folgende Kriterien sind bei der argumentativen Interpretationsabsicherung zu beachten:
➤ Angemessene Verknüpfung mit dem Vorverständnis:
Die von der Forscherin vorgenommenen Interpretationen basieren auf dem Vorverständnis der Forscherin, welches sich im Theorieteil widerspiegelt.
➤ Schlüssigkeit der Interpretation:
Die geleisteten Interpretationen wurden mit einem oder mehreren Zitaten der Gesprächspartnerinnen belegt, zudem bauen die einzelnen Interpretationen aufeinander auf und ergeben eine sinnvolle und schlüssige Gesamtinterpretation.
➤ Aufzeigen von Alternativdeutungen
In einigen psychologischen Beschreibungen wurden Alternativdeutungen bezüglich einzelner Aspekte angebracht, wobei beide Deutungen als mögliche Interpretation gewertet wurden. In einigen Fällen wurde eine von diesen möglichen Deutungen seitens der Forscherin bevorzugt.

3) Regelgeleitetheit

Es wurde sich grundsätzlich an die Verfahrensregeln des Tiefeninterviews und der vereinheitlichenden Beschreibung, die im Methodenteil ausführlich aufgezeigt werden, gehalten. An einigen Stellen jedoch erforderte der Gegenstand, dass die Regeln diesem angepasst wurden. So wurde das Tiefeninterview, welches in seiner Grundform sehr offen ist, durch einen Leitfaden strukturiert, um eine Vergleichbarkeit der einzelnen Gespräche zu erlangen. Ein weiteres Beispiel stellt das Vorgehen bei der Dialogpartnerin H dar. Mit ihr wurden zwei Interviews durchgeführt, da das erste in diesem Einzelfall vor allem dem Vertrauensaufbau diente und das zweite eher dem Erkenntnisgewinn.

4) Nähe zum Gegenstand

Besonders viel Wert wurde auf dieses Gütekriterium gelegt. Die Nähe zum Gegenstand wurde in der Form erreicht, dass von Anfang an die subjektive Lebens- und Erfahrungswelt der Dialogpartnerinnen im Vordergrund stand. Anhand des Feedbacks und der Rückmeldungen seitens der Gesprächspartnerinnen kann aufgezeigt werden, dass das Erfassen dieser subjektiven Innensicht zu großen Teilen gelungen ist (siehe Anhang). Das Verhältnis zwischen Gesprächspartnerin und Interviewerin zeichnete sich durch eine offene, gleichberechtigte Beziehung aus. Wie im Methodenteil beschrieben, wurden die Dialogpartnerinnen als Expertinnen oder auch Mitforscherinnen hinsichtlich ihrer eigenen Innenwelt angesehen. Zudem bestand zwischen Interviewerin und der jeweiligen Dialogpartnerin eine Interessensübereinstimmung in der Form, dass für beide die Sensibilisierung und die Aufklärung bezüglich des Themas *Sexueller Missbrauch innerhalb der Familie* und besonders die Bedeutung des Schuldgefühls in diesem Kontext, Ziele des Forschungsprojektes darstellten.

5) Kommunikative Validierung

Wie soeben beschrieben, wurden die Dialogpartnerinnen als Expertinnen und Mitforscherinnen angesehen. Aufgrund dessen sollte die Gültigkeit der Erkenntnisse aus der Untersuchungssituation durch Rückmeldungen seitens der Gesprächspartnerinnen erhöht werden. Daher wurde eine kommunikative Validierung vorgenommen (vgl. Punkt 4.6). 12 von 14 Dialogpartnerinnen gaben eine Rückmeldung. Neun dieser 12 stimmten ihrer psychologischen Beschreibung voll zu und fühlten sich richtig verstanden. Zwei äußerten zwei geringe Kritikpunkte, die dazu führten, dass die jeweiligen psychologischen Beschreibungen hinsichtlich dieser Kritikpunkte verändert wurden. Eine Dialogpartnerin kritisierte einen zentralen Aspekt, allerdings konnte die Interviewerin diese Kritik nicht nachvollziehen und die Beschreibung wurde nicht verändert, sondern die Kritik als Alternativdeutung ergänzend hinzugefügt. An dieser Stelle kann man Mayring (2002) anbringen, der darauf hinweist, dass das Gütekriterium der kommunikativen Validierung nicht das einzige sein sollte, auf das zurückgegriffen wird, da man sonst nie über die subjektive Bedeutungsstruktur des Subjekts hinauskommen könnte.

6) Triangulation
Die Triangulation, die ebenfalls die Güte einer Untersuchung erhöht, konnte im Rahmen der vorliegenden Diplomarbeit aus ökonomischen Gründen nicht erreicht werden. Das Fehlen dieses Gütekriteriums kann als Kritikpunkt betrachtet werden. In weiteren Untersuchungen zu dem Gegenstand *Das Schuldgefühl bei weiblichen Betroffenen innerfamiliären sexuellen Missbrauchs* sollte solch eine Triangulation zur zusätzlichen Absicherung der Erkenntnisse vorgenommen werden.

8 Zusammenfassende Diskussion der zentralen Ergebnisse der Untersuchung

An dieser Stelle sollen die wichtigsten Erkenntnisse aus der vorliegenden Diplomarbeit zusammenfassend dargestellt und mit den bestehenden Theorien und Forschungsergebnissen aus dem Theorieteil in Austausch gebracht und in diesem Zusammenhang diskutiert werden. Vorab soll der Hinweis gegeben werden, dass aufgrund des großen Umfangs an gewonnenen Ergebnissen nur einige Schwerpunkte dieser Ergebnisse aufgezeigt werden können. Die gesamte Ergebnisdarstellung ist in den Kapiteln 5 und 6 ausführlich nachzulesen. Die Schwerpunktsetzung erfolgt nach drei Überlegungen:

> ➤ Es sollen die Aspekte genannt werden, die bei vielen Dialogpartnerinnen eine Rolle gespielt haben.
> ➤ Ebenfalls sollen die Aspekte genannt werden, die eine neue Erkenntnis hinsichtlich des Gegenstandes darstellen.
> ➤ Außerdem sollen die Aspekte genannt werden, denen wenig Beachtung geschenkt wird, da es sich z. B. um ein tabuisiertes Thema handelt.

Ebenfalls soll darauf hingewiesen werden, dass die vorgestellten Ergebnisse sich ausschließlich auf *weibliche* Betroffene beziehen, da im Rahmen der vorliegenden Diplomarbeit nur Frauen befragt worden sind (vgl. Punkt 4.4).

8.1 Ursachen

Die erste Fragestellung, die nach den Ursachen des Schuldgefühls, soll zu Beginn behandelt werden. Jede Ursache wird zunächst mit einem Zitat aus den Interviews bzw. den individuellen Beschreibungen eingeleitet, um an die Thematik heranzuführen und einen ersten Einblick zu erhalten.

8.1.1 Kontrollillusion zur Abwehr des Hilflosigkeitsgefühls

»Ich hatte das Gefühl, es liegt in meiner Hand, ob der Missbrauch […] stattfindet oder nicht« (Dialogpartnerin O).

Der starke Wunsch nach Kontrollerhalt stellt einen Kernaspekt bei dem Entstehen des Schuldgefühls dar. Der sexuelle Missbrauch bedeutet für die Betroffene, dass diese dem Täter absolut hilflos ausgeliefert ist. Der Täter, als der Mächtige, kann über das Opfer verfügen, das Opfer dagegen hat keinen Handlungsspielraum. Das Realisieren und das damit einhergehende Erleben des Hilflosigkeitsgefühls sind jedoch eine zu große Bedrohung für die Psyche, in der Form, dass diese von dem starken Hilflosigkeitsgefühl überwältigt werden würde. Daher nutzt die Psyche der Betroffenen das Schuldgefühl als Selbstschutzmechanismus, um in der traumatischen Situation des sexuellen Missbrauchs seelisch überleben zu können. Die Betroffene gibt sich dementsprechend selbst unbewusst die Schuld für das Stattfinden des sexuellen Missbrauchs, um nicht realisieren zu müssen, nie eine Kontrolle im Bezug auf den sexuellen Missbrauch gehabt zu haben. Auf diese Weise kann die Betroffene in dem Glauben leben, sie hätte dieses und jenes anders machen können, dann hätte sie sich dem Missbrauch entziehen können. Das überwältigende und bedrohliche Hilflosigkeitsgefühl wird folglich durch eine Kontrollillusion, die nicht der Realität entspricht, abgewehrt.

Im Theorieteil wurde aufgezeigt, dass schon Ferenczi im Jahre 1932 diesen Zusammenhang beschreibt. Zudem wurde im Theorieteil angeführt, dass innerhalb der aktuellen Forschung von vielen Autoren immer noch (vgl. Barwinski 2008; Enders 2008; Fischer 1998; Fischer/Riedesser 2003; Hirsch 2010; Paul 2007; Sanford 1992; Schlesinger 2006; Steinhage 1989) die Abwehr des Hilflosigkeitsgefühls als zentrale Ursache des Schuldgefühls angesehen wird.

8.1.2 Täterschutz

»Der Papa macht da was ganz Schlimmes und ... aber der Papa, der beschützt mich, und daher darf er ja keine Schuld haben. Sonst würde ja mein ganzes Weltbild zusammenbrechen. Also wer kann nur schuld sein? Ich kann nur schuld sein« (Dialogpartnerin C).

Der starke Wunsch, das gute Bild des Täters aufrechtzuerhalten, ist als weiterer zentraler Aspekt bei der Verursachung und Aufrechterhaltung des Schuldgefühls zu nennen. Für die Betroffene stellt der Täter eine wichtige, in manchen Fällen sogar die wichtigste und einzige Bezugsperson im Leben der Betroffenen, dar. Zu dem Täter besteht in den meisten Fällen sowohl eine körperliche, da der Missbrauch in der frühsten Kindheit eingesetzt hat, als auch eine emotionale Abhängigkeit, da der Täter die überlebenswichtigen Bedürfnisse der Betroffenen, wie beispielsweise das Bedürfnis nach seelischer und körperlicher Nähe, zu stillen vermag. Aufgrund dieser enormen Bedeutsamkeit des Täters ist die psychische Notwendigkeit bei der Betroffenen groß, den Täter als gutes Objekt zu schützen. Denn für die Betroffene würde es einen unerträglichen Schmerz bedeuten, zu realisieren, dass der Mensch – den sie liebt und dem sie immer vertraut hat – ein Täter ist. Das Erkennen, dass beispielsweise der eigene Vater die Bedürfnisse nach Liebe und Geborgenheit seiner Tochter lediglich ausgenutzt hat, um diese sexuell missbrauchen zu können, stellt für die Psyche des Opfers eine extreme Bedrohung dar. Daher nutzt die Psyche der Betroffenen auch in dieser Hinsicht unbewusst das Schuldgefühl, um an dem guten Bild des Täters festhalten zu können und nicht Gefahr zu laufen, diesen zu verlieren. Die Betroffene nimmt folglich die Schuld auf sich, um den Täter schuldfrei halten zu können.

In der Literatur wird dieser Aspekt des *Täterschutzes* im Kontext des Schuldgefühls von vielen Autoren betont (vgl. Barwinski 2008; Fischer 1998; Gruen 2008; Hirsch 2009; Schlesinger 2006).

Manche Betroffenen haben keine emotionale Beziehung zu dem Täter, schützen diesen jedoch trotzdem. Denn sie verspüren eine enorme

Sehnsucht nach der Liebe des Täters. Sie leben in der Hoffnung, dass der Täter irgendwann gut werden kann und sich ihnen zuwenden wird. Daher entwickelt die Betroffene unbewusst ihr Schuldgefühl, um die Hoffnung nicht aufgeben zu müssen, irgendwann beispielsweise einen guten Vater zu haben.

Ehlert und Lorke (1988) thematisieren diesen Aspekt der Hoffnung auf einen guten Täter und kommen zum selben Schluss:

> Um an der – objektiv völlig absurden – unbewussten Hoffnung festhalten zu können, vom Täter doch noch geliebt zu werden, muß das Opfer darauf bestehen, das zu sein, was der Täter aus ihm durch die Tat gemacht hat […]. Es muß aktiv seine eigene Entwertung betreiben, in der Hoffnung, dadurch den Täter zufriedenzustellen (S. 520f.).

8.1.3 Schuldgefühl als aus infantilen Konflikten vertrauter Abwehrmechanismus

Auf die Frage, wodurch ihrer Meinung nach ihr Schuldgefühl für den sexuellen Missbrauch entstanden sei, antwortet die Dialogpartnerin: »*Ich denke, ich bin in die Schuld hineingeboren*« *(Dialogpartnerin Z).*

Das Schuldgefühl bezüglich des sexuellen Missbrauchs kann seinen Ursprung auch in vorherigen oder zur gleichen Zeit erlebten infantilen Konflikten haben. Das Kind wächst in einer Atmosphäre auf, in der es vor allem von den Primärobjekten sowohl implizit als auch explizit Schuld (z.B. für das Unglück der Mutter), unabhängig vom sexuellen Missbrauch (da dieser dann oft noch gar nicht eingesetzt hat.), zugeschrieben bekommt. Das Kind, welches in einem großen Abhängigkeitsverhältnis zu diesen Objekten steht, verspürt die unbewusste Angst, die Objekte zu verlieren, wenn es nicht macht, was die Objekte von ihm, seiner Meinung nach, verlangen. Außerdem würde es eine zu große Bedrohung für das Kind darstellen, zu realisieren, dass beispielsweise die Mutter sich nicht ausreichend mütterlich und liebevoll um es kümmert und stattdessen dem Kind gegenüber kalt und lieblos ist. Doch dies zu realisieren, wäre zu schmerzvoll, so nimmt das Kind die Schuld auf sich und schützt damit das gute Bild der Mutter: ›Die Mama nimmt mich nie in den Arm, weil ich mich vorher schuldig gemacht habe. Ich habe es nicht verdient in den Arm genommen zu werden. Ich könnte aber durch anderes Verhalten erreichen, dass sie mich doch noch liebt.‹

Wenn der sexuelle Missbrauch dann einsetzt, ist die Betroffene ›anfälliger‹ für das Entwickeln eines Schuldgefühls bezüglich des sexuellen Missbrauchs, da ihr dieser Abwehrmechanismus schon sehr bekannt und vertraut ist. Die Psyche des Opfers zieht demnach einen aus infantilen Konflikten vertrauten Abwehrmechanismus – nämlich den des Schuldgefühls – für die neue traumatische Situation, also den sexuellen Missbrauch, heran.

Der soeben beschriebene Entstehungsfaktor könnte eine neue Erkenntnis bei der Verursachung des Schuldgefühls darstellten, da die Verfasserin im Rahmen ihrer Literaturrecherche auf keine Theorie oder Forschungsarbeit gestoßen ist, die diesen Faktor benannte, geschweige denn ausführlich thematisierte.

8.1.4 Rolle der Mutter

Die Mutter zur Tochter bezüglich des Missbrauchs durch den Vater: »Wenn du zur Staatsanwaltschaft gehst, sage ich gegen dich aus!« (Dialogpartnerin G)

Bei vielen Betroffenen zeigt sich, dass durch das Verhalten sowie die generelle Haltung der Mutter hinsichtlich des sexuellen Missbrauchs den Betroffenen vermittelt wird, dass diese an dem Missbrauch selbst schuld seien. Besonders, wenn die Betroffene den Mut aufbringt, sich der Mutter anzuvertrauen, und diese dann negativ reagiert in der Form, dass sie beispielsweise ihre Tochter als Lügnerin oder als Schuldige bezeichnet, kann die Folge eine enorme Verstärkung des Schuldgefühls sein. Zudem spielt die Haltung, welche die Mutter dem Täter gegenüber einnimmt eine zentrale Rolle. Vermittelt die Mutter der Betroffenen beispielsweise indirekt oder auch direkt, dass der Täter ein guter Mensch sei, oder ein Mensch, mit dem man Mitleid haben müsse, verstärkt dies ebenfalls das Schuldgefühl der Betroffenen. Wenn die Mutter den Missbrauch stillschweigend toleriert oder gar diesen fördert, erhält das Schuldgefühl ebenfalls weiteren ›Nährboden zum Wachsen‹.

Wie im Theorieteil erwähnt ist die Rolle der Mutter bei innerfamiliärem sexuellem Missbrauch ein viel diskutiertes Thema (vgl. Enders/Stumpf 1991; Enders 2008; Hirsch 1987; Hirsch 2009). Die soeben dargestellten Erkenntnisse knüpfen an die Erkenntnisse von Hirsch und Enders an.

8.1.5   Mutterschutz

In der Dialogpartnerin bestehe der sehnsüchtige Wunsch, von ihrer Mutter geliebt zu werden: »Mir ist es immer noch wichtig, dass sie mich mag« (Dialogpartnerin H).

Die Verfasserin konnte den nun beschriebenen *Mutterschutz* nicht im Zusammenhang mit dem Schuldgefühl bei Betroffenen innerfamiliären sexuellen Missbrauchs in der angegebenen Literatur finden, daher könnte dieser Punkt ebenfalls einen neuen Erkenntnisgewinn darstellen.

Wie unter Punkt 8.1.4 beschrieben, kommt es oft vor, dass die Mutter der Betroffenen, trotz Wissen über das Stattfinden des sexuellen Missbrauchs, nicht hilft, teilweise diesen sogar fördert. Doch diese Erkenntnis keine gute Mutter zu haben, die ihr eigenes Kind schützt, ist enorm schmerzvoll für die Betroffene. Daher nutzt die Betroffene, ähnlich wie beim *Täterschutz*, unbewusst das Schuldgefühl, um an dem Bild einer guten Mutter festhalten zu können, bzw. wenn dieses nicht (mehr) besteht, an der Hoffnung festhalten zu können, irgendwann (wieder) eine gute Mutter haben zu werden. Demnach hat in den kindlichen Augen der Betroffenen nicht die Mutter falsch und nicht ausreichend mütterlich reagiert. Die Reaktion der Mutter ist, in den Augen der Betroffenen, vielmehr das Resultat ihres angeblich falschen Verhaltens, welches sie potenziell in der unbewussten Phantasie ändern könnte. Somit kann die Betroffene eine Illusion von Wirksamkeit entwickeln, da sie ja durch die Änderung ihres Verhaltens angeblich das unmütterliche Verhalten ihrer Mutter ändern könnte. Die Möglichkeit, in diesem Zusammenhang einen anscheinenden Handlungsspielraum zu erlangen, fordert jedoch den hohen Preis des quälenden Schuldgefühls.

8.1.6   Mögliche Ich-Beteiligung

Die Dialogpartnerin erklärt, sie sei »auf irgendeine Art und Weise aktiv« bei dem sexuellen Missbrauch gewesen und habe sich dementsprechend auf diesen auch »eingelassen« (Dialogpartnerin D).

Der nun vorgestellte Entstehungsaspekt findet in der Literatur eher weniger Beachtung. Hirsch (1987) ist einer der wenigen Autoren, der auf die *Ich-Beteiligung* aufmerksam macht: »Opfer zu sein, und das ist das Kind in jedem Fall, bedeutet nicht, unbeteiligt zu sein« (S. 86). Hirsch (2010) thematisiert hierzu, dass »die Anerkennung [...] des Mitgemacht-Habens, des Auch-gewollt-Habens, des doch schrecklichen Angriffs auf die körperliche-psychische Integrität [...] das Schwerste in der Therapie zu Entdeckende und zu Bearbeitende« (S. 36) sei, und dass es demzufolge auch zu starken Schuldgefühlen führen kann.

Die vorliegende Untersuchung kommt zum selben Schluss und erweitert die Erkenntnisse Hirschs wie folgt: *Ich-Beteiligung* bedeutet im Kontext der vorliegenden Diplomarbeit, dass die Betroffene an dem sexuellen Missbrauch – den sie als solchen nicht erkennt – aktiv teilnimmt, da sie diesen (anfänglich) aus den verschiedensten Motivationen heraus selbst möchte. Zu diesen Motivationen zählen u. a. die Zuneigung, die das Kind durch den sexuellen Missbrauch erfährt, die körperliche und seelische Nähe zum Täter, die kindliche sexuelle Erregung, die angenehmen Momente des Missbrauchs, die Neugier sowie die Aufmerksamkeit und die Anerkennung durch den Täter.

Die (anfängliche) *Ich-Beteiligung* seitens der Betroffenen führt dazu, dass die Betroffene sich nicht zugesteht, sich zu wehren, sobald das ›Schöne‹ in das ›Unangenehme‹ umschlägt. Im *Schuldweltbild* der Betroffenen hat diese *Ich-Beteiligung* den sexuellen Missbrauch ausgelöst: ›Hätte ich nicht (zu Anfang) mitgemacht und diese bestimmten Momente gewollt, wäre es nicht zum sexuellen Missbrauch gekommen.‹

Die *Ich-Beteiligung* ist oftmals eng mit der Kontrolllillusion verknüpft (vgl. Punkt 8.1.1). Denn die reale *Ich-Beteiligung*, während der sich die Betroffene meist nicht hilflos fühlt, kann die Kontrolllillusion unterstützten: Es ist davon auszugehen, dass die Psyche die realen *Ich-Beteiligungsmomente* nutzt, um die später erlebten Hilflosigkeitssituationen ›umzuschreiben‹. In dem Sinne, dass die Betroffene diese realen *Ich-Beteiligungserinnerungen* unbewusst nimmt, um die ebenfalls realen bedrohlichen Hilflosigkeitssituationen – die einen großen Teil der Missbrauchssituation einnehmen – zu überdecken. Auf diese Weise werden die Kontrollphantasien, die eben nur Phantasien sind, durch reale Erinnerungen gestützt.

8.1.7 Sexuelle/Angenehme Gefühle

»Und als Kind hat es Situationen [in der Missbrauchssituation] gegeben, die ich als schön empfand. Nach denen ich mich auch gesehnt habe!«
(Dialogpartnerin E)

Im Theorieteil wurde aufgezeigt, dass sexuelle Gefühle und/oder angenehme Gefühle der Betroffenen in der Missbrauchssituation bei dem Opfer zu großen Schuldgefühlen führt (vgl. Enders 2008; Hirsch, 1987; Steinhage, 1989). Dies konnte im Rahmen dieser Diplomarbeit bestätigt werden.

Es passt nicht in das *Weltbild* der Betroffenen, dass der sexuelle Missbrauch für das Opfer auch (partiell) angenehm und/oder sexuell erregend sein kann. Sobald die Betroffene angenehme Gefühle verspürt, handelt es sich – im Denken des Opfers – demnach nicht mehr um einen Missbrauch, da die Betreffende aufgrund ihrer Gefühlsregungen ›ihre Unschuld verloren‹ hat. Die Betroffene sieht dieses Erleben von angenehmen Gefühlen dementsprechend als Beleg dafür, den sexuellen Missbrauch gewollt zu haben und dass sie sogar diejenige sei, die diesen initiiert hat und vor allem, dass sie deswegen selber daran schuld sei. Dieses Denken ist wahrscheinlich auch durch das gesellschaftliche Bild von sexuellem Missbrauch geprägt, welches ebenfalls angenehme oder erregende Gefühle beim Missbrauch ausschließt.

8.2 Auswirkungen und Auswirkungszusammenhänge

In diesem Abschnitt sollen drei zentrale Auswirkungen bzw. Auswirkungszusammenhänge des Schuldgefühls aufgezeigt werden. Neben dem Begriff Auswirkung wurde der Begriff Auswirkung*zusammenhang* gewählt, da auf diese Weise implizit darauf hingewiesen werden soll, dass es sich nicht um einen eindeutigen kausalen Prozess zwischen Schuldgefühl und dessen Auswirkungen handelt, sondern dass die Auswirkungen des Schuldgefühls vielmehr in einem dynamischen Zusammenhang mit diesem stehen. Auch hier wird jeder Aspekt zunächst mit einem Zitat aus den Interviews bzw. den individuellen Beschreibungen eingeleitet, um an die Thematik heranzuführen.

8.2.1 Schuldweltbild

»Ich habe wirklich nur diese Seite gesehen: Selber Schuld! Ich habe wirklich die Schuld nur bei mir gesehen [...] Ich habe auch Null Schuld bei meinem Bruder gesehen.« Den sexuellen Missbrauch habe die Dialogpartnerin als solchen dementsprechend nicht wahrgenommen, sie habe es eingeordnet als:» Ich habe mit dem geschlafen. Und so war meine

Perspektive auch. Ich habe mit meinem Bruder geschlafen, wie konnte ich das tun?« (Dialogpartnerin Q)

Bei der Betroffenen entwickelt sich während der Zeit des Missbrauchs ein bestimmtes *Schuldweltbild*. Dieses *Schuldweltbild* entsteht meistens von klein auf und wird über die Jahre des Missbrauchs und oftmals viele Jahre darüber hinaus mehr und mehr ausgebaut. Die Basis dieses *Weltbildes* bildet folgende Überzeugung der Betroffenen: ›Ich bin schuldig!‹ bzw. ›Ich bin mitschuldig!‹ Der sexuelle Missbrauch kann als solcher nicht wahrgenommen werden, die Betroffene lebt in der Überzeugung, beispielsweise den Vater verführt zu haben. Solange das *Schuldweltbild* innerlich besteht, sind alle äußeren Versuche, die Betroffene von ihrer Unschuld zu überzeugen, vor allem auf der Gefühlsebene, wirkungslos. Alle Auswirkungen und Auswirkungszusammenhänge sind als Bestandteile des gerade beschriebenen *Schuldweltbildes* anzusehen.

Haesler (2010) beschreibt die ›Zentrierung auf die eigene Schuld‹ als wichtige Qualität des Schuldgefühls. Dies bedeutet zum einen, dass die Betreffende auf ihre angebliche Schuld sowohl gedanklich als auch gefühlsmäßig fokussiert sei und zum anderen, dass die Betreffende davon ausgehe, dass ihr Gegenüber sie nur als schuldig und niemals als unschuldig, wahrnehmen könne. Diese beiden Aspekte (Haesler 2010) zeigten sich bei der vorliegenden Untersuchung z. B. als wichtige Komponente des *Schuldweltbildes*.

8.2.2 Negatives Selbstbild

Die Dialogpartnerin erklärt, dass eine sehr zentrale Auswirkung des Schuldgefühls sei, dass sie sich »sehr, … sehr, … sehr … gehasst« habe und diesen Selbsthass heute noch größtenteils empfinde (Dialogpartnerin H).

Viele Autoren nennen das negative Selbstbild als zentrale Auswirkung des Schuldgefühls bei Betroffenen sexuellen Missbrauchs (vgl. Birck 2001; Finkelhor & Brown 1985; Fischer 1998; Fischer/Riedesser 2003; Hirsch 1987; Paul 2007).

Dies konnte in der vorliegenden Untersuchung bestätigt werden. Die Abwertung des Selbst bis zur uneingeschränkten Selbstentwertung muss vor allem als eine psychisch notwendige Konsequenz der überlebenswichtigen Täteridealisierung betrachtet werden. Denn die Betroffene kann das gute Bild des unschuldigen Täters nur durch solch eine Selbstabwertung für sich retten. Die Psyche nimmt daher lieber ein sehr stark negatives Selbstbild in Kauf, anstatt das gute Bild einer wichtige Bezugsperson zu zerstören, von der die Betroffene sowohl emotional als auch körperlich abhängig ist (vgl. Punkt 8.1.2).

8.2.3 Generalisierung

»*Ich habe das [Schuldgefühl] so erweitert. Irgendwie auf mein ganzes Leben.*« *Die Dialogpartnerin* »*fühle*« *sich* »*für alles schuldig*« – *ausnahmslos (Dialogpartnerin H).*

Als weitere mögliche Auswirkung des Schuldgefühls ist dessen Generalisierung auf weitere, teilweise auf alle, Lebensbereiche der Betroffenen zu nennen. Die Betroffene fühlt sich dementsprechend nicht nur für das Stattfinden des sexuellen Missbrauchs schuldig, sondern in vielfältigen anderen Situationen, in denen sie ebenfalls keine Schuld trägt. Teilweise beschreiben die Betroffenen das generalisierte Schuldgefühl als ihr Lebensgefühl. Die Betroffene, die unter solch einer Generalisierung leidet, zieht noch nicht mal in Erwägung, dass sie an einer Situation unschuldig sein könnte, dass der andere zumindest eine Teilschuld tragen könnte oder dass niemanden die Schuld treffen könnte und es einfach die Umstände seien. Doch diese Überlegungen macht sich die Betroffene nicht, sondern sie schreibt sich die Schuld sofort zu und fragt sich dementsprechend: ›Was habe *ich* falsch gemacht?‹

Richter-Appelt (2009) weist auf dieses Phänomen der Generalisierung ebenfalls hin. Zudem hat die Autorin das umgekehrte Phänomen beobachtet. Die Betroffene verspürt, laut Richter-Appelt, in Situationen, in denen man als Außenstehender eindeutig erwartet, dass sich der Betreffende schuldig fühlt, kein Schuldgefühl.

Es ist auffallend, dass viele Betroffene, obwohl sie das Schuldgefühl hinsichtlich des sexuellen Missbrauchs überwunden haben, noch unter der *Schuldgefühlgeneralisierung* leiden. Dieser Umstand könnte darauf hinweisen, dass das Opfer unbewusst das Missbrauchsschuldgefühl noch in sich trägt. Die Generalisierung könnte dementsprechend als letztes bewusstes Überbleibsel des großen verdeckten und somit unbewussten Schuldgefühls hinsichtlich des sexuellen Missbrauchs verstanden werden. An dieser Stelle kommt folgende Frage auf: Muss die *Schuldgefühlgeneralisierung* ebenfalls aufgelöst werden um eine vollständige

Schuldgefühlüberwindung im Zusammenhang mit dem Missbrauch zu erreichen? Dies ist anzunehmen, müsste jedoch in einer weiteren Studie untersucht werden, um genauer geklärt werden zu können.

Es ist jedoch stark davon auszugehen, dass die Betroffene nur zu einem *realistischen Schuldverständnis* gelangen kann, wenn diese Generalisierungstendenz (unabhängig der Richtung) aufgehoben werden kann (vgl. Punkt 8.4).

8.3 Überwindung

An dieser Stelle werden einige zentrale Überwindungsmöglichkeiten des Schuldgefühls aufgezeigt. Da nur vier der 14 Dialogpartnerinnen nach eigenen Angaben das Schuldgefühl überwunden haben, wurden auch die *Überwindungsphantasien* der Gesprächspartnerinnen miteinbezogen, die das Schuldgefühl noch verspüren, die sich jedoch teilweise inmitten des Überwindungsprozesses des Schuldgefühls befinden und daher schon erste wichtige Faktoren benennen können. Analog zu den Ursachen und den Auswirkungen wird mit einem Zitat aus den Interviews bzw. den individuellen Beschreibungen der jeweilige Überwindungsaspekt eingeleitet.

8.3.1 Unterscheidung Rationales Überwinden vs. Emotionales Überwinden

Gegen Ende des Interviews sagt die Dialogpartnerin, dass das Wichtigste bei der Überwindung des Schuldgefühls sei, dass »die Erkenntnis [...] von Innen kommen muss« und »man darf nicht aufgeben. Man muss immer weiter kämpfen« (Dialogpartnerin S).

Innerhalb der Untersuchung stellte sich relativ schnell heraus, dass es zwischen dem rationalen und dem emotionalen Überwinden zu unterscheiden gilt. Wenn der Missbrauch vorbei ist, benötigt die Betroffene in der Regel vom Verstand her nicht viel Zeit, um zu begreifen, dass sie keine Schuld an dem sexuellen Missbrauch trägt. Das rationale Überwinden wird durch reines Faktenwissen, wie beispielsweise zu wissen, was ein sexueller Missbrauch ist, dass viele Kinder und Jugendliche betroffen sind und dass ein bestimmter Sinn hinter dem Schuldgefühl liegen kann, erreicht.

Ein rein rationales Verstehen über die eigene Unschuld reicht jedoch nicht aus, um das tiefgreifende Schuld*gefühl* zu überwinden. Für das gefühlsmäßige Annehmen des Unschuldgefühls muss sich vielmehr ein zu großen Teilen schmerzlicher, innerpsychischer Prozess bei der Betroffenen vollziehen.

Wie im Theorieteil beschrieben, haben Fischer (1998) und Birck (2001) auch festgestellt, dass ein ausschließlich kognitives Verstehen nicht ausreicht, um das Schuldgefühl zu überwinden. Die zwei Autoren weisen darauf hin, es müsse, wie in der vorliegenden Arbeit ebenfalls erarbeitet, vielmehr eine emotionale Einsicht erfolgen.

Einige zentrale Aspekte dieses inneren Prozesses zur Schuldgefühlüberwindung sollen nun im Folgenden betrachtet werden.

8.3.2   Annehmen des Hilflosigkeitsgefühls

Auf die Frage, wie die Dialogpartnerin das Schuldgefühl überwunden habe, antwortet diese, dass sie »gefühlsmäßig [...] irgendwann gespürt« habe, »wie schlimm der Missbrauch doch eigentlich« gewesen sei. Sie habe mit der Zeit – wenn auch manchmal nur Augenblicke – all »diese Gefühle spüren« können: »Die Angst«, mit der sie »immer gelebt habe«, »dieses starke Gefühl von Unwohlsein«, »ganz großer Ekel« und das Realisieren: »Scheiße, ich war hilflos«. Ihr sei in diesem Zusammenhang gefühlsmäßig klar geworden: »Ich wurde wirklich in den Missbrauch reingeboren. Und die Wahrheit ist halt, ich hatte keine Kontrolle« (Dialogpartnerin O).

Unter Punkt 8.1.1 wurde beschrieben, dass die Abwehr des Hilflosigkeitsgefühls einen zentralen Faktor bei der Schuldgefühlentstehung darstellt. Daher ist ein sehr wichtiger Schritt, um das Schuldgefühl ablegen zu können, psychisch in der Lage zu sein, dieses Hilflosigkeitsgefühl und die anderen abgewehrten bzw. abgespaltenen Gefühle aus der traumatischen Missbrauchssituation, wie bspw. Angst, Schmerz und Ekel, rational anzuerkennen und vor allem *emotional* (wieder)erleben zu können. Durch das Annehmen des Hilflosigkeitsgefühls und der anderen belastenden Gefühle verliert das Schuldgefühl eine seiner Hauptfunktionen, nämlich die Abwehr dieser schmerzlichen Gefühle, und kann somit zu einem großen Teil, in einem Trauerprozess, abgebaut werden.

Wie im theoretischen Teil ausgeführt, sehen andere Autoren das Annehmen des Hilflosigkeitsgefühls auch als zentrales Moment der Schuldgefühlüberwindung (vgl. Barwinski, 2008; Birck, 2001).

Das emotionale Nachempfinden des großen Hilflosigkeitsgefühls und der anderen negativen Gefühle ist ein sehr schmerzvoller Prozess, der viel Zeit und besonders äußere Stabilität benötigt. Der Stabilitätsaspekt wird ebenfalls bei Birck (2001) betont. Welche Aspekte das Annehmen des Hilflosigkeitsgefühls fördern können, sollen hier nur kurz erwähnt werden, die ausführliche Beschreibung dieser befindet sich dagegen im Ergebnisteil (vgl. Punkt 6.3.3.5):

➤ äußere Stabilität;

➤ Zeit, Geduld;

➤ zu erfahren, dass das Hilflosigkeitsgefühl nicht ›bodenlos‹ ist;

➤ ›kontrolliertes‹/›dosiertes‹ Betrachten des Hilflosigkeitsgefühls;

➤ zu wissen und zu fühlen: Jetzt ist die Betroffene dem Täter nicht mehr hilflos ausgeliefert;

➤ emotionale Anteilnahme seitens Bezugspersonen (z.B. Therapeutin);

➤ antesten des Hilflosigkeitsgefühls in der Form eines Zwischenstadiums (Bsp. mit der Distanz von ›oben‹ darauf schauen, mit dem Kind, welches missbraucht wird, Mitleid haben, nach und nach realisieren, dass dieses beobachtete Kind man selber ist);

➤ Muttersein: Als Mutter erkennt man besonders, wie hilflos ein Kind ist. Auf diesen Aspekt weist Birck (2001) in ihrer Arbeit ebenfalls hin.

8.3.3   Täterschutz aufgeben

»J: ›Was hast du jetzt, jetzt im Moment für ein Gefühl gegenüber deinem Bruder?‹

U: ›(überlegt) Also der ist mir egal. Das ist neutral. Wenn ich ein besseres Wort finde würde, würde ich den auch nicht mehr Bruder nennen wollen. Der ist mir egal. Also ob der sterben würde oder nicht, das wäre mir egal‹« (Dialogpartnerin U).

Bei sehr vielen Betroffenen stellt der *Täterschutz* eines der stärksten, wenn nicht gar das stärkste Hindernis überhaupt bei der Überwindung des Schuldgefühls dar. Wie unter Punkt 8.1.2 beschrieben, ist eine zentrale Funktion des Schuldgefühls darin zu sehen, das gute Bild des geliebten Täters schützen zu können. Folglich kann das Schuldgefühl nur ablegt werden, wenn es der Betroffenen gelingt, den *Täterschutz* aufgeben zu können, wenn die Betroffene also sowohl rational und besonders emotional erkennt, es handelt sich um einen Täter, der einen selber, das Opfer, sexuell missbraucht hat. Doch diese Erkenntnis ist nachvollziehbarer Weise äußerst schmerzlich und verlangt analog zu dem Annehmen des Hilflosigkeitsgefühls eine große äußere Stabilität.

Schon Ferenczi (1932), wie im theoretischen Teil dargestellt, geht davon aus, dass die Täteridentifikation aufgelöst werden muss, um die Persönlichkeit der Betroffenen »auf ein höheres Niveau« (S. 227) zu befördern, wobei er sicher auch die Schuldgefühlüberwindung mit einschließt. Barwinski (2008) spricht in diesem Zusammenhang von dem Aggressionskonflikt. Dieser zeichne sich dadurch aus, dass in dem Opfer der unbewusste Wunsch bestehe, negative Gefühle wie Wut und Hass gegenüber dem Täter auszuleben. Doch dieser Wunsch sei mit der großen Angst des Verlustes des Täters als wichtige Bezugsperson verknüpft, sodass dieser Wunsch, z. B. durch den Abwehrmechanismus der Idealisierung, abgewehrt werden müsse. Doch in der Therapie müsse genau diese Abwehrdynamik thematisiert und auf diese Weise bewusst gemacht werden. Auch Birck (2001) weist darauf hin, dass der entscheidende Wendepunkt darin zu sehen ist, den Täter als Täter zu erkennen und in dem Zusammenhang die Missbräuchlichkeit seiner Übergriffe zu realisieren.

An dieser Stelle sollen kurz die Aspekte aufgezählt werden, die die *Täterschutzaufgabe* fördern, die ausführliche Beschreibung dieser befindet sich ebenfalls im Ergebnisteil (vgl. Punkt 6.3.3.2):

➤ äußere Stabilität;
➤ Zeit, Geduld;
➤ antesten durch Ambivalenzphase (vgl. Punkt 8.4);
➤ ›kontrolliertes‹/›dosiertes‹ Betrachten des Täters als Täter;
➤ emotionale Anteilnahme (z. B. durch Therapeutin).

Fischer (1998, 2003) geht davon aus, dass das Opfer die Fähigkeit zur Objektspaltung erlangen muss, das heißt, sowohl die negativen als auch die positiven Seiten des Täters wahrnehmen muss, um das Schuldgefühl überwinden zu können. Erscheine der Täter nur gut, führe dies zu einem negativen Selbstbild und einem starken Schuldgefühl. Dies konnte in Rahmen der vorliegenden Diplomarbeit bestätigt werden (vgl. Punkt 8.2.2 und Punkt 8.1.2). Bei einer »gänzlich negativen Sicht einer traumatogenen Bindungsfigur« seitens des Opfers hingegen werden laut Fischer (2003) auch deren »liebenswerte, positive Seite verleugnet« (S. 370). Fischer bringt folgendes Beispiel an: »Wenn beispielsweise die Tochter sich eingesteht, dass der inzestuöse Vater auch liebenswerte Seiten hat, befürchtet sie, den Missbrauch auch gewünscht (und verursacht) zu haben« (Fischer 2003, S. 370).

In der vorliegenden Arbeit haben lediglich vier der insgesamt 14 befragten Frauen nach eigenen Angaben das Schuldgefühl überwunden. Diese vier Frauen sehen, ebenfalls eigenen Angaben zufolge, in dem Täter keinerlei positive Aspekte und ihre heutigen Gefühlen dem Täter gegenüber seien geprägt von negativen Emotionen (wie z.B. Wut) bis hin zur Gleichgültigkeit. Da vier Betroffene eine viel zu geringe Zahl darstellt, um allgemeine Aussagen zu machen, wäre es sehr interessant, in einer weiteren Untersuchung festzustellen, wie sich das Verhältnis dem Täter gegenüber entwickeln ›muss‹, um eine Schuldgefühlüberwindung – auch auf lange Sicht – zu erreichen. Dabei wäre folgende Frage von großem Interesse: Reicht es aus, den Täter nur negativ zu sehen oder müssen sowohl positive als auch negative Seiten des Täters wahrgenommen werden? Es könnte jedoch auch sein, dass jede Betroffene ihre persönliche Antwort darauf finden muss, dass es dementsprechend keine überindividuelle Antwort geben kann.

8.3.4   Mutterschutz aufgeben

»Nach unserem Gespräch ging mir noch ein paar Tage Ihre Frage durch den Kopf, ob meine Mutter mich je geliebt hat. So direkt hatte ich darüber noch nicht nachgedacht, und mein ›Nein‹ bewirkte letztlich, dass ich mir sagen konnte: ›Wer mich nicht liebt, den muss ich auch nicht lieben!‹ Das war zuerst eine traurige Einsicht, aber dann fand ich den Gedanken gar nicht schlecht und eher hilfreich. Ich war entlassen aus dem Zwang, meiner Mutter zu Diensten zu sein« (Rückmeldung der Dialogpartnerin B, per E-Mail).

Die Aufgabe des *Mutterschutzes* erweist sich ebenfalls als ein sehr zentraler Aspekt hinsichtlich der Schuldgefühlüberwindung. Wie unter Punkt 8.1.5 aufgezeigt, kann das Schuldgefühl die bedeutende psychische Funktion des *Mutterschutzes* beinhalten. Es stellt sich heraus, dass der meist umfangreiche Schuldgefühlanteil, der aufgrund dieser Funktion entstanden ist, dementsprechend erst abgelegt werden kann, wenn die Mutter als nur gutes Objekt aufgegeben werden kann bzw. der meist jahrelang ersehnte Wunsch von der Betroffenen, irgendwann eine gute Mutter haben zu können, abgelegt werden kann. Wie die Aufgabe des *Täterschutzes* bedeutet auch die Aufgabe des *Mutterschutzes* einen sehr

schmerzvollen Prozess. Im Folgenden sollen wieder die förderlichen Komponenten dieses Prozesses kurz Erwähnung finden:
➤ äußere Stabilität;
➤ Zeit, Geduld.

Folgende Aspekte zeigten sich bei der vorliegenden Untersuchung nicht explizit, es ist jedoch anzunehmen, dass diese ebenfalls sehr förderlich für die Aufgabe des *Mutterschutzes* sind. Dies könnte auch in einer weiteren Untersuchung erforscht werden:
➤ antesten durch ›Ambivalenzphase‹;
➤ ›kontrolliertes‹/›dosiertes‹ Betrachten der Mutter als nicht nur gut;
➤ emotionale Anteilnahme (z. B. durch Therapeutin).

Wie unter Punkt 8.1.5 erwähnt, wird der *Mutterschutz* nicht im Zusammenhang mit dem Schuldgefühl bei Betroffenen innerfamiliären sexuellen Missbrauchs in der Literatur diskutiert. Dementsprechend könnte der soeben dargestellte Aspekt der *Mutterschutzaufgabe* ebenfalls, wie der *Mutterschutz* an sich, eine neue Erkenntnis hinsichtlich der Schuldgefühlüberwindung sein.

8.3.5   Stabilität

Stabilisation erfahre die Dialogpartnerin vor allem durch ihre Hündin – die auch beim Interview die ganze Zeit über neben ihr liegt:»Sie hat mich sehr stabilisiert« (Dialogpartnerin S).

Eine vorhandene äußere Stabilität kann die entsetzliche Erkenntnis, von einer geliebten Bezugsperson sexuell missbraucht worden zu sein und zudem dem Missbrauch jederzeit hilflos ausgeliefert gewesen zu sein, sicherlich in einem gewissen Sinne abfedern, denn der innere Schmerz wird mit Sicherheit erträglicher, wenn äußere Stabilität vorhanden ist.

Die Betroffen können Stabilität durch die unterschiedlichsten Personen und Lebewesen in ihrem Umfeld erfahren (z. B. therapeutische Beziehung, Partner, Freunde, Pferd). Unabhängig davon, wie viele Personen oder auch Tiere zu dem stabilisierenden Umfeld zählen, ein solches bietet der Betroffenen eine Art *Schutzraum*. In diesem *Schutzraum* erfährt die Betroffene Geborgenheit, authentisches Wohlwollen und Wertschätzung. Zudem wird der Betroffenen in diesem *Schutzraum* auch vermittelt, dass ihr geglaubt und vor allem auch ihre Unschuld als wahr anerkannt wird. Darüber hinaus bietet der *Schutzraum* Beständigkeit und Rückhalt. Es ist jedoch nicht nur wichtig, dass die stabilisierenden Personen und Lebewesen zuhören, sondern es ist für die Betroffene mindestens genauso sinnvoll, sie als Ablenkung vom Missbrauch und zum Ausgleich für diesen zu haben. In diesen Ablenkungs- und Ausgleichsmomenten kann die Betroffene Kraft tanken, um sich weiter mit dem Missbrauch und dem Schuldgefühl auseinandersetzen zu können.

Oftmals bietet dieser *Schutzraum* die erste Situation, in der es der Betroffenen möglich ist ihr Schuldgefühl abzulegen.

Birck (2001) sieht die Stabilität ebenfalls als zentralen Aspekt an, um die Schuldlosigkeit zulassen zu können, wie folgendes Zitat illustriert:

> Die geführten Gespräche lassen die Vermutung zu, dass Betroffene erst dann bereit sind, ihrer Schuldlosigkeit bezüglich des Erleidens sexualisierter Gewalt und bezüglich ihrer Folgen gewahr zu werden, wenn in der aktuellen Situation ein hohes Maß an Sicherheit (in wichtigen Beziehungen, materiell etc.) erlebt werden kann und wenn es gleichzeitig ein soziales Gegenüber gibt, das das Erleben der mit der Schuldlosigkeit verbundenen Ohnmacht empathisch begleitet (S. 243).

Auch thematisiert Birck an dieser Stelle den zuvor erwähnten Faktor der emotionalen Anteilnahme, der sich in dieser Diplomarbeit ebenfalls als sehr förderliche Komponente herausgestellt hat (vgl. Punkt 8.3.2 und Punkt 8.3.3).

Eine besondere Stabilität geht oftmals von dem Therapeuten aus (vgl. Punkt 6.3.3.7).

8.3.6   Kontrolle im Hier und Jetzt

Die Dialogpartnerin erkennt, dass sie heute als erwachsene Frau handlungsfähig ist: »Und heute weiß ich, dass ich immer was tun kann, dass es an mir ist, nein zu sagen, dass es an mir ist, Grenzen zu setzen, dass es an mir ist, aus der Situation raus zu gehen, wenn ich das Gefühl habe, die tut mir nicht gut, dass ich darin nicht verharren muss, dass ich das Recht dazu habe« (Dialogpartnerin Z).

Ein weiterer bedeutender Punkt bei der Schuldgefühlüberwindung ist das Gefühl der Betroffenen, im Hier und Jetzt Kontrolle zu besitzen und eben nicht mehr hilfloses Opfer zu sein. Durch das stabilisierende Kontrollempfinden in der Gegenwart ist das Aushalten der damaligen absoluten Hilflosigkeit tendenziell eher möglich (vgl. Punkt 8.3.2). Die Machtverschiebung bis hin zur -umkehrung beinhaltet, dass nun der Täter ängstlich und hilflos ist, das ehemals ohnmächtige Opfer dagegen, handlungsfähig wird. Diese Handlungsfähigkeit kann sich z. B. in dem Erstatten einer Anzeige ausdrücken. Jedoch ist die Betroffene nicht nur bezogen auf den Missbrauch nun handlungsfähig, sondern auch hinsichtlich ihrer eigenen Lebensgestaltung. Sie kann selbstverantwortlich und frei entscheiden, was sie mit ihrem Leben machen möchte und wie sie dies umsetzten möchte.

Dieser Aspekt stellt wahrscheinlich auch eine neue Erkenntnis bezüglich der Überwindung des Schuldgefühls dar, da die Forscherin diesen Aspekt im Rahmen ihrer Literaturrecherche ebenfalls nicht entdeckte. Jedoch sollte dieser Punkt durch eine weitere Untersuchung mit einer größeren Stichprobe abgesichert werden.

8.3.7 Gutes Objekt in der Kindheit

»Im Grunde hatte ich als Kind immer ein sehr gutes Verhältnis zu meiner Mutter [...] Genau das glaube ich nämlich auch, es war viel leichter das Schuldgefühl zu überwinden, weil ich eine Stabilität hatte [...] Also, dass ich die Stabilität zu meiner Mutter hatte« (Dialogpartnerin O).

Das Wirken mindestens eines guten Objektes in der Kindheit der Betroffenen stellt einen weiteren enorm wichtigen Aspekt bei der Überwindung des Schuldgefühls dar. Dieses gute Objekt zeichnet sich dadurch aus, dass es von Anfang an, zumindest implizit, auf der Seite der Betroffenen steht. Wenn das gute Objekt von dem Missbrauch weiß bzw. von diesem ahnt, versucht dieses zumindest die Betroffene zu schützen. Dadurch vermittelt das gute Objekt der Betroffenen, dass diese keine Schuld an dem Missbrauch trägt. Das Opfer spürt demnach schon in seiner Kindheit, dass eine wichtige Bezugsperson an seine Unschuld glaubt und trägt dieses Wissen wahrscheinlich meist unbewusst in sich. Jedoch kann dieses unbewusste Wissen über die eigene Unschuld, welches die Betroffene als Art Kern in sich trägt, mehr und mehr bewusst werden, wenn die optimalen Bedingungen bestehen (z. B. Kontaktabbruch mit Täter, äußere Stabilität).

Es kann sich aber auch um ein gutes Objekt handeln, dass nichts von dem Missbrauch weiß, jedoch sobald dieses von dem Missbrauch erfährt, sofort auf der Seite des Kindes steht, und dieses zumindest versucht zu schützen.

Darüber hinaus zeichnet sich das gute Objekt – unabhängig, ob es vom Missbrauch weiß oder nicht – dadurch aus, dass es der Betroffenen authentische Liebe und Wertschätzung entgegenbringt. Die Betroffene kann aus der Beziehung zum guten Objekt und vor allem durch die in dieser Beziehung wurzelnden Fähigkeiten enorm Kraft schöpfen. Diese Kraft kann die Betroffene bei der (späteren) anstrengenden und schmerzvollen Schuldgefühlüberwindung nutzen.

Die Betroffenen hingegen, die nie solch ein gutes Objekt in ihrer Kindheit hatten, welches ihnen schon früh vermittelt hat, unschuldig zu sein und ihnen vor allem echte Wertschätzung und Liebe gegeben hat, haben gewiss größere Schwierigkeiten, das Unschuldgefühl zu erlangen. Denn sie müssen sozusagen ›von null anfangen‹, im Gegensatz zu den Opfern mit guten Objekten, die dadurch schon wichtige Voraussetzungen zur Überwindung des Schuldgefühls erhalten haben.

Das Konzept des *guten Objektes* ist in der Psychoanalyse und über die Psychoanalyse hinaus ein sehr bekanntes Konzept (vgl. z.B. Winnicott 1990). Jedoch wurde dieses, dem Wissen der Forscherin nach, nie konkret in den Zusammenhang mit dem untersuchten Gegenstand gebracht. Da lediglich bei zwei Gesprächspartnerinnen dieser Überwindungsfaktor explizit im Interview thematisiert worden ist[5], wäre eine weitere Untersuchung, die dieses Phänomen systematisch erforscht, zur weiteren Klärung sehr sinnvoll.

8.4 Prozessmodell der Überwindung des Schuldgefühls

An dieser Stelle wird in einem Prozessmodell die Überwindung des Schuldgefühls bei Betroffenen innerfamiliären sexuellen Missbrauchs prototypisch illustriert. Dieses Modell spiegelt das innere Erleben der Gesprächspartnerinnen wieder, welches sich in den Gesprächssituationen zeigte und im weiteren Verlauf des Forschungsprozesses ausführ-

---

5 Jedoch ist anzunehmen, dass dieser Faktor bei weitaus mehr Dialogpartnerinnen als diesen beiden einen enorm wichtigen Stellenwert bei dem Prozess der Schuldgefühlüberwindung einnimmt.

lich analysiert wurde. Es handelt sich um fünf Phasen, die jedoch nicht stringent aufeinander aufbauen müssen und bei denen es viele Vor- und Rückbewegungen gibt.

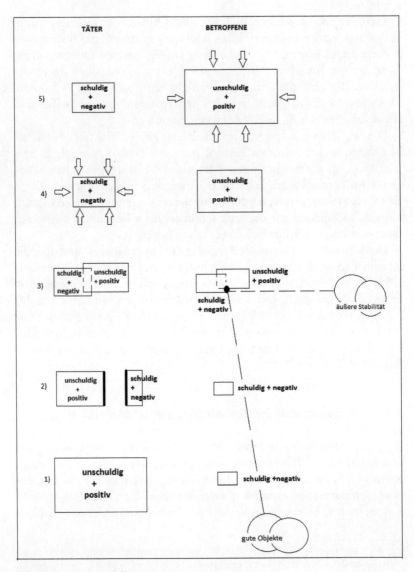

Fünf-Phasen-Modell

1. Phase: Ausgangsphase

Die Betroffene fühlt ein absolutes Schuldgefühl. Unbewusst trägt diese das Wissen über ihre eigene Unschuld in sich, dieses Wissen ist jedoch ihrem Bewusstsein in keiner Form zugänglich, da es für die Psyche eine zu große Bedrohung darstellt. Das Selbstbild der Betroffenen ist sehr negativ, was anhand der Größe des Symbols (das Rechteck der Betroffen ist sehr klein) verdeutlicht werden soll. Das Kontrollgefühl der Betroffenen ist dagegen sehr hoch, denn sie ist der festen Überzeugung den Missbrauch steuern zu können. Der *Täterschutz* ist ebenfalls hoch, komplementär zu dem eigenem Selbstbild ist das Bild des Täters nur gut und es werden keine negativen Anteile des Täters wahrgenommen.

2. Phase: Täterspaltung

Bei manchen Betroffenen wird psychisch eine Täterspaltung vorgenommen. Das Bild des Täters wird dabei in einen großen guten Anteil und in einen viel kleineren schlechten Anteil gespalten. Diese beiden Anteile haben zunächst keine Berührungspunkte miteinander und stehen daher nebeneinander als handele es sich um zwei unterschiedliche Personen, wie z. B. der gute Vater vs. das böse Monster. Das Ziel dieses Spaltungsmechanismus ist darin zu sehen, das Gute des Täters schützen zu können und dabei erste negative Gefühle gegenüber dem abgespaltenen bösen Täteranteil zulassen zu können. Das Selbstwertgefühl der Betroffenen ist wie bei der ersten Phasen sehr gering und das Kontrollgefühl dieser ist ebenfalls wie bei der ersten Phase sehr hoch.

3. Phase: Ambivalenz

In dieser Phase findet ein erster Riss in dem *Schuldweltbild* der Betroffenen statt, sodass die Betroffene das erste Mal in ihrem Leben ihre eigene Schuldigkeit hinsichtlich des sexuellen Missbrauchs infrage stellt. Solch ein erster Riss im *Schuldweltbild* kann nur erfolgen, wenn sich bei der Betroffenen *innerlich* etwas verändert hat, sodass das unbewusste Wissen über die eigene Unschuld anfängt zur Oberfläche zu dringen. Dies steht sehr wahrscheinlich in enger Verbindung mit dem Wirken guter Objekte aus der Kindheit der Betroffenen, die dieser vermittelt haben, ein wertvoller und liebevoller Mensch zu sein. Es zeigt sich zudem, dass sich dieser erste Riss auch nur ereignen kann, wenn stabilisierende Beziehungen im Hier und Jetzt bestehen. Diese äußere Stabilität in der Gegenwart kann von der therapeutischen Beziehung, dem Partner, Freunden, Tieren oder anderen wichtigen Bezugspersonen und Lebewesen ausgehen.

Der Riss im *Schuldweltbild* kann sich auf der rationalen Ebene relativ schnell ereignen, das emotionale Annehmen der Unschuld hingegen braucht meist sehr viel mehr Zeit. Dementsprechend bedeutet dieser erste Riss keinesfalls, dass die Betroffene jetzt eine Klarheit hinsichtlich ihrer Gefühle hat, im Gegenteil, diese Phase ist durch ein ewiges Hin und Her geprägt sowohl hinsichtlich des eigenen Selbst- als auch hinsichtlich des Täterbildes. Abwechselnd fühlt sich die Betroffene schuldig und unschuldig. Es kommt auch zu Zuständen, in denen die beiden widersprüchlichen Gefühle nebeneinander existieren. Dies bedeutet, dass die Betroffene sich schuldig und unschuldig zugleich fühlt. Doch meistens dringt in einem ständigen Wechsel einer der beiden Gefühlszustände in den Vordergrund und drängt den Gegenteiligen in den Hintergrund.

Gemäß dem sich immer verändernden Schuldgefühlzustand rotiert auch das Selbstbild: Die Betroffene hat ein überwiegend positives Selbstbild, wenn sie sich unschuldig fühlt, ein extrem negatives dagegen, wenn sie sich schuldig fühlt. Das Kontrollgefühl rotiert ebenfalls: Fühlt sie sich schuldig, ist das Kontrollgefühl hoch, fühlt sie sich unschuldig, bricht das Hilflosigkeitsgefühl aus der Missbrauchssituation durch. Wie schon erwähnt, verändert sich das Bild des Täters ebenfalls, er wird idealisiert und abgewertet zugleich, je nach Zustand tritt das positive Bild oder das negative Bild des Täters in den Vordergrund.

Die meisten der im Rahmen der vorliegenden Diplomarbeit befragten Dialogpartnerinnen befinden sich in dieser Phase.

4. Phase: Fokus: Negativer Täter

In der vierten Phase gelangt die Betroffene zu einer gewissen Klarheit. Sie spürt gegenüber dem Täter extreme Aggressionen, da sie realisiert, dass dieser sie sexuell missbraucht hat und was dies für sie bedeutet. Für die Betroffene steht nun der starke Wunsch im Fokus, dem Täter Schaden zuzufügen und ein großer Teil ihrer Lebensenergie richtet sich auf diesen Wunsch und dessen mögliche Realisierung. Der Täter wird als eindeutig schuldig und negativ angesehen ohne jegliche positive Anteile. Das eigene Selbstbild ist überwiegend positiv und die Betroffene fühlt sich unschuldig. Das Kontrollgefühl in der Gegenwart ist vorhanden, in der Form dass sich die Betroffene mächtiger als der Täter fühlt, da sie ihn z.B. anzeigen kann und dieser in ihren Augen Angst vor ihr hat. Das Kontrollgefühl in der Missbrauchssituation ist dagegen nicht mehr vorhanden, da die Betroffene schmerzlich feststellt, in dieser Situation hilflos gewesen zu sein. Auch fühlt sie einen großen

Schmerz, da sie das gute Bild des Täters nicht mehr aufrechterhalten kann. Sich selbst gegenüber spürt sie Mitleid.

5. Phase: Fokus: Entfaltung des Selbst

Die Betroffene empfindet dem Täter gegenüber negative Gefühle wie Wut, Hass oder auch ein Gefühl von Gleichgültigkeit. Wie in der vierten Phase fühlt das Opfer auch in dieser Phase keine positiven Gefühle dem Täter gegenüber. Der große Unterschied zur Phase vier ist darin zu sehen, dass sich nun die Energie der Betroffenen nicht mehr auf den Täter richtet, sondern die Betroffene verwendet in dieser Phase ihre Lebensenergie für ihr eigenes Selbst und ihr Leben. Sie weiß, dass der Täter ihr großen Schaden zugefügt hat und möchte dies auch nicht verzeihen, doch nun besteht ihr ›Lebenssinn‹ nicht mehr darin, den Täter zu zerstören (wie in Phase vier), sondern darin ein erfülltes und glückliches Leben für sich selbst zu gestalten.

Diese soeben beschriebenen fünf Phasen konnten auf Grundlage der 14 durchgeführten Interviews und deren Auswertung erarbeitet werden, wobei an dieser Stelle noch mal erwähnt werden soll, dass lediglich vier der 14 Frauen nach eigenen Angaben das Schuldgefühl vollständig überwunden haben.

Theoretische Überlegungen, die über das Prozessmodell hinausgehen:

Es ist anzunehmen, dass es vorkommen könnte, dass die Betroffene nicht über die Phase vier hinauskommt. Dies würde bedeuten, dass die Betroffene ihre Unschuldigkeit nicht nur auf den Missbrauch bezieht, sondern ihren Opferstatus generalisiert und sich auch in anderen Situationen, unabhängig von der Missbrauchssituation, durchweg unschuldig fühlt. Findet solch eine Generalisierung – sich immer als Opfer zu fühlen – nicht statt, ist es sehr wahrscheinlich, dass die Betroffene ein *realistisches Schuldverständnis* entwickelt. Dies bedeutet, dass sie sich hinsichtlich der Missbrauchssituation eindeutig als unschuldig betrachtet und den Täter als eindeutig schuldig betrachten kann, bei jeder anderen Situation wird allerdings anhand von realistischen Maßstäben neu bewertet, wem Schuld zuzusprechen ist und wem nicht. Auch kann die Betroffene mit solch einem Schuldverständnis sich selbst von der Opferrolle irgendwann lösen, da sie ab einem gewissen Punkt, so sehr der Missbrauch sie auch geprägt hat, Verantwortung für ihre eigenes Handeln übernimmt und so nicht (mehr) jegliches eigene Fehlverhalten mit dem Erleben des Missbrauchs entschuldigt.

Es könnte sein, dass es nach der fünften Phase eine weitere bzw. mehrere weitere Phasen gibt, die jedoch im Rahmen der vorliegenden Diplomarbeit aufgrund der geringen Zahl an Frauen, die das Schuldgefühl nach eigenen Angaben überwunden haben, nicht erfasst werden konnte/n. Weitere Untersuchungen zu diesem Thema mit einer größeren Stichprobe wären mit Sicherheit sinnvoll.

9 Praktische Relevanz

Auf der Grundlage der vorgestellten Untersuchung sollen in diesem Abschnitt einige Überlegungen hinsichtlich folgender Frage zusammengetragen werden: Wie kann man als Therapeut oder Berater betroffenen Frauen innerfamiliären sexuellen Missbrauchs, die unter einem Schuldgefühl leiden, angemessen helfen?

Anlehnend an den Gedanken Bircks (2001) vertritt die Verfasserin dieser Arbeit die Meinung, dass der erste Schritt seitens des Therapeuten darin bestehen sollte, das Schuldgefühl in seiner Ernst- und Sinnhaftigkeit anzuerkennen. Man könnte für das Schuldgefühl als Metapher eine ›Krücke‹ wählen, die für die Betroffene in der Jetzt-Situation unter den herrschenden Umständen die ›beste‹ Möglichkeit darstellt um ihre Psyche zu schützen. Würde man diese ›Krücke‹ wegtreten – ohne eine neue bessere und/oder eine zusätzliche zu finden – würde bei der Betroffenen eine andere, wahrscheinlich schwerere Symptomatik auftreten. Daher sollte der Therapeut nicht versuchen, der Patientin ihr Schuldgefühl, welches meist eine oder mehrere wichtige Schutzfunktionen beinhaltet, ›auszureden‹, sondern es sollte vielmehr Ziel sein, dass Therapeut und Patientin gemeinsam den persönlichen Sinn des Schuldgefühls verstehen und anerkennen. Wie in der Diplomarbeit gezeigt, kann hinter dem Schuldgefühl beispielsweise die Abwehr des Hilflosigkeitsgefühls stehen oder der sehnsüchtige Wunsch, den Täter als gutes Objekt erhalten zu können oder die Mutter, die ihrer Tochter in der Missbrauchssituation nicht geholfen hat, schützen zu können (vgl. Punkt 6.1). Für die Patientin ist es deswegen sinnvoll, mit der Unterstützung des Therapeuten zu klären, welche Aspekte *ihr Schuldgefühl* verursacht haben und bis heute aufrechterhalten.

Der Therapeut befindet sich dabei in der schwierigen Position, zum einem, der Patientin Realität aufzuzeigen in der Form, dass dieser der Patientin eindeutig vermittelt, dass sie unschuldig an dem sexuellen

Missbrauch ist, jedoch gleichzeitig sich nicht zu sehr von den authentischen Gefühlen der Patientin zu entfernen, denn das Schuldgefühl ist für diese real vorhanden.

Die vorgestellte Untersuchung hat aufgezeigt, dass die Überwindung des Schuldgefühls nicht in der Form geschehen kann, dass auf das quälende Schuldgefühl ohne jegliche Form von Zwischenschritten das vollständige Unschuldsgefühl erfolgen kann. Im Gegenteil, bei diesem schmerzlichen Prozess der Schuldgefühlüberwindung sind Zwischenschritte notwendig und äußerst sinnvoll. Denn auf diese Weise können die belastenden und schmerzvollen Gefühle, die beispielsweise im Zusammenhang mit dem Aufgeben des Täterschutzes oder dem Annehmen des Hilflosigkeitsgefühls stehen, in einer dosierten Form ›angetestet‹ werden, wie anhand des Prozessmodells (vgl. Punkt 8.4) dargestellt worden ist. Folglich sollte der Therapeut mit den möglichen Phasen des Überwindungsprozesses des Schuldgefühls vertraut sein. In diesem Zusammenhang sollte der Therapeut sich zudem immer bewusst machen, in welcher Phase des Überwindungsprozesses die Patientin sich momentan befindet und dementsprechend intervenieren. Auch sollte sich der Therapeut darüber klar sein, dass dieser meist längere Prozess durch viele Vor- und Rückbewegungen gekennzeichnet ist. Vorbewegungen sollten seitens des Therapeuten aufgezeigt und gefördert werden: So ist es z. B. hilfreich, wenn der Therapeut der Patientin, die sich in der Ambivalenzphase befindet, vor Augen führt, dass es ein sehr großer Fortschritt ist, dass sie sich zumindest schon phasenweise als unschuldig erleben kann. Doch auch Rückbewegungen sollten thematisiert werden und deren Sinn sollte gemeinsam versucht werden zu verstehen: Zum Beispiel kann eine Rückbewegung erfolgen, wenn der erlebte Schmerz für die Patientin zu groß wird, sodass ihre Psyche diese Rückbewegung vornimmt, um sich selbst zu schützen.

Des Weiteren ist es sehr wichtig, dass der Therapeut die Auseinandersetzung, besonders die *emotionale* Auseinandersetzung der Patientin mit ihrem Schuldgefühl, zwar fördert, die Patientin jedoch keinesfalls zu etwas drängt. Im Gegenteil, der Patientin sollte so viel Zeit und Raum gegeben werden, wie diese benötigt, um das Schuldgefühl zu überwinden.

Besonders wichtig ist zudem, dass der Therapeut seiner Patientin sehr viel Stabilität vermittelt, denn – wie beschrieben – ist äußere Stabilität eine der Hauptvoraussetzungen, um das Schuldgefühl ablegen zu können.

Ein weiteres sehr zentrales Ziel besteht darin, gemeinsam stabilisierende Faktoren außerhalb der Therapie (Aufbauen eines *Schutzraumes*) sowie alternative Schutzmechanismen und reifere Abwehrmechanismen zum lange bestehenden Schuldgefühl zu erarbeiten und zu etablieren – oder mit anderen Worten, wie weiter oben angesprochen, zusätzliche, bessere ›Krücken‹ zu finden, bis idealerweise keine ›Krücken‹ mehr nötig sind. So kann beispielsweise der Täterschutz seitens der Betroffenen erst aufgegeben werden, wenn an die Stelle dieses idealisierten Objektes (Täter) ein real gutes, stabilisierendes Objekt tritt, wie beispielsweise der Partner oder Freunde. Doch auf lange Sicht ist es wichtig, dass das Unschuldgefühl beispielsweise nicht an die Stabilität durch den Partner gekoppelt ist, sondern dass die Betroffene sich unabhängig von dieser Stabilisierung unschuldig fühlen kann, sodass sich das Gefühl der Unschuld in ihrem Inneren festigt und dass sich das auf diese Weise neu erschaffene *Weltbild* immer weiter ausgestalten und differenzieren kann.

Danksagung

Das Zustandekommen dieser Arbeit wäre ohne die Unterstützung anderer Menschen in dieser Form nie möglich gewesen.

Einen ganz besonderen Dank möchte ich an meine 14 Dialogpartnerinnen aussprechen, die mir mit großer Offenheit tiefe Einblicke in ihre Gedanken- und Gefühlswelt gewährten und so den Grundstein für diese Diplomarbeit legten.

Meinen beiden Betreuern Dr. G. Pfeiffer und Dr. U. Welzel, die immer ein offenes Ohr für mich hatten, gilt ebenfalls mein besonderer Dank. Von ihnen erhielt ich wichtige Impulse und fachliche sowie persönliche Unterstützung. Die Gespräche mit ihnen führten zu neuen Sichtweisen, ließen mich in einem positiven Sinne zweifeln und bestärkten mich darin, auf dem ›richtigen‹ Weg zu sein.

Meiner Diplomarbeitsgruppe, bestehend aus meinen beiden Freundinnen Jennifer Große und Karin Deis, möchte ich an dieser Stelle ebenfalls herzlich danken. Das gemeinsame Diskutieren, Hinterfragen, Schweigen und Lachen haben den Forschungsprozess enorm gefördert. Ihre Ehrlichkeit und ihre Geduld, vor allem bei der Supervision der 14 psychologischen Beschreibungen, führten zu einem intensiven Austausch und ermöglichten das Entstehen der vorgestellten Ergebnisse.

Außerdem gilt mein Dank Dr. Michael Koenen, der mir die Räumlichkeiten seiner Praxis zur Verfügung stellte, um die Interviews in einem geschützten Rahmen durchführen zu können. Doch vor allem möchte ich mich bei ihm bedanken, da er sich, trotz vollem Terminplaner, die Zeit nahm, sich mit meiner Diplomarbeit auseinanderzusetzen. Die in diesem Rahmen geführten produktiven und anregenden Gespräche haben mich in der Entwicklung der Arbeit sehr voran gebracht.

Auch meinen Freundinnen, Anna Schorn, Jasmin Schmitz, Ann-Kathrin Günter, Lindi Tewes, Christina Heinrichs, Lisa Stankewitz und Nora Henning, die mich alle auf ihre eigene Art bei diesem Projekt unterstützt haben und somit ebenfalls zum Gelingen der vorliegenden Arbeit beigetragen haben, gilt mein Dank. Besonders hervorheben möchte ich an dieser Stelle meine gute Freundin Anna Schorn, bei der ich mich für das umfangreiche Endkorrekturlesen bedanken möchte. Sie half mir dabei den Text der Diplomarbeit in eine Form zu bringen, sodass auch Nicht-Experten diesen verstehen können.

Ganz besonders möchte ich meinem Ehemann, Hicham El Ouanzi, für die vielen schönen Momente danken, die wir gemeinsam verbrachten und die ein positives Gegengewicht zu der Schwere der Thematik der Diplomarbeit darstellten.

Meiner Mama, Josefine Jelinski-Huth, möchte ich auch einen ganz großen Dank aussprechen, da sie immer für mich da war.

Zu guter letzt – so finde ich – haben alle Vierbeiner, die mich während des Schreibens an meiner Diplomarbeit im Garten besucht haben, meinen Dank verdient.

Literatur

Argelander, H. (1970): *Das Erstinterview in der Psychotherapie.* Darmstadt (Wissenschaftliche Buchgesellschaft).

Bange, D. (1992): *Die dunkle Seite der Kindheit. Sexueller Missbrauch an Mädchen und Jungen. Ausmaß – Hintergründ – Folgen.* Köln (Volksblatt).

Bange, D. (2008): Das alltägliche Delikt: Sexuelle Gewalt gegen Mädchen und Jungen. Zum aktuellen Forschungsstand. In: Enders, U.: *Zart war ich, bitter war's. Handbuch gegen sexuellen Missbrauch* (3. überarb. Aufl.). Köln: (Kiepenheuer & Witsch), S. 21–28.

Bange, D. & Deegener, G. (1996): *Sexueller Missbrauch an Kindern. Hintergründe, Ausmaß, Folgen.* Weinheim (Psychologie Union).

Bange, D. & Enders, U. (1997): *Auch Indianer kennen Schmerz. Handbuch gegen sexuelle Gewalt an Jungen* (2. Aufl.). Köln (Kiepenheuer & Witsch).

Barwinski-Fäh, R. (2008): Abwehrmechanismen gegen die Kenntnisnahme psychischer Traumatisierung. *ZPPM Zeitschrift für Psychotraumatologie, Psychotherapiewissenschaft, Psychologische Medizin* 6, 27–34.

Bergmann, C. (2011a): *Abschlussbericht der unabhängigen Beauftragten zur Aufarbeitung des sexuellen Kindesmissbrauchs.* URL: http://www.beauftragte-missbrauch.de/course/view.php?id=30 (Stand 01.07.2011).

Bergmann, C. (2011b): *Sexueller Kindesmissbrauch. Wie wird sexueller Kindesmissbrauch definiert?* URL: http://beauftragte-missbrauch.de/course/view.php?id=112 (Stand: 01.07.2011).

Birck, A. (2001): *Die Verarbeitung einer sexuellen Missbrauchserfahrung in der Kindheit bei Frauen in der Psychotherapie.* Dissertation, Universität zu Köln.

Bruder, K.-J. (1994): Überlegungen zur Therapie von Männern, die ihre Kinder sexuell missbraucht haben. In: Schubbe, O (Hg.): *Therapeutische Hilfen gegen sexuellen Mißbrauch an Kindern.* Göttingen, Zürich (Vandenhoeck und Ruprecht), S. 170–197.

Buchholz, M. B.; Lamott, F. & Mörtl, K. (2010): Reale Schuld – die Rolle des impliziten Wissens in der therapeutischen Auseinandersetzung. Aus einer Untersuchung mit

Sexualstraftätern. In: Jürgen, K. & Müller, B. (Hg.): *Schuldbewusstsein und reale Schuld.* Gießen (Psychosozial-Verlag), S. 115 –128.

Bude, H. (2005): Die Kunst der Interpretation. In: Flick, U.; Kardorff, E. & Steinke, I.: *Qualitative Forschung. Ein Handbuch* (4. Aufl.). Reinbek bei Hamburg (Rowohlt), S. 569–577.

Bruinsma, F. (1993): Hilfen für die Täter. In: Ramin, G. (Hg.): *Inzest und sexueller Mißbrauch. Beratung und Therapie. Ein Handbuch.* Paderborn (Junfermann), S. 355–396.

Ehlert, M. & Lorke, B. (1988): Zur Psychodynamik der traumatischen Situation. *Psyche 42 (6),* 502–532.

Ehlert-Balzer, M. (1996): Das Trauma als Objektbeziehung. Veränderungen der inneren Objektwelt durch schwere Traumatisierung im Erwachsenenalter. *Forum der Psychoanalyse 12,* 291–314.

Enders, U. (Hg.) (2008): *Zart war ich, bitter war's. Handbuch gegen sexuellen Missbrauch* (3. überarb. Aufl.). Köln (Kiepenheuer & Witsch).

Enders, U. & Stumpf, J. (1991): *Mütter melden sich zu Wort. Sexueller Missbrauch an Mädchen und Jungen.* Köln (Volksblatt).

Engfer, A. (2000): Gewalt gegen Kinder in der Familie. In: Egle, U.T.; Hoffman, S.O. & Joraschky P. (Hg.): *Sexueller Mißbrauch, Mißhandlung, Vernachlässigung. Erkennung und Therapie psychischer und psychosomatischer Folgen früher Traumatisierungen.* Stuttgart, New York (Schattauer), S. 23–39.

Ferenczi, S. (1932): Sprachverwirrung zwischen den Erwachsenen und dem Kind. Die Sprache der Zärtlichkeit und der Leidenschaft. In: Masson, J.M. (1995): *Was hat man dir, du armes Kind angetan? Oder: Was Freud nicht wahrhaben wollte.* Freiburg (Kore), S. 219–231.

Finkelhor, D. (1997): Zur internationalen Epidemiologie von sexuellem Missbrauch an Kindern. In: Amann, G. & Wipplinger, R. (Hg.): *Sexueller Missbrauch – Überblick zu Forschung, Beratung und Therapie. Ein Handbuch.* Tübingen (DGVT), S. 72–85.

Fischer, G. (1998): *Konflikt, Paradox und Widerspruch. Für eine dialektische Psychoanalyse.* Frankfurt am Main (Fischer).

Fischer, G. & Riedesser, P. (2003): *Lehrbuch der Psychotraumatologie* (3. Aufl.). München (Reinhardt).

Fitzek, H. (1999): Beschreibung und Interview. Entwicklungen von Selbstbeobachtung in der morphologischen Psychologie. *Journal für Psychologie Theorie Forschung Praxis 7 (2),* 19–26.

Flick, U.; Kardorff, E. & Steinke, I. (2005): *Qualitative Forschung. Ein Handbuch* (4. Aufl.). Reinbek bei Hamburg (Rowohlt).

Freud, S. (1895): (Zusammen mit: Breuer, Josef) Studien über Hysterie. *GW I,* S. 75–312.

Freud, S. (1913): Zur Einleitung der Behandlung. Weitere Ratschläge zur Technik der Psychoanalyse. *GW VIII,* S. 454–478.

Freud, S. (1923a): Das Ich und das Es. *GW XIII,* S. 237–289.

Freud, S. (1923b): Die infantile Genitalorganisation (Eine Einschaltung in die Sexualtheorie). *GW XIII,* S. 293–298.

Freud, S. (1924): Der Untergang des Ödipuskomplexes. *GW XIII,* S. 395–402.

Freud, S. (1925): Selbstdarstellung. *GW XIV,* S. 33–96.

Freud, S. (1940): Abriß der Psychoanalyse. *GW XVII,* S. 63–138.

Gruen, A. (2008): *Der Fremde in uns* (6. Aufl.). München (Deutscher Taschenbuch Verlag).

Haesler, L. (2010): Von der Angst vor Vernichtung, Rache und Vergeltung zum Gewissen. Psychoanalytische Überlegungen zur Entwicklung von Schuldbewusstsein und Verantwortungsgefühl. In: Jürgen, K. & Müller, B. (Hg.): *Schuldbewusstsein und reale Schuld*. Gießen (Psychosozial), S. 41–67.

Hanks, H. G. I. & Saradjian, J. (1994): Frauen, die Kinder sexuell mißbrauchen. In: Schubbe, O. (Hg.): *Therapeutische Hilfen gegen sexuellen Mißbrauch an Kindern*. Göttingen, Zürich (Vandenhoeck und Ruprecht), S. 198–216.

Hermanns, H. (2005): Interviewen als Tätigkeit. In: Flick, U; Kardorff, E. & Steinke, I.: *Qualitative Forschung. Ein Handbuch* (4. Aufl.). Reinbek bei Hamburg (Rowohlt), S. 360–368.

Heyden, S. & Jarosch, K. (2010): *Missbrauchstäter: Phänomenologie – Psychodynamik – Therapie*. Stuttgart (Schattauer).

Hirsch, M. (1987): Realer Inzest. Psychodynamik des sexuellen Mißbrauchs in der Familie. Berlin, Heidelberg, New York, London, Paris, Tokoy (Springer).

Hirsch, M. (1993): Schuld und Schuldgefühl des weiblichen Inzestopfers als Beispiel von Introjektions- und Identifikationsschicksalen traumatischer Gewalt. *Zeitschrift für psychoanalytische Theorie und Praxis 8*, 289–304.

Hirsch, M. (2008): Scham und Schuld – Sein und Tun. *Psychotherapeut 53*, 177–184.

Hirsch, M. (2009): Perverse Väter – hysterische Töchter – perverse Enkel: Über transgenerationale Perpetuierung von Traumatisierungen. In: Dulz, B.; Benecke, C. & Richter-Appelt, H. (Hg.): *Borderline-Störungen und Sexualität. Ätiologie – Störungsbild – Therapie*. Stuttgart (Schattauer), S. 85–95.

Hirsch, M. (2010): Schuld und Schuldgefühl aus psychoanalytischer Sicht. In: Jürgen, K. & Müller, B. (Hg.): *Schuldbewusstsein und reale Schuld*. Gießen (Psychosozial), S. 25–39.

Hopf, C. (2005): Qualitative Interviews. Ein Überblick. In: Flick, U.; Kardorff, E. & Steinke, I.: *Qualitative Forschung. Ein Handbuch* (4. Aufl.). Reinbek bei Hamburg (Rowohlt), S. 349–359.

Hülshoff, T. (2001): *Emotionen* (2. überarb. Aufl.). München, Basel (Reinhardt).

Kvale, S. (1996): *Interviews. An Introduction to Qualitative Research Interviewing*. Thousand Oaks, London, New Delhi (Sage).

Konrad, S.; Ernst, K. S. & Wachenhausen, G. (2003): *Das Drama der Scham. Ursprung und Entfaltung eines Gefühls*. Göttingen (Vandenhoeck & Ruprecht).

Kütemeyer, M. (2008): Die dissoziative Wunde – ein Erinnerungssyndrom seelischer Traumatisierung. *ZPPM Zeitschrift für Psychotraumatologie, Psychotherapiewissenschaft, Psychologische Medizin 6(2)*, 27–39.

Leuzinger-Bohleber, M. (1995): Die Einzelfallstudie als psychoanalytisches Forschungsinstrument. *Psyche 49(5)*, 434–480.

Maischberger, S. (2011): *Menschen bei Maischberger*. Thema: Ein Kampf gegen sexuellen Missbrauch. Wie machtlos sind wir? [Diskussionsrunde, ARD] am 24.05.2011, um 22:45Uhr, zu sehen unter: www.ardmediathek.de

Marquit, C. (1983): Der Täter, Persönlichkeitsstruktur und Behandlung. In: Backe, L.; Leick, N.; Menick, J. & Michelsen, N. (Hg.): *Sexueller Mißbrauch von Kindern in Familien*. Köln (Deutscher Ärzte Verlag), S. 118–137.

Mayring, P. (2002): *Einführung in die Qualitative Sozialforschung* (5. überarb.). Weinheim und Basel (Beltz).

Paul, C. (2007): Schuld denken und Scham Fühlen. *Suizidprophylaxe: Theorie und Praxis* 34 (2), 80–84.

Raupp, U. & Eggers, C. (1993): Sexueller Missbrauch von Kindern. Eine regionale Studie über Prävalenz und Charakteristik. *Kinderheilkunde 141*, 316–322.

Richter-Appelt, H. (1995): Sexuelle Traumatisierung und körperliche Misshandlungen in der Kindheit. Geschlechtsspezifische Aspekte. In: Düring, S. & Hauch, M. (Hg.): *Heterosexuelle Verhältnisse*. Stuttgart (Enke), S. 57–76.

Richter-Appelt, H. (2009): Sexualität und Normen. In: Dulz, B.; Benecke, C. & Richter-Appelt, H. (Hg.): *Borderline-Störungen und Sexualität. Ätiologie – Störungsbild – Therapie*. Stuttgart (Schattauer), S. 62–68.

Rijnaarts, J (1988): *Lots Töchter. Über den Vater – Tochter – Inzest*. Düsseldorf (Claassen).

Salber, W. (1959): *Der psychische Gegenstand. Untersuchungen zur Frage des psychologischen Erfassens und Klassifizierens*. Bonn (Bouvier).

Sanford, L.T. (1992): *Das missbrauchte Kind. Die Überwindung traumatischer Verletzungen*. München (Heyne).

Schlesinger, N.J. (2006): Treatment Implications of a Female Incest Survivor's Misplaced Guilt. *Psychoanalytic Social Work 13(2)*, 53–66.

Schlingmann, T. (2009): *Sexuelle Gewalt, Männlichkeit und Handlungsfähigkeit. Ein Modell zum besseren Verständnis von Männern, die als Junge sexuell missbraucht wurden*. Diplomarbeit, Freie Universität Berlin.

Schmidt, T. (1996): *Auf das Opfer darf keiner sich berufen. Opferdiskurse in der öffentlichen Diskussion zu sexueller Gewalt gegen Mädchen*. Bielefeld (Kleine).

Schötensack, K.; Ellinger, T.; Gross, A. & Nissen, G. (1992): Prevalence of sexual abuse of children in germany. *Acta Paedopsychiatrica 55*, 211–216.

Steinhage, R. (1989): *Sexueller Missbrauch an Mädchen. Ein Handbuch für Beratung und Therapie*. Reinbek bei Hamburg (Rowohlt).

Wetzels, P. (1997): *Gewalterfahrungen in der Kindheit. Sexueller Missbrauch, körperliche Misshandlung und deren langfristige Konsequenzen*. Baden-Baden (Nomos).

Winnicott, D.W. (1990): *Der Anfang ist unsere Heimat. Essays zur gesellschaftlichen Entwicklung des Individuums*. Stuttgart (Klett-Cotta).

Anhang

A) Aufruf

Liebe Leserin, lieber Leser,

ich studiere an der Universität zu Köln Psychologie und im Rahmen meiner Diplomarbeit mit dem Thema »Sexueller Missbrauch in der Familie. Schuldgefühle« suche ich weibliche Betroffene, die ihre Gedanken, Gefühle und Erfahrungen bezüglich dieser Thematik in einem ein- bis zweistündigen Interview mitteilen möchten. Es soll ein persönliches Gespräch in Köln (in einem neutralen psychotherapeutischen Praxisraum) stattfinden, in dem ich Sie befragen möchte, wodurch Ihrer Meinung nach im Zusammenhang mit dem sexuellen Missbrauch Schuldgefühle entstehen und ob man diese hinter sich lassen kann.

Ich möchte mit Ihrer Hilfe zur Sensibilisierung und zur angemessenen Auseinandersetzung bezüglich sexuellen Missbrauchs anregen.

Interessierte Betroffene bitte ich, sich bei mir unter der u. a. E-Mailadresse bzw. Telefonnr. zu melden. Natürlich werden die Interviews absolut vertraulich behandelt (komplett anonymisiert).

An dieser Stelle möchte ich noch ganz klar darauf hinweisen, dass niemals das Opfer die Schuld an den Taten des Täters trägt! Das Opfer ist immer schuldfrei!

Für Fragen und Anregungen stehe ich jederzeit zur Verfügung. Danke für Ihre Unterstützung!

Juliane Jelinski

B) Interviewleitfaden

Einleitende Fragen:
➤ Wie fühlen Sie sich im Moment?

Situation des sexuellen Missbrauchs:
➤ Bitte beschreiben Sie die Situation, bevor es zum sexuellen Missbrauch gekommen ist.
➤ Können Sie sich erinnern, wie es zu dem sexuellen Missbrauch gekommen ist?
➤ Darf ich Sie fragen, wer Sie sexuell missbraucht hat?

Gefühle:
➤ Welche Gefühle verbinden Sie mit dem sexuellen Missbrauch?
➤ Welche Gefühle haben Sie gegenüber dem Täter?
➤ Welche Gefühle haben Sie gegenüber sich selbst?

Schuldgefühle:
➤ Haben bzw. hatten Sie Schuldgefühle?
➤ Wie äußern bzw. äußerten sich diese?
➤ Was denken Sie: **Wodurch kamen die Schuldgefühle auf?**
➤ Was denken Sie: Gibt bzw. gab es bestimmte Aspekte, die dazu geführt haben, dass sich Ihre Schuldgefühle **verstärkt** haben?
➤ Was denken Sie, was für **Auswirkungen** die Schuldgefühle für Sie und ihr Leben hatten, haben und haben werden?
➤ Konnten Sie Ihre Schuldgefühle **überwinden?**
➤ (Wenn ja) Können Sie beschreiben, wie Sie es geschafft haben?
➤ Ist ein anderes Gefühl an die Stelle des Schuldgefühles getreten?
➤ Haben Sie sich mit dem Thema »Schuldgefühle« **auseinander** gesetzt? (wenn ja), wie?

Täter:
➤ Ist der Täter durchgängig schlecht (gewesen) oder hat er auch gute Seiten (gehabt)?
➤ Wie ist Ihr **Verhältnis zum Täter** während des sexuellen Missbrauchs gewesen?
➤ Wie ist Ihr Verhältnis zum Täter nach dem sexuellen Missbrauch gewesen?
➤ Wie ist Ihr Verhältnis zurzeit zu dem Täter?

Soziales Netzwerk:
➤ In was für einem sozialen Netzwerk lebten Sie bzw. leben Sie?
➤ Haben Sie sich jmd. **anvertraut?** (Wenn ja), wem haben Sie sich anvertraut? Wie war **dessen Reaktion?**
➤ Haben Sie sich jmd. nicht anvertraut?
➤ Wie haben Bezugspersonen reagiert bzgl. des sexuellen Missbrauchs?
➤ Wie hat Ihre Mutter reagiert?
➤ Wie haben Helfer/Berater/Polizei/Richter/Ärzte/Psychologen/ Psychotherapeuten bzgl. des sexuellen Missbrauchs reagiert?
➤ Wie reagierten Freunde?
➤ Haben Sie sich jmd. **anvertraut,** dass sie **Schuldgefühle** gespürt haben bzw. spüren? Wie waren die Reaktionen darauf?

Ende des Gesprächs:
➤ Wie fühlen Sie sich jetzt?

Abschlussfragen:
➤ Was war Ihre Motivation an dem Gespräch teilzunehmen?
➤ Was war eher unangenehm für Sie, was ich bei weiteren Gesprächen nicht mehr machen sollte und was war für Sie angenehm, was ich in anderen Gesprächen wieder machen sollte?

C) Frage nach der Motivation

Dialogpartnerin Q:
»Hm ... also das eine war die Neugier, wie so was aussehen könnte. Ich bin wissbegierig, ich will immer alles wissen. Und dann es war auch nah, ich kann jetzt die Zeit erübrigen, es ist nicht schwierig. Und das andere war halt auch, dass ich denke, dass es nicht schlecht ist, wenn man solch einer Geschichte auch wieder etwas Positives geben kann. Ich bemühe mich in meinem ganzen Leben immer auch allem eine positive Seite abzugewinnen, auch wenn das manchmal ganz schön schwierig ist. So betrachtet habe ich es ja sogar mit dieser Geschichte geschafft, einen positiven Aspekt zu sehen. Indem ich dir geholfen habe, dass du dann deine Arbeit schreiben kannst.«

Dialogpartnerin C:
»Eigentlich zwei Dinge. Weil ich natürlich viel zu dem Thema lese und oft denke, das ist irgendwie komisch verallgemeinert und das sehe ich anders. Dass ich so gedacht habe, ich möchte jetzt auch einmal sagen, wie ich es sehe (*lacht*). Ich will dem nicht absprechen, dass es für viele Menschen gilt. Ich habe mich da halt öfters nicht wieder gefunden und dann habe ich da gedacht: Jetzt hast du auch mal ne Möglichkeit zu sagen, wie du es siehst. Und dann zweitens das Thema Schuld. Ich dachte ich hätte mir da nicht so viele Gedanken gemacht und nun sehe ich, ich habe mir gerade sehr viele Gedanken gemacht. Ich kann auf jeden Fall etwas mitnehmen aus dem Gespräch ... für mich. Und ich habe mir überlegt, das wäre ja auch mal was anderes mit einem Nicht-Therapeuten darüber zu sprechen.«

Dialogpartnerin I:
»Ich bin in dem Forum ganz selten. Ich lese zwischendurch mal mit. Zeitweise tut mir das gut. Aber oft tut mir das nicht so gut. Und ich wollte dann nur mal gucken, ob ich eine Nachricht habe, und ich fand das interessant, ... weil ich das gut finde, dass sich jemand damit auseinandersetzt. Und sich damit befasst. Und ich wollte das auch unterstützten und ich habe mich dazu in der Lage gefühlt, das verkraften zu können und dass ich stabil genug bin. Ja, ich wollte da ein Stück weit Hilfestellung geben und auch ein bisschen aus Eigennutz. Dass sich damit auseinandergesetzt wird und dass das was bringt. Vielleicht ein Stück weit um dir behilflich zu sein. Also direkt. Und ich weiß nicht, wie weit du da im Kontakt bist. Das eine ist ja, dass man das theoretisch lernt. Und wenn man noch mal praktischen Kontakt zu den Menschen hat, ist das noch mal was anderes. Ich glaube dann erfährt man auch noch mal andere Dinge. Ich habe das auch sehr spontan entschieden. Ich habe das gelesen und ich wusste nicht so genau, was ich in der Nachricht schreiben sollte. Deswegen ist die auch sehr kurz und knapp ausgefallen. Ich dachte: Mein Gott biete dich einfach an. Es passt auch von Köln her.«

Dialogpartnerin B:
»Ach das war ... Ich weiß eigentlich gar nicht mehr wie ich an Ihre Adresse gekommen bin. Wahrscheinlich war ich mal wieder im Internet unterwegs und habe da irgend so einen Hilferuf gelesen. Ich weiß gar nicht mehr wo. Und dann habe ich so gedacht, ist ja so genau mein

Thema. Mit diesen Schuldgefühlen da haben wir ja so lange geübt in B. Und dann habe ich erst gedacht, ne ich weiß nicht. Ich muss ja dann immer erst überlegen. Und dann habe ich gedacht, in diesem Norbert Denef Forum sind ganz viel laute Stimmen, die sagen, es gibt keine gescheiten Therapeuten. Und da habe ich gedacht, da muss man was ändern. (lacht) Wenn man da helfen kann, dann finde ich das eigentlich positiv. Habe mir das dann so überlegt, ja … Habe natürlich auch ne Tochter, oder zwei Töchter, die eine ist so in Ihrem Alter. Die gerade ne Ausbildung begonnen hat zur Therapeutin. Und da händeringend nach einem Praktikumsplatz sucht und es gibt nichts. Das stand erst mal so im Vordergrund. Denn aber auch gute Therapeuten muss es geben. Die müssen auch ihre Möglichkeiten haben, sich gut auszubilden. Und war sicherlich auch ein bisschen Interesse und Neugier von mir da. Wie läuft so was ab? So kam eins zum anderen.«

Dialogpartnerin H:
»Vor allem (*ihre Augen strahlen, sie schaut mich an*), dass ich was tun kann! Dass auch … Erstmal, dass ich was machen kann und dass das vielleicht … Ich denke, dass Menschen, die sich mehr mit dem Thema auseinandersetzen, dann kann es vielleicht auch passieren, dass in Zukunft andere Menschen leichter, schneller als mir geholfen werden kann … Aber das kann nur passieren, wenn … Menschen auch bereit sind, die Menschen, die sich damit beschäftigen, zu unterstützten … Und ich habe gedacht, dass sind ja schon zwei gute Gründe.«

Dialogpartnerin N:
»Zum einem habe ich gedacht, toll das jemand was dazu macht, zu dem Thema. Das wollte ich unterstützen. Und zum anderen ist es eine Motivation … wenn ich das mache und drüber nachdenke ist das … eine Entwicklung, um mich weiter zu entwickeln und um das zu verarbeiten.«

Dialogpartnerin Z:
»Das Thema! Und ich kann mir vorstellen, dass das nicht so einfach ist, so viele Leute zusammen zu kriegen … Es war durch dieses Thema, weil ich letztendlich in der Lage bin, darüber gut reden zu können, was früher gar nicht ging, weil ich mich auch geschämt habe, also das ist eigentlich nicht mehr. Von daher geht das gut und ich das auch einfach wichtig finde! Die Arbeit! Ich denke, ich bin sicherlich kein Einzelfall … ich finde, es ist wichtig, dass dies kommuniziert und nach außen

getragen wird, was das mit einem macht. Jetzt fällt mir auch der Buchtitel wieder ein: Die unsichtbare Wunde … Der sexuelle Missbrauch macht mich nicht mehr aus.«

Dialogpartnerin G:
»Mir war ganz wichtig, dass da wissenschaftlich drüber gearbeitet wird, nicht in der Boulevardzeitung, nicht reißerisch, und nicht die armen Täter, sondern dass der Blickpunkt auf die Opfer kommt. Ich habe selber wissenschaftlich gearbeitet und musste sehr unterstützt werden. Ich brauchte jetzt keine Interviews, aber Sie brauchen das als Material, so wie ich anderes Material brauchte, daher wollte ich das gerne zu Verfügung stellen. Und da ich durch die Therapien weiß, dass es mir auch gut tut, darüber zu reden, dass jetzt wieder eine Fachfrau sagt: »Ja, ich glaube Ihnen.«, das ist ja für mich auch ein Gewinn. Es war ja nicht nur eine kostenlose Therapiestunde, sondern es war ja auch was, ich habe selber was davon mitgenommen.«

Dialogpartnerin A:
»Vielleicht ein bisschen was bewegen zu können. In der Hoffnung, dass jemand drüber schreibt, sich damit beschäftigt. Anderen Menschen helfen zu können. Ich habe deinen Aufruf gesehen, ich habe gesehen, was du geschrieben hast und ich habe gedacht, gut, dass jemand darüber nachdenkt und über so ein Thema schreibt. Vielleicht bewirkt man irgendwas dadurch. Auch wenn es nicht für einen selbst ist, sondern für andere.«

Dialogpartnerin E:
»Ich habe gedacht, Sie schreiben darüber jetzt eine Diplomarbeit, … Und dann habe ich für mich gedacht, für mich ist da kein großer Aufwand vom Wohnort her. Ich fühle mich stabil genug dafür Auskunft zu geben. Und ich finde es gut, wenn sich Menschen wissenschaftlich mit diesem Thema auseinandersetzen und beschäftigen. Weil ich glaube, gerade diese Punkte z. B. diese Ambivalenz in der emotionalen Bindung … Macht – Ohnmacht ist ein Thema, was gut bearbeitet wurde. Aber wie ist es eigentlich für ein Kind mit so viel unvereinbaren Anforderungen konfrontiert zu werden? Ich denke, dass das in weiten Teilen der Bevölkerung nicht klar ist. Die Macht – Ohnmacht Geschichte wahrscheinlich auch nicht. Das wissen so Insider, die sich damit beschäftigen. Aber für die breite Masse ist es ja teilweise immer noch so, wenn das Mädel einen zu

kurzen Rock anhat, darf sie sich nicht darüber wundern, wenn sie blöd angemacht wird. Da ist Aufklärungsarbeit wichtig. Und da habe ich gedacht, das ist auch was, was ich gerne unterstützten möchte.«

Dialogpartnerin U:
»ich glaube es hat damit was zu tun, dass ich das nicht mehr so verstecken will. Also auch weil ich dir helfen wollte, klar, weil ich dachte … das sprach mich einfach an. Und ich dachte mach mal was Spontanes. Aber ich glaube in erster Linie so für mich zu gucken, kann ich das. Kann ich darüber sprechen? Weil früher wäre noch nicht mal das möglich gewesen.«

Dialogpartnerin O:
»Einerseits wollte ich für mich eine Klärung haben und ich habe gehofft, da kommt eine Klärung, aber ich hätte es nicht gedacht und ich bin jetzt echt erstaunt, dass ich da für mich auf jeden Fall ein großes Stück weitergekommen bin. Also dass ich da einen Schritt für mich gemacht habe. Also ich habe ja schon ein Jahr Therapie hinter mir und jetzt bin ich in einer Psychoanalyse drin, und dass ich diesen Schritt jetzt hier gemacht habe, finde ich total krass und gut. Also da hast du mir den richtigen Raum für geboten. Und zweitens ich finde, dass total toll, dass du über diese Thematik deine Diplomarbeit schreibst und ich möchte diese unterstützen. Ich möchte, dass die Menschen aufgeklärt werden. Ich finde das ganz, ganz wichtig, dass eine gesellschaftliche Auseinandersetzung stattfindet, sodass das Bild von sexuellem Missbrauch richtig gerückt wird, dass man weiß, dass es nicht nur gewaltsam stattfindet, sondern auch anders, wie raffiniert die Täter vorgehen und was das für das Opfer bedeutet, welchen Stellenwert dieses Schuldgefühl hat. Wenn man am Schuldgefühl ansetzen könnte, dass wenn man das versteht, dass man das auch schneller überwinden kann. Das war meine Motivation.«

D) Frage nach dem Feedback

Dialogpartnerin Q:
Nachdem das Diktiergerät ausgeschaltet war, stichpunktartig protokolliert:
Gut: Raum/Zeit geben, sagen was man will (egal ob es passt oder nicht);
Schlecht: Benennung »sexueller Missbrauch«

Schriftlich per E-Mail:

»Ich war vor unserem Gespräch ziemlich aufgeregt. Ich habe mich gefragt, ob ich es schaffen würde mit einem fremden Menschen über mich und meine Geschichte reden zu können. Du hattest vorher sehr deutlich gemacht, dass ich nicht reden muss und auch jederzeit das Gespräch beenden könnte. Mit diesem Wissen ging es mir gut und ich hatte mir vorgenommen mir selbst ein Bild von Dir zu machen. Von Dir hatte ich direkt einen positiven Eindruck. Ich konnte meine Jacke und Tasche mitnehmen (ja, so was ist mir wichtig) und ich konnte mir den Sitzplatz selbst auswählen (ja, das ist mir auch wichtig). Du hast die wesentlichen Dinge noch einmal betont. Insbesondere, dass ich frei darin bin zu sagen, was ich denke oder jederzeit aufhören kann. Gut fand ich auch, dass du sagtest, dass ich vom Thema abschweifen darf und wir einen lockeren Dialog führen. Das waren Bedingungen auf die ich mich sehr locker einlassen konnte. Ich habe dann festgestellt, dass es gar nicht so einfach ist mit einer fremden Person über die eigene Geschichte zu sprechen. Ich wusste aber vorher, dass es nicht einfach ist und habe mich vorher bewusst dafür entschieden es zu versuchen. Da du betont hast, dass es okay sei, hätte ich auch keine Probleme damit gehabt an dieser Stelle schon abzubrechen, wenn ich nicht weiter gekommen wäre. Nach den ersten Sätzen wurde es aber leichter. Ich habe aus meiner Geschichte einen Teil weg gelassen um die Belastung im Rahmen zu halten. Das war für uns beide offensichtlich okay. Das Gespräch hat mich insofern weiter gebracht, dass ich über den Aspekt der Schuld weiter nachgedacht habe. Auch war es gut für mich überhaupt mit jemand die Geschichte teilen zu können. Es hat mein Schamgefühl ziemlich verändert. Das Gespräch hat mich natürlich auch etwas aufgewühlt. Allerdings bin ich insgesamt sehr stabil und habe das gut abfangen können. Ich habe mich zu keinem Zeitpunkt zu irgendetwas gedrängt gefühlt, im Gegenteil … mir war immer klar, dass ich selbst entscheide wie weit ich gehen möchte und kann. Ich habe dich dabei als ruhige, besonnene und verständige Dialogpartnerin erlebt. Besonders positiv ist mir aufgefallen, dass du mir erneut angeboten hast das Gespräch zu beenden oder zumindest eine Pause zu machen, als ich das gesagte kurz sacken lassen musste und kurz nicht weiter kam. Es war für mich sehr positiv so wahrgenommen zu werden. Ich bin froh das gemacht zu haben, denn ich habe ja jetzt schon auch einen positiven Nutzen daraus ziehen können.«

Dialogpartnerin C:
(Antwort auf die Frage, was ich besser machten könnte) Ne, überhaupt nicht! Im Gegenteil: Voll nett! Ich dachte immer: Die Arme, die lächelt mich die ganze Zeit so nett an und ich starre irgendwo anders hin *(lacht)*. Ne, gar nicht. Voll nett! Natürlich ist das Thema schon sehr anstrengend … Was ich gut fand, dass du zwischendurch das ganze noch mal strukturiert hast und es zusammengefasst hast. Das war gut. Auf jeden Fall. Ich habe oft vergessen, worum es ging, und das war dann gut. Das würde ich auf jeden Fall machen. Und vielleicht noch ein Kissen in den Rücken *(wir müssen beide lachen)*.

Schriftlich per E-Mail:
Ich führte im Oktober 2009 ein zweistündiges Gespräch mit Frau Jelinski. Dabei stellte sie mir Fragen über meine Lebensgeschichte und meinen Umgang mit der von mir erfahrenen sexuellen Traumatisierung, die sie in Ihrer Diplomarbeit auswerten möchte. Sie begrüßte mich sehr freundlich, erklärte mir genau ihr Vorgehen und stellte deutlich heraus, dass ich jederzeit gehen kann bzw. keinerlei Zwang besteht Fragen zu beantworten, die ich auslassen möchte. Ich habe schon mehrere Therapien gemacht und es kam selten vor, dass ich mich so schnell so sicher und aufgehoben gefühlt habe. Zu keinem Zeitpunkt hatte ich das Gefühl, zu etwas gedrängt zu sein. Das Gespräch war angesichts des Themas sehr anstrengend, aber auch sehr bereichernd für mich und ich habe nach dem Gespräch viele neue Denkansätze bekommen. Frau Jelinski betonte auch, dass ich sie jederzeit kontaktieren könne, falls es mir aufgrund des Gesprächs nicht gut ginge. Dies war nicht der Fall, da sie sehr einfühlsam zuhörte, interessiert Rückfragen stellte und für mich den Eindruck erweckte, sie sei bereits ausgebildete Psychotherapeutin. Zwischendurch machten wir eine Pause, in der ich mich kurz entspannen konnte und wir uns sehr nett über Alltäglichkeiten unterhielten. Ich finde es richtig und sinnvoll, dass Frau Jelinski in ihrer Diplomarbeit sexuellen Missbrauch auf Grundlage der Interviews behandelt, da ich als Betroffene häufig wissenschaftliche Fachliteratur zum Thema sexueller Missbrauch als einseitig und nicht mit meinen Gefühlen über einstimmend empfinde. In Ihrer Diplomarbeit werden die Menschen befragt, die meiner Meinung nach viel zu selten zu Wort kommen – die Betroffenen selbst. Frau Jelinski achtete schon in ihrem ersten E-Mailkontakt darauf, dass ich psychisch ausreichend stabil bin um das Interview, was natürlicherweise anstrengend war, zu bewältigen. Mein

psychisches Wohlbefinden stand im Gespräch im Mittelpunkt, keinesfalls die Bedeutung meiner Aussagen für Ihre Diplomarbeit.

Auch wenn es bei solchen anspruchsvollen Interviews vielleicht leicht
zum Verdacht kommt, der Interviewende täte dies aus einer neugierigen,
voyeuristischen Haltung heraus, kann ich im Falle des Interviews mit
Frau Jelinski nur betonen, dass ihre Haltung von menschlicher Reife,
Achtung und Mitgefühl geprägt war und die Gespräche keinesfalls für
mich als unmoralisch einzuschätzen sind.

Dialogpartnerin S:
Schriftlich per E-Mail, keine mündliche, da Gespräch abgebrochen wurde:
Ich möchte Dir jetzt eine Rückmeldung geben, wie es mir nach dem
Gespräch geht.

Zum einen möchte ich erst anmerken, dass ich jetzt einfach schreiben
werde und keine Ahnung habe, was dabei raus kommt, also es könnte
wirr werden. Ich möchte Dir zu erst danken. Als ich mich zu diesem
Gespräch mit Dir verabredet hatte, war ich an einem Punkt angelangt,
wo ich mal wieder sämtliche Gefühle unterdrückt und beiseite gescho-
ben hatte.

Ich habe gedacht ich könnte in dieses Gespräch gehen, dir etwas
Hilfreiches sagen und ohne Auswirkungen auf mein Inneres wieder
raus gehen. Wie sehr ich mich in dem Punkt geirrt habe, ist mir schon
in unserem Gespräch aufgefallen. Mit jeder Frage, die Du gestellt hast,
ist ein Teil an Schutzwall wieder aufgegangen und ich habe mehr in
mich schauen müssen und darauf, was in mir vorgeht. Es ist Dir nicht
entgangen, dass ich im Verlaufe unseres Gespräches immer abwesender
geworden bin, was aber nichts mit dem Gespräch an sich zu tun hatte,
sondern eher mit mir selbst. Ich bin mir nicht im Klaren darüber, in wie
weit Du mit dem Verdrängen ganzer Gefühlsregungen vertraut bist,
aber es ist nicht sonderlich angenehm es zu spüren … Nun habe ich
mich während unseres Gespräches wieder mehr auf mich eingelassen,
musste meine Kleine fragen, was dort ihrer Gefühlslage entsprach und
das war anstrengend, aber es hat gut getan. Ich bin jetzt mal wieder dort
angelangt, wo ich sagen kann, dass ich weiter arbeiten kann. Weiter an
mir, an meiner Vergangenheit und weiter für meine Zukunft. Es hat gut
getan mit jemandem über die Schuldgefühle zu sprechen, wobei ich
ehrlich zugeben muss, dass ich mir nicht mehr sicher bin, was ich Dir
im Einzelnen gesagt habe und was Dir davon helfen kann. Was mir im
Gedächtnis geblieben ist, ist die Tatsache, dass Du noch Fragen gehabt

hast, aber das Gespräch vorzeitig beendet hast … Wenn diese Fragen für Dich wichtig sind, so würde ich Dir anbieten, dass wir das Gespräch weiter führen, oder ich Dir hier vielleicht Fragen beantworten könnte. Ich hoffe, dass Du gut mit Deiner Diplomarbeit voran kommst und dass Du damit das erreichst, was Du Dir wünschst.

Dialogpartnerin B:
»Ne, also unangenehm fand ich jetzt gar nichts! Bis auf die Tatsache, aber das hat nichts mit Ihnen zu tun, dass ich jetzt wieder fast angefangen hätte zu weinen. Das mag ich nicht. Kann ich auch in der Therapie nur schlecht mit umgehen. Das war das einzige, für mich jetzt bisschen Unangenehme. Aber auch nicht so richtig schlimm. Nein, ich finde Ihre ruhige Art sehr wohltuend. Und die Fragestellungen auch völlig in Ordnung. Also ich kann da jetzt nichts Negatives sagen. Und auch nicht sagen, was Sie besser machen könnten. Ich würde Ihnen da gerne helfen, aber … ne. Es läuft gut! Sie haben das sehr gut gemacht! … Die Chemie hat einfach gestimmt.«

Dialogpartnerin H:
»Also was ich sehr positiv fand, war z.B. dass ich einen Tee bekommen habe. (*sie strahlt*) … (*Pause*) Es ist natürlich nicht mein Lieblingsthema oder so, … Wo ich denke, dass war jetzt ganz schlimm oder ich denke, dass sollte man jetzt nicht mehr machen, … weiß ich nicht.«

Dialogpartnerin N:
»Also ich fand es wirklich gut, dass du immer so parat hattest, wo wir stehen, wo mir doch der Faden gerissen ist ein paar Mal. (*Pause*) Keine Kritik. (*Pause*) Ich hoffe, du kannst was mit anfangen. Ich finde, du hast das ganz toll gemacht. (*lächelt mich an*).«

Dialogpartnerin Z:
»Unangenehm war mir nichts! Du bist ja total zurückhaltend. Du fragst ja nur … man hatte das Gefühl, … du hast ja keinen Fragenkatalog, den du abfragst, dass du nur fragst auf das bezogen, was man erzählt. Und dann vielleicht mal nachgehakt. Ich fand das gut so. (*lacht*)«

Dialogpartnerin D:
»Also angenehm finde ich, dass das hier in diesen Räumlichkeiten ist. Ich finde auch, dass ist hier ein schöner Raum. Ich habe schon andere

therapeutische Praxen gesehen. Das gefällt mir ganz gut. Das macht es auch seriös, wenn man das … keine Ahnung, aber es gibt ja viele Orte, wo man das machen könnte. Das ist gut, da fühlt man sich ganz sicher. Also ich zumindest. Dass das hier stattfindet, in einem ganz neutralen Rahmen, nicht bei mir zu Hause oder bei dir zu Hause, das ist für mich gut. Und ich finde, du bist eine sehr angenehme Gesprächspartnerin, also es fiel mehr jetzt auch nicht schwer darüber zu reden. Also es fällt mir generell schwer an irgendwelche Gefühle zu kommen und ich neige dazu immer zu grinsen und zu lächeln und das nicht so an mich ran zu lassen. Aber das finde ich hast du sehr gut und sehr angenehm gemacht. Ich hatte auch nicht das Gefühl, das ich was sage, was sehr abwegig ist, was du nicht nachvollziehen kannst oder so. Das ist ja schon eine Sorge, die man so hat, wenn man das erzählt. Das Gefühl hatte ich nicht. Das war gut.«

Dialogpartnerin G:
»Ich fand im Prinzip war alles gut. Es war erträglich, es war gut. Und gerade die Sache mit der Frage zurücknehmen, das brauchen Sie nicht. Nein, ich fand das gut.«

Dialogpartnerin A:
»Ich glaube gar nichts (*lacht*). Ich glaube du machst es schon ganz gut so. Du übernimmst nicht irgendeine Rolle, was ich sehr wichtig finde. So im Sinne, du arme Maus oder so. Man hat das Gefühl, dass du einen ernst nimmst. Man schweift aus, wenn du eine Frage stellst und dann fällt einem das noch ein und dann weiß man, es war eigentlich nicht das, was man hätte antworten sollen, aber dass du das auch zulässt, dass du die Leuten so antworten lässt finde ich gut, dass du sie aussprechen lässt. Du machst es schon ganz gut.«

Dialogpartnerin E:
»Ich fand, dass Sie das sehr gut gemacht haben! Weil ich immer das Gefühl hatte, Sie haben im Kopf, was Sie an Informationen brauchen … Aber ich habe mich nie von Ihnen … abgewürgt gefühlt. Von dem her … Für mich war das eine sehr gute Kombi. So das ich wusste, … Sie passen gut auf, dass Sie das kriegen an Informationen, was Sie brauchen. Und ich hatte gleichzeitig immer das Gefühl, ich werde auch das los, was mir wichtig ist. Von daher kann ich keine Veränderungs- oder Verbesserungsvorschläge machen (*sie lacht*). Ich fand das sehr gut so.«

Dialogpartnerin U:
»Also, also mit Negativem kann ich dir leider nicht dienen. Du hast nichts falsch gemacht. Ich kann ja nur für mich sprechen. Ich finde du machst es einem sehr leicht und ich finde, du machst es einem sehr angenehm auch durch die Neutralität des Ortes, finde ich ganz gut. Du kannst nichts besser machen. Ich finde … nee wirklich. Auch so, dass du sagst: »Du kannst jederzeit gehen, wenn du nicht mehr kannst.« Dieses finde ich sehr schön. Und dass du mich ausreden lässt, das finde ich sehr schön, obwohl ich sehr viel rede. Weil ich denke das wäre anstrengend, wenn ich ständig unterbrochen worden wäre. Was ich sehr gut finde, das darf ich dir wirklich mal als Lob zurückgeben, dass du wirklich zuhörst, was man dir erzählt. Das merkt man ja indem wie du deine Fragen stellst. Und ich glaube das ist ganz, ganz wertvoll. Also das ist so was, was du wirklich beibehalten musst. Also das hast wirklich … gut …, weil man, also ich hatte so dieses Gefühl a) wirklich auch Ernst genommen zu werden und b) dass es dich wirklich interessiert. Also das es eben nicht nur darum geht, dass du deine Diplomarbeit geschrieben kriegst, sondern ich auch das Gefühl habe, du nimmst auch auf, was ich dir sage. Und das fand ich eigentlich sehr schön. Mit dieser Neutralität auf jeden Fall. Und Kaffee ist immer gut. (*wir lachen beide*) Ich finde dass du unser Gespräch sehr einfühlsam geführt hast. Ich hatte immer das Gefühl jederzeit aufhören zu können und ich habe mich gut aufgehoben gefühlt. Vielen Dank noch mal dafür.«

Dialogpartnerin O:
»Ich habe mich echt sehr wohl in deiner Gegenwart gefühlt. Auch hier in den Räumlichkeiten, dass du einen Praxisraum ausgewählt hast. Ich habe gemerkt, dass du mitfühlst und dass du mich verstehst. Du hast auch keine unangenehmen Fragen gestellt. Du hast mich immer aussprechen lassen, egal wie lange ich mich in meinem Trancezustand und Selbstmonologen befunden habe. Das war sehr wichtig, damit mein Gedanke weiter reifen konnte. Du hast eine sehr ruhige Art, das gefällt mir besonders. Nett und freundlich. Jetzt überlege ich, ob ich dir irgendeine konstruktive Kritik geben kann. Nein, etwas Negatives kann ich nicht sagen, rundum gut gemacht. Danke!«

E) Rückmeldung der Dialogpartnerinnen hinsichtlich ihrer psychologischen Beschreibung

Dialogpartnerin Q:
»Ich habe deine Beschreibung schon gelesen. Ich finde du hast das gut zusammengefasst und ich finde mich im Text wieder. Ich hatte keinerlei Probleme den Text zu verstehen. Das Ende hat mich ziemlich umgehauen. Auch wenn ich selbst schon seit einer Weile ahne, dass es nicht anders gehen wird, aber zu lesen, dass du das so siehst, war echt hart. Ich wünsch dir weiter viel Erfolg.«

Dialogpartnerin C:
»Ich fand deine Beschreibung sehr gut, auch wenn ich an einigen Stellen etwas schlucken musste. Du hast das sehr gut erkannt: Zum einen möchte ich meinem Vater so gern die ganze Schuld geben, aber das hieße ihn dann auch ganz zu verlieren und davor muss ich mich (noch) schützen. Und dass er die ganze Schuld hat, kann ich mir nicht vorstellen, wirklich nicht. Aber ich hoffe das kommt in der Therapie. Wenn du nichts dagegen hast, gebe ich es auch meiner Therapeutin, wenn wir mit der Analyse anfangen.«

Dialogpartnerin I:
»Du kannst alles so verwenden. Es ist okay!«

Dialogpartnerin S:
»Die psychologische Beschreibung finde ich sehr zutreffend und kann in den meisten Punkten nur 100% zustimmen. Die anderen Punkte treffen im Großen und Ganzen auch zu.«

Dialogpartnerin Z:
»Ich finde die Beschreibung passend und gut. Danke!«

Dialogpartnerin B:
»Ich habe die psychologische Beschreibung mehrmals gelesen und mein erstes Empfinden war Rührung. Ich fühlte mich verstanden und richtig interpretiert – soweit der erste Eindruck.
Im Einzelnen kann ich noch Folgendes sagen: Sie schreiben, die Schuldgefühle wären begründet in der »Illusion, Macht über den Ablauf der Missbrauchssituation gehabt zu haben, das heißt, dass das Opfer

angeblich kontrollieren kann, ob ein Missbrauch stattfindet und wann dieser stattfindet«. Das kommt auch in dieser Aussage nochmal deutlich klar hervor: »Abwehr des Erlebens der Hilflosigkeit durch das Aufkommen des Schuldgefühls.« Da stimme ich absolut mit Ihnen überein und ich finde das einen sehr wichtigen Aspekt für uns Betroffene und für Therapeuten in der Einschätzung und im Umgang mit Betroffenen! Und ich finde es nahezu paradox, zu welchen Schritten die Psyche greift, um sich irgendwie zu schützen, bzw. das Überleben des Kindes/der Seele zu sichern. Beeindruckend. Dann: »der starke Wunsch der Dialogpartnerin die Mutter als gutes Objekt zu schützen die Hauptursache für das Entstehen der Schuldgefühle.« Ja, sicherlich »Hauptursache«, da gebe ich Ihnen recht, aber dabei wird meiner Meinung nach unterschlagen, dass das nicht nur eine reaktive Verarbeitung in mir ist/war sondern dass meine Mutter mir auch diese Schuldgefühle aktiv und tatsächlich eingepflanzt hat durch die Aussage, die Täter stürben, weil ich darüber rede. Mir ist dies sehr wichtig, da sich ansonsten unterschwellig einschleicht, das alles sei nur ein innerpersönliches Problem/Muster! Denn schnell kommt dann – gerade bei uns Betroffenen – wieder so ein Hauch Schuldgefühl auf (»ich bin ja selbst schuld, dass ich Schuldgefühle hatte«). Ich weiß, das hört sich kompliziert an, ich hoffe dennoch, dass Sie verstehen, was ich meine.

Weiter geht's hiermit: »Bis vor wenigen Jahren, habe sie immer die »große Sehnsucht« verspürt nach »Zuneigung« »Anerkennung« »Liebe«, »mütterliche Liebe einfach«. Um die Hoffnung, dass diese unendlich große Sehnsucht irgendwann von ihrer Mutter gestillt wird, nicht aufgeben zu müssen, ist die logische Schlussfolgerung für die Dialogpartnerin – wie oben ausführlicher dargestellt – dieselbe: In dieser Anvertrauenssituation musste sich die Dialogpartnerin selbst die Schuld geben, anstatt das gute Bild der Mutter von vorneherein aufgeben zu müssen.« Das ist (auf mich bezogen) perfekt! »Die Dialogpartnerin habe in einer ständigen Angst gelebt, gegenüber anderen Personen etwas falsch zu machen. Daher habe sie sich lieber »immer zurückgezogen«, anstatt Gefahr zu laufen wieder in ihren Augen schuldig für etwas zu sein. Dieser Rückzug habe dazu geführt, dass sie »isoliert« und »ziemlich einsam« gewesen war.« Und auch hier ist das Dilemma perfekt beschrieben! »Es habe sie verständlicherweise viel Kraft gekostet, dieses Gefühl der Unschuld aushalten zu können.« Wenn ich diesen Satz so lese, ist das wohl die stärkste Aussage überhaupt! Ich glaube, dass das auf viele Betroffene zutrifft und deshalb viele Betroffene unbewusst an den (bekannten, vertrauten) Schuldgefühlen

festhalten. Genauso unbewusst habe ich wohl mit diesem Satz ein großes
»Heilungshindernis« erklärt – es ist in unserer Kultur kaum möglich,
sich selbst als »unschuldig« zu bezeichnen, ohne gleich Peinlichkeit (und
somit Beschämung) auszulösen.

Insgesamt finde ich Ihre Beschreibung sehr gut.«

Dialogpartnerin H:
»Ich muss auch zugeben, dass mich das Lesen ziemlich mitgenommen
hat. Manche Dinge waren mir vollkommen klar, wie z.B. Kontrolle
statt Hilflosigkeit oder auch, dass er mir die Schuld gegen hat, aber,
dass ich mir immer noch Zuneigung und Aufmerksamkeit von meinem
Vater wünsche war sehr schwer für mich zu lesen, weil mein Verstand
sagt: Wie bescheuert bist du eigentlich? und ich aber vom Gefühl her
weiß, dass es stimmt. Genauso schwierig war der Teil, indem es um die
Beziehung zu meiner Mutter geht. Denn, obwohl ich meistens ganz
gut damit klar komme, dass es so ist, wie es ist, aber, wenn ich dann
noch mal so schwarz auf weiß sehe, dass es mir damit eigentlich nicht
so gut geht, dass ich keine Eltern habe, dann nimmt mich das immer
sehr mit. Das sind dann die Momente, in denen ich die Illusion »Ich
bin glücklich so wie es ist.« nicht aufrecht erhalten kann, denn ich bin
nicht glücklich! Ich will auch eine Familie! Mit den Abschnitten über
Einsamkeit, Umwelt und Unwissenheit dagegen kann ich viel besser
umgehen, weil ich das einfach als Tatsachen sehen kann und dazu
nicht so viele widersprüchliche Gefühle habe. Auswirkungen: Meine
Therapeutin sagt auch immer, dass ich als keines Kind ein generalisier-
tes Schuldempfinden entwickelt habe, weil Kinder bis 6 ihre Eltern
lieben müssen, von daher kenn ich das schon. Dass andere mich als
wertlos ansehen müssen, ist auch nicht nur direkt auf den Missbrauch
bezogen, sondern hat sich auch »weiterentwickelt«. Denn ich habe
bei allen, die mich näher kennenlernen Angst, dass sie irgendwann
sehen können, wie wertlos ich wirklich bin und dann nichts mehr mit
mir zu tun haben wollen, auch wenn sie vom Missbrauch gar nichts
erfahren. Ich glaube auch, dass meine Fähigkeit zu reflektieren den
Grundstein zu einer Überwindung der Schuldgefühle ist, aber das ist
noch ein weiter Weg. Ich finde aber, dass nicht nur das Zulassen der
Hilflosigkeit dafür wichtig ist, sondern auch eine Stabilisierung des rationalen Wissens wichtig ist, damit ich überhaupt erst die Möglichkeit
habe in Erwägung zu ziehen, dass es anders gewesen sein könnte. Ob
die Anzeige wirklich hilfreich ist die Schuldgefühle zu überwinden,

oder ob sie eher aus meinem Leistungsdruck »Ich muss etwas tun und mich wehren.« resultiert weiß ich im Moment nicht. Allen anderen hilfreichen Dingen zur Überwindung der Schuldgefühle kann ich zustimmen.«

Dialogpartnerin A:
»Danke hab die Mail erreicht und gelesen. Ich finde es okay. Anfangs verwirrend, aber ich rede auch immer verwirrend und durcheinander von einem Thema zum anderen. Den Mittleren Teil und das Ende find ich gut dargestellt. Mit dem Schuldgefühl ... mhhh das sieht jeder anders als Betrachter oder als Zuhörer. Ja, ich habe Schuldgefühle ... aber nur weil ich bis heute nichts getan habe ... weder ihn angezeigt habe, weder an seine Frau einen Warnbrief geschrieben habe oder sonst was, also ich gebe mir die Schuld das er immer noch »frei« rumläuft und Kinder missbrauchen kann und bestimmt auch tut. Ich gebe mir nicht die Schuld, dass er mich missbraucht hat. Er ist der Täter, er ist der Schuldige ..., nicht ich oder meine Geschwister. Du hast die Leise Stimme erwähnt ... ich weiß es nicht ... ob das wirklich so ist?!? Kann sein für Außenstehende.«

Dialogpartnerin G:
»Vielen Dank für Ihre Mail. Ich fand die Beschreibung sehr gut. Sie enthielt für mich neue Aspekte, aber sie sind nachvollziehbar. Ihre Mail kam genau zum richtigen Zeitpunkt. Sie hat mir den letzten Anstoß gegeben, mich wieder in eine Therapie zu begeben. Vielen Dank dafür.«

Dialogpartnerin D:
»Auf den ersten Blick ist mir nichts aufgefallen was ich zu beanstanden hätte.«

Dialogpartnerin U:
»Ich habe dann gerade doch mal alles gelesen. Was soll ich sagen? Ich finde das alles gut und verständlich ge- und beschrieben ist. Und auch innerlich sind gerade viele positive Gefühle ausgelöst worden. Das zeigt mir, dass du verstanden hast worum es geht. Es zeigt mir aber auch, dass du das Wesentliche und Wichtige beschrieben hast. Für mich als Laien fand ich es sehr leicht zu verstehen und alles war nachvollziehbar. Es gibt auch mein Empfinden sehr gut wieder, du hast es gut zusammengefasst. Ich danke dir, auch für deinen Respekt mir gegenüber.«

Dialogpartnerin O:

»Ich finde mich in dieser Beschreibung wieder, dies zeigt mir, dass du meinen Selbstmonologen hast gut folgen können und die Zusammenhänge verstanden hast. Ich fand es wirklich erstaunlich, wie wir es geschafft haben gemeinsam zu diesen Erkenntnissen zu kommen, vor allem bezogen auf die Überwindung. Wie ich dir schon gesagt habe, ich wusste es vorher nicht, wie ich es geschafft habe, aber jetzt durch das Interview weiß ich es. Danke, dass du mir diesen Raum geboten hast.«

Psychosozial-Verlag

Bernd Ahrbeck (Hg.)

Von allen guten Geistern verlassen?

Aggressivität in der Adoleszenz

Jürgen Körner, Burkhard Müller (Hg.)

Schuldbewusstsein und reale Schuld

2010 · 238 Seiten · Broschur
ISBN 978-3-89806-620-4

2010 · 283 Seiten · Broschur
ISBN 978-3-8379-2030-7

Aggressivität und Gewalttätigkeit von Jugendlichen sind zentrale Gegenwartsprobleme. Wer die Lebensphase der Adoleszenz umfassend verstehen will, muss sich dem Faktum stellen, dass in diesem Lebensabschnitt ein ungewöhnlich hohes Maß an Aggressivität aktiviert wird: sowohl gegen die Außenwelt als auch gegen die eigene Person. Das vorliegende Buch trägt dieser Tatsache Rechnung, indem es die Ausdrucksformen adoleszenter Aggressivität analysiert und ihre spezielle Psychodynamik in Fallstudien betrachtet. Der Austausch von deutschen und französischen Autorinnen und Autoren eröffnet neue, bisher wenig bekannte Sichtweisen und ermöglicht neue Perspektiven in der Fachdiskussion.

Der Band führt interdisziplinär in ein Thema ein, das vielen Praktikern in Pädagogik und Therapie, aber auch Jugendgerichtsbarkei oder Seelsorge auf den Nägeln brennt. Beim Umgang mit jugendlichen Gewalttätern, die lebensgeschichtlich zugleich Opfer sind, aber weder als solche behandelt werden können noch wollen, stellen sich Fragen wie: Welcher Umgang mit Schuld erwarten wir von ihnen? Was könnte unsere Aufgabe bei der »Verarbei tung« von Schuld sein? Die Beiträge zeigen warum die Pädagogik bei diesen Fragen übe den eigenen Tellerrand blicken und die Aus einandersetzung mit Juristen, Therapeuten Theologen und dem politischen Zeitgeschehen führen muss.

Walltorstr. 10 · 35390 Gießen · Tel. 0641-96 99 78-18 · Fax 0641-96 99 78-19
bestellung@psychosozial-verlag.de · www.psychosozial-verlag.de

Psychosozial-Verlag

Svenja Taubner

Einsicht in Gewalt

Reflexive Kompetenz adoleszenter
Straftäter beim Täter-Opfer-Ausgleich

Michael B. Buchholz,
Franziska Lamott, Kathrin Mörtl

Tat-Sachen

Narrative von Sexualstraftätern

*2008 · 349 Seiten · Broschur
ISBN 978-3-89806-878-9*

*2008 · 525 Seiten · Broschur
ISBN 978-3-89806-881-9*

Das Thema Jugendkriminalität führt oft zu hitzigen Diskussionen, in denen jedoch das Verständnis für die individuellen Schicksale der Betroffenen verloren geht. An der Schnittstelle von Kriminalwissenschaften und Psychologie stellt dieses Buch Einzelfallanalysen von gewalttätigen Jugendlichen mit einer oftmals traumatischen Geschichte ins Zentrum der Untersuchung.

Am Beispiel des Täter-Opfer-Ausgleichs wird mit Methoden der psychoanalytischen Psychotherapieforschung und Bindungsforschung die Auseinandersetzung junger Männer mit ihren Gewaltstraftaten beschrieben. Svenja Taubner arbeitet heraus, dass einseitige Täterzuschreibungen einem Lernprozess entgegenwirken, und stellt Vorschläge für Entwicklungsmöglichkeiten dar.

Sexualstraftaten erwecken im Beobachter Angst und Unverständnis zugleich. Genauso erschreckend ist der Mangel an hochwertigen Auseinandersetzungen mit dem Thema. Noch nie sind therapeutische Prozesse mit Sexualstraftätern so genau analysiert worden wie in diesem Buch. Die Autoren gehen das Thema mit modernsten sozialwissenschaftlichen und psychologischen Methoden an. Gruppentherapiesitzungen wurden nach einer neuartigen Kombination von Konversations- und Metaphernanalyse vor dem Hintergrund eines psychoanalytischen Grundverständnisses ausgewertet. Die Leser erhalten Einblicke in Biografiemuster, Täuschungsstrategien und Aufdeckungshilfen, Zweifel und Rechtfertigungen, die Mühen der Einsicht und die mühsame Arbeit am Sinn.

Walltorstr. 10 · 35390 Gießen · Tel. 06 41-96 99 78-18 · Fax 06 41-96 99 78-19
bestellung@psychosozial-verlag.de · www.psychosozial-verlag.de

PSYCHOSOZIAL-VERLAG
ANALYSE DER PSYCHE
UND PSYCHOTHERAPIE

Günter Gödde, Michael B. Buchholz   Mathias Hirsch

Unbewusstes   ## Trauma

2011 · 138 Seiten · Broschur
ISBN 978-3-8379-2068-0

2011 · 138 Seiten · Broschur
ISBN 978-3-8379-2056-7

Ursprünglich als philosophische Problemstellung aufgekommen, erhob Freud das »Unbewusste« zum Zentralbegriff der Psychoanalyse. Die Autoren zeichnen die Entwicklung des Begriffs in seiner ganzen Vielfalt nach und unterscheiden dabei zwischen einem vertikalen und horizontalen Modell des Unbewussten. Um das Konzept des Unbewussten in all seiner Komplexität zu begreifen, müssen beide Modelle in ihrem Zusammenspiel berücksichtigt werden. Dies birgt ein neues Verständnis des Verhältnisses von psychoanalytischer Theorie und Praxis.

Die Psychoanalyse begann als Trauma theorie, entwickelte sich zur Triebpsycho logie und kann heute als Beziehungspsy chologie verstanden werden, die (trau matisierende) Beziehungserfahrungen al: Ursache schwerer psychischer Störunge sieht. Dabei dient die Internalisierung vo Gewalterfahrungen eher der Bewältigun lang andauernder »komplexer« Bezie hungstraumata, akute Extremtraumati sierungen haben hingegen Dissoziatione zur Folge. Der Begriff »Trauma« sowi der Umgang mit Traumatisierung in de Therapie werden vorgestellt.

Die kompakten Bände der Reihe »Analyse der Psyche und Psychotherapie« widme sich jeweils einem zentralen Begriff der Psychoanalyse, zeichnen dessen historisch Entwicklung nach und erläutern den neuesten Stand der wissenschaftlichen Diskussion

Walltorstr. 10 · 35390 Gießen · Tel. 0641-969978-18 · Fax 0641-969978-19
bestellung@psychosozial-verlag.de · www.psychosozial-verlag.de

Psychosozial-Verlag

Matthias Franz, Beate West-Leuer (Hg.)

Bindung – Trauma – Prävention

Entwicklungschancen
von Kindern und Jugendlichen
als Folge ihrer Beziehungserfahrungen

Annelinde Eggert-Schmid Noerr,
Urte Finger-Trescher, Ursula Pforr (Hg.)

Frühe Beziehungserfahrungen

**Die Bedeutung primärer Bezugs-
personen für die kindliche Entwicklung**

*2008 · 334 Seiten · Broschur
ISBN 978-3-89806-768-3*

*2007 · 311 Seiten · Broschur
ISBN 978-3-89806-846-8*

Der erste Teil des Buches fokussiert aus theoretischer und grundlagenwissenschaftlicher Sicht die frühen Bindungsprozesse. Ausgewiesene Experten fassen hier den Kenntnisstand zu den Themen Bindung, Trauma und Prävention zusammen. Zum einem vermitteln sie neurowissenschaftliche Aspekte der Affekt- und Empathieentwicklung, zum anderen zeigen sie die Folgen traumatischer Früherfahrungen und sozialer Ungleichheit auf. Die Autoren verdeutlichen so, wie wichtig eine Frühprävention im familiären Beziehungsfeld ist.

Der zweite Teil des Buches stellt konkrete Modelle vor. Diese kommen dem Anspruch einer bindungsorientierten Prävention entgegen und orientieren sich an Bindungs- und Entwicklungsbedürfnissen von Kindern und Jugendlichen in schwierigen Lebenslagen.

Die Säuglings- und Kleinkindforschung der letzten Jahre hat das Bild des »kompetenten Säuglings« entworfen, der vergleichsweise unabhängig von den Bedingungen seiner Umwelt über erstaunliche Fähigkeiten verfügt und sich gewissermaßen selbst bildet. Dem stehen Ergebnisse der Bindungsforschung, der Psychoanalytischen Pädagogik und der Erziehungswissenschaften gegenüber, die das Augenmerk auf die außerordentliche Bedeutung der Interaktion zwischen Säugling oder Kleinkind und seinen frühen Bindungspersonen für die psychophysische Entwicklung lenken. Auch neueste neurobiologische Forschungen belegen eindrucksvoll den Zusammenhang zwischen frühkindlichen Beziehungserfahrungen und der Entwicklung des Kindes. Dieser Zusammenhang wird in diesem Buch im Hinblick auf die Risiken und Förderungsmöglichkeiten beleuchtet.

Walltorstr. 10 · 35390 Gießen · Tel. 0641-969978-18 · Fax 0641-969978-19
bestellung@psychosozial-verlag.de · www.psychosozial-verlag.de